HISTOIRE UNIVERSELLE

PAR

AGRIPPA D'AUBIGNÉ

IMPRIMERIE DAUPELEY-GOUVERNEUR

A NOGENT-LE-ROTROU.

HISTOIRE
UNIVERSELLE

PAR

AGRIPPA D'AUBIGNÉ

ÉDITION PUBLIÉE POUR LA SOCIÉTÉ DE L'HISTOIRE DE FRANCE

PAR

Le Baron Alphonse DE RUBLE

TOME QUATRIÈME

1573-1575

A PARIS
LIBRAIRIE RENOUARD
H. LAURENS, SUCCESSEUR
LIBRAIRE DE LA SOCIÉTÉ DE L'HISTOIRE DE FRANCE
RUE DE TOURNON, N° 6

M DCCC XC

EXTRAIT DU RÈGLEMENT.

Art. 14. — Le Conseil désigne les ouvrages à publier, et choisit les personnes les plus capables d'en préparer et d'en suivre la publication.

Il nomme, pour chaque ouvrage à publier, un Commissaire responsable, chargé d'en surveiller l'exécution.

Le nom de l'éditeur sera placé à la tête de chaque volume.

Aucun volume ne pourra paraître sous le nom de la Société sans l'autorisation du Conseil, et s'il n'est accompagné d'une déclaration du Commissaire responsable, portant que le travail lui a paru mériter d'être publié.

Le Commissaire responsable soussigné déclare que le tome IV de l'édition de l'Histoire universelle d'Agrippa d'Aubigné *préparée par* M. le Baron Alphonse de Ruble *lui a paru digne d'être publié par la* Société de l'Histoire de France.

Fait à Paris, le 30 mai 1890.

Signé : Lud. LALANNE.

Certifié :

Le Secrétaire de la Société de l'Histoire de France,

A. DE BOISLISLE.

LES HISTOIRES

DU

SIEUR D'AUBIGNÉ

LIVRE SIXIÈME

(LIVRE I DU TOME II DES ÉDITIONS DE 1616 ET DE 1626).

CHAPITRE X.

De ce qui se passa au grand siège de la Rochelle jusques au secours du comte de Montgommeri.

Nous voilà au grand siège qu'il ne faut plus laisser qu'à la fin. Au commencement de l'an, les approches[1] se firent par mer et par terre; deux forts, l'un à la poincte de Courcille, l'autre vis à vis au port neuf. Le Gast[2] commandant au premier et Cosseins à l'autre.

---

1. Le 4 janvier 1573, pendant qu'on célébrait la cène à la Rochelle, arriva un navire chargé de harengs qu'on estimait environ à la somme de 3,000 livres (*Mémoires de l'estat de France*, t. II, p. 124 v°).

2. Strozzi, dans une lettre au duc d'Anjou, en date du 27 janvier 1573, lui apprend que Louis Bérenger, s. du Gast, colonel de gens de pied, vient d'arriver avec son régiment sous les murs de la Rochelle (Orig., f. fr., vol. 15556, f. 190). Cosseins, dont l'auteur parle un peu plus loin, arriva le jour même ou le lendemain (Ibid.).

Au milieu des deux estoit à l'anchre la caraque[1], bien chargée de lest, qui avec des couleuvrines tiroit à coups perdus dans la ville. A un bas de mer, ceux de la ville y portèrent des feux d'artifice, mais ils furent repoussez avec perte de quinze ou seize soldats. On commence à parlementer, et, en suite de quelques lettres[2] envoyées auparavant à Languillier[3], Biron escrit[4] aux Rochelois la venuë de l'abbé de Gadagne[5], demande hostages pour lui et entrée en la ville. Les autres refusent cela et demandent lettres du roi pour y respondre comme ils pourront. Biron rescrit[6] à La Noue force choses notables, mais entr'autres : « Qu'entre des plus grands princes du monde, on n'a jamais refusé le parlement et les hostages, comme estans du droict des gens. » Cela ne fit point changer d'advis aux habitans, répliquans : « Qu'entre les princes

1. La caraque était un bâtiment que Jacques de Sore, amiral rochelais, avait pris aux Vénitiens. Repris par l'armée royale, il fut désarmé, coulé et servit à boucher l'entrée du port de la Rochelle (Brantôme, t. IV, p. 38).
2. Ces lettres étaient datées du 10 novembre 1572 (La Popelinière, t. II, f. 121 v°). Languillier y répondit le 8 décembre. Ces deux pièces sont imprimées dans les *Mémoires de l'estat de France sous Charles IX*, t. II, f. 99 v° et suiv.
3. Le roi avait adressé au capitaine Languillier une lettre inspirée par un désir de pacification, et Languillier lui avait répondu le 8 décembre 1572. Ces pièces sont imprimées par La Popelinière, t. II, f. 121 v°.
4. Cette lettre est datée du 8 janvier 1573 et imprimée dans La Popelinière (t. II, f. 126).
5. Gadagne était porteur d'une lettre de créance signée du roi et datée du 26 décembre 1572, qui est imprimée dans les *Mémoires de l'estat de France sous Charles IX*, t. II, p. 127 v°.
6. Le 10 janvier 1573 (*Mémoires de l'estat de France sous Charles IX*, t. II, f. 125).

on traictoit de bonne foi, cela valoit ; mais qu'eux, ayans esté perfidiez, trouvoyent doubteuses les choses seures et vouloyent qu'on traictast par escrit. » Sur ce temps, y ayant deffense aux soldats, dans la ville, de ne sortir pource que, les tranchées estans avancées, les plus judicieux voyoyent des corps de garde et ridottes[1] faictes à propos pour donner sur les doigts aux plus hastifs (et, de fait, elles estoyent bien garnies), quand des soldats, se dérobant par des eschelles, allèrent importuner les travailleurs, mieux parez qu'ils ne pensoyent.

La Noue, voyant qu'il n'y avoit plus moyen de retenir les compagnons, et le danger qu'ils fussent battus au commencement, sort à cheval et, faisant autant de charges qu'il voyoit d'embuscades, desmesle les premiers et reschauffe et maintient une escarmouche cinq heures, que Biron disoit aussi furieuse que celle de Jazeneuil[2]. Ceux de la ville s'en retournèrent avec gain, prindrent deux capitaines en chef, un, parent de Puygaillard[3], poignardé par les chemins. Salbert, ayant descouvert quelques menées commencées par Tibaudière de Xainctonge[4], sur un fort léger soupçon, fit jeter par dessus les murailles, à la porte neufve et

1. *Ridotte,* réduit, retraite, de l'italien *ridotto.*
2. Allusion à un combat livré à Jazeneuil en 1567, et qui était resté célèbre dans les deux armées par les contre-temps qui arrêtèrent la marche de chaque parti (Arcère, t. I, p. 439, note).
3. Ce capitaine se nommait Puygaillard et était parent de Jean de Léaumont, seigneur de Puygaillard (Arcère, t. I, p. 439).
4. La Thibaudière, gentilhomme saintongeois, avait appartenu autrefois au parti de la réforme. Barbot, dans son histoire encore inédite du siège de la Rochelle, le peint comme un homme d'honneur, mais Arcère parle de lui comme d'un traître (t. I, p. 448).

à la veuë des ennemis, quatre des plus soupçonnez; ce que voyant, un nommé Baugenci, des gardes du roi de Navarre, et six autres se jettèrent[1] par le bastion de l'Évangile; deux empoignez et tuez. Adonc ils ne craignirent point de donner la gehenne à trois prisonniers[2] qu'ils avoyent, qui confessèrent à la gehenne et à la mort que Biron les avoit envoyez avec asseurance qu'ils avoyent beaucoup de compagnons en la ville. Cela rompit les discours de l'abbé, qui se contenta d'envoyer ses lettres de créance[3].

Les assiégez, sachans la venue de Monsieur, du roi de Navarre et du prince de Condé et autres grands, envoyèrent[4] en Angleterre Languillier, qui n'y fit point ses affaires, pource que le comte de Rets y estoit allé[5] ambassadeur extraordinaire, faire Élizabeth commère du roi[6], renouveller les alliances, rendre conte de la Sainct-Barthélemi en termes exquis, prier la roine qu'au lieu de secourir les Rochellois inutilement, elle

1. Le 18 janvier 1573 (Arcère, t. I, p. 449).
2. D'après La Popelinière, c'étaient le capitaine Jacques de Saux de l'Isle-Jourdain, Jean Nantel, caporal du capitaine Cabane, et Pierre Guillochon, dit Guitinière (t. II, p. 127 v°). Voyez aussi les *Mémoires de l'estat de France sous Charles IX*, t. II, f. 129.
3. Les lettres de Biron données à l'abbé de Gadagne sont datées du 25 décembre 1572 et sont imprimées dans les *Mémoires de l'estat de France sous Charles IX*, t. II, f. 128.
4. La mission de Languillier en Angleterre est datée par La Popelinière du 27 janvier 1573 (1581, t. II, f. 128 v°).
5. Voyez le récit des négociations de La Mothe-Fénelon dans les additions de Le Laboureur aux *Mémoires de Castelnau*, 1731, t. III, p. 286.
6. Le 25 octobre 1572, la reine Élisabeth d'Autriche, femme de Charles IX, avait donné le jour à une fille dont Élisabeth d'Angleterre avait été marraine.

leur donnast des conseils de paix, qu'ils ne cerchassent point la vengeance des choses advenuès par les querelles des grands, qu'ils se contentassent d'obtenir seureté en leurs biens et vies et liberté de leurs religions; de quoi le roi mettroit sa foi entre les mains de la roine. L'instruction du comte portoit encores d'emprunter de l'argent de ceste princesse, afin que, si elle prestoit, elle eust moins de moyen de prester encore, et, si elle refusoit le roi, qu'il y eust toute apparence de refuser ses subjets.

Il y eut encor ce malheur pour les réformez, c'est que le duc de Sommerset[1], estant venu pour le baptistère à Paris[2], fut destroussé et courut fortune, en s'en retournant, par des pirates françois ou Flamands[3]; de quoi la roine irritée fit arrester tous les vaisseaux de ces deux nations, sur le poinct que le comte de Montgommeri vouloit amener le secours par mer; ce qui le fit partir plus tard et mal équippé. A la fin de janvier[4], les assiégez firent une course à Nestré, où ils ostèrent aux fourrageurs force munitions; mais ils se battirent à bon escient à Coureilles[5], à cheval et à pied; et par eau, par le moyen des galiottes qu'ils avoyent faictes, La Noue entretint l'escarmouche jusques à la nuict.

1. Guillaume de Sommerset, comte de Worcester, premier baron d'Angleterre, attaché au parti du pape.
2. Le 2 février 1573 (La Popelinière, t. II, p. 131).
3. Cette affaire est racontée dans les *Mémoires de l'estat de France sous Charles IX*, t. II, f. 131 v°.
4. Le jeudi 29 janvier 1573 (*Mémoires de l'estat de France*, t. II, f. 130 v°).
5. Le combat de Coureilles eut lieu le 3 février (*Mémoires de l'estat de France sous Charles IX*, t. II, f. 135).

De Sainct-Maixant[1], Monsieur escrit[2] à La Noue pour promettre aux habitans bonnes conditions s'ils s'humilioyent dans trois jours; sinon, il venoit résolu avec tous les princes et grands de France pour faire une prompte et horrible punition[3]. Il n'y eut point de responce, mais deux combats[4] sur la fin de février; l'occasion prise d'une barque eschouée que les assiégeans entreprirent de brusler et les autres de deffendre.

La Noue, avec ses gens de cheval, fit une charge de trois cents pas dans les vases de la mer retirée, et, par là, engagea et deffit plusieurs soldats de l'armée. A la seconde fois, ceux de la ville y perdirent, par les arquebusiers qui avoyent percé la barque. Encor de Mauzé[5], Monsieur escrivit aux Rochelois lettres de remonstrances[6], ausquelles ils respondirent[7] honnestement. Le lendemain[8], ils virent arriver de Congne,

1. Le duc d'Anjou arriva à Saint-Maixent le 30 janvier 1573 (*Journal de Le Riche*, 1846, p. 127).
2. Cette lettre est datée du 2 février 1573 et imprimée dans les *Mémoires de l'estat de France sous Charles IX* (t. II, p. 136).
3. La Popelinière dit que le duc d'Anjou arriva au camp de la Rochelle le 2 février; mais cette date est fautive, puisque le duc, d'après ses lettres, était le 2 à Saint-Maixent et le 10 à Mauzé. La vérité est que Monsieur n'arriva que le 11 sous les murs de la ville, ainsi que le disent les *Mémoires de l'estat de France sous Charles IX*, t. II, f. 135 à 140.
4. Les *Mémoires de l'estat de France* et La Popelinière disent que ces rencontres eurent lieu le 6 et le 8 février 1573.
5. Petit village situé à sept lieues de la Rochelle.
6. Elles sont datées du 10 février 1573 et imprimées dans les *Mémoires de l'estat de France sous Charles IX* (t. II, p. 138), et dans La Popelinière, t. II, f. 129 v°.
7. Le 13 février 1573. La lettre des Rochelais au duc d'Anjou est imprimée dans les *Mémoires de l'estat de France* (t. II, f. 139) et dans La Popelinière (t. II, f. 129 v°).
8. Pour être exact, d'Aubigné aurait dû écrire *l'avant-veille* au lieu de *le lendemain*.

avec le salve[1] de toute l'armée, Monsieur, le duc d'Alençon, son frère, le roi de Navarre, les princes de Condé et Dauphin[2], les ducs de Guise, d'Aumale[3], Nevers, Longueville, Boüillon et Uzez[4], le chevalier[5] et mareschal de Cossé, Montluc[6], le comte de Rets, la Chappelle-aux-Ursins[7], Chavigni[8] et le grand prieur de Champagne[9]. Tout cela va loger à Nieul[10]. Aux premiers conseils, il y eut grande différence d'opinions pour les manières d'assiéger ; depuis, on partagea la conduite des tranchées[11]. Le duc de Montpensier et le

1. Avec des salves de toute l'armée.
2. Le prince dauphin d'Auvergne, fils du duc de Montpensier.
3. Claude de Lorraine, duc d'Aumale.
4. Antoine de Crussol, duc d'Uzès.
5. Henri, chevalier d'Angoulême, bâtard de Henri II.
6. Une lettre de Fabian de Monluc au duc d'Anjou, du 26 décembre (1672), nous donne la date du départ de Blaise de Monluc pour le camp de la Rochelle (F. fr., vol. 15558, f. 217). Une pièce sans date contient la liste des capitaines qui accompagnaient l'auteur des *Commentaires* (F. fr., vol. 3312, f. 1). M. Tamizey de Larroque a publié dans *Pages inédites de Blaise de Monluc,* in-8°, p. 6, un mémoire de ce capitaine sur le siège de la Rochelle.
7. Christophe de la Chapelle-aux-Ursins.
8. François le Roi, seigneur de Chavigny.
9. Michel Seure, grand prieur de Champagne.
10. Petite ville à une lieue de la Rochelle. Les seigneurs de l'armée y demeurèrent jusqu'à la paix (*Mémoires de l'estat de France,* t. II, f. 140).
11. Peu après son arrivée, le 15 février 1573, le duc d'Anjou rendit une ordonnance sur la police de l'armée où toutes les questions de la conduite du siège sont résolues. Cette pièce a été réimprimée à la fin de la traduction de l'*Histoire du siège de la Rochelle* de Cauriana (La Rochelle, 1856, in-8°). On conserve aussi quelques ordres édictés par le duc d'Anjou sur le service des tranchées et des gardes, tant de jour que de nuit (ms. 20638 du fonds français).

marquis de Mayenne[1] (depuis duc) demandèrent la charge de lever un cavalier[2] à six vingts pas du coin du fossé qui tourne vers Congne, avec un destour de la grand'tranchée, pour y mener les pièces. La plupart des grands que nous avons nommez voulurent estre de cette besongne, c'est-à-dire gens pour eux; car, à tels maneuvres, ces messieurs n'y donnent que le nom et la pourmenade.

A trois jours de là[3], Mirande[4], Rochelois, avec quelques pataches, alla enlever vers Chef-de-Baye, d'entre les munitions de l'armée, cinquante tonneaux de vin et vingt-cinq de froment. Et, encores que les deux forts de Coureille et de Port-Neuf, avec la Caraque[5], lui donnassent plus de cent canonnades, il fut bien receu et sans perte à la ville. Le lendemain, Monsieur voulut disner à Coureille, où, pour l'amour de lui, se passa une escarmouche de quatre heures[6], durant laquelle Grandris[7], avec huict chevaux[8] et

1. Charles de Lorraine, marquis, puis duc de Mayenne.
2. *Cavalier,* sorte de retranchement.
3. Le 15 février, d'après La Popelinière (t. II, p. 131 v°).
4. « Le nom de ce brave officier de mer étoit, non pas Miraut, comme on lit dans l'*Index Thuani,* mais Mirande. » C'est ainsi que le nomme d'Aubigné, t. II, liv. I, chap. II, sous l'année 1573. « Cette famille est rocheloise, et depuis trente ans réfugiée à Berlin, » dit une note de la traduction de *De Thou,* t. IV, p. 774. Il ne faut pas non plus le confondre avec Jean de Mirande, Rochelois et avocat en 1590 (*Hist. de la Rochelle,* t. I, p. 453, note).
5. La flotte royale était arrivée en vue des murs de la Rochelle vers le 16 février 1573, ou un peu avant cette date (Ordre du duc d'Anjou du 16 février 1573; f. fr., nouv. acquis., vol. 6003, f. 83).
6. Près de la porte de Saint-Nicolas.
7. Selon de Thou, Grands-Ris s'avança *ad Fontannum usque vicum,* c.-à-d. à la Fond, et non au village des Fontaines, comme disent certains traducteurs, t. IV, p. 741 (Arcère, t. I, p. 453, note).
8. Deux cents chevaux, d'après La Popelinière (t. II, p. 131 v°).

autant d'arquebusiers en crouppe, alla enlever un logis auprès la Fonds et emmener les prisonniers[1].

Voilà encor les parlements resveillez[2], le peuple un peu estonné de tant d'entreprises, et notamment de l'intelligence mesnagée par un Blancardière[3], naguères maistre d'hostel de Teligni. Monsieur choisit pour ce parlement Strosse, Biron, le comte de Rets[4], Villecler[5] et l'abbé de Gadagne. De la ville sortirent[6] avec La Noue le bailli Mortier[7] et Morisson[8]. Gadagne, comme dernier envoyé, ayant loué la courtoisie du roi[9], qui,

---

1. Trois prisonniers et quelques chevaux (*Mémoires de l'estat de France*, t. II, p. 141).

2. Les députés que le duc d'Anjou nomma pour la conférence se réunirent sur la fin de février (La Popelinière, t. II, p. 132). Les articles de pacification proposés par le roi sont datés du 23 février; les réponses des Rochelais du 26 du même mois (Ibid.).

3. Arcère le nomme *Blanchardière* et raconte ses pratiques (t. I, p. 449) d'après les *Mémoires de l'estat de France sous Charles IX* (t. II, f. 141 v°) et les manuscrits.

4. Le comte de Retz était revenu d'Angleterre et se trouvait sous les murs de la Rochelle le 26 janvier 1573. A cette date, il adressa au duc d'Anjou une lettre pour lui rendre compte d'une reconnaissance qu'il avait faite sous les murs de la ville (Orig., f. fr., vol. 15556, f. 163).

5. René de Villequier.

6. Bouchet, s. des Mortiers, lieutenant général du présidial de la Rochelle, un des coélus du maire de la Rochelle, tué par l'éclat d'une mine pendant l'assaut du 12 avril 1572 (Delayant, *Hist. de la Rochelle*, t. I, p. 276).

7. Le dimanche 22 février (La Popelinière, t. II, p. 132).

8. Morisson, nommé maire de la Rochelle le 29 mars 1573. Les pourparlers dont parle d'Aubigné eurent lieu le 22 février (*Mémoires de l'estat de France sous Charles IX*, t. II, f. 142 v°).

9. L'abbé de Gadagne communiqua au conseil de la Rochelle, le 25 février, les articles proposés par le roi (La Popelinière, t. II, f. 133 v°). Ces articles sont imprimés dans les *Mémoires de l'estat de France sous Charles IX*, t. II, f. 143 v°.

sans user de son droict, vouloit traicter avec ses subjets, se mit sur la conjuration de l'amiral : « Comme les choses estoyent allées plus avant que Sa Majesté ne vouloit; qu'il avoit arresté le cours du mal par les deffenses; depuis, escrit plusieurs fois aux Rochelois amiablement; et, après avoir envoyé Le Vijan, mal traicté et contre la foi, oubliant tout cela, le roi leur promettoit l'exercice libre de leur religion en leur ville, pourveu qu'ès autres choses ils monstrassent obéïssance et qu'ils reçeussent ses lieutenants de roi comme il appartient; qu'ils ne s'attendissent point aux Anglois, avec lesquels le roi est mieux que jamais, ni à Montgommeri, qui ne cerche rien qu'à se réconcilier; par ainsi, qu'ils soyent sages de bonne heure, pour ne se précipiter point à une nécessité sans remède. » Les Rochelois respondirent à cela[1] : « Que ce leur est un grand crève-cœur de voir que tout ce qu'ils font pour deffendre leurs vies se tourne en crime de rébellion vers le roi; que les plus apparents de leur ville crioyent contre ceux qui donnoyent des soupçons à l'amiral; que, la mèche estant découverte par le massacre, quelques maux et appréhensions que leur eust données le baron de la Garde, enlevé leurs vivres, recogneu leur place par mer et par terre, soubs titre de discours, qu'ils sont tousjours demeurez en estat paisible. Quant au faict du Vijan, que ceux qui avoyent fait le coup estoyent bien venus au service du roi, et ceux qui avoyent demeuré dans la ville avoyent esté punis; et pour la promesse du roi de faire observer ses édicts

1. La réponse des Rochelais aux propositions du roi est imprimée dans les *Mémoires de l'estat de France sous Charles IX*, t. II, f. 148).

de paix. Ils remercient le roi très humblement, suppliants Sa Majesté que, cependant qu'ils feront part de cest offre aux églises qui sont en mesme cause avec eux, il y ait partout cessation d'armes et liberté de conscience. »

Le lendemain[1] de ce parlement inutile, il y eut une sortie de six heures, où La Noue courut grand'fortune de sa vie[2]; et Marsac qui exposa la sienne pour lui mourut deux jours après. Là encores se perdirent deux capitaines en chef[3]; du costé des catholiques, furent blessez Auchi[4], Ragni[5], Vins[6], Grillon[7], Sérillac[8] et La Molle[9]. Tant que la meslée dura, cinquante femmes de la ville ne bougèrent d'entre les soldats, leur portans ce qu'ils appellent à la mer des rafraichissements, amenants les blessez et rapportans les morts[10].

1. Le 27 février (Arcère, t. I, p. 458).
2. Il eut deux chevaux tués sous lui et son armure fut faussée de plusieurs coups (*Mémoires de l'estat de France sous Charles IX*, t. II, f. 152).
3. Ces deux capitaines étaient Adrien, dit La Barderie, de Niort, enseigne du capitaine Le Lys, et Charrier, enseigne du capitaine La Musse (*Mémoires de l'estat de France sous Charles IX*, t. II, p. 152).
4. Conflans, vicomte d'Auchy, gentilhomme de la chambre du duc d'Anjou.
5. François de la Magdelaine, seigneur de Ragny, capitaine franc-comtois, servait en qualité de volontaire.
6. Jean de la Garde, sieur de Vins.
7. Louis Berton, sieur de Crillon.
8. Serillac, colonel de gens de pied, d'origine gasconne (Arcère). Blaise de Monluc nomme dans ses *Commentaires* plusieurs capitaines de ce nom.
9. Joseph Boniface de la Mole.
10. Sur le courage des dames de la Rochelle pendant le siège de la ville, voyez Brantôme, t. IX, p. 419.

Les députez de la Rochelle, ayans rapporté leurs discours, les plus gros de la ville panchoyent merveilleusement au traicté, mais les ministres s'y opposèrent et firent résoudre qu'on ne traicteroit plus qu'avec tous les partisans du royaume et par escrit.

Le dernier de febvrier[1], les batteries[2] commencèrent, l'une au bastion de l'Évangile, l'autre à une tour de Congne sur laquelle deux coulevrines faisoyent mal dans l'armée. Pour response à un trompette qui sommoit la ville, La Noue fit sortir par deux endroits, mais il trouva la cavalerie en garde commandée par les deux frères de Guise[3]. Cela chargea La Noue si vertement, qu'il trouva bien à propos le capitaine Normand, pource qu'avec peu de perte[4], il desmesla ceste retraicte. Là fut tué Monts[5], premier capitaine des gardes, et blessez les comtes de Saint-Aignan[6] et de Molevrier[7], Chemeraut[8] et Montigni[9]. Quelque ordon-

1. Dans la nuit qui précéda l'ouverture de la batterie, deux soldats gascons, un assiégé du haut des murs et un assiégeant du fond de la tranchée, nouèrent un plaisant colloque. Voyez le curieux récit de Brantôme, t. IV, p. 36.
2. Les batteries étaient de huit canons et de deux couleuvrines (La Popelinière, t. II, p. 135). Le *Rôle des canonniers et gens de mestier estant au camp devant la Rochelle* est daté du 22 février 1573 (F. fr., vol. 3240, f. 100).
3. Le duc de Guise et le marquis de Mayenne, son frère.
4. Il perdit un homme et eut deux blessés (La Popelinière, t. II, p. 135).
5. Lieutenant de la première compagnie du régiment de Strozzi. De Thou l'appelle Dumont (t. IV, p. 778).
6. Claude de Beauvillier, comte de Saint-Aignan, lieutenant du duc d'Alençon.
7. Charles-Robert de la Marck, comte de Maulevrier, frère du duc de Bouillon.
8. Émery de Barbezières, seigneur de Chemerault.
9. Charles de la Grange, seigneur de Montigny.

nance qu'eussent fait faire les ministres, La Noue, qui avoit gaigné crédit par tant de combats, fit redresser un parlement et, ayant pour hostages Strosse, le chevallier de Batteresse[1] et Mandreville[2], alla trouver Monsieur, avec les deux mesmes qu'on lui avoit adjoints la première fois. Monsieur, les ayant bien receus, n'adjousta rien aux premiers discours de Gadaigne, sinon quelques lettres de Languillier surprises, par lesquelles ils ne devoyent rien espérer en Angleterre, et que ceux de Montauban avoyent accepté les offres qu'on leur faisoit comme pleines d'équité[3]. Là-dessus, Monsieur tire La Noue à part et puis les autres, et comme ils revenoyent, sentans plus les pacifiques qu'ils n'estoyent partis, ceux de la ville prenoyent tousjours des résolutions plus fermes, desquelles La Noue, qui faisoit l'homme de guerre et le pacificateur, estant irrité, cerchoit la mort à toutes occasions.

Sur le soir du discours, à une grande escarmouche qui s'attaqua, le duc d'Aumale fut tué derrière un gabion percé[4], ce qui haussa encores le courage aux

1. Le capitaine Batteresse était chevalier de Malte et commissaire général des vivres.
2. Jean du Val, seigneur de Mandreville.
3. La nouvelle était fausse. Les habitants de Montauban s'étaient joints aux réformés de la Rochelle pour proposer la paix au roi à la condition de la liberté du nouveau culte et d'une amnistie générale (Pièce du 9 mars 1573; copie du temps; f. fr., vol. 15557, f. 20).
4. Le duc d'Aumale fut tué par un boulet de couleuvrine, à la fin de l'escarmouche, le 3 mars 1573. Voyez le récit de Brantôme, qui était présent (t. IV, p. 284). Cette mort produisit autant de consternation dans l'armée que de joie à la Rochelle, car le duc d'Aumale passait pour avoir été un des plus ardents aux massacres de la Saint-Barthélemy. On dit qu'il avait

assiégez. Dès ce temps-là, le comte de Rets commença à presser La Noue de la promesse faicte au roi, qui estoit de quitter les Rochelois, quand il les verroit hors le chemin de la paix. De là, en avant, La Noue commença de solliciter la reddition, dont advint que, se retirant du conseil, La Place[1], ministre et gentilhomme, poursuivant ce chevalier avec reproche jusques à son logis, lui donna un soufflet. Quelques gentilshommes des siens s'avançoyent à punir cest outrage ; mais lui les arresta et fit emmener ce vieillard à sa femme, la chargeant qu'elle eust soing de lui. Pour autres cholères pareilles, il fut puis après déposé du ministère. La Noue donc s'en alla[2] ; avec lui Roche-Esnard, Champagné et La Salle, et puis d'autres, qui prirent cest exemple à leur commodité.

Les assiégez, pour monstrer qu'ils estoyent plus irritez qu'estonnez, firent pendre tous les prisonniers accusez de la dernière intelligence[3], puis adjousterent

---

prédit qu'il mourrait à ce siège (Delayant, t. I, p. 269). M. Read a publié dans le *Tigre*, p. 96, des vers inédits sur la mort de ce prince.

1. Le ministre La Place, l'insulteur de La Noue, ne doit pas être confondu avec les ministres du même nom cités par Haag. Il était de Bordeaux, dit le chroniqueur Barbot, et, loin d'être gentilhomme, comme le dit d'Aubigné, il appartenait à une famille de basse extraction. Sa qualité de ministre lui avait fait épouser une demoiselle de Roulet (Arcère, t. I, p. 477).

2. La Noue se retira le 11 mars 1573. Cette date, inexactement donnée par La Popelinière et par plusieurs historiens, a été établie par Arcère, t. I, p. 481, note. Les *Mémoires de l'estat de France sous Charles IX* (t. II, f. 171 v°) confirment cette indication. Une longue lettre du duc d'Anjou au roi, du 23 mars, raconte l'accueil qui fut fait à ce capitaine au camp du roi (Minute ; f. fr., vol. 15557, f. 80).

3. Ces prisonniers étaient Jacques du Saux et ses complices.

pour conseil de guerre à leur maire Le Chaillou, Les Essars, avec les capitaines Normand, La Rivière et Gargouillaut[1]. La batterie continua par quatre jours[2], durant lesquels ils sceurent quelques nouvelles[3] du comte de Montgommeri et de Sancerre[4], qui avoyt desjà enduré trois assauts. Ils sortent à minuict, se jettent dans les tranchées, lesquelles ils enfilent assez loing. Là, Serillac, ci-devant blessé, fut tué[5], et Cosseins arresta ceux qui estoyent sortis avec nombre de noblesse et gens couverts. De mesme, le capitaine La Fonds donna, l'autre nuict[6], dans les tentes d'auprès de la ladrerie, et y tua quantité d'hommes de bonne maison. A ces deux fois, les assiégez perdirent quatorze hommes, et puis, voyans les tranchées et les logis

---

Ils furent pendus avant la retraite de La Noue, le 5 mars (*Mémoires de l'estat de France sous Charles IX*, t. II, f. 171).

1. L'adjonction de ces capitaines fut décidée le 12 mars 1573 (*Mémoires de l'estat de France sous Charles IX*, t. II, f. 172).

2. Le feu contre la Rochelle devait recommencer le 22 mars (Lettre de Cossé à Villars, du 21 mars 1573; orig., f. fr., vol. 3224, f. 66). D'après les *Mémoires de l'estat de France sous Charles IX*, t. II, f. 175, il ne reprit que le 28 mars, à une heure de l'après-midi.

3. Le 14 mars 1572, on apporta les lettres que le comte de Mongonmery et les députés d'Angleterre avaient adressées à la Rochelle le 16 février. Le comte annonçait son arrivée prochaine à la tête d'une flotte et la réussite de l'emprunt qu'il avait été chargé de négocier (*Mémoires de l'estat de France sous Charles IX*, t. II, f. 172 v°).

4. Le messager de Sancerre arriva le 15 mars (*Mémoires de l'estat de France sous Charles IX*, t. II, f. 172 v°). Sur le siège de Sancerre, voyez plus loin, chap. XII.

5. Serillac, blessé dans le combat du 21 février 1573, fut tué dans la nuit du 15 au 16 mars (De Thou).

6. Le 17 mars 1573 (*Mémoires de l'estat de France sous Charles IX*, t. II, f. 173).

d'artillerie avancez jusques vers le moulin de la Brande, ils firent encores une grande sortie, où ils mirent haut le cul tous les gabions, roulèrent quelques balles de laine vers eux, retardèrent le dessein de batterie vers la porte de Congne, laissent soixante des assiégeans morts sur la place et force blessez, entre ceux-là le comte de Rets[1]. Plusieurs commencèrent lors à se desrober de la ville, entr'autres Le Chaillou[2], pour les disputes qu'il avoit avec le maire, surtout pource qu'il tendoit à parlementer, de quoi il eut aussi dispute avec un Robert David[3], parlant pour le peuple, tousjours bandé à la fermeté. Les catholiques eurent bien tost relevé les tranchées rompues, si bien que, dans la fin de mars, les commissaires rapportèrent avoir tiré 14,745 coups de canon[4], tant à la tour d'Aix qu'aux deux tours du Chasteau et à la courtine d'entre-deux, comme aussi en ruine par la ville.

Il y eut une attaque du costé de Meaubec[5], pour gaigner les casemattes, mais cela fut vivement repoussé avec beaucoup de perte. Les assiégez aussi tirèrent un grand rempart derrière le bastion de l'Évangile, où

1. Vers le 16 ou 17 mars, il reçut, en descendant de la tranchée, un coup de mousquet dans le flanc gauche, au même endroit où Chavigny avait été blessé quelques jours auparavant (De Thou).

2. Le capitaine Le Chaillou passa dans le camp du roi le 26 mars 1573 (De Thou).

3. Robert David, qu'il ne faut pas confondre avec Jean David, qui avait été envoyé en Angleterre un peu avant le siège, appartenait à la même maison (Haag).

4. De Thou dit qu'on comptait douze mille huit cent quatre-vingt-dix coups de canon tirés contre la ville depuis le commencement de mars jusqu'au 26.

5. Maubec, porte de la Rochelle. Cette attaque eut lieu le 27 mars (Arcère, t. I, p. 485).

une mine creva sur six-vingts pionniers. Le lendemain[1], ayant eu charge de presser vers Tadon, comme la cavallerie s'y présenta, douze des assiégez leur font une charge ; l'aisné Lourie tué et son frère[2] pris. Dans la ville aussi se perdirent les capitaines Sauvage et Provençal ; Gargouilleau[3] fut mis en la place du premier.

De la ville sortoyent tousjours quelques soldats qui disoyent du pis qu'ils pouvoyent de l'armée ; se desroboyent force gens sans congé pour leurs incommoditez. L'un et l'autre furent cause à Monsieur de se résoudre aux grands efforts, tellement que les batteries commencèrent[4] à jouer sans relasche, battans depuis la vieille fontaine jusques à la tour d'Aix, et quant et quant le boulevard de l'Évangile, tout cela mis en ruine ; et de sept casemates, les unes abriées[5] de ruine ou aveuglées, et par ainsi n'y ayant plus de flancs, à l'abri d'un pont de bois de trente-six pieds de long, où marchoyent trois soldats de front, et puis des mantelets roulans, couverts de fer, tout le camp vint à l'assaut[6].

1. Le 28 mars 1573 (*Mémoires de l'estat de France sous Charles IX*, t. II, f. 174 v°).
2. Le s. de la Lourie était frère du s. de Guimenières. Il fut tué et Guimenières fut fait prisonnier (*Mémoires de l'estat de France sous Charles IX*, t. II, f. 175).
3. Louis Gargouilleau, capitaine huguenot, avait fait ses premières armes sous Puyviaut, au siège de Niort, et y avait été blessé. Il reprit les armes au commencement du siège et continua à guerroyer dans les provinces de l'ouest pendant tout le règne de Henri III. Il fut nommé maire de la Rochelle en 1588 (Haag).
4. Le feu contre la Rochelle recommença le 7 avril 1573 et dura toute la journée (Lettre du secrétaire Fizes à Villars, du 8 avril 1573 ; orig., f. fr., vol. 3224, f. 71).
5. *Abrier*, mettre à l'abri, abriter. *Abriées de ruine* signifie *abritées par des décombres*.
6. Cet assaut fut donné par l'armée catholique le 7 avril. Voyez

Ceux de la ville regaignent une casematte, puis voyans venir toute la noblesse et des princes à leurs testes, hommes et femmes ensemble s'encouragèrent, jettent de leurs meilleurs hommes dans le bastion, et, encor que toute la contr'escarpe fust en feu de coups de canon qui tiroit à fleur du rempart, c'estoit à qui iroit planter de meilleure grâce une arquebusade à descouvert jusques aux pieds ou porter un feu d'artifice tout froidement; le fossé tout en feu, les ducs de Nevers[1] et du Maine, Clermont et du Gast blessez; plusieurs armez bruslans dans leurs cuirasses. Il falut lascher le pied. La confusion qui se fit à entrer dans le fossé par les pertuis avoit bien esté préveue par le duc de Nevers, qui promettoit tousjours à Monsieur une mauvaise journée, s'il n'empeschoit les princes et les courtisans d'y donner.

Le duc de Guise, qui avoit rompu les deffenses, se trouva engagé en la ruine, couvert de feu et fit blesser le duc de Nevers en le secourant[2]. Il y eut un soldat qui, sur le poinct qu'un pan de muraille tomba, mit le nez jusque hors du rempart, où il trouva que les femmes et quelques ministres faisoyent jouer des feux d'artifices et entr'autres une pièce qu'ils appelloyent l'encensoir: c'estoit un mas qui tournoit sur un pivot et avoit une chaudière au long bout, duquel long bout on versoit le feu dans le milieu du fossé. Faut dire en passant que les canonniers de l'armée plusieurs fois

le récit des *Mémoires de l'estat de France sous Charles IX,* t. II, f. 233 v°.

1. Depuis la mort du duc d'Aumale, Ludovic de Gonzague, duc de Nevers, avait pris la direction des opérations militaires.

2. C'est-à-dire : Nevers fut blessé en le secourant.

coupèrent le pivot. C'est assaut ayant duré deux heures, demeurèrent sur la place du dedans soixante hommes, et, pour ce que sur la fin quelques uns, qui avoyent donné au bastion de l'Évangile, bien repoussez, l'avoyent pourtant recognu, où mesme Strosse, Bellegarde[1] et Chasteauvieux[2] furent blessez et Saint-Supplice[3] tué, ceux qui gardoyent le bastion, à l'ombre d'une grande fumée, retranchèrent; ce qui fut cause que le lendemain, en y pensant donner un assaut, on ne fit que le présenter. Tout cela fut faict dans le septiesme et huictiesme d'apvril[4].

Sur le dixiesme, Monsieur se résolut à mettre le tout pour le tout, commande au comte du Lude une attaque d'escalade par Tadon[5] et la porte des Moulins, à quoi Biron et Bajourdan[6] furent encore envoyez, l'un pour donner à la chaine au bas de la mer, l'autre à l'escalade[7]. Le premier, estant subject à la mer et ne

1. Roger de Saint-Lary, seigneur de Bellegarde, créé maréchal de France en 1574.
2. Joachim, seigneur de Château-Vieux en Bresse, depuis chevalier de l'ordre du Saint-Esprit.
3. Armand d'Ébrard, s. de Saint-Suplice, plus tard chevalier du Saint-Esprit.
4. Ces dates sont exactes. Le 7 et le 8 avril eurent lieu les deux premiers assauts contre la Rochelle.
5. Au commencement de février, Biron avait fait établir à Tadon un fort armé d'artillerie contre la ville (Lettre de Biron au duc d'Anjou, du 4 février 1573; orig., f. fr., vol. 15556, f. 280).
6. Simon de Bajourdan, frère cadet de Hugues de Bajourdan, dont d'Aubigné a mentionné la mort en 1562 (t. II, p. 96), était neveu du maréchal de Thermes. Il combattit à la défense de Poitiers en 1569 (t. III, p. 105), puis en Languedoc sous les ordres de Damville, et vivait encore en 1592 (*Mémoires du chev. d'Antras*, p. 159).
7. Simon de Bajourdan avait été renvoyé par le duc d'Anjou en Guyenne. Avant de recevoir l'ordre de rebrousser chemin, il

pouvant partir que de grand jour, receut dommage d'une barque couchée où s'estoyent mis des soldats. Ainsi Bajourdan fut renvoyé si rudement qu'il perdit soixante ou quatre-vingts hommes et ses eschelles, et les femmes et les goujats à qui, avec fort peu d'autres, ils avoyent eu afaire, allèrent despouiller les morts jusques à quatre cents pas de la ville[1].

Le principal effort fut au bastion de l'Évangile[2], mais la casematte, qui avoit resté, et la multitude des artifices renvoya tout sans grand effort. Ce jour-là, fut perte aux assiégeans de trois cents hommes. Le douziesme, on approcha le bastion pied à pied, et les quatre jours d'après furent tous de grande batterie. Voilà une mine preste sous le bastion qui, joué, fait mourir neuf de ceux du dedans[3], entre ceux-là un ministre[4], et, pour n'avoir pas esté la poudre bien dispensée ni logée, la terre enlevée accabla deux cents hommes dans le fossé des plus choisis de l'armée. L'assaut ne laisse pas de se donner[5], mais un retranchement de six pieds en œuvre et l'opiniastre deffense renvoyèrent tout cela. Encores avoyent-ils fait un pertuis au retranchement pour faire des sorties, comme ils firent. Les femmes, les premières, qui tuèrent dans

---

arriva au camp de la Rochelle le 1er avril 1573 (Lettre de Fizes à Villars de cette date; orig., f. fr., vol. 3224, f. 69).

1. Troisième assaut, 10 avril 1573. Voyez le beau récit des *Mémoires de l'estat de France sous Charles IX*, t. II, f. 234 v°.

2. Assaut du fort de l'Évangile, 12 avril 1573 (*Mémoires de l'estat de France sous Charles IX*, t. II, f. 235 v°).

3. Entre autres les s. des Mortiers, des Grosles, Rouflac, Talmand et deux soldats (*Mémoires de l'estat de France*, t. II, f. 236).

4. Son nom était Vincent (*Mémoires de l'estat de France*, t. II, f. 236).

5. Quatrième assaut, 14 avril 1573.

le fossé plusieurs se retirant de l'assaut, blessèrent Savaillan et La Bastide; et elles mesmes mirent le feu au pont et mantelets. Là fut blessé à mort, du dedans, La Musse. Le quinziesme, se fit une petite sortie sur les pionniers. Le seiziesme[1], une autre par le trou que nous avons dit. Deux jours après, furent tuez Cosseins[2] et Scipion[3], cestui-ci travaillant à deffaire ce qu'il avoit faict. Nous vous avons fait cognoistre l'autre à la Sainct-Barthélemi; ses domestiques nous ont conté d'estranges propos à sa mort[4].

Chapitre XI[5].

Achèvement du siège et commencement de la paix.

Sur ces difficiles besongnes, parut[6] l'armée[7] du

1. La sortie du 16 coûta la vie au capitaine La Musse (Delayant, t. I, p. 276).
2. Cosseins, l'un des meurtriers de Coligny, mestre de camp d'un des régiments français de la garde du roi, fut frappé, à l'assaut du 18 avril, d'une arquebusade dont il mourut (La Popelinière, t. II, p. 143). Voyez le récit et les détails que Brantôme donne sur la mort de ce capitaine (t. VI, p. 68 et suiv.).
3. Scipion Vergano fut tué dans la tranchée quelques minutes après Cosseins, le 18 avril (Arcère, t. I, p. 495).
4. D'Aubigné fait peut-être allusion aux paroles du roi sur la mort de Cosseins. Charles IX, comparant l'antique valeur de ce capitaine à sa faiblesse pendant le siège de la Rochelle, dit qu'il n'avait montré « non plus de cœur qu'une putain. » Ces mots sévères furent relevés par les courtisans (Brantôme, t. VI, p. 70).
5. Le numéro et l'en-tête du chapitre manquent à l'édit. de 1618.
6. Le 19 avril 1573. Elle arriva à une heure de l'après-midi, selon les *Mémoires de l'estat de France;* vers les deux heures, selon La Popelinière; vers les quatre heures du soir, suivant les lettres du roi publiées dans les additions de Le Laboureur aux *Mémoires de Castelnau* (Arcère, t. I, p. 496, note).
7. On comptait parmi les officiers français le capitaine Lorges,

comte de Montgommeri, composée de cinquante trois vaisseaux, dont il y en avoit douze de charge. Tous les autres, horsmis l'amiral, nommé la Prime-Rose, et celui où estoit son gendre Champernon[1], estoyent tous de soixante tonneaux[2] pour le plus; et, parmi ceux-là, plus de la moitié barques françoises qu'on avoit envoyées solliciter le secours ou qui, pensans retourner à la Rochelle, l'avoyent trouvée bloquée. En tout cela, pas une pièce de bronze, mais tous vertueils[3], tous pauvrement équippez, comme estans des deniers des réfugiez, ou empruntez par les envoyez de la Rochelle. La cause pourquoi ils estoyent en si piteux estat fut que le conseil de la roine Élizabeth l'intimida, comme estant rempli de catholiques, et mesme l'amiral Clinton avoit envoyé Olestat[4] desgraisser les navires qui faisoyent la guerre pour la cause, les despouillans de deux millions d'or qu'on disoyent qu'ils avoyent gaignez. Il y avoit dix-huict cents hommes dans l'armée, moitié matelots.

Les Rochelois, à la veuë de leur secours, despeschent le capitaine Mirande avec une galliotte bien accommodée, qui passa hazardeusement aux coups de canon

---

fils de Mongommery, Languillier, Berre le jeune, Pajet, Maisonfleur, La Meausse, Les Mansonnières et Nepinville (Arcère, t. I, p. 196).

1. Champernon, amiral anglais, avait épousé Roberte de Lorges, fille de Mongonmery et d'Élisabeth de la Tousche.

2. La Popelinière dit qu'ils étaient de trois à quatre cents tonneaux (t. II, p. 148 v°).

3. *Verteil, vertueil,* petite pièce d'artillerie.

4. Christophe Olstoc, contrôleur de la marine anglaise, plusieurs fois cité dans la *Correspondance de La Mothe-Fénelon*. Voy. notamment t. I, p. 160.

de la Caraque, du prince et autres navires qui faisoyent palissade d'une coste à l'autre.

Le soir, les galères firent la bien-venue à coups de canon[1]; le vent changeant, si fit aussi le dessein de Montgommeri, qui s'en retourna à Belle-Isle[2], espérant s'y fortifier.

L'ambassadeur en Angleterre s'estant pleint de ceste flotte, partie des hâvres de Cornuaille, la roine les désavoua et déclara pirates, priant le roi, s'ils tomboyent en ses mains, de les traicter comme tels, encores qu'il y eust quelque noblesse de bonne maison angloise qui accompagna Champernon[3]. Mirande avoit à dire au comte que, l'armée de Monsieur s'estant mieux montée de navires et galères, fournies d'autres artilleries et ayant des hommes à plaisir, desquels ils avoyent rempli quatorze navires qui estoyent chargez de sel et que le comte eust bien pris s'il eust voulu, les costes garnies de pièces avantageuses, et mesmes Monsieur pouvant flanquer son armée de toute la palissade, ils n'estoyent pas d'advis qu'ils se hazardassent à ces désadvantages, mais seulement qu'ils leur fissent tenir quelques poudres et autres nécessitez par voyes desrobées. Voilà ce que quelques uns disent pour le retour du comte; les autres, qu'il pouvoit tout empor-

---

1. Une lettre du secrétaire Fizes à la reine mère, en date du 20 avril 1573, raconte avec détails cette bataille navale (Bibl. de l'Institut, coll. Godefroy, vol. 256, f. 107).

2. Ile située à l'embouchure de la Loire. Voyez la description qu'en donne La Popelinière (t. II, p. 153).

3. D'Aubigné sur ce point était bien informé. Voyez les correspondances diplomatiques publiées par Le Laboureur à la suite des *Mémoires de Castelnau*, t. III, p. 265, in-fol.

ter d'abordade avant que Monsieur eust fait entrer à bord la fleur de son armée.

Le vingt-troisiesme d'apvril, après une batterie en ruine, Ouarti et Vaux, frère des Essarts, vindrent demander à parlementer[1] à la porte de Congne. Le baillif, les Essarts et le ministre de Nort sortirent. Comme ils achevoyent leur discours, on met le feu à la mine qui estoit sous le boulevard de l'Évangile. La terre couvrit des uns et des autres. On va à l'assaut, favorisé de deux cents coups de canon. Les premiers arrestez, le reste tourna visage. Le lendemain, la batterie continuée pour empescher qu'on n'ouïst les pionniers qui minoyent vers le milieu du bastion. Le vingt septiesme, le comte du Lude fait donner un assaut à Tadon, bien donné, et le terrier gagné jusques au haut de l'escarpe. Le vingt huitiesme, la batterie plus furieuse que jamais au bastion de l'Évangile; nouvelles coulevrines mises sur la caraque pour accompagner ceste batterie; on trie de toute l'armée pour un assaut; la moitié du bastion est emportée par la mine; il y eut cinq rafraichissemens d'assaut qui combatirent chacun une heure. Là, les femmes prindrent les armes de leurs maris, blessez ou las, soustindrent les derniers combats. Un petit logement que le capitaine Bobineau[2] avoit fait au fossé fit grand dommage aux assaillans; mesmes on vint aux mains dedans les mines avec lances à feu, le pistolet et l'espée, et à ce jeu se trouvèrent plusieurs femmes. Cest assaut repoussé haussa fort les

1. De Thou dit que c'est le 25 avril qu'ils demandèrent une conférence de la part du duc d'Anjou (t. IV, p. 789).
2. Bobineau, capitaine d'une compagnie bourgeoise et commandant d'un fort (De Thou).

courages des uns et attiédit ceux des autres, et, au lieu qu'au commencement du siège plusieurs sortoyent dehors et peu se jettoyent dedans, la chance estoit tournée ; entr'autres deux gentilshommes Xainctongeois, faussans un corps de garde en plein midi, en l'eau jusques au ventre des chevaux, passèrent à la porte des deux moulins. Par eux les Rochelois sceurent comme Royan avoit esté pris, et aussi tost quitté par Campet[1], sauvé de prison.

Le dernier d'avril, les assiégez sortis prindrent un fort tout contre le bastion de l'Évangile, que Clermont Tallard avoit pris et gardé jusques lors. Ayans tué tout ce qui estoit dedans, ils l'ouvrirent du costé de la ville pour le quitter. En huict ou dix jours il ne se fit rien que quelques feux artificiels pour brusler un cavallier des assiégeans, et, le pourparlé de la paix n'estant point interrompu, la noblesse du dedans envoya[2] ses demandes à Monsieur, et les receut par Oüarti ; le propos remis à trois jours. Cependant on fit encores sauter une mine, où les soldats ne firent plus que bransler la queue, quoy que Strosse et le Gast se missent à leurs testes. La nuict du neufiesme, ceux de dedans, ayans contreminé, firent quitter le corps de garde de la mine, qu'ils gardèrent jusques à dix heures du matin ; mais, les canonnades remplissans tout de terre, ils le quittèrent.

1. Pierre de Campet, baron de Saujon, avait été fait prisonnier par Biron (Brantôme, t. V, p. 150). Il s'échappa des prisons de Niort, leva une troupe de soudards et surprit la ville de Royan (avril 1573).
2. Requête des gentilshommes de la Rochelle au duc d'Anjou, mercredi 6 mai 1573 (*Mémoires de l'estat de France*, t. II, f. 269 v°).

Le dixiesme, sur la diane, une sortie par la porte des deux moulins, avec six vingts arquebusiers, tailla en pièce ce qui estoit dans la tranchée de la Corderie. Biron, allant pour y remédier, receut une arquebusade en la cuisse, estant près de la contr'escarpe. Le peuple, appellé au boulevard de l'Évangile, ouyt lire les articles de Monsieur[1], et les renvoya. Monsieur, estant pressé par la venue du secrétaire Pinard[2] de faire une fin ou autre, cela sans préjudice des sorties ; car sur le soir quatre cents arquebusiers et cinquante chevaux sortirent par la porte de Maubec, donnèrent dans les maisons ruinées de Congne. Les catholiques, comme se vengeans, donnèrent une heure avant jour si brusquement sur le haut du boulevard de l'Évangile qu'ils chassèrent la garde, se contentèrent du drapeau[3] de La Rivière faute d'être suivis. Et le troisiesme, voulans essayer le mesme heur suivis comme il faloit, ils montèrent à la bresche de la vieille fontaine, qu'ils trouvèrent bien garnie, et se falut retirer. Deux jours après les assiégez donnèrent de résolution à brusler le pont, où ayans pris le vent à propos et porté quantité d'artifices, après avoir donné résoluement et fait abandonner la besongne, la fumée empescha ceux

1. Ces articles, dit Arcère d'après les manuscrits de Caurian, étaient la répétition des propositions du roi apportées par l'abbé de Gadagne (Arcère, t. II, p. 508).

2. Claude Pinart, né à Blois, secrétaire du maréchal de Saint-André, puis secrétaire du roi, dès finances, et enfin secrétaire d'État, de 1570 à 1588, fut l'un des agents les plus employés par Charles IX et Henri III, et surtout par Catherine de Médicis. Il mourut le 14 septembre 1605. On trouve un récit de sa vie dans le vol. 19603 du fonds français.

3. Ce fut Sainte-Colombe qui prit, le 11 mai 1573, le drapeau de La Rivière de Lys (De Thou).

qui y vouloyent redonner; et sur la fin un autre grand effort leur donna moyen d'achever d'un autre costé. En mesme temps il y eut quelque légère escarmouche pour empescher le povre peuple de pescher[1].

En fin à la mi-may[2], le huictiesme assaut se donna au bastion de l'Évangile, bien assailli, mieux défendu, les trois rafraichissemens commandez par Goas, Saincte-Colombe et le capitaine Stephe[3], qui y perdit la cuisse, Saincte-Colombe fort blessé. Entre les morts demeura Renchère, parent du duc de Nevers. De la ville se perdit Berger-Beaulieu[4], qui avoit acquis beaucoup d'honneur au siège. Les jours suivans se passèrent en canonnades pour raser un moineau qu'ils avoyent avancé de la courtine. Les assiégez ne perdoyent plus de coups au loing, sentans la défaillance de leurs poudres. Cela faisoit pourmener les courtisans privément jusques auprès des contr'escarpes. Le comte de Montgommeri, sur la demande que lui avoyent faite les Rochelois, avoit despesché[5] le capitaine La Meausse[6]

---

1. Les *Mémoires de l'estat de France sous Charles IX* (t. II, f. 270 v°) expliquent cette phrase. La famine croissant chaque jour à la Rochelle, le pauvre peuple se répandait sur la plage et ramassait pour sa nourriture les coquillages que la mer y déposait. Ces récoltes furent l'occasion de mainte escarmouche. Voyez à la fin du chapitre.

2. Huitième assaut de la Rochelle, 17 mai 1573 (Arcère, t. I, p. 510).

3. Étienne Castriotto, capitaine italien, originaire du duché d'Urbin, que Amos Barbot appelle *Stepha* (Arcère, t. I, p. 510).

4. Le seigneur du Verger-Beaulieu, capitaine huguenot, originaire du Poitou, reçut une arquebusade au-dessous de l'ombilic, le 15 mai, et mourut le même jour (*Mémoires de l'estat de France sous Charles IX*, t. II, f. 271).

5. Le 20 mai 1573 (*Mémoires de l'estat de France*, t. II, f. 271 v°).

6. Le capitaine La Meausse amenait d'Angleterre au secours de

avec cinq barques chargées de poudre et autres commoditez; mais, n'ayans ni vent ni autre moyen de passer avec cela, le capitaine Arnaud[1], avec sept hommes, en un vaisseau de trente cinq tonneaux, contrefit le pescheur, n'ayant que son haut bourset et la misène défrelée[2]. Comme ceux de la Caraque lui commandèrent d'amener, et qu'il se vid à l'endroit des pertuis de la palissade, il abbat et amure sa grande voile tout d'un coup, et, hinsant la civadière, le vent n'afraichit pas assez, il fait prendre les rames à six hommes qu'il avoit, beut toutes les canonnades en avant et les arquebusades de six pas au passer, et, lui seul blessé d'une arquebusade à un bras, gaigna le havre.

La nuict, les habitans firent rouler force chariots pour faire entendre qu'ils remplissoyent leurs magasins, et, ayans distribué de la poudre aux compagnons, leur permirent de tirer de plus loing. Là furent empoignez les pourmeneurs, entr'autres Pouillac[3] qui tiroit des passades à la veue de la ville et Puygaillard en passant. Alors commencèrent en l'armée les dissente-

---

la ville une flottille de cinq vaisseaux chargés de munitions (*Chronique de Barbot*, citée par Arcère, t. I, p. 511).

1. Arnauld du Halde, pilote.

2. Ces expressions techniques signifient que Arnaud amena ses voiles pour faire croire aux croiseurs qu'il n'avait pas l'intention d'entrer dans le port.

3. Le capitaine Pauillac se promenait « sur un cheval au poil « de chastaigne, estant suivy de six pages et quatre laquais. » Un soldat rochelais, appelé le Gascon, de la compagnie de Saint-Estienne, armé d'une arquebuse de chasse de cinq pieds de long, « luy donna un coup de balle duquel il tomba à terre mort après « que son cheval eust fait quatre pas. » (*Mémoires de l'estat de France sous Charles IX*, t. II, f. 272.)

ries et les soldats sans paye n'estoyent plus pensez. Ils guettoyent les seigneurs en passant pour monstrer les vers dans leurs playes. Mais il s'y mit encor une pire maladie que tout cela : ce fut trois partialitez de fidèles, qui maintenoyent la Saint-Barthélemi bien faicte ; mal contents, qui blasmoyent ces choses et l'estat ; nouveaux, c'estoyent les révoltez de leur religion. Les deux derniers commencèrent dès lors à parler ensemble ; les mal contents apprenoyent à ces nouveaux que, la Rochelle estant prise, on les feroit tous mourir, et que les Jésuites, qui commençoyent lors à avoir crédit, disoyent à l'oreille : « Sauvez-vous un parricide, un voleur et un traistre, pour dire qu'il ne veut plus estre cela? Et les hérétiques qui ont volé le prophane et le sacré, parricides d'avoir esgorgé en tant qu'ils ont peu l'Église leur mère, traistres à leur roi et patrie, est-il dit qu'ils en seront quittes pour faire semblant qu'ils n'y voudront plus toucher? » Telles procédures remplirent l'armée de menées. Plusieurs de ma cognoissance furent envoyez en Gascongne pour faire r'allier nombre de noblesse sous Langoiran[1] ; en Xainctonge, avec le vicomte d'Aubeterre[2] et Campet. Le lieutenant La Haye[3] travaillant dès lors en Poictou,

---

1. Guy de Montferrand, dit Langoiran, frère cadet de Charles de Montferrand, était un des chefs de la réforme en Guyenne.

2. François Bouchard, vicomte d'Aubeterre, gentilhomme huguenot, avait pris les armes et tenté un coup de main sur Libourne (Procès-verbal daté du 3 octobre 1572 ; copie du temps, f. fr., vol. 15555, f. 142). Montferrand demanda des ordres et des forces au duc d'Anjou pour réprimer cette rébellion (Lettre du 27 janvier 1573 ; orig., f. fr., vol. 15556, f. 184). D'Aubeterre fit bientôt sa soumission (Lettre à Monluc du 16 juin ; ibid., f. 72).

3. Jean de la Haye, baron des Coutaulx, lieutenant général en

le duc d'Alençon fut alléché pour se faire chef[1]. Le prince de Condé n'en parloit que trop haut, le roi de Navarre plus retenu. Ils en vindrent à mettre leur picquet sur le retour du comte de Montgommeri, promis aux Rochelois par le capitaine Arnault et depuis par une despesche de Languillier.

L'armée des Suisses[2] dès longtemps attendus[3], mit de l'eau dans le vin des entrepreneurs. Comme on les alloit loger à Ronçai et à Nestré[4], plusieurs, qui estoyent de garde, voulurent voir[5] ce nouveau secours.

la sénéchaussée de Poitou et siège présidial de Poitiers, auteur des *Mémoires et recherches de France et de la Gaule Aquitanique*, in-8°, 1581.

1. D'Aubigné parle ici de la formation du tiers parti, dit *Politique*, qui s'organisa en effet pendant le siège de la Rochelle (*Mémoires de Bouillon*, édit. Buchon, p. 387 et suiv.). Ce parti repoussait le fanatisme des deux partis et reconnaissait le duc d'Alençon, François de Valois, pour chef nominal. La maladie de Charles IX, dès lors réputée incurable, et le prochain départ de Henri III pour la Pologne, donnaient à la conjuration des Politiques le trône de France comme objectif. Sur les débuts de ce parti voyez les *Mémoires de l'estat de France sous Charles IX*, t. II, et de Thou, liv. LVI.

2. Depuis le commencement du siège, Pompone de Bellièvre, ambassadeur en Suisse, négociait auprès des cantons catholiques une levée de six mille hommes (11 novembre 1572; f. fr., vol. 15902, f. 194). Ce secours, pendant la durée du siège, fut plusieurs fois contremandé et redemandé suivant que les chances de paix prenaient plus ou moins de consistance. Le vol. 15902 du fonds français, qui contient une partie de la correspondance de Bellièvre, est rempli de cette négociation.

3. Une lettre de Tavannes au roi, du 10 avril 1573, lui apprend l'arrivée des Suisses à Saint-Jean-de-Losne (Orig., V^c de Colbert, vol. 7, f. 487).

4. Rompsay et Aytré, villages aux portes de la Rochelle. Les Suisses arrivèrent le 23 mai 1573 (Arcère, t. I, p. 512).

5. Les soldats du camp accoururent fort loin à leur rencontre,

Ceux de la ville advertis font sortie, rompent tous les premiers corps de garde, mettent en fuite tout ce qui estoit aux tranchées jusques à la Fonds, perdent vingt hommes à leur retraicte pour la faire trop glorieusement à la teste de toute la noblesse; perdirent entre ceux-là Maronnière[1] et le capitaine Bobineau auparavant. Mais ils laissèrent dans les tranchées, le ventre en sus, quatre cents de ceux qui avoyent courage, emportèrent neuf enseignes, desquelles ils n'oublièrent pas à parer leurs remparts le lendemain[2]. De cela Monsieur, plus irrité que jamais, se résout de garnir de mines toute la courtine, qui va de la vieille fontaine jusqu'au bastion de l'Évangile. Pour ce faire il falut raser à bon escient les petites casemattes qu'on regaignoit et perdoit quelquesfois. Mais on ne pouvoit, par les trous du fossé, tirer à celle qui estoit vers Congne, sinon quelques arquebusades de la contr'escarpe, qui n'empeschèrent point que les assiégez, possédans la moitié du fossé, n'y amenassent une bastarde et une moyenne, desquelles ils battoyent les approches qu'on faisoit au bastion.

Le vingt-deuxiesme[3], on fait marcher les Suisses, non sans perdre des gens au passage; on met le feu

---

« comme si jamais on n'avoit vu Suisse, dit Brantôme, qui fut la « plus sotte curiosité qui fût jamais » (Brantôme, t. V, p. 323).

1. La Maronière, gentilhomme du Poitou, mourut deux jours après. Ce combat se livra le 23 mai (*Mémoires de l'estat de France sous Charles IX,* t. II, f. 272).

2. Brantôme, qui eut une entrevue avec les Rochelais le lendemain, chercha vainement à les dissuader de cette fanfaronnade pour ne pas exaspérer le duc d'Anjou.

3. Le 26 mai 1573, d'après tous les historiens. Les Suisses n'étaient arrivés que le 23 mai.

à la grande mine, laquelle, pour n'estre pas encores assez grande, laissa des avances aux deux bouts qui servirent de flanc. On marche à l'assaut. Le Gast en eut la poincte[1]. Strosse le soustenoit avec trente capitaines qui avoyent juré de faire merveilles. Un gros de noblesse suivoit après, mené par le prince de Condé et le duc de Longueville. A la dernière troupe marchoyent le duc de Guise et le chevalier de France[2]. Par cinq fois l'assaut fut repris, y ayant dispute entre les hommes et les femmes de la ville à qui monstreroit plus de courage. Après la perte de quelques uns de ces capitaines choisis de Goas, qui avoit fait la guerre long temps sans être blessé, et de trois cents des meilleurs soldats de l'armée, il se fallut retirer; les deffenseurs quittes pour vingt-cinq hommes, et entre ceux-là d'un capitaine en chef[3]. Le comte du Lude ne manqua pas en mesme temps de donner l'escalade vers Tadon, prit et garda quelque temps le vaisseau eschoué auprès de la chaine, de quoi nous avons parlé.

Depuis cest assaut, les assiégeans, ne cerchans plus qu'à se deffaire honnestement d'une si fascheuse besongne, le canon seul travaillant pour faire mine de siège, la nouvelle d'élection de Monsieur pour le faire roi de Polongne[4] arrive. Il se sauva de la ville un capitaine Brave[5], pour avoir esté mal mené du nou-

1. *La pointe,* le premier rang.
2. Le chevalier d'Angoulême, nommé plus haut, fils de Henri II.
3. Le capitaine Blaise, un des meilleurs officiers des assiégés (De Thou).
4. Voyez plus loin, chap. I du livre VII.
5. Le capitaine Brave, lieutenant de la compagnie de La Rivière-le-Lys, passa dans les rangs des catholiques, le 5 juin 1573, sous prétexte de parlementer (*Mém. de l'estat de France sous Charles IX,*

veau maire nommé Maurisson[1]. Cela mit du soupçon dans la ville, pource que les gros avoyent gaigné les plus affamez à présenter une requeste, le siège d'ailleurs estant refroidi. Et le roi, bien adverti, envoya Villeroi[2], secrétaire d'estat, pour faire la composition le plus commodément et honnestement que faire se pourroit. Pour donc induire à cela et faire mieux, on fait nouvelles mines, les plus grands navires chargez d'artillerie s'approchans pour favoriser un assaut. Ceste mine joua fort bien, fit grand bresche et remplit le fossé. Plus de cent gentilhommes montèrent sur le rempart de la vieille fontaine, mais, voyans au dedans un grand retranchement bien flanqué, et que le peuple donnoit à eux la teste baissée, ils prirent parti du retour, emportans Bussi[3] et Jule Centurion[4], blessez, et peu d'autres[5].

Quant au duc de Guise, qui avoit donné au bastion de l'Évangile, quelque peu de noblesse le suivoit, mais les gens de pied ne voulurent point sortir de leurs tranchées. Pour punition de quoi, Monsieur cassa honteusement maistres de camp et capitaines, jusques

---

t. II, f. 274 v°). Brave était originaire de Niort et fut tué dans les rangs des catholiques au siège de Fontenay, le 31 août 1574 (*Journal de Généroux*, p. 125).

1. Jean Morisson, maire de la Rochelle, mort le 2 juillet 1573. Mignonneau, qui avait été nommé avec lui, lui succéda.

2. Nicolas de Neufville, seigneur de Villeroy, né en 1542, mort à Rouen le 12 novembre 1617. Il succéda dans la charge de secrétaire d'état à son beau-père Claude de l'Aubespine.

3. Louis de Clermont d'Amboise, s. de Bussy, était alors premier gentilhomme du duc d'Anjou.

4. Jules Centurion, capitaine génois.

5. Cet assaut fut donné le 12 juin (*Mémoires de l'estat de France sous Charles IX*, t. II, f. 275 v°).

à soixante compagnies, mettant les Suisses en leurs gardes.

On avoit des députez de Montauban avec La Noue, pour faire parler les Rochelois. Il n'y eut autre response sinon qu'ils feroyent tout, ayans les consciences, vies et biens bien asseurez. Lors, la peste s'adjousta aux autres maux de l'armée, sur tout dans les navires, où mourut le vicomte d'Usas[1], y ayant commandement. Monsieur, se pourmenant avec son frère et le roi de Navarre, faillit à estre tué[2] dans le fossé, d'une meschante pièce chergée de dragée. Mais Vins[3] se jetta au devant de lui, si bien qu'il n'eut que quelques rifflades au col, à la main gauche et à la cuisse; mais son écran, Vins, en eut par la hanche, qu'on creut avoir esté guairi par enchantement. Et puis, bien qu'on fist jouer une mine à la vieille fontaine et qu'on commençast une batterie nouvelle à la porte Sainct Nicolas[4], tout cela ne fut que pour haster le parlement où se trouvèrent les comtes de Suze[5], de Rets et de la

---

1. Louis de Lur, vicomte d'Uza, lieutenant de l'amiral de France, marquis de Villars, était arrivé sous les murs de la Rochelle, le 19 février 1573 (Lettre du duc d'Anjou au roi, du 21 février; f. fr., nouv. acquis., vol. 6003, f. 84). L'auteur de la *Notice généal. sur la maison de Lur* (Bordeaux, 1855, in-8°) a publié plusieurs lettres du roi adressées à ce capitaine. Il fut tué à l'âge de trente-huit ans, vers le 19 juin 1573 (Lettre du baron de la Garde à Villars; f. fr., vol. 3224, f. 95).

2. Le duc d'Anjou fut très légèrement atteint par une arquebusade et eut « seulement la peau un peu froissée. » 14 juin 1573 (Arcère, t. I, p. 520). Une lettre du roi à Damville, du 18 juin 1573, donne quelques détails (Orig., f. fr., vol. 3245, f. 74).

3. Le s. de Vins, gentilhomme provençal, écuyer du duc d'Anjou.

4. Vers le 27 mai, d'après La Popelinière (t. II, p. 174 v°).

5. François de la Baume, comte de Suze.

Vaugion[1], Montluc, Villecler, Biron et Malicorne[2], ausquels on adjoint depuis La Noue et Villeroi. D'autre costé, le baillif Gargouilleau et les députez de Montauban et de Nismes s'assemblèrent et tombèrent d'accord des articles que nous vous donnerons à la fin du livre[3].

Ce chapitre nous donnera encores la petite merveille sur laquelle plusieurs ont cerché des causes naturelles, c'est que, sur la grande nécessité des Rochelois, le Havre fut rempli d'une monstrueuse quantité de sourdons et petoncles[4], ce qu'on n'avoit jamais veu en ce lieu et dont les réformez ont encores les tableaux en leurs maisons pour mémoire comme d'un miracle. Ce peuple accoustumé à courir pour s'en munir sur les vases, quelques soldats de l'armée avoyent empoigné des femmes qu'ils forcèrent durant le parlement. Mais elles y coururent en grand nombre; et parmi elles y en avoit de barbues, qui avoyent caché les armes sous la cotte. Celles-là, rangeans le long de la coste, ne faillirent pas de voir donner à la trouppe les plus eschauffez, ni aussi de leur coupper chemin et les guérir de leurs chaleurs.

1. Jean d'Escars, s. de la Vauguyon.
2. Jean de Chourses, s. de Malicorne.
3. Les négociations avaient commencé le 15 juin 1573 et durèrent jusqu'aux premiers jours de juillet. Arcère les a racontées avec détails (t. I, p. 520 et suiv.). La capitulation fut signée le 10 juillet et publiée le 12 à la Rochelle. Le 13, les députés de la ville prêtèrent serment entre les mains du duc d'Anjou (Ibid., p. 527). Voyez les notes du chap. xx.
4. *Sourdons, petoncles*, sortes d'huîtres et de coquillages. Les *Mémoires de l'estat de France sous Charles IX* les appellent *sourdons, moufles et pallourdes* (t. II, f. 270 v°).

Chapitre XII.

De Sancerre.

Mais j'entends Sancerre qui crie après nous, où Jouanneau, vigilant contre les surprises, fut très paresseux à faire les magasins de vivres et à ruiner les lieux qui leur nuisoyent, homme plein de fast, qui se mocquoit des advis, estouffoit tous les conseils qu'on lui portoit, branlant la teste, et, par morgue d'authorité, se mocquant de ceux qui vouloyent qu'on assiégeroit la Rochelle et Sancerre ensemble, et, par apparence de piété, ne vouloyent point prendre les bleds des voisins. Au commencement de janvier[1], parurent deux compagnies[2], au devant desquelles les capitaines La Fleur et La Pierre[3] se présentèrent à leur avantage, et l'armée, s'avançant peu à peu sur le dixiesme du mois, prit son logis à Saint-Satur, Menestreuil[4], Che-

---

1. Le 3 janvier 1573, la compagnie du comte de Brienne parut sous les murs de Sancerre (La Popelinière, t. II, f. 126 v°). — Le vendredi 9 janvier, « à trois heures après-midi, deux esca- « drons de cavalerie parurent sur la Cresle, qui est une montagne « à un quart de lieue de Sancerre, du côté du septentrion » (*Relation du siège de Sancerre* par Jean de Léry, in-8°, 1842, p. 68).

2. La compagnie de Jean de Luxembourg, comte de Brienne, et une autre compagnie de cavalerie firent halte sur le chemin de Bourges (La Popelinière, t. II, p. 126 v°). La *Relation du siège de Sancerre* de Jean de Léry rapporte que La Chastre était accompagné de dix-sept à dix-huit compagnies pouvant monter à quatre mille hommes (p. 9).

3. Le capitaine La Pierre avait fait partie de l'expédition de Mons peu avant la Saint-Barthélemy sous les ordres de Genlis d'Yvoy. (*Relation de Jean de Léry*, p. 67.)

4. Ménétréol, Bué, Saint-Satur, Verdigny, Tandenay, Sury, villages du département du Cher autour de Sancerre.

venier, Verdigni, Fontenai, Duri, Buc et autres villages. L'armée estoit de cinq mil hommes de pied, à qui Sarriou[1] donnoit le mot comme estant le reste nouvelles compagnies de cavallerie. Il n'y avoit point plus de six cents chevaux, n'y ayant que les quatre compagnies de gens d'armes de la Chastre, Brienne[2], Torci[3] et Rostin[4]. Le reste estoyent petites troupes faictes par les gentilshommes du pays, comme Menou[5], Montigni[6] et Vitri[7]. Ce qui estoit de plus avantageux à l'armée estoyent dix-sept compagnies de pionniers, portans la livrée des villes qui les avoyent envoyez. 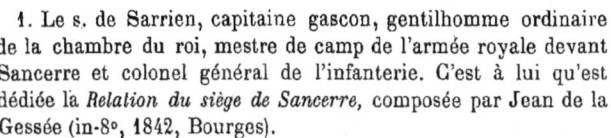 Lors se rendirent dans la ville tous ceux d'alentour qui s'estoyent résolus à y endurer le siège. Et les habitans, n'ayans plus rien à attendre de nouveau, partagèrent deux compagnies, donnèrent au capitaine Martineau[8] les habitans, qui firent monstre de trois cents cin-

---

1. Le s. de Sarrien, capitaine gascon, gentilhomme ordinaire de la chambre du roi, mestre de camp de l'armée royale devant Sancerre et colonel général de l'infanterie. C'est à lui qu'est dédiée la *Relation du siège de Sancerre,* composée par Jean de la Gessée (in-8°, 1842, Bourges).
2. Jean de Luxembourg, comte de Brienne.
3. Jean de Blosset, s. de Torsy.
4. Tristan de Rosteing.
5. Le s. de Menou, gentilhomme du Nivernais.
6. Charles de la Grange, seigneur de Montigny, de Vèvre et d'Humbligny, gentilhomme ordinaire du roi, avait été chargé, au mois de septembre précédent, par le s. de la Chastre, d'entrer en négociations avec les habitants de Sancerre et de leur remettre les sommations du roi, du 3 septembre 1572 (*Relation de Léry*).
7. François de l'Hospital, s. de Vitry, ou son fils Louis de l'Hospital, marquis de Vitry, gouverneur de Meaux, d'abord ligueur acharné, puis serviteur fidèle de Henri IV.
8. Martineau était le capitaine Martignon, fils de Louis de Martignon, que d'Aubigné cite plus bas (*Ibid.*, p. 63).

quante arquebusiers, et cent fondes[1]. Les réfugiez firent cinq petites compagnies sous les capitaines Montauban[2], Le Buisson[3], Aubigni, Paquelon[4] et d'Orival[5]. Ce qu'il y avoit de gens de cheval obéissoit à La Fleur[6]; Martignon[7] le père, sergent-major.

La ville ainsi préparée fut sommée le treiziesme de janvier. Au commencement de mars[8], commencèrent les tranchées à l'endroit de la Grange-Londis. Comme elles s'avançoyent vers la contr'escarpe, un soldat, nommé Gariet[9], se jetta dans le fossé, demandant 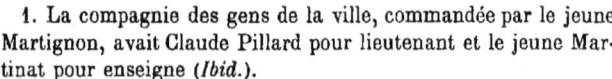estre reçeu comme estant cognu pour réformé. Estant dans la ville, on recognut qu'il vouloit parler en secret au trompette de la Chastre, que Jouanneau retint plus long temps qu'il ne devoit, et dont il se trouva mal.

---

1. La compagnie des gens de la ville, commandée par le jeune Martignon, avait Claude Pillard pour lieutenant et le jeune Martinat pour enseigne (*Ibid.*).

2. Le capitaine Montauban, originaire de Fargeau, était cornette de la compagnie de chevau-légers du capitaine La Fleur (*Ibid.*, p. 63).

3. Buisson, capitaine de gens de pied, avait une compagnie de soldats de profession (*Ibid.*).

4. Paquelon était lieutenant de la compagnie du capitaine Buisson (*Ibid.*).

5. Dorival et Aubigny, cités plus haut, sont un seul personnage. Dorival était originaire d'Aubigny-sur-Nère (Cher). Il commandait une compagnie de volontaires (*Ibid.*).

6. Le capitaine La Fleur était chevau-léger. Il constitua à Sancerre une compagnie de cavalerie et une compagnie de gens de pied qu'il commanda toutes deux pendant la durée du siège (*Ibid.*).

7. Louis de Martignon, grènetier du sel (*Ibid.*, p. 63).

8. L'ennemi commença ses tranchées le 4 mars 1573 (La Popelinière, t. II, f. 135 v°) et les poussa le 7 jusqu'à la grange Londis (*Ibid.*, p. 76).

9. Jean de Léry l'appelle Guarguet et donne de grands détails sur lui (p. 76).

[1573]   LIVRE SIXIÈME, CHAP. XII.   39

Ce soldat, sur ce léger soupçon, fut interrogué, se coupa en plusieurs choses, et depuis géhenné à l'extrémité, mourut dans les prisons. Voilà les tranchées avancées sur la contr'escarpe, où, n'ayant point à craindre d'artillerie, les soldats se faisoyent de petites canonnières avec des pierres r'amassées et tiroyent de là avec quelque seureté. La ville est comme en ovalle, circuye d'une mauvaise muraille, qui n'a que huict meschantes tours en tout son rond, et ses tours aux quatre portes. Le costé le moins rude à monter est devers Bourges, où est la porte Oison.

Là, les approches s'avancèrent à un ravelin, préparans un grand pont de bois, pource que le fossé estoit assez bon en cest endroit.

Le huictiesme du mois de février[1], les capitaines Pillard et Martinat[2] bruslèrent ce pont à une sortie qu'ils firent, garnis de feux artificiels, ce qu'ils ne purent faire au second, pource qu'il fut mieux défendu.

Le dixiesme, le capitaine Montauban avec cinquante arquebusiers force le corps de garde de derrière[3], sous la porte Saint-André, tua dix soldats[4], quelques garces, et, en mesme lieu, demeura le lieutenant de Goas[5]. Aussi furent amenez trois prisonniers, desquels

1. Le 8 du mois de mars 1573, d'après La Popelinière (t. II, p. 135 v°) et d'après Léry, p. 76.

2. Louis Martinat, jeune capitaine protestant, avait joué un grand rôle dans la reprise du château, du 9 novembre 1572. Voyez les *Relations du siège*.

3. C'est sur les dix heures du soir qu'« il faussa un corps de garde « de la compagnie du capitaine Verrière, » et non *de derrière*, comme une faute d'impression le fait dire à d'Aubigné (Léry, p. 77).

4. Douze ou treize soldats d'après Jean de Léry (p. 77).

5. Le lieutenant du s. de Goas se nommait le capitaine Queriers. Il fut tué vers le 9 mars 1573 (Léry, p. 77).

on apprit qu'il se faisoit une mine sous le ravelin et sous la grange Londis, et pourtant ils firent sept puits.

Dix canons, qui estoyent arrivez à Saint-Thibaut dès la fin de janvier, furent amenez premièrement au champ Saint-Lazare, où ils bastirent deux cavalliers retranchez de fossez à l'entour, par lesquels ils s'eslevèrent sur ceste petite croupe, qu'on appelle l'ordre du loup, et qui s'affronte à la motte de Sancerre, comme de pareille hauteur. Là-dessus, avec peine, furent montées six des grosses pièces, avec lesquelles, le dix-huictiesme de février, on commence de battre la courtine qui va de la vieille porte à celle de Saint-André. Ceste batterie dura quatre jours et fut de trois mil cinq cents coups de canon, dont advint qu'un cerf et quatre biches, estonnées du bruit, se lancèrent d'elles mesmes d'effroi, et, se forpaïsans[1] vers les murailles de la ville, après avoir passé au travers de toute l'armée et donné une grand'alarme, deux de ces bestes estans tuées des arquebusades de la ville, le cerf, qui fut tué le premier, tomba au partage des habitans sans peine, mais la beste, qui le suivoit, estant cheute justement à la moitié de la tranchée, et de la contr'escarpe fut long temps débatue et en fin au partage des tranchées[2].

Le douziesme, les assiégez, advertis que la mine s'avançoit sous la porte vieille, par l'advis du capitaine La Pierre, qui avoit appris quelque chose au siège de Monts, firent un grand retranchement du coin de la grange Londis, à travers la rue, pour aller reprendre

---

1. *Forpaiser,* vieux mot, quitter son pays; au figuré, quitter sa retraite.
2. Jean de Léry raconte ce fait et le place au 10 mars (p. 77).

la muraille, fenestres et portes maçonnées, comme celui de Chastelleraut, mais cestui-ci fait avec plus de loisir. A la mi-mars[1], la bresche de laquelle nous avons parlé ayant esté quelque peu remparée, les rempars brisez avec perte de vingt-cinq des habitans, La Chastre se résolut à un grand et ferme assaut, ce qui s'exécuta ainsi : Sarriou, avec ses vieilles bandes, marcha droit à la bresche de la porte Oison; la Chastre lui-mesme avec ses gens d'armes, à qui il avoit appris de mettre pied à terre, marcha pour soustenir ses compagnies, donnent à plus de moitié de la ruine. Le capitaine Rassi[2] planta un drapeau sur le plus haut. Ceux de dedans firent une partie du chemin, les femmes parmi eux; et, ayans renversé Rassi et son enseigne, ils font tourner l'eschine à Sarriou. Bonnivet[3], avec un gros de noblesse et le capitaine Cartier[4], et, de plus, six cents arquebusiers choisis parmi les nouvelles bandes, marche en son rang jusques au milieu du fossé, n'ayant pas charge de monter si tost, pource que leur artillerie faisoit dégast parmi ceux qui attendoyent au haut de la bresche; mais un pan de ruine qui tomba en accabla plusieurs et fit retirer le reste. En mesme temps, six enseignes de Gascons donnent à porte-vieille[5], sous-

1. Assaut de Sancerre, 19 mars 1573.
2. Le capitaine Rassi est nommé Roi par Jean de Léry (p. 80) et dans les *Mémoires de l'estat de France sous Charles IX*, t. II, f. 160.
3. Henri de Gouffier, s. de Bonnivet, petit-fils de l'amiral de ce nom, tué à la bataille de Pavie, suivit la fortune du duc d'Alençon pendant le règne de Henri III. Il assista à la bataille de Senlis et fut tué en Picardie à la fin de 1589.
4. Cartier, capitaine originaire d'Orléans, officier de fortune (De Thou).
5. Ce furent les six enseignes du régiment de Goas qui don-

tenus par la noblesse que menoit Montigni, lors lieutenant de Brienne.

Ces nouvelles bandes desmarchent au milieu de la grand'bresche, et le capitaine Texier présente l'escalade. Tout cela fut repoussé avec quatre vingts demeurez sur les bresches et quatre cents blessez, desquels plus de la moitié moururent. Ceux de dedans ne perdirent point plus de vingt hommes. Un soldat, nommé Jallot, estant descendu par la bresche, fut accablé de coups ; et, son halebarde ostée, un rondacher le trainoit par un pied en bas. Jallot crie à ses compagnons, tuez-moi. Il void tomber celui qui le tenoit. Un autre se jette à lui. Il se relève, tue cestui-là d'un poignard qui lui restoit et retourne en la ville.

Peu de nuicts se passoyent sans sorties. Mais sur tout le jour de Paques[1], ils enfilèrent les tranchées, emportèrent la garde si avant qu'à leur ombre les paysans roullèrent dans le fossé force gabions, madriers, clayes et fassines. La Chastre, ayant tasté le courage de ces gens, change de dessein et prend celui d'emporter les assiégez par famine[2]. Pourtant, ayant retiré son artillerie avec une légère attaque, il fait de tous costez rouler pour faire trois forts, l'un au camp Saint Ladre qui avoit six vingts pieds de front, l'autre aux Ardilliers[3] en double

nèrent au ravelin de Porte-Viel et à la plate-forme de Boudin (Léry, p. 81).

1. Le 20 mars 1573 (La Popelinière, t. II, p. 136 v°) ; le 22 mars d'après Léry (p. 89). Pâques en 1573 tomba le 22 mars.

2. La résolution de prendre Sancerre par la famine fut arrêtée le 29 mars 1573 (La Popelinière, t. II, f. 136 v°).

3. Attaque vaine des capitaines Buisson et Pillard contre le fort des Ardilliers, dimanche 29 mars 1573 (Léry, p. 93).

croix[1], le troisiesme achevé en avril, fait en tenaille tout au bout de la ville[2].

Ceste maneuvre fit beaucoup travailler les habitans, pource qu'ils estimoyent avoir afaire à des nouvelles batteries. Mais, quand ils virent que tous ces forts et cinq petites ridottes estoyent joinctes d'une tranchée qui environnoit le tout, qu'on renvoyoit le plus gros canon à Sainct-Thibault[3] pour l'embarquer et que, de seize pièces de batterie, ne restoit que deux coulevrines pour demeurer sur les cavalliers, et mesmes qu'on avoit abandonné un grand mantelet sur roues, que sans grand combat on laissa brusler, alors ils virent bien quelle sorte de guerre on leur vouloit faire, asçavoir par la famine, et commencèrent à sentir qu'avoit valu leur discrétion pour les bleds de leurs voisins. Ce fut à faire les bons mesnagers de rien, à porter le froment aux greniers publics, mais trop tard, car, dès la fin de mars, ils avoyent mangé les asnes[4], et puis après les mulets, les chevaux, les chats et rats, les taupes; et la chair des chiens se vendoit au marché. Ils permirent à ceux qui se pourroyent sauver de la ville de le faire, et à ceux qui demeurèrent ordon-

1. Un plan de Sancerre joint à la *Relation* de Léry explique ces indications. Ce plan a été reproduit dans la réimpression de 1842, p. 91.

2. Une lettre de l'ingénieur Octaviano Bosso au roi, en date du 31 mars 1573, donne des détails sur les travaux des assiégeants autour de Sancerre (Bibl. de l'Institut; coll. Godefroy, vol. 256, f. 103).

3. Le 29 mars, l'ennemi charria huit canons du champ Saint-Ladre au port Saint-Thibault, et le lendemain encore six (Léry, p. 93).

4. « Le samedi 4 avril, on tua le premier âne pour le manger, « duquel le quartier fut vendu 4 francs » (Léry, p. 94).

nèrent, au commencement, demi livre de pain et puis vindrent à un quart. Ils avoyent envoyé de bonne heure un messager[1], qui fut pris[2], et un La Croix qui alla en Languedoc[3] et rentra[4], n'apportant promesse de secours que dans six sepmaines. Ils redespeschèrent[5] La Fleur, La Croix, La Pierre et La Minée[6]. Mais leur despart décelé par des fuyards. Cartier se mit sur leurs erres, prit La Fleur[7] et La Croix[8]; et les autres deux ayans quitté leurs chevaux, qui depuis furent recognus leur avoir esté prestez par La Nocle, se sauvèrent desguisez en Suisses[9].

La Chastre contraignit La Croix d'escrire[10] au capitaine Montauban et à sa femme leur accident, et pour chose fausse qu'ils avoyent veu tuer La Pierre et La Miné devant eux. Les assiégez, fort estonnez de ces nouvelles, eurent besoing de leurs pasteurs pour les

---

1. Jean de Léry l'appelle Jehan Mercadier (p. 96).
2. Il fut arrêté à Nérondes, en Bourbonnais (Léry, p. 96).
3. La Croix fut expédié de Sancerre, le 7 mai, avec des lettres adressées aux réformés du Languedoc, lesquelles sont imprimées dans la *Relation de Jean de Léry* (p. 96).
4. Le mardi matin, 2 juin 1573, La Croix rentra à Sancerre « à « grande difficulté » (Léry, p. 98).
5. La Fleur et les autres capitaines furent expédiés le mercredi 24 juin (Léry, p. 118).
6. L'un de ces messagers fut chargé de porter une lettre des habitants de Sancerre à l'électeur palatin (Lettre de la Haye au s. de Saint-Germain, du 23 mai 1573; f. fr., vol. 15557, f. 330).
7. Le voyage de La Fleur eut une issue funeste. Fait prisonnier et conduit à Moulins, puis à Bourges, il fut pendu le 13 août 1573 (Raynal, *Hist. du Berry*, t. IV, p. 133).
8. Le capitaine La Croix fut arrêté et roué à Bourges (*Ibid.*).
9. Le voyage et les aventures du capitaine La Fleur sont longuement racontés par Jean de Léry (p. 118 et suiv.).
10. Avant le 12 juillet 1573 (De Thou).

soustenir, mais sur tout des sages et courageux advis de Beroalde, selon lesquels ils résolurent en leurs conseils de soustenir toute infirmité, et que ceux qui n'y consentiroyent seroyent jettez par dessus les murailles. On leur dressa devant la porte vieille un nouveau fort, mais ils ne daignoyent le regarder n'ayans plus à craindre que la faim. Que m'amuserai-je à vous dire que la chair de cheval se vendoit deux testons la livre, une teste huict livres, un foye cinq escus. Quand il n'y eut plus de tout cela mesmes à vendre, on faisoit bouillir les cuirs, les peaux de cheval et de chiens, tout ce qui avoit passé par les tanneries et les mains des couroyeurs, les peaux des selles, les étrivières, les cuirs des soufflets, les ongles et cornes de bœufs, de chevaux et de chiens, jettez de long temps et demi pourris dans les fumiers. Il ne demeura aux maisons aucuns titres en parchemin. Il n'y eut point d'herbes qui ne fussent arrachées, quoi qu'elles donnassent la mort, pourveu qu'elles peussent remplir. Enfin le suif n'estant plus que pour les plus riches, ils firent du pain de paille haschée et d'ardoize, y meslant du fumier de chevaux et tout ce qu'il pensoit avoir quelque suc[1]. Je dirai pour le dernier, une fille de trois ans, morte de faim et mise en terre, fut desterrée par sa mère et mangée par le père et elle[2]. Et ces deux estans descouverts, bruslez par la justice.

1. Voyez, sur la famine de Sancerre, les affreux détails donnés par Jean de Léry (chap. x, p. 99).
2. Ce crime fut découvert le 29 juillet 1573. Les coupables étaient un vigneron, nommé Jean Potard, Eugénie sa femme, et une vieille appelée Philippe de la Fueille (*Relation de Jean de Léry*, chap. x).

En fin, plusieurs se jettèrent dans les vignes pour cercher des limats et les racines, tendans l'estomach aux arquebusades que les soldats leur tiroyent, appréhendans le seul languir et ayans la mort pour soulas. En ce siège, en quarante jours, plus de quatre cents moururent de faim et près de trois cents demeurèrent éthiques[1], car en tous les combats il n'estoit point mort cent hommes[2]. Les ministres portoyent partout où ils pouvoyent, aux plus nécessiteux, des bouillons faits de cuir et parchemins bouillis avec quelque vin, et tout cela en attendant que la Rochelle, qui triomphoit, leur fist part de sa bonne condition.

Chapitre XIII.

Guerre levée en Languedoc.

N'estant le duc d'Amville, sauvé du massacre que par l'absence de son frère[3], il alla[4] faire en Languedoc contre les réformés, par office, ce qu'autrefois il faisoit par passion. Il mit donc sur pieds une armée de six compagnies de gens d'armes, de neuf mille hommes

1. Pendant le siège de Sancerre, plus de cinq cents personnes moururent de faim et deux cents devinrent « étiques » (Léry, confirmé par de Thou).
2. Jean de Léry rapporte qu'il n'y eut que quatre-vingt-quatre hommes tués en combattant du côté des assiégés.
3. Quelques jours avant le massacre de la Saint-Barthélemy, le duc François de Montmorency, sous un prétexte de santé, se retira à Chantilly. On tient généralement que son absence sauva ses frères.
4. Il fut envoyé par le roi en Languedoc sur la fin de novembre 1572 (*Mémoires de l'estat de France*, t. II, p. 47 v°).

de pied et quatorze pièces de batterie. Tout cela prent secours de ceux de Thoulouse principalement, et puis de ceux de Lyon; lesquels, avec le pays, s'obligèrent de cent mille escus pour délivrer leur pays, et sur tout prendre Nismes comme la plus haye.

Faisans donc ces apprests sur la menace de celle-là pour y attirer les nefs des ennemis, il tourne court à droicte, et, s'estans saisi de Calvisson[1] et Montpesat[2], marche à Sommières[3] qu'il investit à la fin de février[4]; fait ses approches et logements dedans les fauxbourgs qu'il trouve rompus. Ceste place n'est qu'à trois lieues loing de Montpellier, un peu plus de Nismes, qui descend du haut d'une montagne où est son chasteau, jusqu'à une rivière nommée la Vidourle. Gremian l'avoit prise après la résolution de Sainct Antonin, ne trouvant dedans autres garnisons que quelque peu de

---

1. Le maréchal Damville fit investir le château de Cauvisson par une armée de cent cavaliers et de huit cents hommes de pied et le prit au commencement de janvier 1573 (*Hist. du Languedoc*, t. V, p. 316).

2. Montpesat, près de Sommières, fut pris d'assaut et la garnison passée au fil de l'épée. Damville ne fit grâce qu'au gouverneur (*Hist. du Languedoc*, t. V, p. 316). Voyez aussi le récit de Pérussiis dans le tome I des *Pièces fugitives*, p. 143.

3. Le marquis d'Aubais a réimprimé dans le tome III des *Pièces fugitives pour servir à l'histoire de France*, t. III, p. 2 et suiv., un récit du siège de Sommières, écrit par un témoin oculaire, Estienne Giry, bachelier en droit et habitant de Sommières. L'édition originale de cette relation, intitulée *Histoire des choses mémorables advenues en la ville de Sommières en Languedoc,...* a paru à Lyon, en 1578, chez Rigaud, petit in-8°.

4. Investissement de Sommières par Damville (11 février 1573). La ville, telle qu'elle était au jour du siège, est décrite avec détails dans les *Mémoires de l'estat de France sous Charles IX*, t. II, f. 180, d'après les données de la chronique d'Étienne Giry.

soldats pour garder les grands chevaux de Joyeuse, desquels le preneur s'estoit accommodé[1].

En marchant au siège le duc avoit deux desseins : l'un sur Usez, l'autre sur Nismes. Mais, ne trouvant pas ce dernier apparent[2], il essaye l'autre et en est repoussé. Encor en passant prit-il Saint Geniez par composition. Gremian avoit avec lui les capitaines Saint Clar[3], Saint Ravi[4] et Monpesat[5] pour principaux capitaines, qui avoyent toutes leurs familles avec eux.

Le premier effort se fit à la porte du pont, la tour duquel estant battue, on mit le feu à la porte. Mais le derrière se trouvant plein de terre il falut aller ailleurs ; ce fut à la muraille qui descend du chasteau à un parc de vignes. Là il loge ses canons, desquels, par trois jours entiers, il fit ouverture à une face du vieux chasteau, à la muraille et au parc, pour donner aux

1. Voyez ci-dessus, chap. IX.
2. Le maréchal Damville n'investit Nîmes que le 17 juin 1573. Le siège dura jusqu'à la paix (Ménard, *Hist. de Nîmes*, liv. XVI, chap. CIV).
3. Pierre Sengla, garde de la monnaie de Montpellier (Ménard, *Hist. de Nîmes*, liv. XVI, chap. LXXXVIII). Bientôt il passa dans les rangs du parti catholique et fut investi par le maréchal Damville du commandement de Sommières au nom du roi, bien qu'il continuât à pratiquer la réforme (Relation de Giry dans les *Pièces fugitives*, t. III, p. 11). Il est appelé Senglar par Giry et par l'*Histoire du Languedoc*. Plus tard il déplut au maréchal qui le fit pendre. Voyez le récit des *Mémoires de Gaches*, 1879, p. 248.
4. Saint-Ravi était général, d'après Étienne Giry, c'est-à-dire général des finances (*Pièces fugit.*, t. III, p. 5).
5. Le baron de Montpezat, seigneur de Montpezat-sous-Bauzon en Ardèche, appartenait à la réforme. Forcé et fait prisonnier dans son château de Montpezat, il acheta la vie au prix de la promesse que, à l'avenir, il ne porterait plus les armes contre le roi, et resta fidèle à son serment (Ménard, *Hist. de Nîmes*, liv. XVI, chap. LXXXVI).

trois lieux à la fois. La batterie porta par terre la tour avancée du chasteau, mais elle tomba de façon que le flanc n'en fut point perdu[1]. D'ailleurs la hauteur du chasteau portant dommage, une petite pièce faicte à la haste au coin et une meschante casemate favorisèrent les défendans, qui receurent les assauts avec toute marque de courage. Les femmes, qui contrefaisoyent les Rocheloises portoyent les artifices de feux, les cercles et les chaussetrapes, si bien que ce premier assaut fut repoussé avec perte de six vingts hommes, et, pour hommes de marque entre ceux-là, Almancour[2], Monperouls[3] et Limagne[4].

Le meurtre eut esté plus grand sans qu'il leur faloit mesnager la poudre, comme en estans fort pauvres, et par ce défaut n'osans tirer aucun coup de quelques pièces qu'ils avoyent[5]. Au commencement de mars[6],

1. La tour de Sommières tomba le 18 février 1573, à dix heures du matin (Relation de Giry dans les *Pièces fugitives,* t. III, p. 4). L'*Histoire du Languedoc* (t. V, p. 317) confirme sur tous les points le récit de Giry.
2. Étienne Giry dans sa relation l'appelle *Autremencourt;* d'autres, *Entremonts*. Il était tout jeune et fut particulièrement regretté par le maréchal. On porta son corps à Montpellier, où il fut enseveli (*Pièces fugit.,* t. III, p. 4 et 16).
3. Probablement Gilles de Roquefeuil, s. de Montpeyroux et de Cabanes, époux d'Antoinette Pelet de la Vérune (D'Aubais, *Pièces fugit.,* t. III, p. 16).
4. Probablement, d'après le marquis d'Aubais, Pierre Rodulf, frère puîné de Claude Rodulf, seigneur de Limans, frère d'Anne Rodulf, qui fut la mère du connétable de Luynes. Limans est une seigneurie du diocèse de Sisteron (Relation de Giry dans le t. III des *Pièces fugit.,* p. 16).
5. Le manque de munitions des défenseurs de Sommières fournit à Étienne Giry l'occasion d'un curieux récit (*Pièces fugit.,* t. III, p. 5).
6. Le 2 mars 1573, d'après de Thou.

il se dresse une plus grande batterie entre le Bourguet et la tour Candale, où Gremian avoit fait un petit esperon. Mais ni l'esperon ni la muraille, desquels l'un estoit trop nouveau et l'autre trop vieux, ne durèrent guères. D'ailleurs toute ceste bresche estoit tellement gourmandée en courtine qu'il n'y avoit point d'apparence de la sauver si on eust donné le mesme jour. Mais l'afaire estant remise au lendemain pour l'arrivée du comte de Candale[1], qui menoit vingt-deux enseignes de Gascons, ceux de dedans eurent loisir de se couvrir de deux espaules et d'un bon retranchement qui les fermoit toutes deux. Les Gascons, y donnans sur le midi du jour d'après, furent repoussez et menez battant assez avant. Le comte, courageux et hazardeux comme il l'estoit, estimant qu'il y alloit du sien, relève l'assaut et lui alla donner au coin du chasteau, où il fut tué d'une arquebusade par la teste[2], et plus de trois cens des siens lui tindrent compagnie. Ce fut une perte notable. Le jour de devant, il tint devant force noblesse, au duc, ces propos de mot à mot : « Je plain la condition du royaume, par laquelle, avec la grande infamie du nom François, au plaisir de quelques maraux indignes, les François sont contraints de s'entretuer à regret[3]. » Ceste mort fut avec grand

---

1. Henri de Foix, comte de Candale, gendre du connétable de Montmorency et beau-frère de Damville.
2. Candale, blessé d'une arquebusade au visage en montant à l'assaut (3 mars 1573), fut porté à Montpellier et y mourut le 15 du même mois (Relations de Giry et de Pérussiis dans les tomes III et I des *Pièces fugit.*).
3. D'Aubigné a emprunté ces paroles à de Thou (liv. LV) qui en avait trouvé le sens dans une phrase prêtée à Candale par le récit des *Mémoires de l'estat de France sous Charles IX*, t. II, f. 184 v°.

deuil du mareschal, tant pour la proximité que pour le mérite, mais aussi pource que toute l'armée commença à murmurer contre Damville, disans qu'il tiroit les choses en longueur pour faire ruiner les forces du roi.

Là dessus, le vicomte de Paulin, soustenu de quelques Sevenats, jetta six vingts hommes dans la place bien à propos, conduits par Montvaillant et La Fleur. A cela le mareschal eust levé le siège[1] sans les rumeurs qu'on faisoit courir de lui. Un soldat, pris sur la queue de ceux qui entroyent, mourut de coups et de gehennes sans vouloir confesser ce qu'il y avoit au secours[2]. Voilà les batteries raccommodées à la courtine de la vigne, deux grosses tours portées par terre; d'une desquelles les pièces tombèrent si à propos qu'elles servirent de bon flancs; et cest assaut mal donné fut bien repoussé. Les remparts et retranchements du dedans croissoyent tous les jours, et mesmes durant les parlements, tousjours rompus par un Villeneusve[3] pour ses passions particulières. Mais, cestui-là estant mort

1. Le 15 mars 1573, Damville adressa au roi un mémoire, dans lequel il expose qu'il est venu mettre le siège devant Sommières pour faire une diversion utile au siège de la Rochelle et diviser les forces des réformés; qu'après avoir tiré 2,500 coups de canon il a été contraint de changer le siège en blocus, et qu'il a besoin de secours (Orig., V° de Colbert, vol. 7, f. 475).

2. D'Aubigné a emprunté ce fait à La Popelinière (t. II, p. 141).

3. Le capitaine Villeneuve, lieutenant de la compagnie de gens d'armes de Joyeuse, fut tué d'une arquebusade le 6 avril 1573 sous les murs de Sommières et son corps porté à St-Drezery (Hérault). (Relation de Giry dans le t. III des *Pièces fugit.*, p. 6.) Le marquis d'Aubais a vainement cherché à établir l'identité de ce capitaine (*Ibid.*, p. 17). D'après les *Mémoires de l'estat de France sous Charles IX* (t. II, f. 186 v°), il avait été blessé à mort sous les murs de Sommières et mourut à Saint-Drezery.

d'une arquebusade, la capitulation se fit aussi tost[1] à bagues sauves, enseigne déployée et la mesche allumée, sept jours de terme pour ployer bagage, et pour le meilleur de tous les articles bons hostages envoyez à Nismes. Et ainsi, à la mi-avril[2], sortit Gremian[3] avec six cents arquebusiers. Les habitans se retirent à Nismes et aux Sevenes comme ils voulurent, les soldats mescontents d'une part et d'autre; les catholiques crians que leur chef s'entendoit avec les ennemis, ayant donné à des gens perdus une capitulation si belle; les autres disoyent qu'elle l'estoit trop et que Gremian s'en fust bien passé.

Le chef de l'armée envoya ses troupes rafraichir par garnisons, et cependant les réformés, bien contents d'avoir rompu une armée par la perte d'une place seule, estendent leurs ailes, empoignent Florensac[4], comme quelques jours auparavant ils avoyent surpris le Cheilard de Boutière[5] en Vivarez, duquel je n'eusse dit que cela si ce n'estoit pour relever ce que mes devanciers ont erré en circonstance. A la paix dernière, les réformés, qui tenoyent ceste place, prévoyans qu'il la faudroit quitter, firent un pertuis sur un rocher, où il n'y a place que pour trois

---

1. La capitulation de Sommières fut signée le 8 avril 1573 (*Mémoires de l'estat de France*, t. II, f. 186 v°).

2. Damville entra à Sommières le 9 avril 1573 (*Ibid.*).

3. Grémian se retira dans les Cévennes avec son armée qui comptait encore mille hommes, dont six cents arquebusiers (*Hist. du Languedoc*, t. V, p. 317).

4. Florensac (Hérault) fut repris peu de temps après par la compagnie de Damville et repris encore une fois par les réformés en 1574 (*Mémoires de Gaches*, p. 194).

5. Le château du Cheylar avait été pris par les réformés en novembre 1572 (*Mémoires de l'estat de France*, t. II, f. 187 v°).

hommes. Ce trou pour passer dans une cave sous le principal corps de logis, fermé de pierre de taille, si dextrement que, le capitaine Bourdier[1], qui l'avoit fait, estant mis hors par Vantadour[2], seigneur de la place, le capitaine La Mothe[3] qui lui succéda, adverti de cest artifice, fit taster à coup de marteaux et par maçons experts tous les endroits du dehors et du dedans sans descouvrir la fraude.

Aux nouvelles du massacre, La Mothe mit dans son chasteau six vingts soldats, laisse la ville à garder aux catholiques qui estoyent en nombre, traicte les autres si rudement, mesmement les forçant à la messe, que les principaux se sauvèrent, entre ceux-là le capitaine Pont, Doussac et Sublerac[4] qui, ayans Bourdier avec eux, entreprennent sur le chasteau. Le gouverneur, les sachant ensemble, soupçonne ce qu'ils faisoyent, encor plus quand la femme du Pont, enquise par lui où estoit son mari, respondit assez brusquement qu'il amassoit des chastagnes à Saint-Christol et reviendroit bien tost.

Sur ces termes La Mothe fit trois corps de garde. La femme du Pont alla effrontement visiter un prison-

1. Peut-être Jean Boursier, s. de Barry.
2. Gilbert de Lévis, comte puis duc de Ventadour en 1578, pair de France en juin 1589, gouverneur du Limousin dès 1560 (Lettre à la reine du 10 octobre; Ve de Colbert, vol. 27), puis du Lyonnais, Forez et Beaujolais, gendre du connétable Anne de Montmorency, mort en 1591. Son fils, Anne de Lévis, épousa à son tour en 1593 la fille du connétable Henri de Montmorency.
3. Nicolas du Peloux, s. de Gourdan et de la Motte, chevalier de l'ordre, guidon de la compagnie du comte de Tende en 1569, lieutenant de roi en Vivarais, mort après 1596 (*Mémoires de Gamon*, 1888, p. 60, note).
4. Le Pont, Dauzat, Subleyras, seigneuries du Puy-de-Dôme.

nier nommé La Pise, et l'enquit si expressément de toutes choses qu'elle apprit comment, la clef du celier estant perdue, la femme du gouverneur avoit fait lever les serrures, et que La Mothe alloit à Valence. Ceste espionne advertit et pressa son mari et ses compagnons, lors tellement desnuez d'hommes qu'ils n'en peurent mettre ensemble que quarante cinq. Ils vont au pied du chasteau, passent la rivière sur des planches portées, pource que la mesfiance avoit fait retrancher le pont, se partagent en trois quinzaines pour donner aux trois corps de garde du donjon de la chapelle et de la porte, présentent l'eschelle au rocher. Les trois premiers poussent les pierres au dedans, qui ne firent point de bruit, pource qu'elles estoient à fleur de terre. Et ainsi, estans entrez trois à trois, laissent passer une ronde, donnent aux trois corps de garde, les deffont et mettent en pièces cinquante hommes sans en perdre un. La damoiselle de la Mothe, qui ne se dépouilloit point et avoit du feu en sa chambre, rallie quelques soldats qui dormoyent en son corps de logis, se deffend si bien que, tant pour son honneur que pour quelques hardes, se fit faire une composition bien observée. Les catholiques vindrent résoluement au chasteau, mais estans repoussez ils ouvrirent les portes de leur ville, pour jouer à sauve qui peut. La Mothe, recevant ceste nouvelle à Valence, s'escria que les huguenots avoyent volé.

La prise de ceste place, qui est encores aujourd'hui entre les seuretez, rasseura merveilleusement ceux du Vivarez et de Velay. Les réformez de là en hors emportent quelques petits chasteaux de peu de nom, osent faire compagnies et desseins par tout, mesmes accommodent quelques lieux ruinez auprès de Narbonne ; puis, ayans fait quelque petite bourse, envoyent à Genève et à Heidelberg, à ce dernier pour lui demander secours. Le comte[1], esmeu de leur courage, leur promit. De Genève ils amenèrent Saint-Romain[2], qui s'estoit là sauvé du massacre, pour le faire général au bas Languedoc. En mesme temps quelques uns du Vivarez se saisissent du Pouzin[3], qui leur fut une pièce utile, et osèrent rebastir Cursol[4], ruiné, vis à vis de Valence et à sa veue.

Villeneufve au Vivarez cousta plus de peine à avoir. Laugière[5] l'avoit saisie quelque temps auparavant. Le capitaine Baron[6], qui y commandoit, s'estoit retiré à Mirebel[7], entre les mains d'un gentilhomme nommé Pradel[8], son ami, autheur du *Théatre de l'agriculture*[9],

1. Frédéric III, comte palatin.
2. Jean de Saint-Chaumont de Saint-Romain.
3. Le Pouzin, château sur les bords du Rhône, fut surpris par les réformés au mois de mars 1573 (*Mémoires d'Eustache Piémond*, 1885, p. 7).
4. Crussol, petite ville en ruine, sur le bord du Rhône (De Thou).
5. Peut-être Antoine de Cardailhac, seigneur de la Chapelle-Lauzières, lieutenant de Biron.
6. Claude Baron, s. de Valouse, capitaine protestant.
7. Mirabel-des-Granges (Ardèche).
8. C'est à tort que d'Aubigné désigne ici Olivier de Serres, s. du Pradel, célèbre par ses ouvrages d'agriculture. Il s'agit de Bérenger Portal, successivement général des finances en Guyenne et en Languedoc, mort en 1573, ou peut-être d'un fils de ce personnage. Le *Bulletin de la Soc. de l'hist. du prot. franç.* contient une note biographique sur Bérenger Portal (t. VIII, p. 2). Ni les *Mémoires de l'estat de France* (t. II, f. 188), ni de Thou (liv. LV) n'avaient commis la confusion de d'Aubigné.
9. Le *Théâtre d'agriculture et mesnage des champs*. Paris, 1600, in-fol.

par le moyen duquel il fut mis dans Saint-Privat[1]. Les fugitifs de Villeneufve voyoyent tous les jours de Mirebel en hors leur patrie, ce qui les empeschoit encores plus de l'oublier. Entre ceux-là, un soldat serrurier ayant adverti Pradel que, si on vouloit, il emporteroit à Villeneufve une grille pareille à celle de Nismes, cela fit rappeler Baron qui apportoit force difficulté à l'affaire, et entr'autres qu'ils ne pourroyent battre ceste garnison quand mesme ils seroyent dedans qu'avec grand nombre, comme aussi Pradel l'incita à son bien plus qu'à son bien mesmes. Il faloit pour avoir des hommes communiquer avec ceux d'Aubenas. De ceux-là quelque faux frère advertit Logières.

Voilà quant et quant à Villeneufve la garnison renforcée, les gardes doublées, et Laugières qui passoit les nuicts sur la courtine. Au commencement de mars, les forces d'Aubenas et Baron, pressé par Pradel, se rendent à Mirabel, ce qui ne se pût faire avec tel secret que Laugières ne fust adverti, quoi que faussement plusieurs fois; et, tant qu'il tint ce dernier advis encores pour une baye. Toutesfois, pour accomplir tous les points de son devoir, il fait fermer les portes de bonne heure, mettre du feu aux fenestres, de l'eau aux huis, doubler encor les gardes, met en divers endroits sentinelles perdues, fournit le courridour de rondes et les rues de patrouilles; et par ainsi les entrepreneurs failloyent. S'ils n'eussent failli et la froideur de Baron acheva l'entreprise, car on l'y trainoit à l'escorchecul. Et pourtant il cerchoit toutes les difficultez et longueurs

---

1. Saint-Privat (Ardèche). — D'après le texte du chap. IX, il s'agit ici de Privat et non de Saint-Privat.

qu'il pouvoit inventer. Peut estre que la peur qu'il avoit eu à la prise n'avoit pas fait encores son opération. Pradel l'emporta, et par son désir et authorité contraignit l'autre à laisser marcher, mais si tard pour les traineries de Baron qu'ils n'arrivèrent qu'au jour. C'estoit lors que Laugières et les capitaines, lassez de veiller, s'estoyent jettez sur des licts. Le serrurier donc marche à la grille qu'il avoit élochée auparavant, l'arrache et entre le premier. Les compagnons qui le suivirent mettent en pièces le premier corps de garde presque tous endormis. Une partie court par la ville, crians ville gaignée, les autres vont à coups de hache ouvrir les portes au gros. Quelques soldats, qui se rallioyent à Laugières, mettent le feu au canon qui estoit sur le rempart et en tirent plusieurs coups. Nonobstant tout entre et tuent tout ce qu'ils trouvent en armés par les rues; parmi ceux-là force prestres qui estoyent venus là à leur synode. Ceux-là furent sauvez qui se jettèrent avec le gouverneur en sa maison fortifiée. Quelques soldats aussi se sauvent dans la tour d'une porte et au clocher. Tout se rendit dans trois jours, et par ce gain ils joignirent La Gorse, Valon, Salavas, Vagnas, Barsac et Saint-Ambrois[1]. Le chemin du Vivarez à Nismes fut net et encor y eut de la communication aux Sévènes, dedans lesquelles rien n'avoit branslé pour la Saint-Barthélemi[2].

---

1. Villages de l'Ardèche. La Gorce et Salavas étaient des seigneuries qui appartenaient alors au baron Jean d'Apchier et qui passèrent en 1583 entre les mains du célèbre Mathieu Merle (Aubais, *Pièces fugitives*, t. II, p. 1).

2. Villeneuve-de-Berg tomba entre les mains du capitaine Bacon le 3 mars 1573 (*Hist. du Languedoc*, t. V, p. 319). La prise

Le mareschal d'Amville s'employa lors à faire observer les nouveaux édicts du roi qui portoyent de saisir les biens meubles et immeubles des rebelles, défendre aux debteurs de non les payer, aux notaires commandement de déceler les debtes et autres telles rigueurs[1]. Et, pource qu'à Saint-Voy[2], à l'entrée des montagnes, on les menaça de siège, ils firent sauver à Genève leur curé, nommé Bonnefoi[3], qui les avoit tous convertis; mais ils commencèrent à se rasseurer quand le capitaine Vaques[4] eut pris et fortifié Bodiné[5] que les communes avoyent assiégé, chassées avec grand' tuerie par le secours de Vivarez. Ceste mesme place dès lors attaquée en vain par Saint-Vital[6] et La

---

de la ville est racontée par les *Mémoires de l'estat de France* (t. II, p. 188) avec des détails que d'Aubigné s'est appropriés. Voyez aussi les *Mémoires de Gaches*, 1879, p. 135.

1. D'Aubigné relate ici deux ordonnances de Damville, l'une du 9 mai, l'autre du 16 mai 1573, édictées en vertu de lettres patentes du roi du 18 novembre précédent contre les réformés. Les ordonnances de Damville sont imprimées dans les *Mémoires de l'estat de France sous Charles IX*, t. II, f. 264 v° et suiv.

2. Saint-Voy (Haute-Loire).

3. Ennemond de Bonnefoy, de Valence, docteur ès droit, fut sauvé par l'illustre Cujas au massacre de Valence, qui suivit la Saint-Barthélemy, et se réfugia à Genève le 10 novembre 1572 (Liste des réfugiés dauphinois dans Artaud, *Hist. des protestants du Dauphiné*, t. I, p. 499). D'Aubigné semble dire que Bonnefoy était un prêtre défroqué.

4. Gabriel d'Hèbles, s. de la Vacaresse ou de Vacheresse, plus tard gouverneur de Saint-Affrique, mort seulement en 1626, cité dans les *Mémoires de Gaches*, 1879, p. 251.

5. Beaudiné en Velay, château appartenant à la maison de Crussol.

6. Antoine de la Tour de Saint-Vidal, gouverneur du Velay (*Hist. du Languedoc*, t. V, p. 314).

Barge[1]. Les prises d'Anici, de Faye et de Saint-Quantin[2] ne tindrent pas si ferme, car Saint-Vital les emporta, comme aussi il prit Tanse en parlementant, fit pendre les ministres et passer par les armes Cambonnet[3] ; comme aussi il assiégea Monts, auprès de Saint-Paul, surpris auparavant par le capitaine Angeli[4]. La garnison s'estant rendue par faute d'eau à vies sauves, furent tous massacrez ; quelques uns menez jusques à Saint-Estienne en Forests, pour de leur mort estonner les réformez du pays. Et de faict cela fit que ceux de Saint-Voy quittèrent ou se révoltèrent. Encor en Bassigni y eut-il quelques Picards fugitifs qui prindrent Choiseul[5], aussi tost assiégez, composèrent à la vie, qui ne fut gardée qu'à fort peu[6].

Avant de quitter ceste partie de France, il faut voir eslever un petit coing de Daulphiné, ou Mombrun[7],

1. François de la Barge, gouverneur du Vivarais en 1575.
2. De Thou raconte ces coups de main (liv. LV).
3. Chambonet de Ménistrol, ministre protestant, fut conduit à Montfaucon en Velay, attaché à un poteau et tué à coups d'arquebuse (De Thou, liv. LV).
4. Angely, capitaine protestant, originaire de Saint-Félix de Caraman, cité dans les *Mémoires de Gaches* pour ses exploits dans le Castrais en Lauraguais (1879, in-8°, p. 135).
5. Chateuil, d'après l'*Hist. du Languedoc*, t. V, p. 314. Il s'agit de Chabeuil, près de Valence (Drôme). Chabeuil fut surpris par les réformés le 6 juillet 1573 (*Mémoires d'Eustache Piémond*, in-8°, 1885, p. 12).
6. Chabeuil fut repris par Mirabel, lieutenant de Gordes, qui passa les protestants au fil de l'épée (Pérussiis, dans le t. I des *Pièces fugitives*, p. 148).
7. Montbrun se mit en campagne dans les Baronnies le 6 avril 1573 (Artaud, *Hist. des prot. du Dauphiné*, t. I, p. 277). Pour le récit très abrégé de sa campagne en Dauphiné, qui suit, on trouve quelques éclaircissements dans le récit de Pérussiis (*Pièces fugitives*, t. I, p. 148).

sortant de ses cachettes, et après avoir passé l'hiver à faire part de son courage à ceux qui le pouvoyent recevoir, à courir de maison en maison accompagné de quelques ministres pour empescher de faire le saut de la messe à ceux qui balançoyent encores, retirer avec violentes suasions ceux qui desjà y avoyent mis le pied, aux uns par la résolution de mourir en la voye de salut, aux autres par l'exemple de ceux qui résistoyent et par l'espérance de redresser parti, à quoi il n'oublia point les dissentions de la cour; après, di-je, avoir tout un temps joué de la langue en vain envers plusieurs, ausquels la nouvelle face des affaires avoit donné nouvelles pensées, il esprouva ce qu'il pouvoit sur Valence, qu'il faillit, pource que ceux de dedans manquèrent. Montélimar[1] de mesmes, pource que le fils de Montauban[2], qui estoit catholique, descouvrit l'affaire et y fit tuer plusieurs mauvais garçons. Crest aussi, failli pour une escalade mal mesurée[3]. Pour l'achever de peindre, Gordes mit en route ceux de Vivarez qui venoyent le trouver[4]. Tout cela fit grant tort aux leçons qu'il faisoit pour la magnanimité, si bien qu'il estoit la mi-avril avant qu'il pust partir

---

1. Montélimar avait alors pour vice-sénéchal André d'Exéa, qui mourut le 4 juin 1575 (*Mémoires d'Eustache Piémond*, p. 579).

2. Probablement Gaspard de Montauban, s. du Villar, Saint-André, Jarjayes, etc., gouverneur de Serres en 1577, de la Mure en 1580, de Gap en 1597, etc., décédé en 1624 (*Mémoires d'Eustache de Piémond*).

3. Surprise manquée de Crest, juillet 1573 (Artaud, t. I, p. 281). Crest est dans la Drôme.

4. Pour le récit de la campagne de Gordes en Dauphiné pendant l'hiver de 1573, voyez Pérussiis (*Pièces fugitives*, t. I, p. 148).

de Montbrun pour l'entreprise d'Orpierre[1], où il commença d'exécuter quelque chose que nous reprendrons en son lieu. Seulement j'adjousterai aux monstres qui devoyent accabler ce grand courage, qu'il estoit lors desnué de tous moyens et ne pouvoit promettre à ceux qui le suivoyent que les playes, l'honneur et le soulas de la mort.

Chapitre XIV.

De la Guienne et de ses voisins.

En Guienne le marquis de Villars[2] fut envoyé lieutenant de roi[3]; sa première besongne fut à Terrides[4] où s'acheva de former son armée[5]. Il battit le chasteau de deux canons. La bresche demi faicte, ceux de dedans contraignirent Falci[6], leur capitaine, de se rendre et Villars le fit pendre aux fenestres du chasteau. Son second siège fut à Caussade[7], où l'armée

---

1. Orpierre (Hautes-Alpes) tomba entre les mains de Montbrun le 27 avril 1573 (Artaud, t. I, p. 279).
2. Honoré de Savoie, marquis de Villars, lieutenant de roi en Guyenne.
3. Villars était déjà à Agen à la date du 10 octobre et y organisait son armée (Lettre de La Valette au roi, du 10 octobre 1572; orig., f. fr., vol. 15555, f. 169).
4. Terride, château dans la Lomagne, avait été usurpé quelques mois auparavant par Géraud de Lomagne, s. de Sérignac.
5. La campagne de Villars en Guyenne est racontée avec assez de détails dans les *Mémoires de l'estat de France sous Charles IX*, t. II, f. 178 et suivants. Dans une lettre au duc d'Anjou, datée d'Agen et du 1er décembre 1572, Villars expose le détail de son plan de campagne (Orig., Bibl. de l'Institut; coll. Godefroy, vol. 258, f. 72).
6. De Thou le nomme Fargues.
7. Caussade (Tarn-et-Garonne).

fut de dix huict mil hommes. Ce n'estoit qu'un bourg retranché, mais La Mothe Pujols[1] estoit dedans avec six cents arquebusiers. Les batteries durèrent plusieurs jours. Au premier assaut, ceux de dedans, ayans repoussé, poursuivirent par la bresche et meslèrent à coups d'espée comme n'ayans point de long bois. Après ce rude traictement aux autres assauts présentez, ils mettoyent les lieutenans et sergents derrière, pour à coups de hallebarde faire passer la contr'escarpe; encor, disoyent-ils, que ceux qui les poussoyent estoyent bien aise d'estre derrière. L'hyver fut si grand qu'il leur servit d'honneste excuse pour lever le siège[2]. Ce fut le dernier des gentils traicts qu'a fait La Mothe en sa vie, car un de ses soldats, en posant la garde, le tua d'une arquebusade sans y penser. Il estoit[3] laborieux, homme de cervelle et de main.

Durant ce siège, le vicomte de Gourdon, de Senevières en hors, fit plusieurs courses en l'armée, levant des logis; leur coupa les vivres, et c'est pourquoi, au partir de là, l'armée lui alla saccager quelques maisons où il n'y avoit point de garnison. De faict, après qu'ils eurent assiégé Versueil[4], où il n'y avoit que sept vingts

1. La Mothe-Pujols avait été envoyé par le vicomte de Sérignac à Caussade. Ce capitaine s'était illustré à côté de Piles en 1569 à la défense de Saint-Jean-d'Angely. Monluc dans ses *Commentaires* fait son éloge (t. III, p. 468).
2. Villars mit le siège devant Caussade au mois de janvier 1573. Dans une lettre du 30 de ce mois, il rend compte au duc d'Anjou de ses opérations militaires (Minute autographe; f. fr., vol. 15556, f. 220).
3. Cette phrase manque à l'édition de 1618.
4. Il y a deux Verfeil, l'un dans la Haute-Garonne, l'autre dans le Tarn-et-Garonne. Nous croyons que d'Aubigné désigne le dernier.

hommes tels quels, Villars leva le siège, se sentant incapable de tout acte de guerre, pource que ses gens, amassez la plus part dans les villes qui avoyent massacré et accoustumez à tuer sans se mettre en danger de l'estre, ne cerchoyent que les maisons abandonnées, les marchands, les paysans, les femmes et les enfans pour leur gibier. Et de fait les communes du pays se portèrent envers eux comme ennemis et en faisoyent beau mesnage. Pour remettre tout cela en devoir, Monsieur leur envoya des vieilles bandes conduictes par Goas. Encor le malheur fut qu'au passage de la Dordongne, le vicomte de Gourdon leva le principal logis et en emporta la colomnelle[1].

La Vallette[2], qui commandoit la cavallerie de ceste armée, accoustumé à faire mieux et qui disoit ne vouloir plus estre du troupeau de ces canailles, fit licencier la pluspart et mettre le reste en garnisons, si bien qu'ils employèrent l'hyver à négotier dans Montauban[3], tantost des intelligences, tantost la paix; à quoi Monsieur les sollicitoit par lettres et par courriers. Tant que[4] La Motthe vescut, il ne receut ni l'un ni l'autre, ne parlant que de faire sauter la muraille aux courriers et mettre les lettres au feu. Après sa mort, les soldats continuèrent en ceste résolution, mais

---

1. C'est-à-dire que, au passage de la Dordogne, le vicomte de Gourdon fut plus diligent que les bandes de Goas et mit en pièces la compagnie qui portait l'enseigne colonelle.

2. Jean de Nogaret, seigneur de la Valette.

3. On conserve dans le f. fr., vol. 15557, f. 20, le texte d'une proposition de paix présentée, au nom de plusieurs autres villes, par les réformés de Montauban, en date du 9 mars 1573 (Copie du temps).

4. La fin du chapitre manque à l'édition de 1618.

les hommes d'affaires et de lettres les fleschirent à consentir à ceste paix, sur l'espérance de se rafraichir et préparer à venger le massacre duquel la perfidie leur donnoit loi et justice d'armer à leur bon poinct.

Chapitre XV.

De ce que la France avoit de commun avec ses voisins.

Bien à propos en nous meslant avec nos voisins, nous pouvons nous estendre à la négociation de Polongne pour en faire eslire roi Monsieur. Cela commencé par les ouvertures de l'évesque de Valence[1], qui tasta l'affaire par le voyage de son fils naturel[2]. Depuis le fit avancer par le jeune Lansac[3], plein des parties requises à une telle négociation. Le roi Charles empoigna ardemment ceste occasion[4] pour les jalousies prises et augmentées sur ce que les armées ne cognoissoyent plus que Monsieur. Et la roine mère se laissa aller à ce dessein sur la promesse des magiciens qu'elle verroit tous ses enfans rois. Donques, ne recerchant l'histoire de Polongne qu'autant que me permettent les termes de mon dessein, je me contente

1. Jean de Monluc, frère de l'auteur des *Commentaires*.
2. Jean de Monluc, s. de Balagny.
3. Guy de Saint-Gelais, fils du s. de Lansac, sénéchal d'Agenais. Il partit de Paris pour la Pologne le 17 janvier 1573 (Lettre de Lansac père au duc d'Anjou, de cette date; orig., f. fr., vol. 15556, f. 80).
4. Aussitôt qu'il eut été averti de la mort de Sigismond, le roi de France entama des démarches pour faire élire le duc d'Anjou. Le 6 septembre 1572, il commanda à François de Noailles, ambassadeur à Constantinople, d'engager auprès de la Porte des négociations dans ce sens (Copie du temps; f. fr., vol. 21009, f. 271).

de vous faire sçavoir que, par la mort de Sigismond[1] et mesmes auparavant sur ses infirmitez, plusieurs briguèrent l'élection, premièrement l'empereur Maximilian, son beau-frère, pour son fils Erneste; le roi de Suède pour son fils Sigismond[2], n'ayant que huict ans, et qui depuis a eu le royaume.

Le Moscovite[3] s'en mesla; le vaivode de Transsylvanie pareillement. Il y avoit des Polonnois qui tendoyent à faire eslire les rois d'entre les grands du royaume. L'évesque de Valence, voyant en tous les prétendans ou l'infirmité de l'aage, ou la différence des religions, ou les envies mutuelles du dedans s'opposer aux desseins des compétiteurs, c'estoit fait despescher lui mesmes[4] et avoit fort avancé ses affaires, toutes lui favorisans, quand la nouvelle de la Saint-Barthélemi arriva, secondée de tous les portraits des massacres, où n'estoyent point oubliez les enfans arrachez du ventre des mères et mis en pièces contre les murailles; cela semé par les ambassadeurs des compétiteurs[5]. L'évesque, par sa bouche et par celles de plusieurs émissaires, par lettres et apologies imprimées, rendit l'affaire doubteux aux uns, aux autres

1. Sigismond II, roi de Pologne, le dernier des Jagellons.
2. Sigismond III, roi de Pologne en 1587, mort en 1637.
3. Basile, grand-duc de Moscovie, était aussi un des concurrents.
4. L'évéque de Valence était parti de Paris le 17 août 1572.
5. Ce fut surtout en Allemagne que le forfait de la Saint-Barthélemy produisit une impression néfaste. Voyez les *Mémoires de La Huguerye*, t. I, p. 194 et suiv. Pour ne pas multiplier les indications de sources qui confirment le récit de d'Aubigné, nous citerons seulement les documents publiés dans le *Journal de L'Estoile* de 1744, t. I, p. 519, et dans le *Bulletin de la Société de l'histoire du protestantisme français*, t. XVI.

excusable, et sur tout en rendit innocent Monsieur[1], du portraict duquel, copié avec une douceur affectée, il fit présent à toutes les personnes qui avoyent pouvoir en l'affaire.

Le plus malicieux traict contre Monsieur fut celui des Jésuites d'Ingolstad, qui firent imprimer un panégiric à la loüange du duc d'Anjou, comme premier inventeur, autheur et violent solliciteur, conducteur et brave exécuteur de la dernière bataille contre les ennemis de l'Église, donnée en la journée Sainct-Barthélemi. Ils adjoustoyent que le nez saignoit à tous sans lui; de quoi il faloit dire, comme de David : Charles en a tué mille, mais Henri dix mille. Tout cela avec belles inscriptions, comme au libérateur du saint-siège. Cela imprimé à la haste et envoyé à Cracovie. Le trop d'affectation servit aux François pour faire voir le but du livret[2].

La première assemblée[3] des Polonnois, après avoir long temps balancé sur le lieu pour faire l'eslection, s'employa aux reproches que les principaux faisoient des corruptions, et puis pour les menées de ceux de

---

1. Jean de Monluc, dans une lettre à Bruslart, du 20 novembre 1572, expose les difficultés que lui suscite la fatale exécution du 24 août (Orig., Ve de Colbert, vol. 7, f. 447).

2. La cour de Rome, et par conséquent les Jésuites, ne soutenaient pas la candidature du duc d'Anjou, malgré les gages qu'il avait donnés au parti catholique dans la journée du 24 août. Le panégyrique dressé par les Jésuites d'Ingolstad serait donc un acte de perfidie. Telle est l'opinion du marquis de Noailles (*Henri de Valois et la Pologne en* 1572, t. II, p. 158).

3. La première assemblée des Polonais eut lieu le 6 janvier 1573. Voyez les détails donnés par le marquis de Noailles (t. II, p. 189 et suiv.).

Lituanie pour acheter leur repos par l'élection du Moscovite. En fin le lieu fut assigné à Varsovie, au commencement d'avril[1], où se rendirent l'évesque de Valence, celui de Dax[2] et Lansac, qui n'allèrent point à la première cérémonie, non plus que les autres ambassadeurs, jusques à ce que leur séance eust esté ordonnée, comme elles furent après; ascavoir que la première seroit au cardinal Commendon[3] de la part du pape, à celui de l'Empereur après, la troisiesme aux François, la quatrième aux Espagnols.

A la diette arrivèrent trois mille gentilshommes, logez deux lieuës à l'entour de la ville, en laquelle ne logeoyent que les archevesques, évesques, palatins et castelans. Le lieu de la diette fut dans une pleine à demie lieuë de la ville, où, au milieu de douze tentes, y en avoit une capable de mil hommes. Et est chose

---

1. La première session de la diète commença le 5 avril 1573. On conserve dans le fonds français, vol. 15967, f. 21, une relation en italien de cette assemblée.

2. D'Aubigné commet ici une erreur. Ce n'était pas François de Noailles, évêque de Dax, qui avait accompagné Jean de Monluc en Pologne, mais Gilles de Noailles, son frère et son coadjuteur, successivement ambassadeur en Angleterre, en Pologne, etc. François était alors ambassadeur à Constantinople. Gilles mourut à Bordeaux, le 1er septembre 1597. Les deux frères ayant souvent pris part aux mêmes négociations ou s'étant succédé dans leurs divers postes diplomatiques, il est malaisé de distinguer leur correspondance. Voyez les indications que nous avons données sur les lettres de François de Noailles (t. III, p. 361). Plusieurs de ces recueils de lettres s'appliquent à Gilles de Noailles.

3. Jean-François Commendon, né en 1524, négociateur au service du saint-siège, cardinal et homme d'état, mort en 1584. Sa vie, écrite en latin par Graziani, a été traduite par Fléchier, in-4°, 1671. Le cardinal Commendon a laissé une *Oratio ad Polonos*, traduite en français par Belleforest. Paris, 1573, in-4°.

notable que ceste assemblée de cent mille chevaux fut là un mois et demi sans cherté d'aucuns vivres et sans querelle, tant petite fust elle.

Après les cérémonies ecclésiastiques faictes de toutes parts, on commença d'ouïr les ambassadeurs estrangers, à la charge qu'il seroit faict trente-deux copies de chacune harangue pour les distribuer en autant de provinces ou palatinats que la Polongne est divisée, avec personnes choisies à expliquer les difficultez et rapporter les suffrages pour faire roi celui qui en auroit le plus.

A la mi-avril fut ouy premièrement le cardinal Commendon[1]. Il commença habilement par la louange des Polonnois, qui sçavoyent en l'interrègne, en un temps sans loi, chacun se servir de loi. De là il insiste sur la paix des consciences et le choix d'un prince zélateur de l'Église, sur quoi les évangéliques firent quelque bruit.

Rodemberg[2], pour l'Empereur, loüa en Erneste la science des langues slavonne et autres voisines, de ce que ses amis et ses forces estoyent prestes pour un secours à la Polongne, de ce qu'il estoit nourri d'un père, prince de paix, qui l'entretenoit en la diversité des religions et avoit les mains nettes de sang[3].

---

1. Le cardinal Commendon parla le 8 avril 1573. Son discours a été imprimé à Paris en 1573. Il est analysé dans de Thou (liv. LVI) et avec plus de détails par le marquis de Noailles (t. II, p. 265).

2. Guillaume Ursin de Rosemberg, grand burgrave de Bohême, ambassadeur de l'empereur.

3. Rosemberg parla le 9 avril en langue bohême. Son discours est analysé par le marquis de Noailles (t. II, p. 267).

1573]   LIVRE SIXIÈME, CHAP. XV.   69

De là à deux jours l'évesque loüa[1] Monsieur d'estre sans ennemis, d'avoir treize cents cinquante mille livres de rente, de pouvoir, en dix jours, arriver à Danzic et secourir la Polongne, notamment de Gascons. Son grand labeur fut à attribuer au peuple les massacres, de faire dire à Monsieur, quand on lui en demanda son advis, qu'il verroit à grand regret deschirer par la lie du peuple ceux qu'il avoit combatus tant honorablement. En fin, après tout ce que les rivaux de Monsieur eurent peu faire sçavoir des affaires de France, Montluc travailla si bien et fit si bien travailler l'évesque de Dax, Lansac, Ballagni, Bazin[2] de Blois, qui sauvoit sa vie à ce jeu-là, et autres émissaires, que, contre les retardements qu'on pratiquoit, nommément les évangéliques pour leurs seuretez, on procéda le premier de mai[3] ; et, dans une heure, treize provinces donnèrent leur voix au duc d'Anjou[4] ; et,

1. Jean de Monluc devait prendre la parole aussitôt après Rosemberg, mais il refusa de monter à la tribune avant de connaître le discours de l'ambassadeur allemand, se dit malade et força la diète à lever la séance. Le lendemain, 10 avril, il prononça sa harangue. Cette pièce a été imprimée à Paris, chez Jean Richer, en 1573. De Thou (liv. LVI) et le marquis de Noailles (t. II, p. 272) ont réimprimé les principaux passages de ce discours que M. de Noailles considère comme un modèle de l'éloquence parlementaire au XVIe siècle.
2. Jean Bazin, né à Blois en 1538, négociateur appartenant à la réforme, avait suivi Jean de Monluc en Pologne et y demeura comme représentant de la France jusqu'à l'arrivée du nouveau roi. Il mourut en 1592.
3. Le 1er mai 1573, les partisans du duc d'Anjou organisèrent en sa faveur une manifestation imposante, à laquelle le sénat s'associa (*Mémoires de Choisnin*). Choisnin, secrétaire de l'évêque de Valence et l'un de ses agents en Pologne, a toute l'autorité d'un témoin oculaire.
4. Le vote commença le lundi 4 mai (*Mémoires de Choisnin*).

dans deux jours après, tout se joignit à ce qu'ils ne pouvoyent empescher[1], si bien que l'archevesque de Gnezna[2], partisan impatient pour les François, proclama Monsieur roi de Polongne la veille de la Pentecoste, qui estoit le neufiesme de mai.

Le grand seigneur avoit despesché en faveur des François[3], mais l'évesque estouffa les lettres jusques à trois jours après l'élection[4], à cause que telle faveur estoit désagréable aux principaux et aux meilleurs. Les François eurent encores de la peine à appaiser les mareschaux de Polongne, ausquels appartenoit la proclamation[6], mais ils les payèrent en ceste monnoye : que l'archevesque n'avoit fait qu'une dénonciation[7].

1. Le 8 mai eut lieu le dépouillement du scrutin. Le duc d'Anjou avait obtenu l'unanimité ou la majorité dans vingt et un palatinats sur trente-deux (Choisnin).

2. L'archevêque de Gnesen.

3. Depuis que le trône de Pologne était vacant, le roi de France ne cessait de faire appel à l'appui du sultan en faveur de son frère en Pologne. Voyez les lettres du roi à François de Noailles, ambassadeur de France, des 6 septembre, 30 novembre, 17 décembre 1572, 18 janvier, 7 et 21 février, 18 mars 1573 (Copies du temps ; f. fr., vol. 21009, f. 271 et suiv.). Le 24 juillet, le roi adressa une lettre de remerciement au sultan et au premier pacha (Ibid., f. 481).

4. Quatre jours après l'élection, un chiaoux, nommé Achmet, député par Selim, feignit d'arriver de Constantinople.

5. La cour de France ne voulait pas croire que la recommandation du sultan serait plus nuisible qu'utile au duc d'Anjou. Charles IX le nie absolument dans une lettre à son ambassadeur à Constantinople (Lettre du 18 janvier 1573; copie du temps, f. fr., vol. 21009, f. 377 v°).

6. La proclamation du nouveau roi appartenait aux seigneurs et non pas à l'archevêque de Gnesen. Le récit de Choisnin aide à comprendre celui de d'Aubigné.

7. La proclamation officielle du duc d'Anjou comme roi de Pologne eut lieu le 11 mai 1573.

Ce qui fascha le plus nos ambassadeurs fut les évangéliques[1], ayans fait faire articles pour leurs seuretez et mesmes pour la liberté de leurs confrères François. On présenta à nos gens toutes ces conventions à signer, qui leur fut pesant et nouveau[2]; mais l'évesque de Valence fit haster ses compagnons de signer avant la deffense du cardinal Commendon. Cela fait, on esleut, pour venir quérir le roi en France, l'évesque de Posnanie[3], le palatin Laski[4], le duc d'Olique[5], les comtes de Tensin[6], de Gorca[7], les castelans de Gnesna[8], de

1. Secte qui se rapprochait des réformés de France et que l'évêque de Valence, par des promesses et des concessions, avait réussi à mettre dans les intérêts du duc d'Anjou. Voyez Choisnin.
2. Les plénipotentiaires du duc d'Anjou acceptèrent et firent droit aux requêtes des Polonais en faveur des réformés de France (Pièce datée de mai 1573; coll. Brienne, vol. 207, f. 28), confirmèrent les privilèges des trois ordres de Pologne (Pièce du 12 mai; f. fr., vol. 16938, f. 32) et jurèrent un renouvellement d'alliance entre le roi de France et le nouveau roi de Pologne (Pièces des 16 mai et 10 septembre 1573; f. fr., vol. 16938, f. 43).
3. Adam Conarski de Dobilin, chef de la mission envoyée au duc d'Anjou.
4. Albert Laski, palatin de Siradie, un des chefs du parti catholique en Pologne, négociateur tour à tour au service de la France et de divers états d'Allemagne. Voyez notamment les *Négociations de la France dans le Levant*, t. III, p. 493, 636, 759, etc. Il était fils de Jérôme Laski qui avait servi la France du vivant de François Ier.
5. Nicolas-Christophe Radzivil, duc d'Olika, grand maréchal de la cour en Lithuanie, représentait avec Laski le parti catholique.
6. Jean-Baptiste, comte de Tenezinski.
7. André, comte Gorka, un des trois représentants du parti réformé en Pologne.
8. Jean Tomicki, castellan de Gniezen, un des représentants du parti réformé.

Sanoca¹ et de Racziane², les gouverneurs de Besle³, de Cazimiria⁴ et d'Odolanovie⁵, les enfans de Tomice⁶ et du palatin de Tiovie⁷. Il y eut en Allemagne des empeschements sur le passage⁸, mais l'évesque gascon les rompoit de si bonne grâce qu'ils passoient par tout. Nous les lairrons venir⁹ pour fournir aux autres parties qui se présentent.

Depuis les prospéritez que nous avons déduictes à la venue du duc d'Alve¹⁰, il n'avoit l'esprit tendu qu'aux exactions, contre lesquelles le conseil du pays en vain s'escrioit, en vain envoyoit en Espagne. Le duc opposoit à leurs remonstrances des menaces et des forces à leurs raisons. En fin la centiesme, la vingtiesme et la dixiesme subside¹¹, qui s'appelloit ainsi,

---

1. Jean Herburt de Fulstyn, castellan de Sanocki.
2. De Thou le nomme Stanislas Criski, castellan de Radomski.
3. Jean Sari de Zamoyski, palatin de Belz ou Belzky.
4. Nicolas Firley de Dambrowikze, palatin de Casimirie, fils du grand maréchal de Pologne.
5. Jean Zborowski, palatin d'Odolanovie, frère du palatin de Sandomir, représentant du parti réformé.
6. Nicolas de Tomiczki, fils de Jean Tomiczki.
7. Alexandre Prouski, fils du palatin de Kiev.
8. Plusieurs des ambassadeurs de Pologne, en traversant l'Allemagne, furent arrêtés et maltraités. Voyez à ce sujet un mémoire détaillé (Copie du temps, sans date; f. fr., vol. 15967, f. 127). L'empereur leur donna un sauf-conduit dont une copie est conservée dans le f. fr., vol. 15967, f. 95. Jean-Baptiste, comte de Tenczinski, s'étant séparé de ses collègues, fut arrêté en Silésie par ordre de l'empereur et ramené en Pologne (Noailles, t. II, p. 350).
9. Les pleins pouvoirs et les instructions donnés par la Diète aux ambassadeurs de Pologne sont imprimés par le marquis de Noailles, t. III, p. 425.
10. Voyez le t. III, p. 255 et suivantes.
11. Impôts forcés sur les revenus et les transactions que le duc

firent eschapper le peuple à des accidents, qui la pluspart sont dans nostre frontière et ausquels nos gens de guerre ayans contribué. Nous en chargerons ce chapitre au soulagement du septentrional. Le premier coup ne fut pas heureux pour le parti du peuple, qui fut la prise de Louenstin[1] par un Ruiter[2], car il fut aussi tost repris par un Espagnol nommé Perca[3], les preneurs ne faisans point de garde; ce qu'il y eut de notable fut que Ruiter combatit jusques à l'extrémité, et puis, avec de la poudre, fit sauter lui[4] et ses ennemis.

De mesme temps encores, le comte de Mare[5], Liégeois, assisté de plusieurs de ceux qu'on appeloit *gueux*

---

d'Albe avait édictés en 1569, malgré l'opposition des États. Voyez une savante note de M. Blaes dans les *Mémoires anonymes sur les troubles des Pays-Bas*, t. I, p. 97, dans la coll. de Mémoires sur l'histoire de Belgique.

1. Loevenstein, ville et château appartenant au duc de Clèves, situés à la pointe de la presqu'île de Bommel, près de Gorkum. Il y a doute sur la date de la prise de Loevenstein. Bernardino de Mendoça la fixe expressément au 11 janvier 1571 (*Commentaires*, t. I, p. 250, dans la coll. de Mémoires sur l'histoire de Belgique); mais la lettre par laquelle le duc d'Albe apprit cette nouvelle à Philippe II est datée du 29 décembre 1570 (*Correspondance de Philippe II*, t. II, p. 165).

2. Herman Ruyter, ancien marchand de bœufs de Bois-le-Duc, agent secret du prince d'Orange.

3. Laurent Perea, capitaine espagnol, envoyé de Bois-le-Duc par don Rodrigue de Tolède. Voyez le récit de Bernardino de Mendoça (*Commentaires*, t. I, p. 252). Perea combattit vaillamment au siège de Harlem en 1573 et y fut tué (*Ibid.*, t. II, p. 63, 64 et 124).

4. Ruyter, forcé dans le château de Loevenstein, recula dans une salle haute pleine de poudre, y attira par sa fuite un gros d'Espagnols et fit sauter le château. Voyez le beau récit de Bernardino de Mendoça (*Commentaires*, t. I, 253).

5. Guillaume de Lumay, un des principaux capitaines du

aquatiques[1], se vint jetter dans la Brielle[2] et isles voisines ; à quoi servit beaucoup ce que la roine Élizabeth chassa de ses costes tous les gens de guerre[3]. Ceux-là, s'estendans en l'isle de Vome[4], menèrent rudement au commencement le comte de Bossu[5], auquel ils bruslèrent plusieurs navires, et les plus avancez des siens, qui, pensans se sauver à Dordrech[6], trouvèrent la

prince d'Orange, portait le titre de comte de la Marck. Il prit une part considérable à la défense de Harlem en 1572 et 1573. Voyez les *Commentaires de Mendoça*, t. II, p. 41, et la *Correspondance de Philippe II*, t. II, p. 302. Le 20 juin 1572, le prince d'Orange, au nom du parti national, lui confia le gouvernement de la Hollande (*Archives de la maison d'Orange-Nassau*, t. III, p. 441). Il mourut en 1578.

1. Dès 1568, le prince d'Orange ou ses frères avaient délivré des lettres de marque à des partisans qui furent les premiers *Gueux de mer*. L'objectif de ces hardis corsaires était de faire la guerre à l'Espagne. Leur premier chef fut Adrien de Berghes. Voyez une note détaillée sur l'origine des *Gueux de mer* dans les *Commentaires de Mendoça*, t. I, p. 255.

2. La Brille, petite ville située dans l'île de Voorn, formée par la Meuse, fut prise le 2 avril 1572 (*Commentaires de Mendoça*, t. I, p. 252). Une lettre du duc d'Albe, en date du 26, au roi d'Espagne, contient une relation détaillée de cet événement (*Correspondance de Philippe II*, t. II, p. 246).

3. D'Aubigné veut dire ici que, la reine d'Angleterre n'ayant plus besoin de gens de guerre depuis la chute et l'emprisonnement de Marie Stuart, ceux-ci se mirent au service de leurs coreligionnaires du continent. D'Aubigné a sans doute emprunté cette observation à Mendoça (*Commentaires*, t. I, p. 266).

4. L'île de Voorn où se trouve la Brille.

5. Maximilien de Hennin, comte de Boussu, gouverneur d'Amsterdam en 1567, puis de Hollande, servit fidèlement le parti espagnol jusqu'à la fin de 1573. Plus tard, il embrassa la cause du prince d'Orange. Il mourut à Anvers le 21 décembre 1578 (*Correspondance de Philippe II*, t. II, p. 137, 148, 179, 234, etc.).

6. Dordrecht, dans une île aux bouches de la Meuse, ouvrit ses portes au prince d'Orange le 25 juin 1572. Voyez les *Archives de la maison d'Orange*, t. III, p. 464.

[1573]   LIVRE SIXIÈME, CHAP. XV.   75

ville prise contre eux[1]; dont, s'estans retirez à Roterdam, qui, leur voulans fermer les portes trop tard, furent presque tous mis en pièces[2]. Flessingue[3] aussi mit l'enseigne au vent, prenant son commencement d'un soufflet receu par un habitant, qui esmeut tous les autres à chasser l'Espagnol. N'ayant à ce dessein pires ennemis que les officiers de la justice, tellement contraires à la liberté que, leurs suasions estant inutiles, ils enclouèrent les pièces, mais le courage du peuple en désencloua et rompit les huis des magasins, les porta à repousser à coups de canon les vaisseaux espagnols jusqu'à les réduire en leur miséricorde. Ils en vindrent là d'oser assiéger Middelbourg[4], estans fortifiez de François menez par Guitri[5]. Mais le duc y envoya Sanctio d'Avilla[6] avec quatre mil hommes,

1. Bernardino de Mendoça donne un récit très détaillé de la surprise de Rotterdam par le comte de Boussu (*Commentaires*, t. I, p. 259).
2. Surprise de Rotterdam par le comte de Boussu, 9 avril 1572.
3. Flessingue se révolta contre les Espagnols au mois d'avril 1572. Voyez les récits de Mendoça (*Commentaires*, t. I, p. 263 et suiv.).
4. La ville de Middelbourg fut assiégée par les Orangistes pendant le mois de mai 1572 (*Correspondance de Philippe II*, t. I, p. 256).
5. Jean de Chaumont, s. de Guitry, successivement chambellan du duc d'Anjou, capitaine d'une compagnie d'ordonnance et négociateur protestant. Après la mort du duc d'Anjou, il passa au service du roi de Navarre et mourut en 1592. Il est très souvent nommé dans les tomes II et III des *Mémoires de La Huguerye*.
6. Don Sanche d'Avila, capitaine espagnol, gouverneur de la citadelle d'Anvers, avait été chargé du commandement général de l'armée de mer pendant que le duc d'Albe était retenu à Bruxelles. Il se rendit célèbre par la victoire de Mook (14 avril 1574) et par le pillage d'Anvers (4 nov. 1576), et mourut d'un accident le 12 novembre 1582.

qui, à un bas de marée, entra¹, malgré le siège, dans la ville. Aussi tost fit une ferme et rude sortie, met en fuite l'armée, prend toutes les ridotes et mesmes les poursuit vivement dans Arnemviden², les assiège et prend³. Peu de jours après, la garnison de Middelbourg emporte Subourg⁴. La joye qu'eut le duc d'Albe de ces nouvelles fut tempérée par la perte de Zutphen⁵ et là où le reste de ses bons vaisseaux estoyent, qui estoit Enchusen⁶. Il a falu nettoyer cela pour venir à ce qui le fascha le plus et qui est en nostre voisinage, c'est la révolte⁷ de Valentiennes et du chasteau, assiégé par La Nouë⁸, promptement secouru par Garcia Wal-

1. Sancho d'Avila partit de Berg avec trente navires le 6 mai 1572, et débarqua sur les dunes de Middelbourg le 7, à huit heures du soir (*Correspondance de Philippe II*, t. II, p. 251). Ce fait d'armes est raconté exactement par Mendoça, mais il se trompe sur les dates (*Commentaires*, t. I, p. 271).

2. Armuyden, village près de Middelbourg, où don Sanche d'Avila se fortifia. Il est appelé *Arnemindem* dans la *Correspondance de Philippe II*.

3. Voyez dans la *Correspondance de Philippe II* (t. II, p. 257) la relation de la marche de d'Avila au secours de Middelbourg, que le duc d'Albe envoya au roi d'Espagne.

4. Sudbourg, château près de Flessingue.

5. Zutphen, un des beaux ports de Hollande, s'unit aux confédérés au mois de mai. Le 23, le duc d'Albe en reçut la nouvelle.

6. Zutphen fut repris par le duc d'Albe au mois d'octobre et presque tous les habitants massacrés (*Mémoires anonymes*, t. I, p. 137, dans la collection de *Mém. de la Soc. de l'hist. de Belgique*).

7. Valenciennes ouvrit ses portes aux partisans du prince d'Orange dans la nuit du 23 au 24 mai 1572 (*Correspondance de Philippe II*, t. II, p. 259 et 260). C'est par erreur que La Popelinière (t. II, f. 53) et l'éditeur des *Mémoires de La Huguerye* (t. I, p. 106, note) ont assigné à ce fait la date du 29 mai.

8. François de la Noue, à l'instigation de l'amiral et de Ludovic de Nassau, assiégeait Valenciennes. Voyez les *Mémoires de La Huguerye*, t. I, p. 106.

derio¹, qui, aussi tost qu'entré, emporta un drapeau à une sortie qu'il fit. Tout cela arrivé à la fin de may.

Un peintre² de Hainaut estoit venu en France parler à l'amiral et à La Nouë ensemble, ayant charge des habitants de Monts de leur dire que, s'ils se vouloyent avancer d'une longue traicte auprès de la ville, ils seroyent secourus là-dedans de huict cents bons hommes³. Donc, ayans pris jour au vingt-deuxiesme⁴ de mai, ce peintre fit couler en la ville quarante hommes sans armes et trois chartées de tonneaux rougis de vin, qui estoyent pleins de mousquets. Cestui-ci ayant impétré de faire ouvrir la porte de Barlemont au point du jour, le comte Ludovic et Guitri donnent dans la ville, crient : « Ville gaignée ! Liberté ! France ! Que son frère avoit deffait les Espagnols, print le duc d'Alve prisonnier. » Tout cela n'ayant pas armé un homme et craignans une attrape, resortirent plus viste

1. Garcia de Valdès, capitaine espagnol souvent nommé dans *Commentaires de Mendoça*. Le récit de d'Aubigné est ici inexplicable ou erroné. Valdès, chargé par le duc d'Albe d'amener un corps de chevau-légers au secours de Valenciennes, arriva après la prise de la ville et n'essaya pas d'y entrer. Voyez les *Commentaires*, t. II, p. 277.

2. Antoine Ollivier, peintre, avait séduit le duc d'Albe par son habileté dans l'exécution des cartes géographiques. Le duc l'avait chargé d'espionner en France Ludovic de Nassau. Ollivier mourut au siège de Harlem en 1573. Voyez la *Correspondance de Philippe II*, t. II, p. 260 et 356, notes. M. Groen van Prinsterer a publié dans les *Archives de Nassau* plusieurs lettres adressées à Ollivier qui prouvent qu'il jouissait de la confiance du prince d'Orange et de ses frères.

3. La Huguerye vit Antoine Ollivier, qu'il appelle le grand Antoine, à Paris, et prit part aux conférences qu'il eut au printemps de 1572 avec les chefs du parti protestant (*Mémoires*, t. I, p. 23 et suiv.).

4. Le 24 mai 1573, d'après de Thou (liv. LIV).

qu'ils n'estoyent entrez. Ils ne furent pas si tost dehors qu'ils virent de loin venir Janlis[1] et La Nouë, ayans quitté ceux de Valentiennes, encores assiégez, pour cest affaire. Lors se repentans d'estre sortis, à tout hazard le comte fit donner Guitri à la porte. Desjà les habitans faisoyent balancer le pont, quand Guitri saute avec un cheval d'Espagne dessus, qui bien suivi emplit incontinent la rüe d'escharpes blanches. Tout cela donne droit au chasteau, où, n'y ayant que ce qui estoit de garde, ils eurent le chasteau et la ville à bon marché[2].

Le siège de Valentiennes ne dura guères, car Jouan Mandoze[3], estant venu à Tournai avec peu de forces, fit amener les païsans et quelques bisongnes, lesquels il mit en forme d'armée seulement pour favoriser l'entrée de deux compagnies qu'il vouloit jetter dans la citadelle. Mais les assiégeans, voyans la bonne contenance de ces troupes, de qui les tambours battoyent à l'espagnole et leurs meilleurs hommes estans allez à Monts, quittent leurs tranchées et d'effroi en effroi se mettent en fuite, mal poursuivis à cause du pillage. Le duc d'Albe commença à faire marcher son fils avec les meilleures de ses forces, qui, pour penser au recouvrement de Monts, s'avancèrent jusques à l'abbaye de Bethléem, où Rouvrai[4] avoit fait quelques logements,

---

1. Jean d'Hangest, s. de Genlis.
2. Voyez les *Mémoires de La Huguerye*, t. I, p. 105 et suiv. Le récit de La Huguerye et celui de d'Aubigné paraissent inspirés par celui de Bernardino de Mendoça (*Commentaires*, t. I, p. 280, édit. de la Société de l'hist. de Belgique).
3. Jean de Mendoza, colonel des chevau-légers.
4. Rouvray, capitaine français, tué quelques jours après à la défense de Mons (*Mémoires de La Huguerye*, t. I, p. 133).

qu'ils voulurent taster, et en furent bien repoussez. Ce fut lors que Janlis, comme nous avons dit, vint trouver le roi, duquel il fut magnifiquement receu et aussi tost despesché avec quatre mil hommes de pied et deux cens chevaux-légers; tout cela mené par Ranti, Beranqueville et Jumelles[1]. Le comte Ludovic avoit défendu à Janlis qu'il ne vinst point droit à Monts et qu'il allast cercher les troupes du prince d'Orange, son frère, mais l'amiral lui ayant commandé d'aller droit à la ville, et de quoi le duc d'Alve estant adverti par un courrier exprès, il fortifia l'armée des forces que menoyent le duc d'Ascot[2], les comtes de Bossu, Barlemont[3], Mansfeld[4] et Rutte[5] avec Noercarmes[6].

Les Espagnols jettèrent dedans Casteau-Cambrésis huict cents arquebusiers et quatre cents chevaux; et en mesme temps le peuple du pays s'estant eslevé jusques à quatre mille arquebusiers, Fridéric de Tolède, qui avoit encores receu de nouveau les régiments de Julian Roméro, Capralis et Liques[7], tout cela s'avança vers Hame[8], où Janlis s'estoit approché pour faire un petit pont. La cavalerie espagnole marchoit en trois

---

1. Le s. de Jumelles, dans l'armée conduite par Genlis, commandait huit enseignes, *la bataille*, c'est-à-dire le centre (Pièce du temps; f. fr., vol. 18587, f. 541). Il échappa à la déroute de son chef et s'attacha au prince de Condé, auprès duquel on le retrouve en 1580 (liv. IX, chap. xii).
2. Philippe de Croy, duc d'Arschot.
3. Gilles de Berlaimont, baron d'Hierges, gouverneur de Gueldre, frère de Ladislas de Berlaimont, comte de Meghem.
4. Pierre-Ernest de Mansfeld, gouverneur du Luxembourg.
5. Jean de Croy, comte de Rœulx.
6. Philippe Sainte-Aldegonde, s. de Noircarmes.
7. Philippe de Recourt, baron de Licques.
8. La Haine, rivière qui passe à Saint-Ghislain.

gros avancez et en trois autres de soustien, et l'infanterie suivoit par troupes sans autre ordre, sinon quand les forces se virent, car lors Julian Romero, qui menoit la teste, fit avancer Sarmiento[1] avec sept cents mousquetaires; desquels l'usage commença par les Espagnols en ces quartiers, car les Turcs les ont porté les premiers; cela estant logé dans une saulaye pour flanquer le combat. La première troupe qui s'attaqua aux François fut rompue et eux cheminoyent tousjours vers Monts. Mais toutes les troupes estans advancées et le combat commencé à la teste, au milieu et derrière, les trois gros de cavallerie, que nous avons marquez les premiers, firent leurs trois charges l'un après l'autre par le milieu de toute l'infanterie et la mirent en pièces. Quelques cent gaignèrent la ville; Renti[2] et le Reingraff[3] morts; Janlis et Jumelles, qui faisoyent la retraicte, pris; cestui-ci mené à Tournai, sauvé par un Espagnol, l'autre trouvé estranglé en son lict[4].

Le pont où ils avoyent passé estant saisi par les Espagnols et les communes amassées, furent cause qu'il mourut en cest affaire six cents François. Ceux que le peuple sauva furent envoyez sans chemises, et de là ceste expédition fut appelée *le voyage des tout nuds*[5].

1. Jean Salazar de Sarmiento.
2. Le baron de Renty commandait l'avant-garde de l'armée de Genlis.
3. Philippe de Salm, dit le comte Rhingrave.
4. La mort de Genlis reste un mystère. Il est probable qu'il fut assassiné à Anvers dans sa prison. Voyez les *Commentaires de Mendoça*, t. I, p. 329.
5. Un passage de la *Grande chronique de Hollande* explique cette expression. « Les Français prisonniers, dit-elle, furent tous égorgés, mais, avant de subir le dernier supplice, ils étaient

Les Espagnols content d'un soldat qui, ayant une lance à travers le corps, l'arracha et la darda à celui qui la lui avoit mise.

Il ne se perdit du costé des victorieux de gens de commendement que deux lieutenans[1] de cavallerie et Sapatta[2], qui avoit fait la première charge, fort blessé.

Les Pères de l'Inquisition furent mal contents qu'on ne leur réserva quelques troupes de prisonniers, à faire un acte comme ils avoyent faict quelques jours auparavant, d'une compagnie de chevaux-légers, desquels ils firent mourir publiquement dix-sept, qui voulurent endurer des croix ; les autres, qui ne se voulurent point desdire, poignardez et jettez dans l'Escaut, avec deffense publiée sur peine de la vie de n'en laisser arriver aucun.

Cependant le siège s'eschauffoit devant Monts, les sorties des assiégez vigoureusement repoussées. Le duc d'Albe, conseillé par plusieurs de quitter pour remédier au soulèvement de toute la Flandre, se résolut au contraire d'y mettre le tout. Il fit donc venir tout ce qu'il avoit en Holande et Brabant, mené par Ferdinand de Tolède, qui, en passant devant Harlem, prit un fort[3] et un navire[4] ; item

dépouillés de leurs vêtements jusqu'à la chemise » (*Commentaires de Mendoça*, t. I, p. 328).

1. Alphonse Lombrales et Antoine Ceron, lieutenant d'une compagnie d'arquebusiers à cheval.

2. Il y avait deux Çapata dans l'armée espagnole. L'un d'eux, Lopez Çapata, fut tué dans l'engagement dont parle d'Aubigné. L'autre, Rodrigue Çapata, colonel de gens de pied, continua son service (*Commentaires de Mendoça*, passim, t. I).

3. Le fort avait été bâti à l'embouchure d'un canal qui entre dans le Zuyderzée.

4. Le navire hollandais qui gardait l'entrée du canal.

deux enseignes, avec la mort de huict cents hommes.

Il ameine d'Anvers tous ceux qui estoyent du conseil et ceux qui estoyent de l'Inquisition. Puis, sachant à Valentiennes que Le Poyet avoit repoussé un assaut dans l'abbaye de Spinole, il quitte dix canons pour venir au second assaut[1] et arriver sur le poinct qu'on donnoit ; à quoi il n'eut ni grand'perte ni grand'peine, pource que Le Poyet, à leur veue, fut commandé de se retirer.

Dans le vingtiesme d'aoust, l'armée du duc receut dix compagnies du duc de Medine[2]. L'archevesque de Coulongne, avec quinze cents chevaux et neuf cents[3] que lui envoya l'électeur de Trèves, quitta la croce et vint renforcer le siège.

On receut, le vingt-sixiesme d'aoust, les nouvelles du massacre, avec une joye aussi effrénée dedans l'armée, qu'une grand'consternation au dedans.

Ceste gayeté, un peu tempérée par l'approche du prince d'Orange[4], qui costoyoit la Muse, ayant passé le Rhein avec treize mil hommes de pied et sept mille reistres, et trois mille chevaux flamans ; et qui, pour sa première cholère, avoit emporté Ruremonde[5] sans aucun coup de canon, pillée et traictée insolemment par les Flamans ; et de là, avec peu ou point de peine,

1. Le duc d'Albe arriva sous les murs de la ville le 23 août 1572.
2. Jean de la Cerda, duc de Medina-Celi.
3. Salentin d'Isenburg, archevêque de Cologne, commandait trois cornettes de cavalerie (*Correspondance de Philippe II*, t. II, p. 278).
4. Le prince d'Orange venait de Duysbourg avec quatorze mille hommes d'infanterie allemande, sept mille chevaux et trois mille Flamands.
5. Prise de Ruremonde par le prince d'Orange, 4 août 1572.

s'estoit rendu maistre de Louvain[1], de Termunde[2] et Oudenarde[3]. Tous les Flamans jettèrent par les fenestres les corps morts, entr'autres Courteville[4], qui y commandoit, tout cela sans espargner les prestres.

Nous reprendrons au chapitre du septentrion les places qui se rendirent ou de peur ou de bonne volonté.

Il est de saison maintenant de voir comme le prince, qui n'avoit pour but que de secourir son frère assiégé, tira à grandes journées jusques à Péronne[5]. Le duc d'Albe avoit bien senti que ce siège le demandoit, car encores qu'il fist faire des batteries à la porte de Bertaumont[6] et de huict canons sur le bord de l'estang, ruiné toutes les defenses et la tour de Saint-André[7], et eust essayé en vain de vuider l'eau du fossé, ce n'estoit pas sa principale besongne; mais bien de se retrancher au devant de l'armée secourante. Sa tranchée de dix-huict pieds en œuvre, flanquée de deux forts, au pied desquels il y avoit deux esplanades pour

1. Le prince d'Orange s'empara de Louvain le 4 ou le 5 septembre 1572.

2. Une compagnie envoyée de Malines par le prince d'Orange entra le 6 septembre à Termonde. Voyez sur les préliminaires de cette surprise la *Correspondance de Guillaume le Taciturne*, t. III, p. 69.

3. Audenarde fut surprise le 7 septembre 1572 par Jacob Blommaert, lieutenant du prince d'Orange.

4. Josse, seigneur de Courteville et de Borst, haut bailli, capitaine et châtelain d'Audenarde et de Petegem, avait été pourvu de cet emploi par Charles-Quint (Gachard, *Retraite et mort de Charles-Quint*, appendice).

5. Hameau vers les sources de la Haine, près de Binch, à deux lieues de Mons.

6. Berlaymont.

7. Tour de brique ruinée où les soldats avaient peine à trouver un abri.

sortir au combat ; encor avoit-il fait des plates-formes par tout, y logeant son artillerie, qu'aussi bien ceux de la ville desmontoyent à tous coups par leur contre-baterie.

Le huictiesme de septembre, sur le midi, parut le prince d'Orange. Son frère, le comte Henri[1], chargea une troupe espagnole qui estoit allée à la guerre et la remena battant dans les tranchées si rudement que le camp fut sur le point de prendre la fuite. Ceux qui jugent par les effets blasment le prince de n'avoir suivi. Il falut payer la bienvenue de canonnades. Le duc faisoit tousjours tirer contre la ville, pour avoir la gloire de n'avoir point démordu sa besongne. Pour ce jour chacun se retira. Mais le lendemain, le prince se voulant loger à Genep[2], il y trouva Avilla[3] retranché, et à lui se joignit quand et quand la fleur de l'armée.

L'ordre du prince estoit de tenir quatre gros de cavallerie, deux à chasque main, pour soustenir son infanterie qui donnoit pièce à pièce. Les François les premiers, qui, ayans sur les bras les deux tiers de l'armée espagnole, furent repoussez dans une ruine. Et, sur ce coup, Henri de Nassau, qui commandoit la première troupe de cavallerie à droicte, passa sur le ventre de cinq ou six cents Espagnols et emporta la cornette de Taxis[4] ; et eussent passé plus avant sans que la fleur des Espagnols s'y ameuta. Là se trou-

---

1. Henri de Nassau, frère du prince d'Orange, fut tué à la bataille de Mook le 14 avril 1574.
2. Jemmapes, au confluent de la Trouille, dans le Hainaut.
3. Sanche d'Avila, détaché par le duc d'Albe.
4. Pierre de Taxis.

vèrent, comme aussi à toutes autres occasions, les ducs d'Albe et de Médine. Il fallut que le prince d'Orange, bien estrillé de coups de canon, se retirast pour ce jour[1].

Le lendemain il logea à Fermières[2], où il séjourna encores le jour d'après, tant pour recognoistre quelque endroit propre au secours, comme pour appeller à la bataille le duc, qui l'eust acceptée s'il eust creu ses capitaines. Au lieu de cela les Espagnols prennent résolution d'enfoncer le logis de l'avant garde. Le duc d'Albe en donne la commission à son fils[3]. Julian Romere et Moxico[4], à pied, et Sappata, les soustenant à cheval, donnèrent si furieusement qu'ayans mis en pièces les corps de gardes, ils eurent une heure de loisir pour tuer de trois à quatre cents hommes, piller les tentes et y mettre le feu ; qui ne fut pas le profit des attaquans, car les autres s'estans ralliez vindrent au combat de tous costez, et entr'autres chargèrent Moxico trop avancé, qui demeura sur la place avec soixante et dix des siens. Ce fut au prince d'Orange d'advertir son frère de penser à soi, et lui de prendre le chemin de Malines[5]. La capitulation[6]

1. Cet engagement eut lieu le 9 septembre 1572. Voyez le récit de Bernardino de Mendoça (*Commentaires*, t. I, p. 355). Voyez aussi la relation de cette journée que le duc d'Albe adressa au roi (*Correspondance de Philippe II*, t. II, p. 278). Voyez un autre récit contenu dans une lettre du duc d'Albe au s. de Champagney (Groen van Prinsterer, *Archives de la maison d'Orange*, t. III, p. 501).

2. Frameries, à une lieue du camp du duc d'Albe.

3. Frédéric de Tolède.

4. Antoine de Muxica.

5. Ce second combat fut livré le 11 ou le 12 septembre 1572. La relation adressée par le duc d'Albe au roi d'Espagne est imprimée dans la *Correspondance de Philippe II*, t. II, p. 279.

6. Les articles de la capitulation de Mons furent signés le

ne demeura guères à estre faicte avec armes et bagage pour les François, les Flamans avec l'espée. La foi fut gardée, et les François conduits jusques à l'arbre de Guise ; ceste capitulation heureuse aux assiégez, pour la haste qu'avoit le duc de regagner Malines, et pour aller réparer les bresches qui se faisoyent au Pays-Bas.

L'Italie receut les nouvelles de France[1] avec une joye qui ne se peut exprimer, car à la mi-septembre[2], estans leues au consistoire les lettres du Legat[3], par lesquelles il mandoit que, sans s'amuser aux bruits incertains que l'on feroit courir sur les causes du massacre, il les faisoit certains, et respondoit par la communication qu'il en avoit eue, que tout s'estoit fait par la menée du roi et parfait commandement, sans toutesfois deroger à l'honneur que la roine mère et Monsieur y avoyent mérité ; le jubilé en fut ordonné et publié pour la grande victoire obtenue à Paris sur les ennemis de l'Église[4], pour les belles choses que faisoit en Flandres le duc d'Albe, et pour prier Dieu que ceux de Polongne esleussent un roi catholique et zélé. Ils y mirent aussi une clause du Turc[5], mais,

---

19 septembre 1572 par La Noue au nom de la garnison, et par Noircarmes au nom du duc d'Albe. Le texte de cette pièce est imprimé dans les *Commentaires de Mendoça,* t. I, p. 372.

1. Les nouvelles du massacre de la Saint-Barthélemy.

2. Les lettres du nonce, contenant le récit du massacre de la Saint-Barthélemy, furent lues au Consistoire le 6 septembre et non à la mi-septembre (De Thou, liv. LIII).

3. Le cardinal Fabio des Ursins.

4. Le jubilé fut publié à Rome pour célébrer la double victoire de l'Église catholique à Lépante sur les Turcs, à Paris sur les protestants.

5. D'Aubigné veut dire que le pape, voulant profiter du zèle de Charles IX, chercha à l'engager dans la ligue des puissances

Colomne[1] ayant esté desjà receu en triomphe, il s'en refit un autre pour ceste dernière exécution. Les feux furent allumez par toute la ville.

Le cardinal de Lorraine[2], qui avoit donné mille escus au messager[3], obtint du pape une procession générale à Sainct Louys[4], où le pape[5] marcha avec tout l'ordre, tant pour les cardinaux, évesques et toute sorte de clergé que des gens de guerre à cheval et à pied de trois nations. Le cardinal[6] dit la messe avec des affiches

catholiques contre les Turcs. Grégoire XIII lui écrivit, le 5 septembre 1572, une lettre pressante dans ce sens. Cette lettre, dont l'original appartenait à M. Fillon, a été reproduite par le procédé héliographique dans le catalogue de la vente d'autographes de ce bibliophile.

1. Marc-Antoine Colonna, duc de Paliano et de Tagliacozzo, amiral romain, chargé par don Juan d'Autriche d'apporter à Rome la nouvelle de la bataille de Lépante, fut reçu à Rome en triomphe. Voyez plus loin.

2. Le cardinal Charles de Lorraine était parti pour Rome au mois de mai 1572. Il y resta jusqu'en janvier 1573. A la nouvelle du massacre de la Saint-Barthélemy, il écrivit au roi et au duc d'Anjou deux lettres de félicitations, datées du 10 septembre (Orig., f. fr., vol. 16039, f. 497, et coll. Dupuy, vol. 211, f. 89).

3. Le messager était un gentilhomme du duc d'Aumale, nommé Beauville; non pas François, baron de Beauville, beau-frère de Blaise de Monluc, mais un s. de Beauville, neveu de l'ambassadeur Ferrals. Voyez, sur les missions diplomatiques de Beauville, des lettres conservées dans les vol. 3951 du f. fr. et 86 de la coll. Dupuy.

4. A l'église Saint-Louis-des-Français.

5. Ferrals, ambassadeur de France à Rome, écrivit au roi, le 11 septembre 1572 : « Sa Sainteté, pour fin, me commanda de vous escripre que cet événement luy a esté cent fois plus agréable que cinquante victoires semblables à celle que ceulx de la Ligue obtindrent l'année passée contre le Turcq » (la bataille de Lépante) (Orig., f. fr., vol. 16040, f. 191).

6. D'après une lettre du cardinal de Lorraine à l'évêque de Verdun, en date du 16 septembre, la messe aurait été célébrée

et instructions à la louange du pape Grégoire treiziesme[1] et du consistoire de Rome, de qui les bons conseils et prières de quarante heures avoyent engendré des effets de grand estonnement[2]. Le mot latin sonnoit pour rendre un chacun stupide[3]. On voit naistre un livre duquel l'autheur s'appelloit preneur de loups[4], pour louer l'excessive finesse, disposition et fermeté de cœur du roi et de la roine, au mesnagement et exécution d'un si bel affaire conspiré de si long temps; pour preuve dequoi il cotte les communications avec le cardinal Sainte-Croix[5], l'ambassa-

par le cardinal Pellevé (Copie de Dupuy, coll. Dupuy, vol. 755, f. 144).

1. Grégoire XIII avait succédé, le 13 mai 1572, à Pie V, mort le 1er mai.

2. La lettre du cardinal de Lorraine, que nous avons citée dans l'avant-dernière note, parle d'une procession et d'une messe à Saint-Louis-des-Français auxquelles le pape aurait assisté.

3. Cette phrase est difficile à comprendre. Elle est encore plus obscure dans l'édition de 1616, où le mot *sonnoit* est oublié. Nous supposons que d'Aubigné a voulu dire que les anathèmes contenus dans les prières latines étaient de nature à *engendrer* non seulement *des effets de grand étonnement,* mais encore à *stupéfier* les ennemis de l'Église.

4. Camille Capilupi, *Lo stratagemma di Carlo IX contra gli Ugonotti, ribelli di Dio.* Roma, 1572, in-4°; 1574, in-12. Ce pamphlet a été traduit en français et publié à Paris en 1574. Il a été reproduit dans le tome VII des *Archives curieuses* de Cimber et Danjou, p. 401. L'auteur, dans sa préface, prend le titre de « courtisan en la cour du pape, » et dédie son livre à son frère, Alphonse Capilupi. Il y a des détails qu'on ne trouve point ailleurs, notamment sur la ruse du roi pour décider le cardinal de Bourbon à célébrer le mariage de Henri de Béarn. De Thou a jugé, et sévèrement apprécié, comme il le mérite, ce pamphlet fameux (liv. LIII).

5. Prosper de Sainte-Croix, né à Rome vers 1513, archevêque d'Arles en 1567, et bientôt après cardinal, nonce à la cour de France de 1561 à 1565, mort à Rome le 2 octobre 1585. Il a laissé

deur de Venise¹ et autres. Ceste joye, secondée par les lettres de rémission et de pardon, pour lequel le roi de Navarre et le prince de Condé escrivirent au pape². Le jour de la Toussaints, le pape y respondit³ avec concession des choses demandées. Ce preneur de loups et Baptiste Adrian⁴ escrivent les morts de Paris à trois mille⁵, et le dernier que la journée Saint-Barthé-

---

des mémoires historiques en latin, de 1547 à 1567, qui ont été publiés dans le tome V de la *Collectio veterum scriptorum* des PP. Martène et Durand, des ouvrages de droit canon. Aymon, au XVIIIᵉ siècle, avait dérobé une partie de sa correspondance officielle et la publia en un volume in-4°, 1717. Ces lettres, traduites en français, ont été réimprimées dans le tome VI des *Archives curieuses* de Cimber et Danjou. C'est une des précieuses sources historiques pour les cinq premières années du règne de Charles IX.

1. Jean Michieli fut deux fois ambassadeur de Venise en France, la première fois en 1560 et 1561, la seconde fois pendant les cinq dernières années du règne de Charles IX. Il a laissé, de ces deux missions, des rapports généraux, qui ont été imprimés dans les tomes I et II des *Relations des ambassadeurs vénitiens,* et une correspondance étendue, écrite au jour le jour, qui a été copiée intégralement à Venise, au moins pour l'année 1561, et qui figure actuellement à la Bibliothèque nationale dans le fonds italien, filza 3 et 4.

2. Le roi de Navarre et le prince de Condé, le 3 octobre 1572, écrivirent au pape une lettre pour lui annoncer leur abjuration. Voyez ci-dessus les notes du chap. VI.

3. Les réponses du pape au roi de Navarre et au prince de Condé, datées, en effet, du 1ᵉʳ novembre 1572, sont imprimées par La Popelinière, t. II, f. 82 v°.

4. Jean-Baptiste Adriani, historien florentin, né en 1513, professeur d'éloquence, homme d'État, mort en 1579. Il a laissé une *Histoire de son temps,* qui fait suite à celle de Guichardin et qui embrasse la période de 1536 à 1574 (1583, in-fol.; 1587, 3 vol. in-4°). Cette histoire passe généralement pour exacte et a été très souvent utilisée par de Thou.

5. Cette affirmation de d'Aubigné est absolument exacte. Adriani avait sans doute copié les chiffres donnés par Capilupi.

lemi fut résolue à Bayonne[1], sans y avoir rien changé depuis. Le cardinal Ursin avoit esté despesché légat[2], portant la croix d'or, pour venir en France apporter les congratulations du pape sur le faict de la Saint-Barthélemi.

Le roi, qui travailloit à esteindre dès leur commencement les esmotions de la France, et qui lors faisoit opérer de toutes parts, pour rendre le massacre une chose fortuite, fut conseillé de ne recevoir point ce légat[3]; mais en considérant la plus dangereuse des offenses, ou envers le pape, ou envers les réformés, il fut receu et instruit par Morvilliers[4] de l'estat du royaume, que chacun détestoit la mauvaise journée pour le péril qui paroissoit et qu'il n'usast d'aucunes gratulations sur ce faict. Mais lui, qui, ayant receu une entrée à Lyon[5], avoit déclamé sur l'excellent sacrifice de ceste saincte journée, et avoit envoyé quérir Boidon[6], chef des tueurs, pour en public, après l'avoir

---

1. Adriani est, en effet, le premier historien sérieux qui ait donné cours à cette affirmation.

2. En chemin, dit de Thou, il fit quelque séjour à Avignon. Il vit bien à son arrivée que la face des affaires était fort différente de l'idée qu'il en avait prise à Rome. Il trouva les catholiques saisis d'effroi, les protestants irrités et tout le royaume rempli de troubles (De Thou, liv. LIV).

3. Le roi hésita quelque temps à le recevoir et lui écrivit même, ou lui fit écrire, pour l'inviter à ajourner son voyage en France. Mais de nouvelles instances firent cesser les hésitations du roi. Pendant la durée de cette petite négociation, le cardinal des Ursins attendit à Chambéry (Lettre du cardinal au roi, du 28 septembre 1572, datée de Chambéry; f. ital., vol. 1184, f. 101).

4. Jean de Morviliers, chancelier de France.

5. Le cardinal des Ursins avait été reçu à Lyon avec de grands honneurs (De Thou, liv. LIV).

6. Ce Boidon, dont d'Aubigné n'a pas parlé ci-dessus (chap. v)

loué à merveilles, lui présenter de la part du pape grande quantité de pardons, ne pût changer de discours, eslevant en public et en privé avec un stile élégant, qui lui estoit familier, la grandeur du dessein du roi, sa longue patience et sa résolution à exécuter. Le principal de son voyage[1] estoit d'impétrer sur ce grand mouvement, et selon les instructions du cardinal de Lorraine, l'exécution[2] du concile de Trente en France; dequoi il fut refusé, et Rambouillet[3] envoyé à Rome pour s'en excuser. A la venue duquel, Muret[4] fit une harangue à la louange du roi sur les mesmes points du cardinal.

Le pape de ce temps, ayant confirmé Colomne au commandement général, le renvoya à Messine[5] trouver Jean d'Austrie, pour les expéditions que nous dirons en leur lieu.

Nostre couchant n'avoit guères autre négociation

---

dans son récit des massacres de Lyon, est signalé par de Thou comme un scélérat vulgaire (liv. LII).

1. Le cardinal des Ursins fit une entrée solennelle à Paris le 19 novembre 1572 (Cérémonial de l'hôtel de ville; f. fr., vol. 18529, f. 2).

2. Le cardinal des Ursins échoua dans sa mission, et, le jour de son entrée à Paris, le roi et la reine mère s'absentèrent pour ne pas recevoir ses compliments.

3. Nicolas d'Angennes, s. de Rambouillet, frère du cardinal de Rambouillet, ambassadeur en Angleterre en 1566, capitaine des gardes de Henri III, mort, en 1611, à quatre-vingt-un ans.

4. Marc-Antoine Muret, poète latin, professeur à Bordeaux, un des maîtres de Montaigne (*Essais*, édit. Charpentier, t. I, p. 244 et 249), s'était retiré à Rome dès le règne de Henri II et y professait le droit et la morale. Il mourut en 1596, laissant de gros ouvrages de philosophie et de droit, qui ont été réunis, en 1789, en quatre volumes in-folio.

5. Il y arriva au mois de juin 1572 (De Thou).

avec les François que plusieurs prises qui venoyent ès mains de l'amiral Sore[1], entr'autres des Jésuites, desquels il en jetta deux de réputation[2], comme ils disent, à la plaine[3]. Aussi vint de l'Espagne essayer nos costes Jean de la Cerde, duc de Medine[4], désigné dès l'autre année pour successeur du duc d'Albe; la tempeste le fit relascher en Espagne, et depuis le jetta aux costes d'Ostende[5], où il perdit trois de ses grands navires, bruslez depuis par ceux de Flessingue[6]. Il avoit en tout cinquante quatre vaisseaux de toutes façons, où Julian Romero avoit seize cents hommes en seize vaisseaux, et en vingt autres estoyent deux mille Bisongnes. Tout cela arriva avec une grande tempeste et sans leur chef, qui par l'Écluse[7] gaigna Bruges[8], vers Flessingue. Deux jours devant, vingt navires de Portugal, qui n'avoyent voulu saluer l'armée ni

1. Jean Sore, s. de Flocques, amiral des Rochelais.

2. D'Aubigné mentionne en passant une odieuse cruauté de Jean Sore. En août 1570, il avait fait prisonnier, aux îles Canaries, un vaisseau portugais qui allait aux Indes. Il y trouva des religieux, notamment deux Jésuites, Ignace d'Azevedo et Diego d'Andrada, et les fit noyer (De Thou, liv. XLVII).

3. *Jeter à la plaine,* c'est-à-dire jeter à la mer.

4. Jean de la Cerda, duc de Medina Celi, ancien gouverneur des Pays-Bas, était le rival du duc d'Albe.

5. Le duc de Medina Celi arriva à la rade d'Ostende le 11 juin 1572.

6. Les défenseurs de Flessingue avaient pour chef l'amiral Theobald Pieterfen Worst.

7. En arrivant à Ostende, le duc de Medina Celi apprit que presque toutes les îles de Zélande s'étaient révoltées; aussitôt il monta sur un brigantin, se fit suivre de toute sa flotte et se rendit à l'Écluse (De Thou, liv. LIV).

8. De Bruges, le duc de Medina Celi se rendit à Bruxelles pour conférer avec le duc d'Albe.

prendre langue d'elle, furent attaquez rudement, si bien que les confédérez les prirent avec grand butin. L'armée les suivit, qui, importunée des Flessinguois et de la tourmente, perdit la pluspart. Et n'y eut presques rien de sauvé que les deux mille bisongnes, par la sagesse de ceux qui les menoyent, et qui frappèrent à terre au dessous de Middelbourg. Leur amiral, voyant le grand trouble de ces païs, et sentant son dernier malheur, avec mémoire de celui de Zerbi et d'autres, au lieu de prendre la place du duc, se fit son soldat, comme nous remarquerons.

Vous n'aurez plus qu'une merveille qui porte sa preuve avec soi, c'est que le onziesme novembre[1], parut au ciel une estoile sans queue, bien formée, aussi grande que trois fois Vesper, qui prit sa place pour faire une lozange ou bien près, avec les trois de la troisiesme grandeur qui sont au signe de Cassiopéa, et sans abandonner son lieu parut au ciel vingt-six mois et demi[2]. Gemma Frizon[3], Bulinger[4] de Zurich

1. Elle parut le 8 novembre 1572 sous la constellation de Cassiopée (De Thou, liv. LIV).
2. Elle formait un losange avec la cuisse et l'estomac de Cassiopée, et demeura ainsi plus d'un an sans changer de place. Elle parut d'abord aussi grande et aussi brillante que Jupiter au périgée de son épicycle excentrique, après quoi elle diminua peu à peu et finit par disparaître au commencement de 1574 (De Thou, t. IV, liv. LIV, p. 701).
3. Le médecin Corneille Gemma Frison, le plus savant astronome de ce temps, que le duc d'Albe fit venir à Nimègue pour le consulter, parle fort au long de cette étoile dans sa *Cosmocritique* (liv. II, chap. III), et dit que, depuis la naissance du Sauveur, il n'a point paru de phénomène dans le ciel qui approche de celui-là (De Thou, liv. LIV).
4. Henri Bullinger, théologien protestant, né à Bremgarten, en 1504, mort à Zurich, en 1575. Il a composé sur des matières

et Bèze[1] escrivirent publiquement qu'elle menaçoit l'autheur du massacre. Plusieurs doctes astronomes[2] l'estimèrent la plus grande merveille qui ait paru au ciel, l'appellans l'estoile de Bethlehem.

Chapitre XVI.

La face d'Orient.

Au commencement de l'année mil cinq cents septante un, les Vénitiens n'avoyent plus d'espérance de l'assistance d'Espagne, ou bien faisoyent estat de s'en servir quand ils l'auroyent[3]; renvoièrent en Cypre Hiéronyme Aquirino[4], en l'absence du général Vénério[5],

---

théologiques plus de quatre-vingts ouvrages qui forment dix volumes in-folio.

1. Théodore de Bèze écrivit des vers à cette occasion et prétendit prouver par une comparaison ingénieuse que cette étoile était la même que celle qui apparut aux rois Mages (De Thou, liv. LIV).

2. Entre autres Thadée Hagecius et Fabrice Polus, qui l'observèrent à Vienne, en Autriche, auxquels il faut ajouter Jérôme Munius, professeur en langue hébraïque et en mathématique à Valence, en Espagne (De Thou, liv. LIV).

3. Il s'agit ici du siège de Famagouste, ville de l'île de Chypre, appartenant aux Vénitiens. Les Turcs, sous les ordres de Mustapha, assiégeaient de... septembre 1570.

4. On choisit huit cents... des meilleures troupes, on les embarqua sur trois vaisseaux... arge avec toutes sortes de provisions de guerre et seize galères. Le commandement de cette petite flotte fut donné à Jérôme Quirini (De Thou, liv. XLIX).

5. Sébastien Veniero, qui avait la lieutenance générale de l'île de Chypre, était resté dangereusement malade dans l'île de Crète. Il commanda plus tard la flotte vénitienne à la bataille de Lépante. Voyez plus loin.

qui en huict jours arriva en la baye de Constance, avec seize galères. Là il en trouva douze turquesques, desquelles il en mit à fonds cinq, et puis s'en retourne. Les Vénitiens despeschèrent encores pour Famaguste[1], mais Donato[2], leur général, aussi bien qu'avoit fait Zanéo[3], fut repris pour n'avoir osé donner en l'isle à la veue des Turcs, lesquels, pour ne laisser les chrestiens sans crainte de tous costez, envoyèrent assiéger quelques places en la coste de Dalmatie par le bacha Achamètes[4]. L'autre, Mahamet d'Eubœe, et Halis Pertau[5] joignirent leurs forces ensemble[6]; ce dernier, ayant commendement de cercher par tout l'armée chrestienne pour la combatre. Et cependant Mustapha, n'ayant que vingt-trois galères à la garde de l'isle, ramassoit les troupes pour l'assiéger. Cependant le pape[7] et quelques cardinaux travailloyent[8] pour mettre

1. Famagouste était la plus commerçante des villes de Chypre au XVIe siècle. Voyez dans de Thou (liv. XLIX) la description de la ville.
2. Nicolas Donato, avec deux bâtiments de charge et des provisions, s'attarda dans les ports de l'île de Candie et manqua l'occasion de porter secours à Famagouste. Il fut poursuivi pour sa négligence devant le conseil des Doges.
3. Zanco, que de Thou appelle Zanne, était revenu sans avoir attaqué la flotte turque. Accusé de trahison à Venise, il mourut en prison.
4. Sélim envoya le pacha Achmet en Albanie avec une armée de 70,000 hommes.
5. Hali et Pertau sont deux personnages, tous deux amiraux au service du sultan. Le second était pacha de Négrepont.
6. Ils réunirent leurs flottes au mois d'avril 1571.
7. Pie V.
8. Cette ligue sacrée fut conclue au Vatican par quatre cardinaux délégués, qui s'assemblaient chez le cardinal Alexandrin. Ces cardinaux étaient Jean Morone, doyen du sacré collège, Charles Grassi, qui fut remplacé par Paul de la Chiesa, Jean

en un les forces chrestiennes, et tomboyent bien d'accord de composer l'armée de deux cents galères, cent vaisseaux ronds, cinquante mil hommes de pied et quatre mil chevaux, mais ne se pouvoyent accorder d'un chef. Après avoir pensé au duc de Savoye [1], ils esleurent Jean d'Austrie [2]. Les Espagnols firent grand bruit après, pour le lieutenant de l'armée [3], qui fut enfin nommé par le pape Marc Anthoine Collomne. Les mesmes vouloyent destourner l'armée en Afrique, de là à Tripoli.

Il falut envoyer en Espagne pour prier le roi de vuider tant de différents; mais il monstra haine et partialitez contre les Vénitiens, et encores pis pour les frais, dequoi ils convindrent aux deux tiers au pape et aux Vénitiens, et le reste à l'Espagnol. Mais, quand ce fut à partir pour joindre l'armée, le cardinal Granvelle [4], qui estoit en Italie, déclara son maistre ne pouvoir tenir sa promesse, ni pour la quantité des vais-

Aldobrandini et enfin Michel Bonelli. On forma cette ligue sur le modèle de celle du pape Paul III (De Thou, liv. XLIX).

1. Emmanuel-Philibert.
2. Don Juan d'Autriche, fils naturel de Charles-Quint et de Barbe Blomberg, né à Ratisbonne, le 24 février 1545, gouverneur des Pays-Bas après Ludovic de Requesens, un des plus grands capitaines du xvie siècle, mort au camp retranché de Namur, le 1er octobre 1578.
3. Philippe II avait proposé au pape Louis de Requesens, Jean-André Doria et Marc-Antoine Colonna pour le commandement des forces de terre et de mer en l'absence de don Juan d'Autriche.
4. Antoine Perrenot, cardinal de Granvelle, longtemps le principal ministre de Philippe II dans les Pays-Bas. Ses papiers d'État ont été publiés partie par le ministre de l'instruction publique de France, partie par le gouvernement belge. Cette dernière partie est encore inachevée.

seaux, ni pour le temps de partir[1]. Et partant, les Vénitiens, voyans la chrestienté pipée en tant de façons, ne firent plus la sourde oreille aux conditions[2] que le bacha Mehemet leur avoit tant de fois proposées, et y envoyent le magnifique Ragasson[3]. Cela estant sçeu, le pape despescha Collomne à Venise, pour, au nom des Espagnols et au sien, requérir que la ligue se fist[4]. Il se passa un long temps en harangues[5] et invectives. Ils touchèrent à la main en fin de may, avec toutes conditions d'offenses et de deffenses, et peines establies à qui manqueroit. La dernière clause de leur serment estoit de cercher le combat contre les Turcs sans retarder. Les cardinaux Commandon et Alexandrin[6], despeschez, l'un à l'empereur pour la correspondance et contribution, l'autre en France pour ce que nous avons veu.

1. Granvelle, ennemi déclaré des Vénitiens, cherchant à porter atteinte aux conventions qui venaient d'être faites, publia un écrit, vers le 7 mars 1571, par lequel il déclara, au nom du roi d'Espagne, que ce prince ne pourrait fournir que soixante-dix galères, et qu'il demandait tout le mois de mai pour les mettre en état de partir.

2. Le vizir Mahomet leur avait fait espérer qu'on pourrait négocier la paix avec Sélim à des conditions raisonnables.

3. Jacques Ragazzoni fut envoyé à Constantinople sous prétexte de traiter de l'échange des prises, mais, en réalité, pour traiter de la paix (De Thou, liv. XLIX).

4. La ligue perpétuelle contre le Turc entre le pape Pie V, Philippe II et Louis Mocenigo, doge de Venise, fut signée le 25 mai 1571.

5. De Thou reproduit (liv. XLIX) le sens du discours de Paul Tiepolo en faveur de la ligue et l'avis contraire de Nicolas de Ponte.

6. Michel Bonelli, fils d'une sœur de Pie V, dit le cardinal Alexandrin, avait ordre d'aller auprès de Philippe II et à la cour de Portugal.

IV 7

Cependant, Mustapha, dès le quinziesme d'avril[1], tire ses troupes des Hibernes de Nicosie, avec quinze canons et quatre mille pionniers[2]; refaict et agrandit à Famaguste les cavaliers qui avoyent été rompus, les mariant ensemble d'une tranchée de quatre mille pas. Il y avoit à l'entour de la ville sept grands bastions faits à la moderne; cela deffendu de quatre mille fantassins, neuf cents chevaux en comptant les Albanois[3], commandez par Anthoine Bragadin[4]. Et puis il y avoit le peuple de la ville et des champs.

Au commencement les assiégez voulurent troubler la besongne des Turcs; mais à une sortie, ayant veu cent hommes des plus choisis que morts que blessez, ils mirent de l'eau en leur vin. Les Turcs eslèvent, à l'entour de la ville, dix grands cavalliers et logent dessus septente quatre canons et quatre basilics[5]; avec quoi, dans le dix-huictiesme de may[6], ils eurent fait une merveilleuse ruine, comme on va au port de Limise[7]. Ce ne fut pas sans une grande contrebatterie de l'autre

1. Grande revue des troupes turques par Mustapha, 15 avril 1571. Voy. de Thou (liv. XLIX).

2. De Thou dit *quarante mille*. Hammer confirme ce chiffre (*Hist. de l'empire ottoman*, trad. de 1844, t. II, p. 183).

3. *Albanais, estradiots, corvats (croates), genetaires,* soldats de cavalerie légère.

4. Marc-Antoine Bragadino, amiral vénitien, ne commandait pas précisément les Albanais, mais l'ensemble des défenseurs de la ville. Son poste était dans la citadelle. On lira plus loin l'affreux récit de sa mort. En 1843, Antonio Ricoboni a publié à Venise une *Historia de Salamina capta et M.-A. Bragadeno præside excoriato*, in-8°, trad. du latin de Cigogna.

5. *Basilic,* très gros canon portant cent soixante livres de balle.

6. D'après de Thou (liv. XLIX), le 19 mai 1571, ils commencèrent à battre par cinq endroits le mur du midi.

7. Limisso, prise peu après par les Turcs.

costé, qui cousta aux Turcs en quatre jours trois mil hommes.

Le lieu où le danger paroissoit fut partagé à trois de leurs meilleurs capitaines : Bragadin print la deffense de la tour d'Andruse, Baléon[1] de Saincte-Nappe et Teupolo[2] de Saint-Champ. Tout de mesme il députa des hommes pour faire jouer les contrebatteries ; ce qui cousta la vie à trente mil Turcs. Cependant ils gaignent la contr'escarpe, la percent en plusieurs endroits, par là emplissent le fossé. Ceux de la ville les virent venir, mais la multitude l'emportant, se logent en cinq bresches ; s'eslèvent au coin de chacune, battans en tenaille tous ceux qui vouloyent mesnager la terre contr'eux, et puis par mines s'avançoyent dans la ville. Les assiégez vont au devant d'eux par contremines, sous la conduicte de Marmorio[3], qui y mourut. Enfin, au vingtiesme de may[4], les Turcs font sauter la tour de l'Arsenal et, sur sa cheute qui fut grande, redonnent l'assaut par cinq fois ; furent pourtant repoussez avec grand'perte des leurs, et de cent hommes de marque entre les assiégez, quelques uns bruslez par leurs feux artificiels mesmes. Huict jours se passèrent en attaques feinctes pour achever de mettre sur les dents les assié-

---

1. Hector Baglioni, d'après Hammer (*Hist. de l'empire ottoman*, trad. de 1844, t. II, p. 184).
2. Tiepolo, capitaine italien, était chargé de la défense de la tour de Santo Campo.
3. Jean Mormori, inventeur d'une machine faite en planches et portée par des ouvriers, qui mettait les soldats à couvert du feu des ennemis. Il fut tué dans une rencontre.
4. De Thou (liv. XLIX) dit que ce fut le 21 juin, et non pas le 20 mai, que les Turcs mirent le feu à la mine de la tour de l'arsenal. Hammer ne parle pas de cet incident.

gez, et à la fin du mois une grande mine emporta le roc avec tous les parapets qu'on avoit faict de nouveau. Les Turcs ne faillirent pas d'y donner chaudement, et en mesme temps du costé de la mer. L'assaut fut soustenu six heures, y assistant l'évesque de Limise avec sa croix. La perte que firent les attaquans les fit marcher à pied de plomb. La grande quantité d'artillerie ruinoit tout le labeur que les habitans faisoyent pour se couvrir, à quoi ils n'espargnoyent point leurs meubles plus précieux.

Les assiégeans commencèrent à approcher leurs canons en explanadans les ruines des bresches et, à la mi-juin[1], firent quatre bresches nouvelles aux bastions de la porte de Limise, les autres trois aux tours Saincte Nappe, Saincte Andruce et du coin du port, et toute la courtine qui y touche. Les assauts furent fort opiniastrez et le bastion gaigné, mais à leur dommage, car le feu d'une mine fit sauter ou embrasa deux mille des conquérans, et avec eux cent chrestiens qui ne s'en pouvoyent desmesler. Les mineurs poursuivent leur besongne à la partie gauche qui estoit entière, et avant le mois achevé, ayant alarmé tous les autres endroits, donnèrent dans la porte de Limise qu'ils avoyent battue. Là se trouva bien à propos Baléon, qui mesla ceux qui venoyent à l'assaut[2], mit en pièces une grand'foule de gens, emporta quatorze drapeaux, le premier arraché de sa main, et, mettant le feu dans une mine des Turcs, en fit sauter quatre cents qui

---

1. D'après de Thou (t. IV, liv. XLIX), la troisième attaque se fit le 9 juillet.
2. Le 14 juillet, les Turcs donnèrent le quatrième assaut (De Thou, liv. XLIX).

LIVRE SIXIÈME, CHAP. XVI.

estoyent dessus. Ils ne laissèrent pas cependant de gaigner le fossé par quantité de feux, dont ils faisoyent quitter le fonds aux deffendants. Cependant qu'ils relevèrent le cavalier qu'on avoit ruiné, voilà la ville à la famine, les quatre mille soldats estrangers réduits à huict cents.

Les habitans n'en pouvans plus présentent requeste à Bragadin qu'il entendist à une capitulation. Bragadin leur remit le courage au ventre, si bien que les Turcs, ayans fait sauter tout le bastiment de la porte et ce qui restoit de la tour du port et avec cela une compagnie entière, qui estoit en garde avec son drapeau, voilà encores six heures d'assaut[1] recommencé le lendemain, mais plus laschement d'une part et d'autre. A la nouvelle que le secours qu'amenoit de Crette Barzolle le Barbare[2] avoit été dissipé par une tempeste, voilà tresves faictes, hostages donnez[3] et bien tost capitulation faite[4], que les gens de guerre s'en iroyent conduits par les galères en Crète avec armes et bagages, et trois chevaux choisis; que les habitans vivroyent en paix et exercice de leur religion. Les gens de guerre entrent dans les navires que leur donnèrent les Turcs, et Bragadin, ayant laissé Teupolo

1. Les dernières attaques des Turcs eurent lieu le 30 juillet.
2. Barzotto Barbaro, capitaine italien, chargé d'apporter du secours aux assiégés, avait fait naufrage au sortir des ports de Candie (De Thou, liv. XLIX).
3. Les otages furent, de la part des assiégés, Hercule Martinengo et Mathieu Colti, de Famagouste; de la part des Turcs, le lieutenant de Mustapha et celui de l'aga des Janissaires (De Thou, liv. XLIX).
4. La capitulation fut signée le 2 août 1571 (Hammer, *Hist. de l'empire ottoman*, t. II, p. 184).

pour livrer la ville, va le lendemain faire la révérence au Bacha avec huict des principaux capitaines[1] et quelques gentilshommes. Cela bien venu au commencement, et Bragadin commandé de s'asseoir. Aussi tost Mustapha, reprochant quelques prisonniers tuez en temps de tresve[2], fait tuer tout ce qui estoit sorti, hormis le chef, à qui il fit couper le nez et les oreilles au commencement[3]. Tout ce qui estoit dans les navires fut mis aux galères. Il fit pendre Teupolo, et puis, à la mi-aoust[4], se pourmena autour de la ville, menant Bragadin, non guéri de ses playes, portant deux paniers de terre sur ses espaules, et à chasque bresche, passant devant Mustapha, baisoit la terre. Après, enlevé au haut d'un masts, de là escorché vif au son des trompettes et tambours, la peau estant à l'endroit du nombril fit crever une veine qui lui donna la mort parmi les prières et reproches qu'il faisoit à son bourreau; sa peau pleine de paille ayant esté pourmenée par la Sirie avec les testes des principaux des hostages. Hercule Martinangue et César Chelfe[5], sauvez par une unuque, renoncèrent à la

1. C'étaient Baglione, Louis Martinengo, Jean-Antoine Quirini, André Bragadin, Charles Ragonasco, François de Strocca, Hector de Bresse et Jérôme de Sicile (De Thou, liv. XLIX).

2. Il s'agissait, dit Hammer, de cinquante pèlerins musulmans dont l'inviolabilité avait été stipulée dans l'acte de capitulation et qui, cependant, avaient été égorgés.

3. Commencement du supplice de Bragadin, 4 août 1571, d'après de Thou; 5 août, d'après Hammer.

4. Mort de Bragadin, 17 août 1571. Tous les détails que donne ici d'Aubigné sont empruntés à de Thou et se retrouvent dans Hammer.

5. Hercule Martinengo et Jules César Guelfo, de Bresse.

LIVRE SIXIÈME, CHAP. XVI. 103

foi; le comte Martinangue fut sauvé et paya rançon[1].

Ce siège[2] cousta au Grand Seigneur quatre vingts mil hommes, un bacha[3] et cinq gouverneurs de province[4], avec cent cinquante mille coups de canon.

L'isle accommodée à la turquesque et laissée entre les mains de Franburan[5], le bacha Perthau descend à la fin de juin[6] en Crète, par Meelèque[7]. Cinq navires de Vénitiens, portans hommes et vivres, passent la nuict à quatre lieues de quarante galères turquesques, et gaignent Candie. Les Turcs prennent Retymo[8], pillent Turlurci[9], font rencontre de François Justinian[10]

1. Nestor Martinengo, ayant demeuré quelques jours caché dans la ville, et s'étant rendu esclave du sangiac de Bir, recouvra enfin sa liberté moyennant une rançon de cinq cents sequins (De Thou, liv. XLIX).

2. Le siège de Famagouste avait duré soixante-cinq jours. Le récit de d'Aubigné que l'on vient de lire est emprunté à de Thou, lequel a suivi l'*Histoire de la guerre contre les Turcs de 1570 à 1572*, par P. Bizare, trad. par Belleforest, 1573, in-8°, et la *Vraie histoire du siège et de la prinse de Famagoste*, par Nestor Martinengo, 1572, in-8°. A ces chroniques, écrites par des témoins oculaires, il faut ajouter la *Description et histoire de Chypre*, d'Étienne de Lusignan, 1580, in-4°, et les *De Sacro fœdere in Selimum libri quatuor*, d'Hubert Foglieta, 1587, in-4°.

3. Le pacha d'Anatolie.

4. Ces capitaines sont nommés par de Thou (liv. XLIX).

5. Framburato, ancien gouverneur de l'île de Rhodes.

6. Le 14 juin 1571, selon de Thou (liv. XLIX).

7. Meleck, cap de la côte nord de Candie.

8. Retimo, capitale d'une des quatre provinces de l'île, entre la ville de Candie et celle de la Canée.

9. L'île Turtura, près de Candie, que l'*Index Thuani* nomme mal à propos l'île *Turluci* (De Thou, liv. XLIX, note de la traduction, édit. de 1740, t. IV, p. 445).

10. François Giustiniani, capitaine vénitien, avait levé à ses dépens une compagnie de soldats corses.

avec ses Corces, qui leur fait perdre trois galères[1]; de là pillent l'isle de Citera[2], Navarin, Zacinte et Cephaline[3]. En tout cela prennent plus de six mille captifs, et entr'autres Trolle[4] et sa galère. De là ils vont à la coste d'Albanie où Achametes se rendit avec les forces de terre, estans advertis que les Épirotes se vouloyent souslever sous un traicté avec les Vénitiens[5] et secours qu'ils devoyent leur envoyer à point nommé ; mais ces magnifiques perdirent ce peuple et beaucoup de leur créance par le manquement.

Uluzalis[6] marche encores après eux pour descendre en Dalmatie, et en ces rencontres d'armées prirent les galères de Barbarico[7] et Bertolazio[8], comme aussi deux vaisseaux ronds[9] qui se deffendirent jusques à l'extrémité. Ils assiègent Soppoa[10]; ceux de la garnison, n'en pouvans plus, se précipitèrent parmi les ennemis, en tuèrent cinq ou six cents, et se sauvèrent une partie[11].

1. Le fameux corsaire Garagiali fut alors dangereusement blessé.
2. Cerigo, l'ancienne Cythère (Hammer, t. II, p. 186).
3. Navarin, Zante et Céphalonie, îles du voisinage de Candie (Hammer, t. II, p. 186).
4. François Trono, capitaine vénitien.
5. Ce traité est analysé par de Thou (liv. XLIX, trad. de 1740, t. IV, p. 446).
6. Ulucciali, pacha d'Alger, se détacha de la flotte turque et débarqua à Sainte-Marie de Casopo, un des ports de Corfou.
7. Michel Barberigo, capitaine vénitien.
8. Pierre Bertolazzi, du comté de Zara, capitaine vénitien.
9. Ces deux navires étaient partis de Venise le 8 juillet 1571 et furent attaqués le 22.
10. Soppolo, petite ville au nord de Butintro, avait été prise par les Vénitiens, en 1570, et était alors commandée par Emmanuel Mormori.
11. De Thou dit qu'accablés par le nombre ils furent presque tous tués.

LIVRE SIXIÈME, CHAP. XVI.   105

Ils se joignirent tous ensemble pour assiéger Ulcinio[1], où estoit Sarra Martinangue[2], qui se rendit après trente jours du siège, estant fort blessé ; la foi rompue[3] sur l'excuse des dissentions entre l'armée navale et terrestre. Antivarre[4] et Budua[5] se rendent sans voir l'ennemi, avec Alexandre Donat[6], banni du territoire de Venise pour sa lascheté, comme fut aussi Antonio Balbo[7] pour avoir quitté Curzoli[8] de peur de l'escorcherie. Et ce qui rendit sa pusillanimité en son lustre fut que les femmes de la ville, ayans pris l'évesque[9] pour leur capitaine, endoçèrent les armes laissées par la garnison et par leurs maris, et firent si bonne mine que les Turcs les quittèrent pour aller à Lezine[10] brusler la ville et laisser le chasteau. Là, il

1. Dulcigno, sur les côtes de la Dalmatie.
2. Sarra Martinengo était un capitaine vénitien qui avait fui sa patrie après avoir commis un assassinat. En 1570, il avait obtenu du conseil des doges des lettres de rémission et avait pris du service dans les armées de la sérénissime république (Brantôme, t. V, p. 362 et ailleurs).
3. Cependant Martinengo réussit à prendre la fuite. Il revint en France et fut tué au siège de la Charité (Brantôme, t. V, p. 362).
4. Antivari, place très forte de la Dalmatie, sur le golfe de Venise.
5. Budoa, sur le golfe de Cattaro, commandée par Augustin Pasqualigo.
6. Alexandre Donato, capitaine vénitien, se rendit sans se défendre aussitôt après la prise de Dulcigno. Accusé de lâcheté, il fut banni de Venise et dégradé, lui et ses descendants, des droits de citoyen.
7. Antoine Balbi, gouverneur de Curzola, l'abandonna avec autant de lâcheté que Donato et fut dégradé et chassé de Venise.
8. Curzola, île du golfe de Venise, sur la côte de Dalmatie, l'ancienne Corcyra-Nigra.
9. Antoine Rosseleo, dalmate.
10. Liesina, île et ville sur les côtes de la Dalmatie.

leur fut tué sept ou huict cents hommes, esgarez par l'isle.

Après le succès de Lepante, qui se déduit au chapitre suivant, le cardinal Commandon[1], près l'empereur, employa force harangues[2], raisons et exemples des princes chrestiens et sur tous du roi Philippe[3]; le tout pour pousser l'empereur à profiter sur l'estonnement des Turcs, et lui faire une bonne et ferme guerre par terre, comme il l'avoit receue par mer.

L'empereur, ayant monstré[4] comment la diversité des affaires d'Espagne et d'Allemagne faisoyent clocher l'exemple, allégua sur tout que les tresves duroyent encor deux ans. Le cardinal renvoya bien loing ceste observation de foi avec les hérétiques, tant pour les contraventions qui venoyent de la part du Turc, comme pour le privilège du concile de Constance. Il pressa tellement Maximilian qu'il se laissa aller à la guerre, pourveu que le Polonnois y entrast, qui, sollicité là dessus, demanda que l'Empire renonçast aux droicts de Borussie[5], que le roi de Dannemarc empeschast les navigations en Moscovie, que le premier exploit seroit

1. Le cardinal Commendon arriva, dès le mois d'octobre, à la cour de Maximilien avant la bataille de Lépante, pendant que le cardinal Alexandrin était en Espagne (De Thou, liv. L).
2. De Thou a publié des extraits et analysé le reste du discours du cardinal Commendon à l'empereur (liv. L).
3. D'Aubigné avait d'abord imprimé *du roi Philippe, son frère.* Dans l'errata, il a corrigé cette erreur. Philippe II était seulement le cousin germain de l'empereur Maximilien II.
4. De Thou a analysé la réponse de l'empereur (liv. L) d'après l'*Opus historicum de rebus Germanicis* de Simon Schard. Bâle, 1574, 4 vol. in-fol.
5. *La Borussie,* la Prusse (*Borussia*).

sur les Tartares[1], que les princes confédérez payent une partie des bandes de Polongne. Les grands de la Polongne, voyans leur roi qui alloit mourir, firent d'eux mesmes de meilleures promesses ; et le palatin Laski[2] asseuroit de jetter en Bulgarie trente mille chevaux, à la veue desquels il espéroit faire révolter les Valaques, Circassiens et Bulgares.

Il faut marquer de ce temps la mort de Jean ou Estienne, Vaivode de Transsylvanie[3], et l'élection[4] faicte à Tordre d'Estienne Battori[5] par la menée de Selim, maintenant appellé Estienne, qui receut du grand seigneur un sceptre et un estendart pour marques de souverain, à la charge du tribut de cinquante mille tallers et de ne s'allier d'aucun prince sans le congé de Selim. De mesme temps mourut Georges Tunius[6], attiré à une embusche par les Turcs, sa teste emportée par un More en Constantinople, le corps rendu à ceux de Canise[7] pour l'enterrer honorablement.

1. Les Tartares de la Chersonèse Taurique, qu'on appelle les petits Tartares (De Thou, liv. L).
2. Albert Laski, palatin de Siradie, plus tard un des partisans du duc d'Anjou en Pologne.
3. Jean-Étienne, prince de Transylvanie, fils de Jean Scepuse et d'Isabelle, sœur de Sigismond-Auguste, roi de Pologne, mourut d'épilepsie le 14 mars 1570.
4. L'assemblée des États fut convoquée à Torda pour le 24 juin 1571 (De Thou, liv. L).
5. Étienne Bathory de Somly, fils d'André, fut élu unanimement vayvode de Transylvanie, sur la recommandation de Sélim, dont les lettres furent lues publiquement. Somly est un château sur les confins de la Transylvanie et de la Hongrie, qui a donné son nom à la maison de Bathory.
6. Georges de Thuvry, officier impérial, s'était illustré, cinq ans auparavant, par la défense de Palota en Hongrie, assiégée par le pacha de Bude (De Thou, liv. XXXIX).
7. Canischa, ville de la basse Hongrie, aux frontières de la Styrie.

De ce temps aussi, les Anabaptistes[1], qui prenoyent pied par toute l'Allemagne, après avoir esté ouys en libre conférence[2], furent déchassez principalement des terres du Palatinat et de Wirtemberg.

Voilà ce que nous avons pour l'orient.

Chapitre XVII.

Des affaires et exploits méridionnaux.

Cypre[3] et la coste de Grèce qui vient vers nous font une ligne sinueuse tendant au Su-Est, qui nous a contraint de desmesler quelque chose du midi, dans le discours de l'Orient. Il faudra, malgré nous, user de mescolance[4] aux choses qui se présentent d'aussi grands mouvements que les passées. Quelques uns ont remarqué des accidents contre nature qui avoyent menacé de tels désastres. Mais nous faisons profession d'oster ces bigotteries de nos escrits ne recevant pour prodiges que ce qui l'est à bon escient. De ce rang marchera le grand tremblement de terre[5] qui s'esten-

---

1. Le premier apôtre des anabaptistes fut Melchior Hoffman. Jean de Leyde appartenait à cette secte dont de Thou, à la fin du livre LXXI, a raconté l'histoire.
2. L'électeur palatin Frédéric convoqua les anabaptistes à Frankenthal, entre Worms et Spire, au 10 avril 1571, pour l'examen de leur doctrine (De Thou, liv. L).
3. De Thou donne la description de cette île (liv. XLIX).
4. *Mescolance,* mélange, de l'italien *mescolanza*.
5. Il commença à Venise, s'étendit à Florence en Toscane, passa de là à Final, sur la côte de Gênes, et se fit ensuite sentir à Modène, à Reggio et à Correggio dans la Lombardie (De Thou, liv. XLIX).

dit d'une part de la Lombardie vers Gennes et Florence, pour faire son plus grand coup à Ferrare[1]. Ce fut une ruine à la mode de Ninive. Le souverain du lieu aussi bien que tout son peuple contraint de fuyr les masures pour habiter dans les jardins. Cela est encor visible et monstrueux, plus que les grandes creues des rivières[2], qu'on a voulu estre images des grandes forces que la chrestienté amassoit de tous costez pour marcher contre le Turc.

Celles qui s'amassoyent au Milannois, en chemin faisant, se jettèrent dans le Final[3], de quoi leur maistre avoit envie, et le comte pourtant fut accusé de s'estre voulu jetter ès mains des François, de quoi il n'a jamais rien paru[4]. Le jeune Albuquerque[5] les assiégea et emporta avec fort peu de deffense, se hastant de tant plus que l'empereur, qui avoit ce pays sous sa protection, vouloit y mettre la main, mais il falut souffrir cela avec grand murmure et jalousie de tous les princes d'Italie[6], qui se contentèrent d'en gronder.

1. De Thou dit que la ville de Ferrare fut presque entièrement détruite.
2. De nombreux débordements de rivières inondèrent l'Allemagne, notamment la ville de Spire, et la France, le 6 décembre 1571, pendant la session de la diète.
3. Finale ou Final de Modène, petite ville du Modenais, sur la rivière de Panaro.
4. Cette expédition fut motivée par la méfiance qu'Alphonse del Carreto, marquis de Final, inspirait aux Espagnols à cause de ses tendances françaises (De Thou, liv. L).
5. Bertrand de la Cueva, neveu de Gabriel de la Cueva, duc d'Albuquerque, jeune capitaine sans expérience, mais ayant Sigismond de Gonzague pour lieutenant, marcha sur Final avec 6,000 Italiens, 1,000 Espagnols et toute la cavalerie du Milanais (De Thou, liv. L).
6. Surtout de Cosme de Médicis. Voyez les curieux renseigne-

Toutes les forces s'acheminoyent à Messine et y estoyent presque toutes, quand le général Jean d'Austrie arriva à Gennes[1] avec les deux grands régimens de Moncada et Figueroa[2], Rodolfe, Erneste d'Austriche[3] et quelques cavaliers espagnols. Et puis il part de Gennes au premier de juillet[4], ayant pourtant laissé derrière la pluspart des maistres de camp espagnols[5], pour se reposer des grandes fatigues de Grenade[6].

Au premier conseil il discourut comme plaignant les pertes que faisoit la chrestienté, principalement les Vénitiens, s'excusa des longueurs qu'on mettoit sur les Espagnols, estant venu pour y respondre par effect; mais il ne laissa pas de marcher de mesme pied qu'avoit fait en mesmes affaires Dom Garcia[7] et après lui Aurie[8]; quoique le second eust contraint le premier à faire, quand il n'avoit pas la principale charge et avec elle le secret de l'empire[9].

ments donnés par de Thou d'après les historiens que nous avons cités plus haut à l'occasion du siège de Famagouste.

1. Le 26 juillet 1571. Huit jours auparavant, il s'était embarqué à Barcelone.

2. Michel de Moncada et Lope de Figueroa.

3. Ces deux princes étaient les fils de l'empereur Maximilien. Leurs deux frères, Albert et Wenceslas, étaient à la cour de Philippe II (De Thou, liv. L).

4. Don Juan part de Gênes, 1er août 1571.

5. Entre autres Jean Doria, Jean de Cardone, général des guerres de Sicile, Vinciguerra, comte d'Arço, et Sigismond de Gonzague (De Thou, liv. L).

6. C'est-à-dire de la guerre contre les Maures de Grenade. Voyez le tome III, chap. xxx.

7. Don Garcia de Tolède.

8. Jean Doria.

9. Allusion aux lenteurs calculées de don Garcia de Tolède et de Jean Doria pendant le siège de Malte. Voyez le tome II, liv. IV, chap. xviii, et le tome III, chap. xxix.

LIVRE SIXIÈME, CHAP. XVII.

Gilles d'Andrade[1], Espagnol, fut despesché pour aller prendre langue, et cependant les chefs et les forces se rendoyent. Les partisans de Jean d'Austrie discourans tousjours sur le péril d'une bataille, et Ascagne de la Corne[2], prié par son général, escrivit sur ceste opinion.

Les Turcs, sachans l'amas des chrestiens, vindrent entrer jusques dans la mi-septembre à Corcire, comme présentans la bataille; et sur la fin du mois se retirèrent dans le goulphe de Corinthe, ayans ravagé et bruslé toutes les isles et costes d'alentour[3] et congédié septante galères ou fustes[4] de pirates, sur l'opinion de ne faire plus rien ceste année. Bacha Perteau fit descendre ses hommes en Naupacte[5], et ayant laissé à l'embouchure, au droit de Lepante, Hali avec cent cinquante galères, lui, accompagné du reste, court à Constantinople pour recevoir l'ordre du grand seigneur. Cependant la flotte des Vénitiens qui estoit vers Crète, commandée de se joindre à l'armée, ayant rallié les autres qu'ils peurent, car la tempeste en fit périr et en escarta, tout cela ensemble contribua à l'armée cent neuf bonnes galères et six grands naus. Quant tout fut en corps, voilà tous les chefs en dispute; ceux qui estoyent gaignez pour perdre le temps prononçoyent dans le conseil de grandes harangues estu-

1. Gilles d'Andrada, capitaine espagnol.
2. Ascanio della Corna, né en 1516, neveu de Jules III, capitaine au service du saint-siège, mais appartenant au parti espagnol. Il mourut à Rome le 4 décembre 1571. Voyez les *Commentaires de Blaise de Monluc*, t. II, p. 175, note.
3. Notamment l'île de Céphalonie.
4. *Fuste,* bateau plat.
5. Naupacte, sur le golfe de Corinthe.

diées. Mais enfin, après celle de l'évesque de Penne[1], Jean d'Austrie, qui avoit assez débatu à ce que ses surveillans l'excusassent envers leur maistre, résolut la bataille ; visita toute son armée et, ne trouvant pas les galères de Venise assez garnies d'hommes, il mit dessus quatre mil hommes des siens, et ses lanskenets sur les vaisseaux ronds. Il marche donc, donnant pour sa main droicte à Aurie cinquante galères ; autant pour la main gauche à Barbarico[2]. Lui fait son corps du milieu de septante[3] des meilleures, et en laisse trente pour la retraicte à Alvaro Bassan[4].

Quant aux six grandes naux, il en mit deux au devant de chacune des aisles, en gardant autant pour soi. Ses deux cornes marchoyent avancées d'une mousquetade, laissant entre deux corps de vaisseaux la place de trois pour distance. Il lui restoit dix-huit galères. Il en envoye huict en course[5] et tient les autres dix à un de ses coins derrière, pour faire des secours à propos. Tout cela marche[6] à Corcire, où ils arrivèrent le vingt-quatriesme de septembre[7]. Andrade

---

1. Paul Odescalco, évêque de Penna, poussait don Juan à donner bataille aux Turcs.
2. Augustin Barbarigo.
3. De Thou (liv. L) dit que ce corps de bataille se composait seulement de soixante galères.
4. Alvaro de Baçan, capitaine espagnol.
5. Ils étaient commandés par Jean de Cardona, Mario Contarini, Vincent Quirini, M. Cicogna, Pierre-François Malipiero et David Imperiale (De Thou, liv. L).
6. Don Juan mit à la voile le 15 septembre 1571. Perussiis, dans l'*Histoire des guerres du comté Venaissin*, énumère les capitaines de l'armée de don Juan d'Autriche (*Pièces fugitives* du marquis d'Aubais, t. I, p. 138 et suiv.).
7. La flotte de don Juan arriva à Corfou le 26 septembre 1571.

revient[1] et asseure de l'armée ce que nous en avons dit. Carajal[2], Turc, qui avoit mesme charge, fait mieux, car il se mesla la nuict dans l'armée chrestienne, mit pied à terre et prit quatre soldats se pourmenans, qu'il mena au bacha, qui sçeut par eux comment l'armée chrestienne estoit composée de cent nonante quatre galères[3] en contant les naux, bien résolus à la bataille.

Voilà les trois bachats en conseil et de divers advis. Pertau, le plus vieux, appréhendoit le combat, faisoit parler Mahamet, sangiac de Eubœa[4], estimé, entre tous, bon capitaine. Cestui-là racontoit les vertus des chrestiens esprouvées de nouveau à Sigueth, à Malthe et fraichement en Cypre; les avantages qu'ils avoyent au combat, comme les armes à preuve, les pavesades[5], que les Turcs ne conoissoyent point; double nombre d'hommes sur les vaisseaux. Le sangiac d'Alexandrie[6] estoit de mesme opinion. Au contraire Hali, jeune et désireux d'honneur, eschauffoit tout aux extrémitez. Uluzali nageoit entre deux et n'osoit dire sa pensée, ayant veu n'aguères Selim casser le bacha Pialis, son gendre, pour n'avoir pas poursuivi les chrestiens comme il vouloit. Cela fut cause qu'ils se résolurent

1. Gilles d'Andrado, parti du cap des Colonnes le 22 septembre, arriva à Corfou le 26, le même jour que don Juan.
2. Caragioli, vieux corsaire.
3. Deux cent six galères et six grosses galéasses, d'après de Thou (liv. L).
4. Mahomet, sangiac d'Eubœa (Négrepont), fils du pacha Sali-Rais.
5. *Pavesade,* grande claie portative derrière laquelle les archers s'abritaient pour tirer.
6. Mehemet Sirocco.

au combat, mais à regret, et emplirent leurs vaisseaux de toutes les garnisons du Péloponnèse.

Il arriva lors un trouble en l'armée chrestienne, pource qu'entre les Espagnols, qu'on avoit mis sur les galères de Venise, un capitaine[1], injuriant les Vénitiens et leur chef mesme, tua le sergent qui le vouloit mettre prisonnier, tant que Venier fut contraint de le faire pendre promptement et ceux qui le maintenoyent. Voilà l'armée bandée, et ceux qui ne vouloyent point la bataille pressoyent le général d'opiniastrer la mort de Venier. Colomne et les meilleurs firent sa paix, à la charge qu'il ne se présenteroit devant le général[2].

On fit lors courir un bruit que les Turcs, ayans congédié septante galères, ne viendroyent pas au combat. Et, là-dessus, les Espagnols se mirent à presser pour effacer le passé. Quelques autres ont rapporté le mesme de l'armée turquesque, et que rien ne les avoit tant amenez au combat que ces deux opinions, qui unirent les advis les plus froids aux plus eschauffez, sans nous amuser aux divers projects d'assiéger des villes, ou en Dalmatie à la gauche, ou en Péloponnèse à la droicte. Enfin, les Turcs estans sortis du destroit[3], Hali, qui engageoit tousjours Pertau, dérive

---

[1]. Officier romain, nommé Tortona, un de ceux qui avaient été désignés pour compléter l'équipage des galères vénitiennes (Prescott, *Hist. du règne de Philippe II*, t. V, p. 76).

[2]. Don Juan décida que cette affaire serait plus tard soumise à son examen, et que Barbarigo prendrait en attendant la place de Veniero au conseil.

[3]. Ils sortirent, vers le 6 octobre 1571, de Patras, ville située sur la côte de la Morée, fort proche du détroit de Corinthe.

l'armée ennemie un peu au large, s'arresta à Galangas[1], et là nostre entre les Eschinades[2], toutes les deux se trouvant à veuë le dimanche septiesme d'octobre. Les uns et les autres eurent loisir de reprendre leur forme, si quelque chose y avoit manqué. Les chrestiens, comme nous avons dit, leur corne gauche estant aussi près de terre qu'il falloit, pour que la dernière galère pust voguer. Pertau estoit au milieu des siens avec cent trente galères, Hali en mesme ligne que lui, mais ses vaisseaux un peu distinguez pour prendre le devant de la charge. Avec eux les Sangiacs de Calipoli, Metelin, Chios, Rhodes, Morée et presque tous les grands de l'armée. Mehemet Bej avec Siroch, Sangiac d'Alexandrie, et trois autres Sangiacs avec soixante-cinq galères, eut la charge de la corne droicte.

Uluzalis, autrement dit par le vulgaire Ochali, fut partagé à la gauche avec Caraciolle[3] et Caraval, et quelques uns de ces pirates qui s'en estoyent allez, revenus au bruit de la bataille; et ceste corne, en nombre de nonante vaisseaux des plus mauvais garçons de l'armée. Cela voüé pour faire passer le temps à André Dorie avec sa main droicte, Pertau se met dans une chaluppe, harangue les siens sur les grandeurs et victoires ordinaires, sur le mespris des chrestiens, sur l'assistance de Dieu et de son prophète Mahomet; et, pour dernière clause, les advertit de l'ordre qu'il avoit

---

1. Galanga sur la côte d'Albanie.
2. Les îles Équinades sont aujourd'hui nommées Curzolari. Sur l'origine légendaire du mot *Équinades*, voyez de Thou, liv. L.
3. Ferrante Caraccioli, comte de Biccari, auteur de *Commentarii delle guerre fatte con Turchi*, in-8°, récit original qui contient un grand éloge de don Juan d'Autriche.

donné pour faire mettre le feu dans la première galère qui se retireroit.

Jean d'Austrie, ayant eslevé un estendart[1] où estoyent les armes de tous les alliez, se met dans une pattache avec Colomne et Requesenz[2], fait une courte harangue aux siens sur la barbarie des ennemis, leurs outrages contre Christ; et n'eust pas loisir d'en dire d'avantage que le cri de l'armée le fit retourner en sa Royale, et les deux en leur place.

Les deux armées tirent tout à la fois chacune un coup de canon et s'avancent froidement. En mesme temps, Uluzalis desploya sa corne de derrière une poincte, et d'Auria la vid plus grande qu'il ne l'avoit estimée, tellement qu'estant plus estendue elle pouvoit gaigner son derrière. Il fit tourner le cap de ce qu'il avoit à droicte à la plus avancée galère de leur gauche, et, par ainsi, laissa un vuide, par lequel une bande de vaisseaux pouvoit séparer l'armée chrestienne. Sur ce point, voilà la mer calme comme du laict. La main droicte des Turcs s'approche des deux naux. Venier pousse devant soi deux galères.

Colomne en fait autant. Toute la corne droicte des Turcs se desbande, boit avec perte la volée des naux. Tout cela fond sur la gauche des Vénitiens[3], accompa-

---

1. La bannière de la ligue, riche en ornements. Quant à l'étendard ottoman, il était couvert de citations du Coran, écrites en lettres d'or, et portait le nom d'Allah répété vingt-huit mille neuf cents fois. On trouve une description minutieuse de cet étendard, empruntée à un manuscrit de Louis del Marmol, dans la *Colleccion de documentos ineditos para la historia de España*, t. III, p. 270 et suiv.

2. Louis de Requesens.

3. Le combat commença à une heure du soir, 7 octobre 1571.

gnans d'un grand cri, à leur mode, un orage de flèches. Comme tout estoit au combat, quelques vaisseaux qui tiroyent moins d'eau passent entre la terre et Barbarico[1], qui, environné de tous costez et bien combatant, est tué d'un coup de flèche en l'œil[2]. Son nepveu Contarin[3] se met en sa place, brise tout ce qui s'attaquoit à lui, et, ne doubtant plus de la victoire, est tué en ce combat avec Vincent Quirino et André Barbarico ; si bien qu'en peu de temps toute ceste corne de l'armée turquesque quitte le combat, tappe à terre pour sauver les hommes comme ils peurent. Ceux du milieu, qui n'avoyent pas ceste espérance de sauver les vies, se battent à pied tenu, où Jean d'Austrie avoit affaire contre Hali.

Les deux galères qu'avoit fait avancer Colomne emportent premièrement la plus forte galère, où estoyent les deux enfants du général.

Jean d'Austrie s'attaque à la Mahonne[4], où estoit Hali, qui ne pût supporter quatre cents choisis au Terse de Sardagne. Mais, sur tout, le chevalier Romegas[5], qui fit des siennes en ceste journée là. Les deux que nous avons tantost mises devant Venier furent fort oppressées, perdirent leurs deux chefs, mais les soldats, au lieu de s'estonner, se précipitèrent chacun dans la sienne et emportèrent les deux galères qui faisoyent le plus de mal. Venier et Colomne en

1. Augustin Barbarigo ne doit pas être confondu avec André Barbarigo, que d'Aubigné cite plus loin.
2. Barbarigo mourut de sa blessure le lendemain.
3. Jérôme Contarino, fils de la sœur de Barbarigo.
4. La *Mahonne*, galère capitane turque.
5. Mathurin de l'Escout de Romegas, chevalier de Malte, Français. Voy. Brantôme, t. II, p. 112.

troussent chacun deux encores; et Cajetan[1], qui estoit dans le Griphon, galère du pape, emporta, pour sa part, le grand pirate Caracos[2] et son vaisseau. Là se perdit la galère de Florence[3]. Ascagne de la Corne[4] en faisoit autant, attaqué de cinq turquesques, sans le secours de Bassan, que nous avons mis derrière pour faire ces coups là. Pertau fut deux heures aux mains entre quatre de nos vaisseaux : tous ses gens tuez, sa galère brisée et sans gouvernail, il se coule dans un esquif qui estoit là pour cela et sauva le général.

Que m'amuserai-je à vous despeindre la mer toute en sang, entremeslée de corps de toutes façons, l'air en feu et en fumée, les esperons des navires engagez dans le ventre des autres, les Turcs qui, à la nage, empoignent les rames des chrestiens et leur demandoyent la vie, concédée par quelques pitoyables. J'auroye peur de faire un tableau poëtique. Il vaut mieux vous monstrer Uluzalis qui, s'estant desmeslé d'Auria, entra par la bresche que nous avons dite, vers le milieu de l'armée, tirant par tout et ne s'engageant à rien.

Toutes les galères, n'ayans plus que faire ailleurs, tournent à lui, estimant qu'Auria lui serreroit la queue de l'autre costé, mais le grand pli qu'il avoit fait à droicte ne lui permit pas de venir à temps; ce qui porta dommage à lui et à l'armée. Car ce vieux rou-

1. Honoré Cajetan, capitaine romain, commandait le *Grison*, galère armée par le pape.
2. Coracosa, corsaire africain, fut tué.
3. Commandée par Thomas de Médicis.
4. Ascanio della Cornia fut sauvé, dit de Thou, par Alfonse Appiano, un des capitaines du corps de réserve commandé par Baçan.

LIVRE SIXIÈME, CHAP. XVII. 119

tier print trois galères des plus mal menées qu'il pût choisir, desquelles il en reperdit deux et emmena l'autre. Celle de Florence estant prise par les Turcs et le feu mis dans les poudres, les pris[1] et les preneurs sautèrent. Uluzalis passa au nez de Auria et se desmesla la nuict et à la naissance d'une tempeste qui ne se leva qu'à la fin de la bataille[2].

Ainsi les Turcs perdirent de deux cents soixante galères deux cents trente, nonante mises à fonds ou brisées par terre, sept vingts prises et trente eschappées avec Uluzalis, qui, pour les avoir sauvées, fut bien venu de Selim, contre la coustume des Ottomans; il y mourut vingt cinq mille Turcs, captifs près de quatre mille[3].

Les chrestiens perdirent quinze galères et près de huict mil hommes[4]; d'une part et d'autre, force capitaines de marque[5], et entre les nostres les plus notables : Augustin Barbarique, Bernardin Cardines

1. La flotte chrétienne perdit là Jérôme Contarini, Antoine Lando, Jacques de Mezzo, Antoine Pascaligo, George Cornaro et Pierre Bua.
2. La *Colleccion de los documentos ineditos para la historia de España* renferme plusieurs récits de la bataille de Lépante dus à la plume de contemporains. Prescott recommande la relation de Miguel Servia, confesseur de don Juan d'Autriche, présent au combat (Prescott, *Hist. du règne de Philippe II*, t. V, p. 87, note).
3. Ces chiffres sont discutés par les contemporains. De Thou, que d'Aubigné a suivi, présente presque les mêmes. La Popelinière écrit que quinze mille Turcs furent tués et six mille faits prisonniers (t. II, f. 32).
4. Dix mille hommes, d'après de Thou, dont il ne mourut qu'une petite partie dans le combat.
5. Parmi les blessés de l'armée espagnole, on releva l'illustre Cervantes, l'auteur de don Quichotte, qui perdit le bras droit (Hammer, *Hist. de l'empire ottoman*, trad. de 1844, t. II, p. 189).

et Orace Ursin[1]. Ce qui rendit la plus grande victoire des chrestiens la plus inutile fut le consentement des uns et des autres à emmener l'armée rafraichir. Ce que Venier pût faillir, ce fut que Philippes Bragadin[2], lui ayant mandé que tout trembloit vers Constantinople et qu'il lui envoyast cinquante galères, avec lesquelles et treize qu'il avoit, il poursuivroit le fruit de la victoire. Venier lui refusa, et lui n'y pût aller à cause d'une grande blessure à la cuisse. Les Vénitiens, pourtant, recouvrèrent d'effroi Margueritine[3] et Sopposte[4].

Après les lettres gratulatoires du pape et les responses[5] du roi d'Espagne, le pape s'amusa à quelques différens[6] du duc de Florence et puis à faire part[7] de ceste victoire à Mena, roi d'Ethiopie, chrestien, et après à Tecmases, roi de Perse, et à Seriph Mutahar, prince de l'Arabie heureuse[8].

Colomne retournant à Rome, on fut en bransle de lui dresser un triomphe[9]. On modéra à l'ovation,

1. Bernardin de Cardenas et Horace des Ursins.
2. Philippe Bragadino, amiral vénitien.
3. Margariti, fort appartenant aux *Cimariots,* dans le voisinage de Corfou, se rendit le 12 novembre 1571, et fut détruit de fond en comble (De Thou, liv. L).
4. Soppoto, en Dalmatie.
5. De Thou donne le récit de l'ambassade envoyée par le pape au roi d'Espagne (liv. L).
6. De Thou raconte le détail de la querelle qui s'éleva entre le pape et Philippe II au sujet du titre de grand-duc que Sa Sainteté venait de conférer à Cosme de Médicis (liv. L).
7. Les lettres du pape sont datées des 16 et 17 novembre 1571.
8. Menar, roi d'Ethiopie. — Schach Tecmases, roi de Perse. — Cerif Mutahar, roi de l'Arabie-Heureuse.
9. On avait d'abord décidé de réserver à don Juan d'Autriche les honneurs du triomphe, mais les Romains reçurent Marc-

LIVRE SIXIÈME, CHAP. XVII.   121

laquelle pourtant fut d'arcs triomphaux, deux à la porte Capène[1], par tout inscriptions couronnées, les captifs marchans devant lui, entre ceux-là le sangiac d'Eubœe et le grand pirate Carejal, les deux enfants[2] d'Hali et autres. Ceux-ci, dans peu de temps estans sur leur foi, se mocquoyent ouvertement des excessives magnificences du pape.

De ce temps, il y eut de grands propos au Consistoire pour abolir[3] l'ordre des Frères Humiliez[4] qui, par ceste humilité, estoyent parvenus à si grandes richesses qu'ils ne tenoyent ni ordre ni couvent et par desbauches et despenses excessives se rendoyent insupportables. Pourtant, par l'authorité du cardinal Boromée[5], leur protecteur, ils furent renvoyez aux remonstrances et supportez pour ceste fois[6]. Donc, pour rembourser

Antoine Colonne en vainqueur. Il monta au Capitole et on lui érigea une statue. Voyez Hammer, t. II, p. 189.

1. Appelée aujourd'hui Saint-Sébastien, le long de la voie Appia.

2. Philippe II en fit présent au pape. Le plus jeune, âgé de quatorze ans, lui fut envoyé de Naples, et gardé longtemps dans le château Saint-Ange, où il recevait de bons traitements. Quant à l'aîné, qui était dans sa dix-huitième année, l'ennui, la tristesse et la crainte de la prison le firent tomber dans une maladie dont il mourut en chemin (De Thou, liv. L).

3. L'ordre des Frères Humiliés, vivant de la règle de Saint-Benoît, avait été institué en 1180 et approuvé par le pape Luce III en souvenir de la captivité des habitants de Milan, que l'empereur Frédéric Barberousse avait emmenés en Allemagne (De Thou, liv. L).

4. Celui qui s'opposa d'abord le plus énergiquement à cette abolition fut Jean de Zuniga, ambassadeur de Philippe II.

5. Saint Charles Borromée, né en 1538, cardinal en 1561, puis archevêque de Milan, s'illustra par son dévouement lors de la perte de Milan, en 1576, et mourut en 1584. Ses œuvres théologiques occupent cinq volumes in-folio, 1747. Il est l'auteur du célèbre *Catechismus Tridentinus*.

6. Le 1er mai 1568, Pie V avait lancé contre cet ordre une bulle

ledit cardinal, croyant que c'estoit lui qui avoit voulu faire l'homme de bien à leurs despens, ils entreprennent sur sa vie, ayans pour exécuteur un prieur[1] et un moine de Verseil qui voulurent, en partant, estrangler un[2] de leurs confrères pour avoir son argent. Le moine, nommé Farine[3], tira donc une arquebusade chargée de dragée au cardinal, estant à vespres. Le coup ne fit rien, la dragée ne pouvant percer ses robbes[4]. Boromée poursuivit si bien ses galants, excommuniant tous ceux qui les retiroyent, que le duc de Savoye, crainte de l'excommunication, mit le prieur Lignane et son compagnon ès mains de la justice[5]; ceux-là punis. Pour perpétuelle mémoire, les Humiliez furent abolis[6] en toute l'Italie.

Sur la joie du faict de Paris estant mort Pie V[7], la première action du nouveau pape[8] fut de continuer Colomne en sa charge, presser de tous costez

qui, en condamnant leur relâchement et leurs désordres, chargeait le cardinal Borromée de les réformer.

1. Jérôme Lignana, prévôt de Saint-Christophe de Verceil.
2. Fabio Simonetta, dépositaire de l'ordre.
3. Donato Farina, religieux du même ordre.
4. De Thou dit que, « par une protection visible de Dieu, une partie des balles tomba sans force sur les habits du saint » (liv. L).
5. Farina s'était évadé sous un déguisement et réfugié à Chivas en Piémont, où il avait pris l'habit de soldat. Borromée était prêt à excommunier le duc lorsque les deux scélérats furent livrés (De Thou, liv. L).
6. Le pape donna deux bulles, l'une du 7 et l'autre du 8 février 1571, pour l'extinction entière de l'ordre des Frères Humiliés.
7. Pie V mourut deux heures avant la nuit, le 1er mai 1572, dans la soixante-huitième année de son âge, et la septième de son pontificat.
8. Hugues Buoncompagni, de Bologne, prit le nom de Grégoire XII.

LIVRE SIXIÈME, CHAP. XVII.   123

les acheminements des forces en Messine[1]. Les Vénitiens, ayans mis au lieu de Venier Jaques Fuscareno[2], envoyèrent Jaques Superantio[3] avec vingt-cinq galères qui, ayant joint celles qui estoyent arrivées à Messine, s'avancent ensemble à Corsire pour ne perdre point le temps. Au contraire, Jean d'Austrie avoit charge de despartir ses forces en Piedmont pour les faire passer en Flandres, mais c'estoit pour maintenir sa conqueste du Final. Il alléguoit aussi une deffense de ne laisser point partir les forces espagnoles de Messine, horsmis quelque peu qu'il laissa aller avec Colomne.

Les Vénitiens, désespérez de leur ruine affectée par les Espagnols, font leurs plainctes en Espagne, en France[4], vers l'empereur, remettent en mémoire toutes les infidélitez practiquées par les Espagnols en sept ou huict actions notables[5] pour ruiner les forces et les affaires de ses associez, practiquant d'en faire ses subjets. Et, ayant perdu l'espérance de recouvrer leurs

---

1. Marc-Antoine Colonna ne reprit la mer et ne put arriver à Messine qu'au mois de juin 1572 (Hammer, t. II, p. 190).

2. Jacques Foscarini, commandant général de la flotte vénitienne en place de Veniero.

3. Jacques Soranzo.

4. Les Vénitiens envoyèrent Jean Michieli en France et Antoine Tiepolo en Espagne. La relation que Michieli écrivit à la suite de cette mission est imprimée dans le tome II des *Relations des ambassadeurs vénitiens* par Tomaseo, p. 205. Celle de Tiepolo, rédigée par un gentilhomme de sa suite, est analysée par M. Gachard (*Relations des ambassadeurs vénitiens en Espagne*, p. 163, in-8º, 1856, Bruxelles).

5. Michieli arriva en France avant le 28 septembre 1572, car le roi, dans une lettre de cette date adressée à François de Noailles, ambassadeur de France à Constantinople, rend compte de la mission du Vénitien (Copie du temps; f. fr., vol. 21009, f. 317 vº).

pertes, ils font traicter Anthoine Barbare[1], leur agent, avec le pacha Mechemet, leur ancien ami, sans permission de conclurre qu'après avoir receu de leurs nouvelles, et eux de celles d'Espagne. Cependant que Jean d'Austrie tourne à Palorme[2], Colomne, au commencement de juin[3], met ensemble toutes les forces qui estoyent de cent quarante, que galères que navires, et, parmi cela, force noblesse françoise conducte par Charles, marquis de Mayenne[4], auquel fut donnée la place de gentilhomme vénitien, qui n'est pas un présent vulgaire. Jean d'Austrie despesche l'armée, les advertit qu'il avoit permission du roi, son maistre, de les joindre, et qu'en attendant, ils n'entreprinsent nulle action de guerre. Cela mit les Vénitiens derechef au désespoir. Mais, quand ils sçeurent qu'après avoir amusé long temps Teupolo, leur ambassadeur en Espagne, il n'avoit sçeu impétrer que leur armée s'avançast dans le pays de l'ennemi, lors ils pensèrent entièrement à boucler la paix, et le roi Charles s'y employa de bon cœur[5] par l'évesque de Dax, son ambassadeur[6].

1. Marc-Antoine Barbaro, baile de la république de Venise à la cour de Constantinople, aidé d'Aloisio Mocenigo, avait ordre de faire la paix et de ne pas se montrer exigeant. Barbaro a laissé une *Relazione del clarissimo S. Marco Antonio Barbaro ritornato bailo da Constantinopoli da Selim imperatore dei Turchi*, 1573.

2. Palerme.

3. D'après de Thou, Colonne arriva à Corfou au commencement de juillet, après six jours de navigation.

4. Charles de Lorraine, marquis, puis duc de Mayenne, frère du duc Henri de Guise, plus tard le chef de la ligue.

5. Le parti réformé faisait un crime au roi de France de favoriser les négociations et de pousser les Turcs et les Vénitiens à la paix (Lettre de La Haye au s. de Saint-Germain, du 23 mai 1573; f. fr., vol. 15557, f. 330).

6. François de Noailles, évêque de Dax.

Cependant, l'armée avancée en Céphalonie envoye au Nègrepont Romegas qui, ayant pris langue en quelques villes encores chrestiennes, rapporte à Metonne[1], où il trouva l'armée, que celle des Turcs avoit ensemble deux cents vingt vaisseaux et quatre mahonnes[2]. Comme l'armée faisoit esguade[3] à Citera, celle des Turcs vint en veuë. La chrestienne se met en ordre de bataille. Uluzalis, l'ayant contemplée, fuit à l'autre bande et tourne vers la Barbarie. Colomne despesche[4] vers Jean d'Austrie, qu'il présuposoit avancé à Corcire, et l'armée cingle de ce costé après ses messagers pour le joindre plustost; mais, comme ils furent au droit de Ténarie, les deux armées se rencontrent encores, se mettent en bataille[5]. Les nostres, ayans le dessus du vent, poussent, comme à l'autre fois, leurs caraques devant eux. Mais, le vent ayant mis bas, il faloit les laisser derrière ou les touer. Ce que bien cognoissant Uluzalis, comme il estoit aux premières mousquetades, scie de l'arrière, et, s'estant fait poursuivre hors l'avantage des grandes naux, il retourne tout à coup mesler, met en désordre les premières galères, sans Colomne, qui se résout à porter le faix du combat et donner moyen aux siens de se r'allier à son ombre. Uluzalis, voyant les nostres remis en ordre et les grands vaisseaux touez pour avoir leur part du

---

1. Aujourd'hui Modon (Morée).
2. *Mahonne*, galère, plus petite que les galères chrétiennes.
3. *Esguade*, aiguade, prendre de l'eau potable.
4. Colonna lui dépêcha Pierre Pardo, officier espagnol (De Thou, liv. LIV).
5. Rencontre des flottes chrétienne et turque devant le cap de Matapan, 10 août 1572.

combat, change le fort en escarmouches, et les deux armées s'en contentèrent par mutuelle crainte.

Cependant, Jean d'Austrie estoit venu à Leucade avec cinquante quatre galères et deux naux[1], et de Leucade s'en estoit encores retourné à Corcire[2]. Là, le trouva le messager despesché, qui avoit ouy les coups de canon de la deuxiesme veue, et advertit du tout Jean d'Austrie des choses qu'il avoit veues et ouyes. Après longues délibérations, la response fut qu'on le vinst quérir[3], ce qu'il fallut faire et perdre par ce moyen toutes occasions. A leur conjonction, Fuscareno refusa le général d'emplir encores ses galères d'Espagnols. Cela appaisé par Colomne[4], le temps employé en telles choses jusques à la mi septembre[5], ils ont nouvelles que l'armée turquesque estoit à Yonque[6] plus pleine de malades que de sains. Sur cest advis, il se lève un vent en poupe qui fit escrier chacun que les ennemis estoyent à eux; mais lors les Espagnols adjoutèrent à leurs raisons des menaces,

---

1. *Deux naux*, deux galéasses florentines commandées par Alphonse d'Appiano (De Thou, liv. LIV).

2. De Thou dit qu'il avait cinquante-quatre galères et donne quelques détails sur ses marches et sur ses contre-marches (liv. LIV).

3. Don Juan écrivit à Colonna et à Foscarini de venir le joindre à Corfou. Ils y arrivèrent le 31 août 1572 (De Thou, liv. LIV).

4. Grâce à Colonna, il fut convenu que les Vénitiens permettraient aux troupes romaines de monter sur leurs vaisseaux, et que les Espagnols remplaceraient les troupes du pape.

5. Jusqu'au 11 septembre 1572, d'après de Thou.

6. Le 13 septembre 1572, à leur arrivée à Céphalonie, les chrétiens apprirent que les Turcs étaient à *Porto Junco*, ou *Porto Guaglia*, ou *delle Guaglie*.

empeschèrent qu'on n'y donnast. De mesme à Metonne, où il y a une forteresse, de laquelle ils laissèrent gaigner l'abri aux Turcs, qui n'estoyent lors qu'en nombre de soixante galères, si bien qu'il n'y eut rien que quelques canonnades. L'armée, là-dessus, fit estat d'assiéger Metonne [1]. Les Espagnols, trouvans la besongne trop dure, commencèrent à parler de séparation. Vous n'oyez crier par toute l'armée qu'*aux traistres;* ce qui esmouvoit quelques fois Jean d'Austrie aux larmes, mais il avoit les commandements de son maistre qui lui servoyent de loi. Pourtant, nos gens, pour choisir quelque chose de plus aisé, firent assiéger Navarin[2] par Alexandre Farnaise, duc de Parme[3], qui commença lors de faire le capitaine. L'ignorance des avenues fit qu'il y laissa entrer cinq cents hommes.

Sur la mi octobre, Uluzalis se retira[4], désespéré de rien faire, et en division[5] avec le bacha Cussaim et Aga, sangiac de Grèce[6], qui menoit les forces de

---

1. Colonna et Antoine Doria, qui était à la solde d'Espagne, furent d'avis différent. Le dernier voulait qu'on l'attaquât avec toute la flotte. Colonna, au contraire, proposait de laisser la flotte à Porto-Junco, et de n'employer au siège que des troupes de terre (De Thou, liv. LIV).

2. Navarin, en deçà de Modane, au couchant, célèbre par la bataille du 20 octobre 1827.

3. Alexandre Farnèse, duc de Parme, était au service du roi d'Espagne et devint plus tard gouverneur des Pays-Bas. Voyez plus loin.

4. Ulucciali se sauva en Afrique avec vingt-six galères et y attendit que la colère du sultan fût passée.

5. Les autres capitaines turcs lui reprochaient d'avoir mis en hasard toutes les forces ottomanes (De Thou, liv. LIV).

6. Le pacha Cussaïm et Scraus Aga, beglierbey de la Grèce, reprochaient à Ulucciali sa témérité.

terre¹. Les Espagnols, qui de long temps vouloyent quitter la partie, se desrobent la nuict, chargez de reproches par les Vénitiens, asseurez du commandement de Jean d'Austrie. Et, chacun ayant regagné les vaisseaux, tous se séparent², plus encores d'affections que de corps. Les Espagnols et Colomne³ s'en vont, les uns en Messine et les autres à Hostie. Les Vénitiens, pour faire honte aux autres, descendent au païs des Turcs et assiègent et prennent Catarre⁴ ; et puis, faisans une grande moustre de préparatifs⁵ pour la guerre de l'an suivant, mettent leur paix à fin⁶.

Le pape encor s'employa à appaiser quelques esmotions en Umbrie et au duché d'Urbin, lesquelles il avoit, au commencement, fomentées, à empescher, s'il eust peu, la paix des Vénitiens, faite en partie

---

1. Cussaïm et Scraus Aga se trouvaient avec leurs troupes à Monastir, ville de Macédoine, fort éloignée de la mer. Ils se mirent en marche le 11 septembre 1572 par ordre d'Ulucciali, mais ils ne purent, malgré leur diligence, arriver que le 11 octobre à Navarin (De Thou, liv. LIV).

2. La flotte mit à la voile le 7 octobre 1572 et, aussitôt après son arrivée à Zante, se dispersa dans les ports.

3. Colonna partit pour Rome et de là se rendit en Espagne avec Doria.

4. La flotte de Venise, commandée par Paul des Ursins et le Calabrais Moretto, prit, en rasant les côtes de l'Esclavonie, un fort que les Turcs avaient bâti à l'entrée du golfe de Cattaro (De Thou, liv. LIV).

5. La république de Venise annonça l'intention de continuer la guerre avec plus de vigueur, de lever vingt mille hommes et d'augmenter sa flotte (De Thou, liv. LIV).

6. Malgré leurs rodomontades, les Vénitiens pressaient la conclusion de la paix avec le Turc par l'entremise de François de Noailles, ambassadeur de France auprès de la Porte, qui avait gardé, depuis une ancienne ambassade à Venise, un grand dévouement aux intérêts de la république. Voyez la note suivante.

par l'entremise du roi[1], à condition de trois cents mille escus de pensions[2], et que, hormis Cypre, chacun possèderoit ce qu'il tenoit avant la guerre. Ils envoyèrent au pape[3], au roi d'Espagne[4] et autres princes déduire les raisons qui les avoyent contraints à ce traicté, nuisible en apparence à la chrestienté, profitable, en effect, pource que le territoire de Venise, estant traicté avec l'infidélité accoustumée, s'en alloit ès mains du Turc, et, par là, ils tranchoyent l'Europe chrestienne par la moitié ; au contraire, par la paix, il y avoit un grand espace au devant des armées tur-

1. D'Aubigné se montre ici exactement informé. Les négociations des Vénitiens à Constantinople étaient appuyées par les instances du roi de France. Voyez les lettres du roi à François de Noailles, ambassadeur de France, des 7 et 21 février, 8 et 19 avril 1573 (Copie du temps; f. fr., vol. 21009, f. 389 et suiv.). Voyez aussi la correspondance de du Ferrier, ambassadeur de France à Venise, pendant les premiers mois de l'année 1573 (F. fr., vol. 20152, et Ve de Colbert, vol. 366).

2. La paix des Vénitiens avec les Turcs fut signée le 7 mars 1573. D'Aubigné en indique fort inexactement les conditions. Il n'est point fait mention dans le traité de *trois cent mille écus de pension*. Mais Venise s'engageait à payer dans trois ans, pour les frais de la guerre de Chypre, la somme de trois cent mille ducats. Pour les autres conditions, voyez Hammer, *Hist. de l'empire ottoman*, trad. de 1844, t. II, p. 191.

3. Les Vénitiens envoyèrent à Grégoire XIII Nicolas di Ponte, savant célèbre, connu et aimé du pape, ce qui n'empêcha pas le saint-père, outré de colère contre le sénat, de renvoyer l'ambassadeur avec les termes les plus durs (Journal de Van Dale, coll. Moreau (Bibl. nat.), vol. 719, f. 141).

4. Les Vénitiens envoyèrent Jean Soranzo au roi d'Espagne. Philippe II, voyant que le sénat lui épargnait les reproches qu'il était en droit de lui faire, le reçut avec honneur et lui fit une réponse qui est reproduite par de Thou (liv. LV). Pour le récit détaillé de la mission de Jean Soranzo, voyez le journal de Van Dale (coll. Moreau, vol. 719, f. 141).

quesques. Ce que le succès a fait paroistre véritable, pource que le redoutable arcenal des Vénitiens est demeuré entier et tous les ans augmenté par la paix. Leurs thrésors, n'estant plus employez à servir de jouet aux ambitions espagnoles, se sont rendus de telles réputations que, quand les muphtis, par zèle de religion et pour destruire le siège de Rome[1], et les jeunes bachats, pour leurs hautes espérances, et mesmes la grand'quantité de rénégats Calabrois, qui ont authorité aux armées, ont voulu solliciter une grande descente en Italie, la plus forte raison, pour les vieux conseilliers, a esté prise sur les puissances et valeurs des Vénitiens, qu'ils ont estimées en ce cas devoir rompre leur foi, les mesurans à l'aune de leur fidélité.

Ceste paix publiée, les Espagnols ne voulurent pas perdre leurs préparatifs et tournèrent aussi tost leur dessein sur l'Affrique, où ils l'avoyent auparavant la confédération, spécialement sur la Goulette[2].

Le roi Philippe mit donc sur pieds nonante galères, dix huict vaisseaux ronds, là dessus huict mille Espagnols naturels, mille[3] Italiens menez par Colomne, continué en sa charge par le pape nouveau, quatre

---

1. C'est-à-dire pour empêcher le siège de Rome, qui, au XVIe siècle, était le principal objectif des Turcs. Les Vénitiens restèrent assez longtemps en froideur avec la cour romaine. Voy. le journal de Van Dale sur ces négociations (coll. Moreau, vol. 719, f. 141).

2. Le dessein des Espagnols était de s'emparer du royaume de Tunis, que Charles-Quint avait autrefois conquis, et dont il semblait s'être assuré la possession par la construction d'un fort à l'entrée du port de la Goulette (De Thou, liv. LV).

3. De Thou (liv. LV) dit qu'il y avait dix mille Italiens.

mille lanskenets et quatre cents chevaux. Cela, bien équippé de vivres, arrive[1] en Afrique à la mi octobre, droit à Tunes[2], abandonnée par Aidales[3], quoi qu'on lui entretinst six mille hommes de garnison.

Jean d'Austrie, général de l'armée, donne le pillage aux siens, hormis la vendition des hommes, gaigne la dedans cinquante pièces sur roues et force poudres, puis bastit un fort là où le havre se restressit, et le fist si grand qu'il y mit de garnison, sous Gabriel Sarbellon, comme lieutenant de roi, quarante quatre compagnies[4], moitié Espagnols, moitié Italiens. Et, ainsi, il laissa la ville sans garnison, leur donnant pour roi Macmeth, fils d'Arsanes[5], et emmenant Amida[6], hay des Mores, pour de grandes cruautez remarquées en sa race. Cestui-ci, ayant sçeu par les chemins que

1. Après avoir quitté Naples, le 5 août 1573, la flotte toucha successivement à Messine le 7 du même mois, à Palerme, à l'île de Flavignana, d'où elle partit le 7 octobre pour les côtes d'Afrique (De Thou, liv. LV).

2. D'après une lettre du roi de France à François de Noailles, ambassadeur à Constantinople, les armements du roi d'Espagne avaient d'abord été destinés contre Alger (Lettre du 18 mars 1573; f. fr., vol. 21009, f. 399 v°).

3. Probablement le pacha Heder, arrivé depuis peu de Constantinople pour succéder à Rabadan, qu'Ulucciali avait laissé pour commander dans la place. Il fut pris d'épouvante et se retira à Carvan.

4. Les vingt-deux compagnies d'infanterie italienne étaient commandées par Pagan Doria, et les vingt-deux espagnoles étaient sous les ordres d'André de Salazar. On y joignit encore Lopez Hurtado de Mendoza avec une compagnie d'arquebusiers à cheval.

5. Appelé communément Muley-Hazen, qui, pour se rendre maître du royaume de Tunis, égorgea ses vingt-deux frères.

6. Amida avait détrôné son propre père et, après l'avoir fait prisonnier, il lui avait fait crever les yeux.

son frère estoit roi, se précipitoit en la mer sans son fils Amida qui l'empescha. Il fut mené prisonnier[1] à Rome avec deux enfants et une concubine.

Biserte[2] se rend de mesmes aux Espagnols. Et ainsi demeure la conqueste d'Afrique, d'où Jean d'Austrie retourne promettant à Sarbellon lui envoyer plusieurs nécessitez, que ce capitaine advisé prévoyoit cause de sa perte par leur manquement.

Chapitre XVIII.

De l'Occident.

A propos trouvons-nous l'Occident peu chargé d'affaires : les autres chapitres nous en donnent assez. Nous avons le voyage de Minguetière[3] chargé de visiter les Philippines et Molucques[4], comme nous avons dit. Cestui-ci, estant à l'endroit de l'isle espagnole, fit rencontre de quatre vaisseaux espagnols, desquels deux s'aidoyent de rames. Un calme lui ostant tout moyen de retraicte, il se trouve engagé au combat, son navire n'estant que de soixante tonneaux et le

---

1. On l'emprisonna au château Saint-Elme, où de Thou lui-même le vit en 1574. Il lui parut âgé au moins de quatre-vingts ans (De Thou, liv. LV).
2. Les habitants de Biserte ouvrirent leurs portes aux Espagnols après avoir égorgé les Turcs qui gardaient le château. François Davila occupa la ville avec sa compagnie.
3. D'après La Popelinière, le capitaine La Minguetière, que Coligny avait envoyé secrètement aux Indes, fut dénoncé aux Espagnols par le parti catholique, surpris et accablé dans la rade d'Hispaniola (Saint-Domingue).
4. C'est là que Magellan fut massacré.

moindre des autres de trois cents. Ceux des siens qui restèrent du combat et lui mesme furent mis aux galères d'Espagne.

Le comte de Montgommeri fournira au reste de ce chapitre, pource que, se voyant impuissant de faire d'avantage devant la Rochelle[1], et mesmes, par le conseil des assiégez, s'en alla[2] conquérir Belle-Isle, tant pour passer son desplaisir et vaincre le reproche qui, ordinairement, suit telles affaires, comme aussi pour l'utilité de ses desseins[3].

La rade de Belle-Isle estoit fort saine, l'isle riche, et la forteresse se pouvant rendre très bonne, comme il a paru depuis d'avantage. Elle estoit retraicte et commode pour venir au secours des Rochelois, tant pour estre plus près que pour en tel lieu n'estre point les François subjects au gouvernement d'Angleterre qu'ils avoyent trop essayé ; et si cette isle, assistez de l'Isle-Dieu, pouvoyent ronger à l'armée du roi tout ce que la rivière de Loire et le reste de la Bretaigne fournissoyent au siège. Là dedans commandoit le capitaine Francisque, Italien, avec trois cents arquebusiers. Et puis Monsieur avoit mis au cul de l'armée

---

1. Mongonmery avait paru devant la Rochelle, le 19 avril 1573, vers quatre heures du soir (Arcère, *Hist. de la Rochelle*, t. I, p. 496).

2. Mongonmery prit la haute mer dans la nuit du 20 au 21 avril, aussi bien à l'insu des Rochelais que de leurs assiégeants (Lettre de Birague à Matignon, du 26 avril 1573; orig., f. fr., vol. 3210, f. 27).

3. Mongonmery s'empara de Belle-Isle avant le 3 mai 1573, car le secrétaire de Fizes rend compte à Villars de cet événement dans une lettre de cette date (Orig., f. fr., vol. 3224, f. 84). Contrairement à son habitude, Arcère raconte la prise de Belle-Isle sans en donner la date (*Hist. de la Rochelle*, t. I, p. 499).

un navire olonois[1], garni de septante hommes de guerre. Pour rendre conte que devenoit la flotte, cettui-ci se mesla si dextrement parmi eux qu'il arriva avec eux à Belle-Isle sans estre cognu.

Là, voyant que le comte alloit faire sa descente du costé de la mer sauvage, lui print à droicte pour terrir avec ses soldats, et les mariniers emmenèrent le bateau à Barbatre. La première soirée et tout le lendemain, les frains de la mer, qui estoit rude, firent que le comte ne pût faire descente, et tout ce temps fut passé en mousquetades d'une part et d'autre. Ceux de l'isle, ayans amené quelques pièces du chasteau sur les dunes, le second soir, la mer estant plus douce, l'escarmouche fut plus chaude, et de plus près pour cognoistre la descente; laquelle se fit le lendemain matin, premièrement par le Poyet, qui se jetta avec quatre enseignes françoises et deux angloises au pied du roc. Le grand peuple de cette isle faisoit devoir de se deffendre, mais tous ceux de l'armée, ayans suivi l'exemple de Poyet, chacun en son endroit, le roc fut gaigné avec perte pour les attaquans du capitaine Temier et sept ou huict blessez. Ceux du lieu, n'ayans laissé que trois hommes sur la place, furent poursuivis jusques au bourg, où ils s'opiniastrèrent tant qu'ils perdirent sept ou huict des leurs avant que s'estonner; mais Lorge[2], suivant la poincte, les emporta et chassa jusques au chasteau. Sans termoyer, le comte fait sommer Francisque, qui, se voyant en un lieu fort et bien garni, avec près de quatre cents sol-

1. *Olonois*, des Sables-d'Olonne. Arcère donne des détails sur ces armements maritimes (*Hist. de la Rochelle*, t. I, p. 497).
2. Le comte de Lorge, fils aîné de Mongonmery.

dats et deux fois autant d'habitans portans armes, se mit à prescher l'honneur aux siens, les asseurant de secours, tant de l'armée que de la Bretagne. Mais tout cela ne pût empescher que la garnison et le peuple ne contraignissent Francisque à faire capitulation de vies et bagues sauves, joint que le peuple, desquels mesmes quelques uns estoyent réformez, désiroyent changement de condition, pour avoir tousjours ceste isle esté subjecte à recevoir rudes traictements.

Le chasteau rendu, le capitaine Raillard, gouverneur de l'Isle-Dieu, vint avec deux barques chargées de soldats au dessous de la place, pensant y jetter du secours; mais, en voulant regaigner ses vaisseaux quand il cognut la prise, lui et quatre ou cinq hommes de commandement, qui s'estoyent le plus avancez, furent empoignez et poignardez, estans recognus, pource que Raillard, Espagnol de nation, avoit tué quelques prisonniers.

Le comte, ayant mis ordre à la garnison du chasteau et, sur tout, à policer l'isle pour les conservations du peuple, envoya en course en divers endroits[1], ne gardant que son amirale et vice-amirale : tout cela faict du vingt au vingt-cinquiesme d'avril. Le duc de Montpensier et le comte de Rets furent envoyez en Bretagne pour empescher les progrès que ceste prise pourroit apporter[2].

---

1. Mongonmery se retira après avoir brûlé et saccagé l'île entière. Il revint en Angleterre. Aussitôt qu'il fut parti, le s. de Bouillé, gouverneur de Nantes, reprit possession de l'île (Lettre de Bouillé au duc d'Anjou, du 22 mai 1573; f. fr., vol. 15557, f. 323).

2. Aussitôt qu'il eut appris la prise de Belle-Isle, Charles IX

Encores ce mot d'Espagne : c'est que Bertholomi Casa, confesseur de Charles-Quint, après avoir pressé son maistre en sa solitude de donner ordre aux inhumanitez[1], par lesquelles les Espagnols se rendoyent exécrables, devant Dieu et les hommes, l'empereur le fit passer aux Indes orientales[2] pour en cognoistre la vérité. Estant de retour en l'année que nous traictons et ayant veu pis que ce qu'il en avoit sçeu, vint dans le conseil[3] desduire, premièrement historiquement, et puis annoncer la malédiction de Dieu, et au roy et au royaume, principalement sur un point : « C'est, disoit-il, que vous n'avez aucun droict d'envahir ces peuples, sinon pour y planter le christianisme, et vos horribles actions l'arracheroyent, s'il y estoit planté. » Le gain que ce traictement apportoit fit qu'il y trouva dans le conseil des deffenses de l'inhumanité, entr'autres Sepulveda[4], qui maintint que, par droict divin et humain, les Espagnols peuvent faire des

commanda au vice-amiral de la Meilleraye de réunir des troupes et une flotte pour reprendre l'île (Minute en date du 4 mai 1573; Ve de Colbert, vol. VII, f. 495).

1. *Orientales,* lisez : *occidentales.* — Barthélemy de las Casas s'était plaint pendant dix-huit ans à l'empereur de la cruauté des conquérants espagnols dans l'Inde (De Thou, liv. LIV).

2. Au retour, las Casas composa une *Brevissima relacion de la destruycion de las Indias occid. por las Castellanos,* 1552, in-4°, et d'autres ouvrages sur le même sujet. Le tout a été traduit en français, en 1822, par M. Llorente, *OEuvres de B. de las Casas,* Paris, 1822, 2 vol. in-8°.

3. Ce conseil fut tenu à Valladolid en 1547. Las Casas assura que les excès, dont on avait fait le récit en Espagne, étaient dépassés par ceux dont il avait été témoin (De Thou, liv. LIV).

4. Jean Gines de Sepulveda de Cordoue, chanoine de Salamanque, philosophe, historien et théologien, né vers 1490, mort en 1573.

Indiens ce qu'ils veulent, comme estans, par droict de guerre, leurs esclaves, sur lesquels ils ont puissance de vie et de mort[1]. Encores que le commencement de cest affaire fust suranné de plusieurs années, la dispute dura jusques en ce temps : la controverse estant continuée par plusieurs assemblées de docteurs[2] qui reprouvèrent l'opinion de Sepulveda et les livres qu'il en escrivit. Depuis, il les fit imprimer en Italie[3], où les théologiens les firent deffendre et brusler, mais Sepulveda les remit sus[4], et sont encores bien venus entre ceux qui approuvent telles actions.

Chapitre XIX.

Du Septentrion.

De l'occident, nous passerons au Septentrion, par

---

1. Sepulveda composa à ce sujet un livre *Democrates secundus seu de justis belli causis*, qui n'a jamais été imprimé, mais dont il existe plusieurs copies (Hauréau, *Dict. des sciences philos.*).

2. Les écoles d'Alcala, de Henarez et de Salamanque, consultées sur ce point, répondirent, après de grandes contestations, qu'il était de l'intérêt de la religion que le livre de Sepulveda ne vit point le jour.

3. Nous croyons que d'Aubigné confond l'ouvrage cité dans l'avant-dernière note avec le *Democrates primus seu de convenientia militaris disciplinæ*, dialogue imprimé, en effet, à Rome, où l'auteur s'efforce de prouver que le métier des armes n'est point contraire aux maximes du christianisme. Ce dialogue a été reproduit dans l'édition des *OEuvres complètes de Sepulveda*. Madrid, 1780, 4 vol. in-4°.

4. Sepulveda demanda et obtint qu'il lui fût permis de disputer en public sur cette matière contre Barthélemy de las Casas et l'évêque de Ségovie. Cette dispute eut lieu trois ans après. Domi-

l'Escosse[1], où la mort du vice-roi[2], en laquelle, comme nous avons dit, on travailloit, fut exécutée, après de grands et exprès advertissements, par un Escossois[3] caché à une fenestre et couvert de linges, attitré par les Amiltons, qui lui donna une arquebusade à travers le corps, ayant auparavant failli à Glasco et puis à Esterling[4]. Le comte de Morai, ayant le coup à travers le corps, s'en alla à pied à son logis, estant descendu de cheval sans aide. Comme au lict de la mort on lui reprochoit qu'il avoit sauvé la vie à son tueur : « Eh bien, dit-il, encores en mourant ne me repentirai-je point d'avoir esté pitoyable. » Sa mort[5] rendit sa renommée véritable, quand ceux qui en dectractoyent le trouvèrent absent ; elle apporta que la roine d'Escosse fut plus reserrée.

Les Amiltons, travaillant pour le trouble d'Escosse, firent aussi faire des courses sur les frontières d'Angleterre et brusler quelques villages[6], et c'est pourquoi

---

nique Soto, confesseur de l'empereur, y assista. Elle aboutit à permettre les brigandages des Espagnols aux Indes (De Thou, t. IV, liv. LIV, p. 717).

1. D'Aubigné, dans le récit des affaires d'Écosse, suit en tout point les *Annales rerum Anglicarum et Hibernicarum regnante Elisabeth* de Guillaume Camden, 1615, in-folio.

2. Jacques, comte de Murray, régent du royaume et frère naturel de la reine d'Écosse.

3. Jacques Hamilton, fils de la sœur de Jean Hamilton, archevêque de Saint-André. Il choisit, pour tuer le comte, la place de Linlithgow, qui appartenait à la maison d'Hamilton.

4. Stirling.

5. Il mourut à minuit le 23 janvier 1570.

6. Gautier Scot, s. de Buccleugh, et Thomas Ker, s. de Fernihust, tous deux zélés partisans de Marie Stuart, furent les principaux auteurs de ces ravages (De Thou, liv. XLVI).

la roine envoya¹ aux Estats, qui se tindrent lors pour l'élection d'un vice-roi, pour s'en plaindre.

Là, la faction de la roine remua force belles questions contre ceux qui enduroyent les Anglois se mesler de leurs affaires. Puis, ceux-là, estans fortifiez d'un Vérac² envoyé de la cour pour les asseurer d'assistance, se resveillèrent. Et cela fit menacer de François et Espagnols, si les Anglois s'en mectoyent. Les Estats, estans assignez à Édimbourg³ à la mi avril⁴, voilà nouvelles d'une armée commandée par le comte de Sussex⁵ à la frontière d'Escosse. Les principaux⁶ de la faction de la roine, par crainte ou pour garantir leurs places qu'ils avoyent vers la frontière, se desrobent. Le comte d'Amilton⁷ fut le premier à despescher au comte de Sussex pour le prier de trèves. Ils font courir bruits que l'amiral et tous les réformez de France estoyent réduits à quitter le royaume et que les forces qui n'avoyent plus que faire à eux passoyent en Angleterre. Les Anglois, ayant appris le contraire

1. La reine Élisabeth envoya Thomas Randolph pour se plaindre des pillages commis sur la frontière d'Angleterre.
2. Le s. de Vérac, gentilhomme de la maison du roi de France, du parti des Guises, souvent cité dans la *Correspondance de la Mothe-Fénelon* pour ses missions en Angleterre et en Écosse auprès des Hamilton.
3. Une assemblée s'était déjà tenue dans cette ville le 4 mars 1570, mais elle n'avait rien décidé.
4. Le 13 avril 1570. Les habitants d'Édimbourg étaient hostiles aux Hamilton, parce qu'ils étaient attachés au jeune roi et parce qu'ils craignaient de déplaire à la reine Élisabeth.
5. Thomas Radcliffe, comte de Sussex.
6. Lord Boyd, le comte d'Argyle, les comtes de Huntley et d'Athol, les barons d'Ogilvy et de Hume.
7. Jacques Hamilton, chef de la maison, choisi par Marie Stuart comme son père officiel.

de tout cela par une lettre surprise qu'on escrivoit à la roine captive[1], se mettent à chastier la frontière de ceux qui avoyent fait les courses, s'avancent jusques à Glasco, que les Amiltons faisoyent mine d'assiéger, prennent et bruslent villettes et chasteaux appartenans à ceux de ceste faction[2].

Cependant, la roine, sous main, fait eslire Mathieu[3], comte de Lenos[4], grand-père du roi, pour son lieutenant général[5], et puis, tout à plein, pour vice-roi. Les Estats avoyent esté imparfaits, pource que les sédicieux en tenoyent d'autres à Limnouch[6]. La première action[7] du vice-roi fut de remettre les Estats à la mi octobre[8], et, ayant mis cinq mille hommes ensemble, choisit des arquebusiers[9] pour mettre en

1. Cette lettre, datée du 1er juin 1569, et signée par Norfolk, Arundel, Pembroke et Leicester, offrait à Marie Stuart de la replacer sur le trône d'Écosse. Elle est analysée par Gautier, *Histoire de Marie Stuart*, t. II, p. 282.

2. Les Anglais ravagèrent les bords de la Clyde, mais leurs troupes, mal payées, se mutinèrent et les chefs furent obligés de battre en retraite.

3. Mathieu Stuart, comte de Lennox.

4. Les seigneurs du parti du roi nommèrent Lennox *interroi* et lui donnèrent une autorité absolue jusqu'au 12 juillet 1570.

5. Dès que les partisans du roi eurent reçu les lettres approbatives d'Élisabeth, ils le nommèrent unanimement vice-roi.

6. Linlithgow.

7. Le premier acte de Lennox fut de convoquer à Linlithgow tous les hommes en âge de porter les armes pour le 2 août 1570, afin de résister aux *Séditieux* (nom qu'il donnait aux Hamilton, partisans de Marie Stuart).

8. Lennox renvoya l'assemblée de ses partisans au 10 octobre 1570.

9. La levée se fit sous le commandement de lord Lindsay, de Guillaume Ruthven et de Jacques Haliburton, gouverneur de Dundée.

croupe derrière sa cavalerie, et, avec cela, investirent Limnouch. Mais il ne peut faire si diligemment que les chefs, advertis, ne se sauvassent. Et leurs gens de guerre se jettèrent dans quelques chasteaux ou dans des bois, qui, poursuivis et assiégez, furent presque tous désarmez et quelque trentaine pendus.

En Angleterre, le duc de Nordfolc[1], libéré une fois[2], fut remis en prison[3] pour des lettres escrites en chiffre, qu'un gueux portoit dans un baston creux[4], et pour des mémoires trouvez dans les papiers d'un évesque[5] prisonnier, contenant ce qui s'en suit : « Que la roine Marie, voyant qu'il y a peu d'espérance aux François, trop empeschez en leurs guerres civiles, délibéroit de se sauver et passer en Espagne pour faire entendre au roi Philippe, en qui elle se fioit du tout, ses affaires plus expressément que ses messagers, l'advertir que le roi de France désiroit ce mariage accompli secrètement, traicté entre elle et le duc de Nordfolc : que celui de Jean d'Austrie donneroit jalousie aux François et les empescheroit d'aider à la saincte entreprise de

---

1. Thomas Howard, duc de Norfolk, né vers 1536, le plus grand seigneur de l'Angleterre, d'abord favori d'Élisabeth, avait conçu le projet d'épouser la reine d'Écosse.
2. Le duc de Norfolk, disgracié et menacé par Élisabeth à cause de ses engagements avec Marie Stuart, avait publié son apologie le 24 juillet 1569. Le 15 septembre, il se retira dans son comté. Le 11 octobre, il fut arrêté et conduit à la tour de Londres, mais relâché un an après.
3. Norfolk fut arrêté une seconde fois, le 7 septembre 1571.
4. De Thou raconte, d'après Camden, que, en repoussant ce mendiant avec violence, le bâton se cassa (liv. LI).
5. Jean Lesley, évêque de Ross. Parmi ses papiers, on trouva un mémoire que lui avait envoyé la reine prisonnière, écrit en caractères inconnus, pour l'instruire des résolutions secrètes qu'elle avait prises (De Thou, t. IV, liv. LI, p. 517).

chasser l'hérésie, auquel dessein et intention pourroit traicter le pape et Philippes¹. »

Un Florentin, nommé Robert Rodolff², qui, sous ombre de marchandise, trafiquoit leurs affaires; comme de fait ce Robert estoit fraichement retourné³ de Rome, et, avec lui, le conseil estoit pris d'enlever le petit roi Jaques⁴ et l'envoyer en Espagne pour donner gage de leur fidélité et oster le prétexte aux ennemis; ces choses cognues, les ducs de Nordfolc, les comtes d'Arondel⁵ et de Sutanton⁶, les gendres⁷ du dernier, les deux Coblan et autres seigneurs⁸ et gentilshommes furent mis en la tour de Londres. On leur donne une chambre de juges⁹ où présidoit le comte de Salisberic¹⁰. Nordfolc, après plusieurs belles paroles, confessa tout, fut condamné à estre jetté au vent, la corde couppée et le cœur arraché pour lui en battre les joues. Et, ayant esté gardé autant de temps qu'il falloit, pour convaincre les autres, fit une trés longue harangue¹¹

1. De Thou, d'après Camden, analyse le mémoire de Marie Stuart (liv. LI).

2. Robert Ridolfi, agent du roi d'Espagne.

3. De retour en Angleterre, Ridolfi porta secrètement au duc de Norfolk des lettres du saint-père, approuvant le dessein de Marie Stuart de passer en Espagne.

4. Jacques VI.

5. Henri Filtz Alan, comte d'Arundel.

6. Robert lord Cobham, comte de Southampton.

7. Lord Lumley, gendre du comte d'Arundel.

8. Cobham, les chevaliers Thomas et Édouard Stanley, Thomas Gérard et André Percy, frère du comte de Northumberland.

9. Élisabeth nomma une commission de vingt-cinq pairs, devant laquelle Norfolk comparut, pour la première fois, le 11 janvier 1572.

10. Georges Talbot, comte de Shrewsbury, grand sénéchal d'Angleterre et non de *Salisbury*.

11. De Thou prête à Norfolk un long discours qu'il analyse dans le récit de son supplice (liv. L).

au supplice, à la louange de la roine et de sa bonne justice, exhorta le peuple à toute obéyssance et fut exécuté en may[1].

Cependant, en Escosse, le nouveau vice-roi prolongea les Estats jusques en may. Et, lors, se sentans les Amiltons descouverts avoir entrepris sur sa vie, se jettèrent dans le chasteau de Paslet[2], où aussi tost ils furent assiégez et rendus. Il restoit que tous les plus mauvais garçons d'Escosse, commençans à mettre bas[3], d'oster aux conjurez la retraicte de Bruntéland[4], estimée importante pour sa force et pour la communication de la mer, et, d'ailleurs, que le gouverneur, nommé Jean Flamin[5], pensionnaire de ceux de Lorraine, les tenoit tousjours en espérance que ceste place, accompagnant Édimbourg, pouvoit tousjours remettre l'isle entre les mains de qui elle voudroit.

Un soldat, de qui le gouverneur avoit fait fouetter la femme, promet au vice-roi de le faire entrer dedans par escalade et d'y monter le premier. Il falut monter le roc avec deux eschelles et la muraille avec la troisiesme, et celle-là se trouvoit trop courte si le mur n'eust crevé. Enfin, après plusieurs difficultez, Ramesay[6] entra le premier. Le gouverneur et la garnison

---

1. Le duc de Norfolk fut décapité le 2 juin 1572, à sept heures du matin. *La corde coupée et le cœur arraché pour lui en battre les joues* sont des détails dramatiques inventés, peut-être par d'Aubigné, et qui, en tout cas, ne lui ont pas été suggérés par de Thou (voyez le récit de de Thou, liv. LI). On conserve, dans le vol. 15888, f. 303 du fonds français, une traduction des pièces du procès de Norfolk.

2. La tour de Pastei, dans l'Écosse méridionale.

3. A mettre bas les armes.

4. Dunbritton, château et ville capitale du comté de Lennox.

5. Jean Fleming de Boghall.

6. Alexandre de Ramsey.

oyans crier : « Vive le roi! » jouèrent à sauve qui peut. Là dedans furent pris l'archevesque Sainct-André[1], des Amiltons, un cousin[2] du gouverneur, Levisten[3] et Vérac, de qui nous avons parlé, qui venoit de leur porter argent. De négociateur il passa pour ambassade et fut laissé aller. L'archevesque estant trouvé complice de la mort du dernier vice-roi, le nouveau[4], croyant cela important pour lui, le fit pendre et estrangler à Esterling[5], contre tous les droicts qu'il alléguoit, soit sa race, soit sa prestrise.

Voilà donc au premier de may les Estats assignez à Édimbourg. Mais, pource que le chasteau tenoit pour les rebelles[6], il fallut faire l'assemblée aux fauxbourgs[7], où, bien souvent, portoyent les coups du chasteau dans la ville. Aussi se jettèrent tous les coulpables, tant de la mort du roi que du comte de Morai, emplissent la ville de soldats, tiennent une espèce d'Estats de leur costé, menacent de deffaire les autres s'ils ne s'esloignent, et, de fait, firent une sortie sur les gens du comte de Morton[8], revenu d'Angleterre; quelque autre course vers le petit Lit[9], et tout à esgal

---

1. Jean Hamilton.
2. Jean Fleming de Boghall, cousin du gouverneur Jean Fleming, qui réussit à se sauver dans une barque à Argyle.
3. Alexandre de Levington.
4. Le nouveau, sous-entendu *vice-roi*.
5. Prise de Dunbarton, 2 avril 1571. L'archevêque de Saint-André fut supplicié quatre jours après.
6. Les *rebelles,* dans le langage de d'Aubigné, sont les Hamilton, les partisans de Marie Stuart, reine légitime d'Écosse.
7. Le parlement convoqué par le régent se réunit à Canongate, faubourg d'Édimbourg, le 14 mai 1571.
8. Jacques Douglas, comte de Morton, vice-roi d'Écosse.
9. Leith, ville d'Écosse, fortifiée par les Français et assiégée par les Écossais le 7 mai 1560, avait pour gouverneur Patrice Lindsay.

dommage; mais, enfin, s'estans mis en devoir de chasser les Estats royaux, le comte de Morton, les chargea et mesla si brusquement qu'il en tua cinquante, et, entre ceux-là, un des Amiltons[1], prit cent cinquante prisonniers, desquels il fit pendre Culem[2]. Ceux d'Édimbourg, qui avoyent une fois abandonné la porte de la ville, se r'asseurèrent, continuent leurs Estats, proscrivent deux cents des royaux; la roine d'Escosse les favorisant tousjours de lettres, ne pouvant mieux. Celle d'Angleterre, qui avoit jusques là tousjours parlé d'accord, n'ayant pas trouvé bonnes les raisons portées par Morthon, notamment la dernière clause, disant que les Escossois avoyent créé leurs rois et gardé possession de les justicier par prison et par mort, quand le cas y escheoit; nonobstant, voyans les menées de France et d'Espagne, ceux-ci demandans qu'on mist le petit roi en ostage pour sa mère, et les autres non; ceste roine donc pancha pour le vice-roi plus que de coustume. Les royaux furent conseillez d'aller tenir leurs Estats à Esterling, où les autres entreprirent d'aller vuider leurs différents[3]. Et, de fait, sous la conduicte des comtes de Gourdon[4], d'Amilton[5] et de Walter Scoth, ils arrivèrent, au point du jour, à la ville qu'ils trouvent sans garde, et eurent gaigné la place et enfoncé plusieurs portes, premier

1. Gawin Hamilton.
2. Cullen, homme sans foi, qui avait désolé le pays par ses brigandages (De Thou, liv. L).
3. Le coup fut monté par un enseigne d'infanterie, Georges Bell, natif de Stirling.
4. George Gordon, comte de Huntley.
5. Claude Hamilton.

qu'aucun se mist en deffense. Quelques valets du comte de Morton se bastirent à la porte de son logis, mais il se rendit, estouffé par la fumée, à Ascot[1], son parent[2].

En mesme temps, fut pris le vice-roi, les comtes de Glancarne[3] et d'Esclanton[4], ces trois gardez par le commandement d'Amilton pour estre tuez en sortant de la ville. Ne restoit à prendre que Jean Aleskam[5], capitaine du chasteau, qui, ne pouvant secourir ses gens par ailleurs, gaigna sa maison et, ayant r'allié ce qu'il pût, fit une charge où il tua un des Stuarts[6]. Les Amiltons s'estonnent, se mettent en fuite. Ceux qui avoyent pris les comtes de Morton et de Cunegan[7] se rendent à leurs prisonniers. Spins[8], qui gardoit le vice-roi, fut tué en pensant sauver son prisonnier, que deux soldats, qui en moururent puis après, laissèrent couvert de playes; desquelles il mourut le mesme jour[9]. Ses obsèques s'estans faictes à la haste, de mesme promptitude ils eslisent un vice-roi, asçavoir, Jean Aleskam, comte de Marre[10], qui ne vesquit pas

1. Gautier Scott de Buccleugh, cité quelques lignes plus haut.
2. Surprise de Stirling par les Hamiltons, 3 septembre 1571.
3. Alexandre, comte de Gleucairn.
4. Hugues de Montgommery, comte d'Eglinton.
5. Jean Erskine.
6. Robert Ruthuen, seigneur du parti du roi, fut tué avec Alexandre Stuart de Gaulier.
7. Alexandre Cuningham.
8. David Spencer de Wormeston, commandant de la cavalerie.
9. Suivant une tradition rapportée par Roberson, Lennox périt de la main de Claude Hamilton, qui vengea ainsi l'archevêque de Saint-André (*Hist. d'Écosse,* trad. Campenon, 1821, t. III, p. 35).
10. Jean Erskine, comte de Mar, fut élu régent d'Écosse le 6 septembre 1571.

long temps¹. Sur quoi ses ennemis et le peuple jugeoyent à leur mode, des causes aux effects, que ces morts fréquentes monstroyent illégitime le gouvernement.

N'ayans rien en Irlande, nous prenons par le plus loing du septentrion pour revenir par la Flandre, où nous aurons bien des affaires. Nous avions laissé la paix faicte à l'élection de Jean, nouveau roi de Suède²; mais il y arriva du trouble, pource que le trafic de Narva³ fut empesché au dommage des citez hansciatiques; pour à quoi mettre ordre, ils obtindrent une diette à Lubec⁴. Cependant, le Moscovite⁵ fit des courses en Finland⁶ avec telles inhumanitez que les siens mesmes le quittèrent, entr'autres un Reinauld⁷ et quelques Livoniens⁸, qui faillirent à prendre Tor-

---

1. Le comte de Mar mourut le 29 octobre 1572.
2. Jean, le plus âgé des frères d'Éric, après être rentré en triomphe dans Stockholm, le 30 septembre 1568, fut proclamé roi en place d'Éric par les états de Suède (De Thou, liv. XLIII).
3. Éric confisquait les vaisseaux et les marchandises des habitants de Lubeck, revenant de Nerva, et les faisait conduire à Revel ou à Stockholm. Ces faits sont antérieurs à la déposition d'Éric, dont d'Aubigné vient de parler (liv. XXXII et XXXVI).
4. Traité de paix du 13 décembre 1570 entre la Suède, la Moscovie, le Danemarck et la ville de Lubeck. Ce traité est analysé par de Thou, liv. XLVII.
5. Le czar Jean, fils et successeur de Basilowitz depuis 1525.
6. Après avoir levé le siège de Revel, les Moscovites entrèrent en Finlande vers la fin de septembre 1571 (De Thou, liv. L).
7. Reinold Rose, commandant de la cavalerie, outré de la barbarie des Moscovites, abandonna l'armée et se retira. (De Thou, liv. L).
8. Jean Dubi et Elard Cruci, seigneurs livoniens, pour donner plus d'éclat à leur retraite, avaient résolu de s'emparer de Derpt, ville de Livonie désignée aussi sous les noms de Dorpat et de Dorpt (De Thou, liv. L).

pate[1] ; et, encor, pour punition de telles cruautez, le vingt troisiesme de juin[2], bruslèrent Mosco, comme estant toute de bois, ne restant que le chasteau, qui a murailles de pierre.

Nous laissons donc ces frontières, en attendant que deviendra leur diette, pour entrer aux affaires de Flandres, où nous avons despesché avec ce qui suivoit la contagion françoise, grande quantité de villes et bicocques, qui, en l'espoir de ce qui se faisoit en Hainaut, se déclarent légèrement pour le prince d'Orange.

Le duc d'Albe, ayant mis garnison dans Monts[3], donne quelque troupe et quelque artillerie à Montdragon[4] pour Termonde[5] et au comte de Rutte[6] pour assiéger Audenarde[7]. Les deux se rendirent à la première sommation : nonobstant donnez au pillage,

1. *Torpate,* Dorpat. Voyez la note précédente. Le coup de main des seigneurs livoniens sur Derpt ne réussit pas. La ville retomba aux mains des Moscovites et fut détruite de fond en comble (mai 1571).

2. Pendant l'absence de l'armée russe, les Tartares envahirent la Moscovie, prirent et brûlèrent la ville de Moscou. D'Aubigné donne à cet événement la date du 23 juin, et de Thou du 24 mai 1571 (liv. L).

3. Mons se rendit au duc d'Albe le 19 septembre 1572. Bernardino de Mendoça, dans ses *Commentaires,* a reproduit les articles de la capitulation (édition de la Soc. de l'hist. de Belgique, t. I, p. 372). Le 21 septembre, le duc d'Albe entra dans la ville (ibid., p. 377).

4. Christophe de Mondragon, ancien gouverneur de Damvillers, colonel de gens de pied espagnols.

5. Termonde se rendit sans résistance à Jean de Bonnières, dit Sonastre, s. de Vicht (*Correspondance de Philippe II,* t. II, p. 286).

6. Jean de Croy, comte de Rœulx.

7. Audenarde se rendit sans résistance (*Correspondance de Philippe II,* t. II, p. 286).

comme si elles se fussent deffendues, la dernière embrasée, et dans leurs maisons plusieurs habitans.

Le prince d'Orange, se retirant par Malines, y laissa garnison.

Le duc, ayant fait un tour à Bruxelles, envoye son fils Frédéric pour assiéger ceste place et se saisir des fauxbourgs, qu'il emporta[1], non sans combat, et avec la blesseure de Ferdinand de Tolède[2]. La nuict d'après, la garnison perce et s'en va, et, au matin[3], tous les chanoines de l'archevesché et tous les gens d'église de la ville, avec habits sacerdotaux, croix et bannières, viennent sur la muraille pour annoncer la bonne nouvelle et empescher le sac de leur ville ; mais les Espagnols ne respectèrent croix ni mitres, voulurent entrer par eschelles, ravagèrent les maisons privées et les temples, violèrent jusques aux religieuses ; tout cela avec le consentiment du duc, qui arrivoit sur ce point, ayant, en passant, trouvé vuides Louvain, l'Isle, Arscot et Diste ; tout cela avec un pareil traictement[4].

Un peu devant ces choses, les confédérez, qui avoyent tasté plusieurs fois Tergoès[5], estans fortifiez de quelques Anglois et Escossois, et mesmes de quelques François fugitifs à cause des massacres, se

1. Prise des faubourgs de Malines par Frédéric de Tolède, 30 septembre 1572.
2. Bernardino de Mendoça l'appelle François de Tolède (*Commentaires*, t. I, p. 382). Ferdinand était le prénom du duc d'Albe.
3. Capitulation de Malines, 2 octobre 1572.
4. Mendoça dit que le duc d'Albe abandonnait les villes au pillage parce qu'il ne pouvait pas payer ses troupes (*Commentaires*, t. I, p. 383).
5. Ter-Goès, île de Zélande, tomba le 26 août aux mains des confédérés, et ne fut reprise que le 21 octobre 1572. Voyez le beau récit de Mendoça (*Commentaires*, t. II, p. 7 à 19).

résolurent de l'assiéger et battre avec six mille hommes de pied et sept canons. Mais pour changer de dessein tous les jours et remettre les assauts au lendemain des bresches, ils déférèrent[1] tout et n'en exécutèrent rien ; si bien que Sanctio Avila, qui eut charge de leur[2] donner secours, après plusieurs incommoditez, quelque canon perdu dans les vases pour la tempeste, enfin se résolut, avec quatre mille Allemans et Espagnols, de passer le Platin[3] à un bas de mer, ce qu'il fit en deux heures : ses enfants perdus, menez par Mondragon, septuagénaire. L'arrivée apporta un tel estonnement aux assiégeans que, s'il n'eust esté contraint de se sécher, il desfaisoit tout sans combat.

Ceux de Canser[4], à la veue d'un signal de feu, leur amenèrent des bateaux, à l'entrée desquels, et à une charge que leur firent les Espagnols sur l'embarquement, ils perdirent plus de six cents hommes. Cela n'empescha point les confédérez de presser Amsterdam[5] pour les contraindre à leur parti, en les privant de l'accès de la mer et leur bruslant pour trois cents mille escus de vaisseaux. Mais ce peuple, pour estre fort bigot, ne se pouvoit amener à ce parti là, ni par dommage ni par incommodité. Plus y fit le traitement du duc d'Albe qui, au lieu d'establir l'authorité de

1. *Déférer*, différer.
2. *Leur*, lisez : lui (Ter-Goès).
3. Gué qui avait plus de six milles de large, et dans lequel se jetaient trois rivières.
4. *Camperveer* est le nom ancien de la Veere (Mendoça, t. II, p. 17, note).
5. Amsterdam restait fidèle au roi d'Espagne, mais avait refusé de recevoir une garnison espagnole (*Correspondance de Philippe II*, t. II, p. 266).

son maistre par terreur, par elle comme par désespoir, poussa les peuples à défection.

Le comte de la Marche[1], qui avoit desjà pris crédit en ce pays aux exploits que nous avons dit, et mesmement au bruslement des navires, emporta, par un petit siège, Schonove[2], qui incommoda beaucoup Amsterdam.

Le comte de Bergue[3], beau-frère du prince d'Orange, avec cinq mil communes[4], succéda si à propos à la haine conceue contre le duc qu'il fit révolter neuf ou dix villes[5] voisines, comme Zutphen, Doeteum, Duisbourg et d'autres[6] d'un costé; et puis, ayant osé prendre par siège Campen[7], Hassel et quatre autres[8], chassèrent la messe. De mesme tire en Frise le comte de Scowemburg[9], pris pour le prince Sneeck, Bolsverd, Franicker[10]; mais, ayant pris Doccum[11], horsmis le clocher, Robles[12], Espagnol, gouverneur de Groningue,

1. Guillaume de la Mark, comte de Lumay.
2. Schoonhoven, près d'Amsterdam, se livra au comte de Lumay le 21 juillet 1572.
3. Guillaume, comte Van der Berghe, beau-frère du prince d'Orange, et non pas le comte de Bergues.
4. *Communes,* soldats levés par les communes.
5. Villes de la Gueldre et des provinces voisines.
6. Zutphen, Dotechem, Doesburg, toutes trois dans le comté de Zutphen.
7. Siège et prise de Campen par le comte Van der Berghe, 10 août 1572.
8. Hasselt, Zwolle et Steenwyck, villes de l'Overyssel.
9. Bernard de Schauwenburg.
10. Sneck, Bolsweert et Fremiker, villes de la Frise.
11. Gorcum, dans la Hollande méridionale, près des bouches de la Meuse, fut assiégé le 26 juin 1572 par les confédérés et pris peu après.
12. Gaspard de Robles, s. de Billy. Voyez sur ce personnage

assisté des forces du comte de Bossu, qui estoit à Utrec, et de quelque cavalerie du comte de Barlemont[1], donne à Doccum, chasse le comte de Berg et met à sac la ville que les autres avoyent espargnée[2]. Le mesme arriva à Stavère[3], soit à chasser la commune, soit à piller la ville. Et puis ce capitaine, s'en retournant, fut chargé par les garnisons des villes nouvellement révoltées, qui couroyent à ces troupes comme à gens chargez de butin; mais les Espagnols les firent retirer avec perte. Tous ces petits affaires achevèrent dans la mi-septembre.

Sur ce temps, le duc d'Albe, ayant retranché son armée de cavallerie, comme peu utile aux sièges ausquels il se vouloit employer, ayant encores fait couler son artillerie, tantost par la Meuse, tantost par la Vaalle[4] et les canaux qui vont de l'un à l'autre, vint former son armée à Nimègue[5]; de là, la fait remonter jusques à Arnheim[6], où le fils du duc estant arrivé, Locchem et Duisbourg se rendirent. Ceux de Campen, Suvole, Hasselt, Stenovic, Hardewich et Amersfolt[7] suivirent l'exemple de Duisbourg à se rendre, comme

une note très détaillée au tome I des *Mémoires anonymes* publiés dans la collection de *Mémoires de la Société de l'histoire de Belgique*, p. 120.

1. Gilles de Berlaymont, baron de Hiergues.
2. Gorcum fut pris le 16 septembre 1572.
3. Staveren, ville de Hollande, sur le Zuyderzée.
4. Le Wahal.
5. *Commentaires de Mendoça*, t. II, p. 28.
6. D'Aubigné confond Arnhem avec Zutphen. Frédéric de Tolède se présenta devant Zutphen le 12 novembre 1572 (*Commentaires de Mendoça*, t. II, p. 29).
7. Campen, Zwolle, Hasselt, Steinwyck, Harderwick, dans la province de Trent, et Amersfort, dans la province d'Utrecht.

LIVRE SIXIÈME, CHAP. XIX. 153

par exemple ils s'estoyent révoltez. La garnison de Zutphen[1] voulut faire mieux, mais, ayans veu la bresche que treize canons avoyent faicte à la porte de Locchem, ils percent la nuict ; et, au matin, les habitans, voulant déclarer qu'ils estoyent en liberté pour servir leur roi, les Espagnols, sur ceste nouvelle, se jettent aux bresches[2], tuent par les maisons la pluspart des habitans et saccagent à leur mode[3]. Ceux de Narden[4], voulans parlementer, sont emportez et traictez de mesme : tout tué et la ville bruslée, hormis deux temples[5], les femmes violées en présence de leurs maris, les maris tuez en présence des femmes, elles et leurs enfants pendus par les pieds jusques à la mort par la faim[6]. Je laisse à part ce qu'on allègue par miracle[7], pour n'en conter que de bien testifiez.

A la mi-décembre, Frideric de Tolède vint à Amsterdam pour, par ceux de la ville, faire solliciter ceux de Harlem[8] à recevoir le duc. Les traictements desquels nous avons parlé les firent choisir de mourir en se

1. Zutphen, ville sur l'Issel.
2. Prise de Zutphen par les Espagnols, 16 novembre 1572.
3. Au milieu des atrocités sans nom dont l'armée du duc d'Albe se rendait coupable, la prise de Zutphen est restée mémorable. Voyez les notes jointes au récit de Mendoça, t. II, p. 30.
4. Naardem, ville située à l'entrée de la Hollande.
5. L'église et une abbaye de religieuses.
6. Naardem fut aussi atrocement traité que Zutphen. Voyez les notes jointes au récit de Mendoça (t. II, p. 32). Ce grand écrivain s'est déshonoré en tentant de les justifier (ibid., p. 34).
7. Deux jours après cet attentat, dit-on, il parut un jeune homme parfaitement beau, qui consola les victimes, leur donna du pain et les exhorta à mettre leur espérance en Dieu et à bien espérer de l'avenir (De Thou, liv. LIV).
8. Sommation à la ville de Harlem sur la requête de Frédéric de Tolède, 3 décembre 1572.

vengeant, prenans en cela les advis et résolutions de Riperde[1], font pendre des plus apparents qui avoyent sollicité pour le duc, reçoivent du prince dix compagnies de lanskenets[2] commandez par Lazare Muler[3]. Ils commencèrent par le pillage des temples, pour se rendre irréconciliables. Le premier essai fut de brusler les batteaux, en y donnant sur la glace, mais, ceux du bord l'ayant rompue, ce coup fut inutile. Ceux de Harlem avoyent fortifié à la haste Sparendam[4], sur une lesche de terre dans le chemin d'Amsterdam, que Frideric de Tolède[5] emporta de haute lute avec la garnison de trois cents hommes. Lui, en perdant plus de cinq cents, il recongna dedans la ville à une fois ceux qui estoyent sortis pour couper les digues[6], qu'il fit racoustrer bien à propos, et, à l'autre, comme ils vouloyent donner sur les logements. Enfin, au vingtiesme de décembre[7], Harlem se put dire assiégé de septante six enseignes d'Espagnols[8], lanskenets ou

1. Wybolt van Ripperda, capitaine frison.
2. Les principaux officiers étaient Steenbach, lieutenant de Muller, Christophe Wader, Lambert van Wirtemberg et Martin Gruys.
3. Le duc d'Albe, dans sa correspondance avec Philippe II, le nomme Hans Muller.
4. Sparendam, entre Amsterdam et Harlem, sur la limite du bas et du haut pays.
5. Frédéric de Tolède arriva le 12 décembre 1572 devant Harlem.
6. Cette digue est entre Sparendam et Sparenwoode.
7. Voyez la relation du siège de Harlem envoyée par le duc d'Albe à Philippe II (*Correspondance de Philippe II*, t. II, p. 302).
8. L'armée de Frédéric de Tolède était composée de soixante-dix compagnies d'infanterie, vingt-deux flamandes et trente-sept espagnoles, de deux compagnies d'arquebusiers à cheval et de deux cents chevaux allemands de la compagnie de Schenk.

LIVRE SIXIÈME, CHAP. XIX. 155

Flamans. Dedans estoyent Saincte-Aldegonde[1], qui establit un conseil de sept eschevins, d'un maistre de camp, quatre capitaines et cinq autres de la ville. La première batterie fut au bastion devant la porte Saincte-Croix[2], premièrement, pour abbattre le portail, et, le lendemain, à ce qui estoit fortifié au devant.

Frideric, qui commandoit l'armée, y faisoit tout par mespris, et, se reiglant aux estonnements précédents, il n'avoit fait aucunes approches pour couvrir ses hommes jusques au pied de l'assaut. Il fait porter un pont[3] pour jetter à travers le fossé et donner sans ordre. Les soldats y courant comme au pillage, Steembach[4], avec bon nombre de picquiers, soustient et renvoyent les Espagnols avec sept vingts ou cent soixante bons hommes perdus[5], six ou sept hommes de commandement[6]. Julian Romère, contre l'advis duquel il s'estoit fait, en courant pour retirer les siens, eut une mousquetade dans l'œil.

A la fin de l'an, le prince d'Orange fit favoriser et entrer dans la ville le colomnel Tserarts[7], avec trois compagnies de Flamans, à quoi une grosse

---

1. Philippe de Marnix, s. de Sainte-Aldegonde, lieutenant du prince d'Orange.
2. La première batterie devant Harlem fut dressée le 18 décembre 1572. Voyez le récit du duc d'Albe envoyé à Philippe II (*Correspondance de Philippe II*, t. II, p. 304).
3. Ce pont fut ingénieusement fabriqué par Bartholomeo Campi (*Correspondance de Philippe II*, t. II, p. 304).
4. Jacques van Staenbach.
5. Les assiégeants perdirent cent cinquante hommes à cet assaut (*Commentaires de Mendoça*, t. II, p. 48).
6. Mendoça énumère les capitaines tués (t. II, p. 48).
7. Jérôme T'Seraetz, lieutenant de Guillaume le Taciturne, venait de Flessingue et entra à Harlem le 24 décembre 1572.

brouëe[1] leur fut fort favorable. De là, en avant, les Espagnols travaillèrent en assiégeants, commencèrent une grande tranchée en prenant leur ligne à un angle avec deux rameaux, grandes ridotes pour le combat, cela au commencement descouvert ; mais, en approchant de la contr'escarpe, ils plongèrent plus bas et armèrent les clayes de dessus eux de madriers et de sacs de laines. Avec cest équippage, estant venu boire dans le fossé, les assiégez quittèrent, le dix-septiesme de l'an[2], le bastion destaché de la porte Saincte-Croix, ayans auparavant fait une sortie[3] sur les lanskenets, desquels ils en laissèrent deux cents sur le pavé.

Le duc d'Albe avoit mis sur la teste[4] d'un peintre de Monts, autheur de l'entreprise, mille ducats[5]. Quelques Espagnols, l'ayans pris, apportèrent sa teste aux tranchées, laquelle estant jettée à ceux de la ville, ils pendirent douze prisonniers de guerre qu'ils avoyent, desquels ils envoyèrent onze testes dans un petit bateau, en l'armée, avec cest escrit : « C'est pour payer au duc le dixiesme pour lequel est la querelle. »

Tout le mois de janvier, les sorties se faisoyent tous les jours pour favoriser les secours d'hommes et vivres qu'ils attendoyent ; comme de fait, à plusieurs

1. *Brouée*, brouillard.
2. Le 17 janvier 1573.
3. Ils firent cette sortie du côté de Rustenburg, où les Allemands avaient leur quartier.
4. C'est-à-dire *avoit mis à prix la teste*.....
5. Antoine Olivier, qui avait donné à Louis de Nassau le moyen de s'emparer de Mons, avait été pris et tué par les habitants d'Amsterdam au moment où il allait rompre les digues de Naerdem pour empêcher qu'on ne menât des vivres à l'armée (De Thou, liv. LV).

LIVRE SIXIÈME, CHAP. XIX.   157

fois, ils receurent trois cents cinquante six traineaux[1], menez par des juments sur les glaces, chargez de vivres, et, avec cela, six cents que François qu'Anglois et Escossois[2], et leur en alloit encores deux mille sans la faute des guides. A une sortie que ceux de dedans firent pour enclouer le canon, ce qu'ils ne peurent faire, fut tuez Carvajal[3], Espagnol, et Cressonnière[4], grand maistre de l'artillerie, de qui La Mothe[5] eut la charge, un nepveu du duc d'Albe fort blessé[6].

Le dernier de janvier[7], il print envie aux assiégeans de donner une attaque de nuict à la bresche faicte à la main droicte de la porte Saincte-Croix[8]. Ils se mettent donc en ordre sur le bastion qu'ils tenoyent et dans les deux fossés. Roderich et Ferdinand de Tolède[9] gaignèrent fort bien le haut de la bresche, mais ceux de dedans, ayant mis le feu à une contre-

1. Mendoça dit *deux cent quinze traineaux* (*Commentaires*, t. II, p. 60).
2. Les Écossais étaient commandés par le capitaine Balfom, les Anglais par Simmado (Mendoça, t. II, p. 60).
3. Diego de Caravajal, capitaine de gens de pied.
4. Jacques de la Cressonnière, mestre de l'artillerie espagnole, fut tué le 28 décembre 1572. Voyez le rapport du duc d'Albe au roi d'Espagne (*Correspondance de Philippe II*, t. II, p. 305).
5. Valentin de Pardieu, s. de la Mothe.
6. Probablement François de Tolède (De Thou, liv. LV). Mendoça ne parle pas de ce personnage.
7. Assaut des Espagnols contre Harlem, 31 janvier 1573. Cette date est confirmée par Mendoça.
8. Cet assaut est raconté avec beaucoup de détails par Mendoça (t. II, p. 62 et suiv.). Voy. aussi le rapport du duc d'Albe au roi d'Espagne dans la *Correspondance de Philippe II*, t. II, à sa date.
9. Rodrigue et Ferdinand de Tolède étaient tous deux mestres de camp (Mendoça, t. II, p. 61).

mine, firent sauter ce qui soustenoit les premiers; si bien que là et en un autre endroit[1] attaqué par Roblez, les Espagnols perdirent trois cents hommes des plus choisis, cinq capitaines en chef[2] et deux lieutenans colonnels, ceux de dedans un capitaine[3].

Durant l'attaque, toute l'armée estoit en bataille, dont advint que cent septante chariots, que menoyent dans la ville deux cents hommes, trouvèrent sur leur passage les Allemans en bataille; mais ils les chargèrent si brusquement qu'ils passèrent tout malgré eux. Encor ceux de dedans receurent en février[4], à une fois, cent treize chariots, et, à l'autre, cinquante tonneaux de froment conduits par quarante hommes seulement, par eau, vingt-huict batteaux, chargez avec quatre mil hommes de guerre. De Leiden et Dordrec un autre grand secours de pouldre et d'armes.

Et pource que les assiégez faisoyent des vaisseaux tous neufs, avantageux, le comte de Bossu eut commandement, avec ceux d'Amsterdam, de faire armée navale pour, avec des forts sur leurs digues, leur retrancher l'espoir de ce costé-là; ce qui amena plusieurs petits combats au commencement de mars[5], car la dureté du temps avoit rendu février de peu d'effect aux sorties qui se firent. En ce mois, furent

1. Rodrigue de Tolède, Rodrigue Perez, Étienne des Yllanes, Laurent Perea, Portugais, et Alphonse Munoz (Mendoça, t. II, p. 64).
2. Lambert de Wittemberg.
3. Du 12 au 17 février 1573 (Mendoça, t. II, p. 76).
4. De Thou (liv. LV) rapporte qu'il arriva seulement quatre cents soldats conduits par Christophe Gunter.
5. On commença alors à faire jouer le canon de la ville d'après le conseil de Jean Cuningham, Ecossais, lieutenant de Balfom.

blessez et tuez force personnes de marque de l'armée espagnole, et, du dedans, Sainct-Aldegonde blessé, selon[1] quelques uns. Et, pource que les appresēs qu'on faisoit sur l'eau menaçoyent les assiégez de perdre la correspondance, ce fut lors qu'on inventa la manière d'emporter des pigeons de leurs nids dans les villes de Leiden et Harlem, lesquels on laissoit aller avec des billets pour porter nouvelles[2].

Le duc d'Albe, de tous costez, renforçoit l'armée : premièrement, de Capralis[3] et de son régiment, puis de Figueroa[4] et grand partie des siens; et, pource que le fils du duc d'Albe avoit solicité son père de lever le siège, Bernardin Mendoze[5], avec charge, dit à ce jeune capitaine, en présence de sa principale noblesse, qu'il persévérast au siège ou que le duc s'y feroit apporter malade, ou, si son mal rengregeoit, il mettroit en la place de Frideric, sa mère, qu'il envoyeroit querre en Espagne, plustost qu'il manquast un chef à telle entreprise[6]. Le vingt-troisiesme de mars[7] se fit une sortie notable sur le quartier des lanskenets : deux cents François, qui menoyent la danse, enta-

---

1. Ce petit membre de phrase manque à l'édition de 1618.
2. Mendoça donne de curieux détails sur l'emploi des pigeons voyageurs pendant le siège de Harlem (t. II, p. 74).
3. Henri de Vienne, baron de Chevreaulx, et son régiment franc-comtois.
4. Lopez de Figueroa commandait un régiment, nommé régiment de la Ligue, parce qu'il avait combattu à la bataille de Lépante et qu'il avait été embarqué sur la galère de don Juan d'Autriche (Mendoça, t. II, p. 83).
5. Bernardino de Mendoça, l'illustre auteur des *Commentaires*.
6. Mendoça rapporte ce discours dans ses *Commentaires*, t. II, p. 82.
7. Sortie des assiégés contre les Allemands, 25 mars 1573.

mèrent ce gasteau si furieusement qu'après avoir beu de cent pas une vollée de dix pièces, ils se firent maistres du cartier, tuèrent de huict à neuf cents hommes, amenèrent sept canons et neuf enseignes, lesquelles ils n'oublièrent pas de mettre sur la muraille du costé de l'eau [1].

Le comte de Bossu mit dans le canal trente navires de guerre à l'abri d'un fort qu'il y bastit [2]. Ceux du dedans, au commencement d'avril [3], sortent avec douze navires, trois galères, la plus grande de cent huict pieds de quille qui leur bailla peine à retirer, avec quelques bateaux de secours chargez de poudre. Le lendemain, la flotte du prince d'Orange parut à Amsterdam, et, le dix septiesme d'avril [4], encore une autre fois inutilement, horsmis que, la nuict d'après, Ballefour [5], Escossois, prit Rostembourg [6]. La garnison mise en pièces, les Espagnols, trop diligens ceste fois, y donnèrent le lendemain, repoussez avec perte; les batteries encommencèrent en la ville, et la nécessité des vivres fit réduire les assiégez à moins que de coustume.

1. Le rapport du duc d'Albe à Philippe II, contrairement à d'Aubigné, prétend que les Espagnols forcèrent les rebelles à la retraite (*Correspondance de Philippe II*, t. II, p. 339).

2. Le comte de Boussu bâtit ce fort auprès de Fuyck et le nomma la Goulette (Mendoça, t. II, p. 89).

3. Combat naval en vue de Harlem, 9 avril 1573 (Mendoça, t. II, p. 93). La *Correspondance de Philippe II* contient un rapport détaillé de Frédéric de Tolède sur cet engagement (t. II, p. 326).

4. Nouvel engagement, 17 avril 1573 (Mendoça, t. II, p. 97).

5. Balfom, colonel écossais, était entré à Harlem vers le 30 janvier 1573.

6. Rustembourg était défendu par Guillaume Bronchorst, baron de Battembourg, lieutenant du prince d'Orange en place du comte de Lumey.

LIVRE SIXIÈME, CHAP. XIX.   161

Le prince d'Orange, aussi, de son costé, se fortifioit sur le passage des eaux, et Taxis[1], r'alliant quelques forces à Amsterdam, délivra la rivière de quelques forts.

Ceux de Harlem, pour ne se monstrer estonnez, pendoyent tous leurs prisonniers en représaille de quelques uns attachez par les Espagnols. Et, encores, ayans ouy publier aux tranchées la paix faicte avec l'Anglois[2], ils firent de la monnoye d'or avec les armes de la ville et cest escrit : Vertu force la force. Mais, le vingt sixiesme de may[3], la flotte du prince d'Orange, de quelques huict vaisseaux, paroissant devant Harlem, le comte de Bossu, avec un peu moins de navires, par la faveur d'un calme et l'effort de ces trois galères, fit quitter le canal au prince avec perte de seize vaisseaux[4] de guerre et de cinq qui portoyent vivres. Cela releva les esprits des assiégeans, fit attaquer le fort de Fuique[5], opiniastrement défendu, mais rendu faute de poudre. Ceux de Harlem trouvèrent encore moyen de recevoir quelques rafraichissements par des soldats vestus en païsans, qui se sçavoyent aider des brins d'estoc; mais on les empescha par gens de mesme condition, un secours

---

1. Jean-Baptiste de Taxis.
2. Bernardino de Mendoça apporta les pouvoirs nécessaires pour conclure avec l'Angleterre la paix, qui fut signée le 1er mai 1573.
3. Combat naval sous les murs de Harlem, 28 mai 1573. On trouve des détails sur cette journée dans un rapport de Frédéric de Tolède au duc d'Albe (*Correspondance de Philippe II*, t. II, p. 363). Voyez aussi les lettres publiées par M. Gachard (*Ibid.*, p. 365).
4. Le prince d'Orange y perdit vingt et un vaisseaux.
5. Prise du fort de Fuyck, 28 mai 1573.

portant poudres et farines batu par les Italiens. Le seigneur de Battembourg estoit empesché des forts qu'il vouloit faire sur le canal[1]. Cependant, la ville attaquée partout de mines, d'une grande machine de bois rendue inutile à coups de canon, Marc de Tolède[2] fut tué en la mesnageant.

Le seiziesme de juin[3], une mine fit sauter plusieurs des assiégez, et les autres, voulant gaigner le dessus, furent repoussez sans grand combat. Cela suivi d'une grande sortie jusques au fort de Fuique. Le colomnel de Tserars fut envoyé de la ville[4] pour faire sçavoir leur extrême nécessité, acertainée aux ennemis par un Escossois fuyard.

Les pigeons messagers ne portoyent plus que nouvelles de leur décadence : c'est pourquoi ils commencèrent de parlementer au second de juin[5].

Le lendemain de la sortie[6], mais inutilement, sur le parlement, il se fait nouvelle batterie[7] à Saincte-Catherine pour y appliquer la grand'machine de bois

---

1. Ce passage est obscur. Les confédérés envoyèrent le comte de Batembourg sur le canal d'Utrecht pour fermer le passage des ravitaillements des Espagnols. François de Valdès s'opposa à cette manœuvre et réussit à l'empêcher (Mendoça, t. II, p. 108). Le rapport du duc d'Albe sur cette affaire est imprimé dans la *Correspondance de Philippe II,* t. II, p. 374.

2. Marcus de Tolède fut tué d'un coup de mousquet le 3 juin 1573.

3. Le 15 juin 1573, d'après de Thou (liv. LV).

4. Le 17 juin 1573.

5. Les parlements ne commencèrent que le 1er juillet. Voyez Mendoça, t. II, p. 113.

6. La sortie des assiégés, qui ne réussit pas, eut lieu le 27 juin 1573 (Mendoça, t. II, p. 113).

7. Cette batterie commença à tirer le 2 juillet 1573 (Mendoça, t. II, p. 113).

racoustrée¹, mais le vent la repoussa. Et puis la disette du dedans bien cognue. Partant, les attaquans mesnagèrent leurs soldats. Les autres ne pensans et ne parlans que de composition, laquelle, pour rendre hastive et misérable un secours de quatre mil hommes que le colomnel Tserars amenoit avec six pièces de campagne, fut combatu avant jour, estonné de la première charge, de six ou sept cents hommes tuez, quatorze enseignes et les pièces prises². A la veue de ses drapeaux, il se fit dans la ville une délibération de sortir et percer, au commencement, les gens de guerre seuls, puis, après, tout et le peuple au milieu; mais quelques uns firent courir un bruit des courtoisies du jeune duc³, par lequel toute la foule conclud à capitulation⁴. Et, sur ceste déclaration, ceux qui traictoyent dirent que les Allemans et Escossois auroyent la vie asseurée, les autres à discrétion.

Les capitaines Rozon⁵ et Bourdet⁶, Xainctongeois, firent ce qu'ils peurent pour r'allier une troupe à la première résolution; à quoi ne pouvans rien, le dernier impétra d'un soldat, qu'il avoit amené de Monts, un coup d'escoupette par la teste.

La capitulation donc estant faicte à deux cents

1. Le dessin de cette machine est reproduit dans les *Commentaires de Mendoça*, t. II, p. 111.
2. Le récit du combat qui termina l'héroïque défense de Harlem est contenu dans la *Correspondance de Philippe II*, t. II, p. 388.
3. Ce bruit fut répandu par une lettre écrite au nom du colonel comte d'Oberstein. Voyez les notes des *Commentaires*, t. II, p. 120.
4. La capitulation de Harlem fut signée le 12 juillet 1573.
5. Rozoni, capitaine italien du parti du prince d'Orange.
6. Bordet, capitaine français, se suicida d'un coup de pistolet (Mendoça, t. II, p. 121).

quarante mille florins[1], que le peuple devoit payer, les Allemans et Escossois eurent pour quartier les temples Saincte-Catherine et Saincte-Ursule, pour delà estre renvoyez[2]. Les autres bien recerchez et sur tout les François, liez et enfermez, furent gardez à la venue du duc[3], au pourmenoir duquel, à l'entour de la ville, on fit pendre trois cents Flamans. Deux jours après, on en tire hors la ville trois cents, entre ceux-là, les François et le ministre Simonius[4] : tout cela fut mis en pièces par les bourreaux à diverses fois. Riperde, son lieutenant, le ministre de Steembach, Ladislaus de Brederode[5] et tous ceux qu'on sentoit affectionnez à la religion réformée, et quelques uns aussi qu'on accusa d'avoir esté à Monts et d'avoir porté des armes avant le terme de leur liberté ; les principaux de ceux-là eurent la teste tranchée, les autres estranglez et noyez jusques au nombre de deux mille[6], comme escrivent les Espagnols. Ainsi finit le siège de Harlem qui, en deux mois[7], fit tirer seize mille six cents[8] coups de canon ; deux grands assauts

1. La moitié de cette somme devait être payée dans douze jours et le reste dans trois mois (Mendoça, t. II, p. 121).
2. La *Correspondance de Philippe II*, t. II, p. 386, contient les ordres de Frédéric de Tolède au comte de Boussu au sujet de l'entrée de l'armée espagnole à Harlem.
3. Le duc d'Albe arriva d'Amsterdam le 15 juillet 1573.
4. De Thou (liv. LV) le nomme Simon Simonsen.
5. Lancelot de Brederode fut décapité à Stoochen le 19 juillet 1573.
6. Le duc d'Albe évalue lui-même à 2,300 le nombre des soldats de toute nation qui furent exécutés à Harlem sans compter les bourgeois de la ville (Mendoça, t. II, p. 123, note).
7. Le siège de Harlem dura huit mois et non *deux mois*.
8. Var. de l'édit. de 1618 : « ..... *fit tirer* mille cinq cent six *coups de canon*. »

généraux ayant esté donnez, trois combats notables par terre, un par mer. Mandosse ne conte la perte du dehors qu'à quatre mille hommes de guerre; entre ceux-là force gens de marque. D'autres[1] ont passé ce nombre de beaucoup; presque tous conviennent à trois mil hommes de perte au dedans.

Nous avons de quelque peu passé le terme du traicté de la Rochelle, en représaille de ce qu'au livre suivant nous reprendrons les matières de ce qui se passoit cependant vers Zélande au commencement de l'esté. Ces deux sièges, de mesmes temps, et la différence de leurs succès estoyent fort souvent comparez par le duc d'Albe, qui en tiroit gloire[2] au désavantage de Monsieur.

Chapitre XX.

De la paix de la Rochelle, cinquiesme en nombre.

Au point de ces choses, la paix fut conclue à la Rochelle[3]. Et pource qu'elle retranche presque tout des autres, nous avons pensé plutost fait de la coucher toute que d'en marquer la différence. Voici donc les articles :

---

1. Var. de l'édit. de 1618 : « ..... *de marque;* celle des assiégez à deux mille cinq cents hommes. »
2. Var. de l'édit. de 1618 : « ..... *tiroit gloire* et contentement. »
3. La convention de paix, signée par le duc d'Anjou le 24 juin 1573, fut acceptée le 26 par la ville de la Rochelle et criée à son de trompe le 12 juillet au camp et dans les villes protestantes. Elle fut en même temps transformée en édit royal, en date de juillet 1573, sans quantième. Cet acte a été publié intégralement dans les *Mémoires de l'estat de France*, t. II, f. 212, et par La Popelinière, t. II, f. 183.

1. Premièrement, que la mémoire de toutes choses passées depuis le vingt quatriesme jour d'aoust dernier passé, à l'occasion des troubles et esmotions advenues en nostre royaume, demeurera esteincte et assoupie, comme de choses non advenues, et ne sera loisible à nos procureurs généraux, ni à autres personnes publiques ou privées, pour quelque occasion que ce soit, en faire mention, procès ou poursuites en aucune cour ou juridiction.

2. Défendant à tous nos subjets, de quelque estat et qualité qu'ils soyent, qu'ils n'ayent à s'en renouveller la mémoire, s'attaquer, injurier, ni provoquer l'un l'autre pour reproche de ce qui s'est passé, en disputer, quereller, ni s'outrager ou offenser ni de faict ni de parole, se contenir et vivre paisiblement ensemble comme frères, amis et bons citoyens, sur peine, aux contrevenants, d'estre punis comme infracteurs de paix et perturbateurs du repos public.

3. Ordonnons que la religion catholique romaine sera remise et restablie en tous les lieux et endroits de cestui nostre royaume et païs de nostre obéyssance, où l'exercice d'icelle a esté intermis, pour y estre librement et paisiblement exercée, sans aucuns troubles ou empeschements, sur les peines susdictes; et que tous ceux qui, durant la présente guerre, se sont emparez des maisons, biens et revenus, appartenans aux ecclésiastiques et autres catholiques, et qui les tiennent et occupent, leur en lairront l'entière possession et paisible jouyssance en toute liberté et seureté.

4. Et, pour donner occasion à nos subjects, manants et habitans de nos villes de la Rochelle, Montauban et Nismes, de vivre et demeurer en repos, leur avons per-

mis et permettons l'exercice libre de la religion prétendue réformée dans lesdictes villes, pour icelui faire dans leurs maisons et lieux à eux appartenans, hors, toutes fois, des lieux et places publiques, pour eux, leurs familles et autres qui s'y voudront trouver.

5. Et, quant à tous les autres de ladicte religion prétendue réformée qui sont demeurez en icelle religion jusques à présent, leur permettons se retirer en leurs maisons, où ils pourront estre et demeurer, et par tous les autres endroits de nostre royaume, aller, venir et vivre en toute liberté de conscience. Et aux gentilshommes et autres ayans haute justice qui sont semblablement demeurez jusques à présent en ladicte religion, portans les armes avec les susdicts habitans des dictes villes, et, depuis le vingt quatriesme jour d'aoust dernier, permettons aussi vivre en mesme liberté de conscience, en leurs maisons, et y faire seulement les baptesmes et mariages à leur façon accoustumée, sans plus grande assemblée, outre les parents, parrains et marraines, jusques au nombre de dix, fors et excepté en nostre cour, ni à deux lieues à l'entour, en la ville, prévosté et vicomté de Paris, ni à deux lieues à l'entour d'icelle ville.

6. Enjoignons à nos baillifs, séneschaux, juges ordinaires et autres subalternes, chacun en leur ressort, de pourvoir à l'enterrement des morts de ceux de ladicte religion prétendue réformée, le plus commodément que faire se pourra, sans scandale.

7. Au cas qu'aucuns d'icelle religion eussent esté contraints faire promesses et obligations et bailler caution pour changer de religion, nous les avons cassées et déclarons nulles et de nul effect et valeur.

8. Seront receus indifféremment aux universitez, escholes, hospitaux, maladreries et aumosnes publiques, les escholiers malades et povres de quelque religion qu'ils soyent.

9. Permettons à tous nos subjects, estans de ladicte religion, de pouvoir vendre ou aliéner leurs biens, se retirer librement avec leurs deniers et autres meubles où bon leur semblera, ou jouir du revenu d'iceulx en quelque lieu qu'ils se voudront retirer, soit dedans ou hors le royaume, pourveu que ce ne soit ès terres des princes avec lesquels nous pourrions avoir guerre.

10. Demeureront lesdicts de la Rochelle, Montauban et Nismes et autres ci-dessus, quittes et deschargez de tous deniers, meubles, debtes, arrérages des rentes, fruicts, revenus des ecclésiastiques et autres, qu'ils feront apparoistre suffisamment avoir, depuis le vingt quatriesme d'aoust dernier, par eux esté prins et levez, sans qu'eux et leurs commis, ou ceux qui les ont baillez et fournis, en puissent estre aucunement tenus ni recerchez pour le passé, présent ou advenir.

11. Aussi, de tous les actes d'hostilité, levée et conduicte des gens de guerre, fabrication de monnoye, fonte et prinse d'artillerie, munitions et confections de poudre et salpestres, prinses et fortifications et entreprises des villes, démolitions des temples, maisons et autres lieux, prinses de navires, galères et autres biens en mer, establissements de justices, jugements et exécutions d'icelle, tant en civilité qu'en criminalité, voyages, intelligences, traictés et négociations faictes pour leurs secours et conservation, et, généralement, tout ce qui a esté par eux fait, géré et négotié pour cest effect, tant au dedans qu'au dehors nostre

royaume, depuis ledit vingt quatriesme jour d'aoust, encores qu'il deust estre plus particulièrement exprimé et spécifié, sans que, pour aucunes des choses susdictes ou autres passées, leur soit, à eux ou à leur postérité, imputé aucun crime de rébellion, désobéyssance ou de lèze majesté.

12. Déclarons que nous tenons et réputons tous les dessus dicts pour nos bons, loyaux et fidèles subjects et serviteurs, à la charge qu'ils nous jureront toute obéyssance et fidélité, se déporteront et se désisteront entièrement de toutes associations qu'ils ont dedans ou hors nostre royaume, et ne feront, d'ores en avant, aucune levée de deniers sans nostre permission, enrollements d'hommes, congrégations ni assemblées, autres que celles qui leur sont permises ci-dessus et sans armes, sur peine d'estre punis rigoureusement comme contempteurs et infracteurs de nos commandements et ordonnances.

13. Tous prisonniers de guerre ou autres qui sont détenus ès prisons, gallères ou ailleurs pour le fait de la religion, à l'occasion des présents troubles, seront eslargis et mis en liberté sans payer aucune rançon. N'entendons toutesfois que les rançons qui auront desjà esté payées puissent estre répétées sur ceux qui les auront receues.

14. Ne seront lesdicts de la religion surchargez ne foulez d'aucunes charges ordinaires ou extraordinaires plus que les catholiques.

15. Avons déclaré et déclarons tous défaux, sentences, jugements, arrests, procédures, saisies et ventes, décrets faits et ordonnez contre lesdicts de la religion prétendue réformée, qui sont ou ont esté

dedans lesdictes villes de la Rochelle, Montauban et Nismes depuis ledict vingt quatriesme jour d'aoust dernier, ensemble l'exécution d'iceux, tant en civilité qu'en criminalité, cassés, révoqués et annullés; et demeureront les procès au mesme estat qu'ils estoyent auparavant, et r'entreront les dessusdicts en leurs biens temporels quelconques saisis, ventes et adjudications, fermes et dons, qui en pourroyent avoir esté faicts par nous, aucunement, sans faire aucun remboursement.

16. Et, pour le regard des héritiers, vefves et autres ayans droict de ceux de la religion, qui sont décédez ès dictes villes, y ont esté ou porté les armes pour eux depuis le vingt quatriesme jour d'aoust, en quelque endroit de nostre royaume que ce soit, leur permettons de r'entrer en la possession et jouyssance des biens délaissez par lesdicts décédez et les maintenir en bonne fame et renommée.

17. Tous officiers desdictes villes de la Rochelle, Montauban et Nismes, tant royaux qu'autres, de quelque religion qu'ils soyent, et qui ont esté privez à l'occasion d'icelle guerre et des présens troubles, sont remis en leurs estats, charges et offices, et les autres officiers des autres villes et lieux observeront nos déclarations sur ce faictes et publiées.

18. Et, afin que la justice soit rendue sans aucun soupçon à nos subjects de nos dites villes et autres qui se sont retirez en icelles depuis le vingt quatriesme jour d'aoust, nous avons ordonné et ordonnons, voulons et nous plaist que les procès et différents meuz et à mouvoir entre parties, estans de contraire religion, tant en demandant qu'en deffendant, en quelque

matière civile ou criminelle que ce soit, soyent traictez en premières instances par devant les baillifs, séneschaux et autres, nos juges ordinaires, suivant nos ordonnances; et où il escherroit appel en aucunes de nos cours de parlemens, leur sera par nous pourveu seulement, par l'espace d'un an, à conter du jour de la publication de ces présentes, de juges non suspects, tels qu'il nous plaira, excepté toutesfois la cour de parlement de Tholose, pour le regard de ceux de Montauban[1].

19. Parce que plusieurs particuliers ont receu et souffert tant d'injures et dommages en leurs personnes et biens, que difficilement ils pourront en perdre si tost la mémoire, comme il seroit bien requis pour l'exécution de nostre intention, voulans éviter tous inconvéniens et donner moyen à ceux qui pourroyent estre en quelque crainte, retournans en leurs maisons, d'estre privez du repos, attendant que les rancunes soyent adoucies; nous avons accordé et accordons à ceux desdictes villes de la Rochelle, Nismes et Montauban qu'ils jouyssent de leurs privilèges anciens et modernes, droicts de juridiction et autres, esquels ils seront maintenus et conservez, sans avoir aucune garnison, ne qu'il y soit fait chasteaux, forts ni citadelles, si ce n'est du consentement des habitans d'icelles; lesquels, pour démonstration et seureté de leur obéyssance, observation et entretenement de nos vouloir et intention, bailleront pour deux ans quatre des principaux bourgeois habitans de chacune desdictes

---

1. Var. de l'édit. de 1618 : « ..... *de Montauban*. Et cependant pourront estre contrains de comparoir personnellement. »

villes estant de la religion prétendue réformée ; lesquels seront par nous choisis entre ceux qu'ils nommeront et changez de trois mois en trois mois, ou tel autre temps qu'il sera advisé, et seront mis en telles villes et lieux qu'il nous plaira ordonner, à cinquante lieues pour le plus loing desdictes villes, excepté en nos villes de Paris et Tholose. Et, afin qu'il n'y ait occasion de plaincte ou soupçon, commettrons esdictes villes des gouverneurs, gens de bien et affectionnez à nostre service, qui ne seront suspects, voulans, néantmoins, que la garde de leur ville, tours et forteresses demeurent entre les mains desdicts habitans suivant leurs anciens privilèges.

20. Voulons semblablement qu'après la publication de nostre présent édict, fait en nostre camp et armée, les armes soyent généralement posées, lesquelles demeureront seulement entre nos mains, et de nostre très cher et très aimé frère le roi de Polongne. Ordonnons que les forces, tant de terre que de mer, soyent retirées de devant lesdictes villes, les forts faicts, tant d'une part que d'autre, rompus et démolis, le libre commerce et passages remis par toutes les villes, bourgs et bourgades, ponts et passages de nostre royaume. Les forces et garnisons qui ont esté mises à l'occasion du présent trouble, et depuis le vingt quatriesme jour d'aoust, ès villes et autres places, maisons ou chasteaux appartenans à nos subjects, de quelque religion qu'ils soyent, vuideront incontinent pour en laisser la libre et entière jouyssance comme ils avoyent auparavant que d'en estre dessaisis.

21. Les meubles qui se trouveront en nature et qui

n'auront esté pris par voye d'hostilité depuis le vingt quatriesme d'aoust dernier seront rendus à ceux à qui ils apartiennent, en rendant toutesfois aux achepteurs le prix de ce qu'ils auront esté vendus par l'authorité de justice, où par autre mandement ou commission publique. Et, pour l'exécution de ce que dessus, seront contraints les détenteurs desdicts biens meubles subjects à restitution, incontinent et sans délai, nonobstant toutes oppositions ou exceptions, les rendre ou restituer aux propriétaires pour le prix qu'ils en auront payé.

22. Et, pour le regard des fruicts et immeubles, un chacun r'entrera en sa maison et jouira réciproquement des fruicts de la cueillette de la présente année, nonobstant toutes saisies ou empeschements faicts au contraire, depuis le vingt-quatriesme d'aoust, comme aussi chacun jouira des arrérages des rentes qui n'auront pas esté prises par nostre commandement, permission ou ordonnance de nous ou de nostre justice.

23. Semblablement tous tiltres, papiers, enseignemens ou documens qui ont esté pris seront respectivement rendus et restituez à ceux à qui ils appartiendront.

24. Ordonnons que ceux de la religion prétendue réformée demeureront aux lois politiques de nostre royaume, asçavoir que les festes seront gardées et ne pourront ceux de ladicte religion besongner, vendre ni estaler lesdicts jours à boutiques ouvertes; et, aux jours maigres, èsquels l'usage de la chair est deffendu par l'église catholique et romaine, les boucheries ne seront ouvertes.

25. Et, pour obvier aux contraventions qui se pour-

royent commettre en plusieurs de nos villes, les baillifs et sénéschaux, ou leurs lieutenants, feront, par les principaux desdictes villes, jurer l'entretenement de nostre présent édict, se mettre les uns en la garde des autres, se charger respectivement et par actes publics, et respondre civilement des contraventions qui se feroyent audict édict dans lesdictes villes par les habitants d'icelles, ou bien représenter et mettre entre les mains de justice les contrevenants.

LES HISTOIRES

DU

SIEUR D'AUBIGNÉ

LIVRE SEPTIÈME

(LIVRE II DU TOME II DES ÉDITIONS DE 1616 ET DE 1626).

Chapitre I.

Suitte de la paix; venue des Polonnois; composition de Sancerre.

On commença le huictiesme de juillet[1] à retirer l'artillerie, et, le roi de Polongne ayant ordonné ordre que Biron entrast en la ville[2] avec magnificence de gouverneur, la Rochelle demeure en paix, le siège ayant cousté trente quatre mille coups de canon, la mort de quarante mil[3] hommes[4], entre ceux-là le duc d'Au-

1. Le 6 juillet 1573.
2. Le 10 juillet, Biron entra par la porte de Coignes, précédé de quatre trompettes du roi et d'un héraut d'armes, et fit publier la paix dans toutes les places de la ville.
3. Var. de l'édit. de 1618 : « ..... *la mort de* quatre mille *hommes*..... »
4. La liste des capitaines catholiques morts pendant le siège de la Rochelle est imprimée dans les *Mémoires de l'estat de France sous Charles IX*, t. II, p. 291.

male, Clermond Tallard, Cosseins, les deux Goas, soixante capitaines en chef; sans ceux qui moururent depuis de la contagion du siège, comme le duc de Longueville à Blois[1] et le duc d'Usez[2], fils aisné d'Acier. Les princes de l'armée se mirent avec leur chef par mer pour gagner Nantes[3], et de là, enfiler la rivière de Loire; suivant laquelle ils passèrent leur temps un peu licencieusement, notamment à Sainct-Laurens-des-Eaux et à Artenay, où ils trouvèrent une recreue de filles de joye qui pensoyent encores aller au siège. Cela n'empescha point qu'ils n'accomplissent un vœu fait à Nostre-Dame de Cléri. Il y eut entrée royale à Orléans[4] et depuis à Paris, où deux ou trois mois se passèrent en cérémonies, deues à un nouveau roi[5]; en festins et pompes notables, pour l'arrivée des ambassadeurs polonnois, qui fut au dix-septiesme

---

1. Léonor d'Orléans, duc de Longueville, seigneur de Parthenay, mourut à Blois, en août 1573, non sans soupçon de poison (*Mémoires de La Huguerye*, t. I, p. 174; Brantôme, t. III, p. 6). Il n'existe aucune preuve ni aucun indice sérieux de ce crime.

2. Antoine de Crussol, étant mort sans enfants, laissa son duché et ses biens à Jacques de Crussol, son frère, qui avait quitté le parti des protestants pour s'attacher à celui du roi.

3. Le roi de Pologne s'embarqua sur un bâtiment de la flotte royale avec tous les princes.

4. Le roi de Pologne arriva le 24 juillet 1573 à Orléans, où Charles IX lui fit une magnifique réception, qui est racontée dans le *Cérémonial françois*, t. I, p. 918.

5. Le 9 août 1573, le duc d'Anjou prêta serment comme roi de Pologne (Félibien, *Hist. de Paris*, t. III, p. 717, col. 2). Le 10 septembre, il ratifia les engagements pris en son nom par les ambassadeurs de France au sujet des libertés des Polonais (*Corps diplomatique*, t. V, 1re partie, p. 224, col. 2). Le 17 septembre, il jura de maintenir intégralement les biens et le territoire du royaume et d'y faire revenir ceux qui avaient pu en être distraits (*Choppini opera*, t. I, p. 186).

d'aoust[1]. On a estimé ceste troupe estrangère la plus honorable[2] qui ait jamais esté despeschée en France, car ils estoyent cent quarante maistres et entre ceux-là ceux que nous avons dit; tout cela conduit de tel soing ou tel heur qu'ils n'en laissèrent aucun par les chemins. Toute la cour[3] défonça[4] au devant d'eux, menée par princes du sang et de la maison de Guise. La rue et porte Sainct-Martin, par où ils firent leur entrée, estoyent parées de mesme qu'à celle d'un roi; et pource qu'aux piédestals, qui estoyent peints comme de jaspe, le peinctre y avoit meslé du rouge qui sembloit feu, Laski[5], docte prince et bon capitaine, me demanda si nous avions voulu peindre le chaos de la France. A cela et à une autre demande qu'il me fit pour les vers d'une comette, je cognus qu'il sçavoit beaucoup de nos nouvelles. Tant y a qu'ils entrèrent dedans cinquante chariots avec des marques avanta-

1. Les ambassadeurs polonais arrivèrent à Metz avant le 4 août 1573 et y furent harangués par l'évêque de Langres (Discours imprimé de cette date; f. fr., vol. 15967, f. 46). Cette pièce est reproduite sans date dans les *Mémoires de l'estat de France*, t. II, f. 326 v°. Ils entrèrent à Paris le 19 août.
2. La liste des ambassadeurs envoyés de Varsovie au roi de Pologne est donnée par le marquis de Noailles (*Henri III en Pologne*, t. II, chap. xxxvii).
3. La réception des ambassadeurs de Pologne, qui eut lieu le 12 septembre 1573, donna lieu à de brillantes fêtes, qui sont racontées dans le *Registre du bureau de la ville de Paris*, actuellement mis sous presse par M. Bonnardot, et dans une série de pièces conservées à la Bibliothèque nationale (F. fr., vol. 5102 et 15967), et enfin dans un récit publié par la *Revue rétrospective*, t. IV, p. 49.
4. *Défoncer*, foncer, se jeter.
5. La correspondance du roi de Pologne avec Albert Laski, palatin de Siradie, est conservée dans le vol. 338 des V^c de Colbert.

geuses, comme l'espée[1], le monde ou la boule couronnée, et plusieurs drapeaux de toile d'or et toile d'argent arborez.

Je ne détiendrai point mon lecteur de tous les disners, visites et circonstances de ce grand festin faict à la table de marbre, et où estoyent assis les conseillers et financiers; des coups de canon qu'on tira à Paris sur les formalitez de la réception. Seulement, dirai-je qu'après l'entrée du roi de Polongne, faicte par la porte Sainct-Anthoine, la roine voulut monstrer sa magnificence en un festin aux Tuilleries, après lequel les ambassadeurs furent menez où la roine avoit fait couper un bois de haute fustaye, plus pour monstrer qu'elle n'espargnoit rien que pour besoin qu'elle eust de la place. Là, sous un pavillon d'excessive grandeur, on fit sortir de derrière un rideau une grande roche argentée qui contenoit seize niches, en chacune desquelles estoit logée une nymphe portant le nom d'une province de France. Après quelques vers[2], bien chantez et mal composez par Amadis Jamin[3] et non par ceux qu'on a escrit, les nymphes descendirent pour danser un ballet deux fois, premièrement masquées et puis sans masque, et la pluspart de la nuict fut passée au bal accoustumé.

1. Les mots suivants : « ..... le monde, ou la boule couronnée, » manquent à l'édit. de 1618.
2. Les détails de cette fête et les pièces de vers en latin ou en français, écrites par Ronsard, Daurat et Jamin, sont reproduits avec des gravures représentant la roche d'argent et le ballet des seize nymphes dans une plaquette *Magnificentissimi speculati a regina regum matre in hortis suburbanis*. Paris, Morel, 1573.
3. Amadis Jamyn, disciple de Ronsard, né à Chaource (Aube), vers 1530, mort en 1585.

Les Polonnois admirèrent les confusions bien desmeslées, les chiffres bien formez du ballet, les musiques différentes, et dirent que le bal de France estoit chose impossible à contrefaire à tous les rois de la terre. J'eusse mieux aimé qu'ils eussent dit cela de nos armées, et qu'ils n'eussent point eu le desgoust d'un traict bon à conter qui ne peust estre celé : c'est que le prévost de Paris, Nantouillet[1], de la maison la plus relevée de la ville, avoit esté convié d'espouser une fille[2] de bonne maison, amie du roi de Polongne; ceste-ci rudement refusée solicita sa vengeance, de façon que les rois de France et de Polongne, accompagnez du roi de Navarre, du Chevalier[3] et du duc de Guise, sous couleur de porter un mommon, entrent chez Nantouillet, mettent tout par place jusques à rompre les coffres, piller la vaisselle et l'argent monnoyé au profit de quelques altérez qui les suivoyent; et voici la risque qu'ils coururent. Le baron de Viteaux[4], frère de Nantouillet, avoit eu deux frères tuez, l'un par

1. Antoine du Prat, seigneur de Nantouillet, fils d'Antoine du Prat, prévôt de Paris, et d'Anne d'Alègre, petit-fils du cardinal du Prat, chancelier de France.
2. Renée de Rieux, dite la belle Châteauneuf, maîtresse de Henri III, alors duc d'Anjou. Après le refus de Nantouillet de l'épouser, elle fut proposée au prince de Transylvanie (Lettre du roi à Noailles du 21 février 1573; f. fr., vol. 21009, f. 397 v°). Elle épousa Philippe Altoviti et se rendit célèbre à la cour par sa beauté et sa galanterie. Brantôme parle souvent d'elle et lui a consacré des vers (t. X, p. 435).
3. Henri d'Angoulême, bâtard de Henri II, dit le chevalier d'Angoulême.
4. Guillaume du Prat, baron de Vitteaux, duelliste et assassin de profession, finit par être tué en duel par Yves d'Alègre, baron de Milhau, le 7 août 1583 (*Journal de L'Estoile*). Brantôme raconte le duel et insinue qu'il ne fut pas très loyal (t. VI, p. 326).

Bonnelieu[1], l'un des gouverneurs du roi Charles, l'autre par Millaut d'Allaigre[2]. Pour le premier, il estoit sorti de France, et ayant entretenu près de soi six ou sept mauvais garçons, il vint le tuer lors qu'on ne pensoit plus en lui. Pour l'autre, il estoit caché chés son frère dans une chambre, avec ses gens bien armez de pourpoints à preuve et de secrettes pour tuer Millaut, comme il fit peu de jours après[3], sortant de l'hostel de Nevers. Si ces briseurs eussent enfoncé la porte où ils estoyent, trois rois et deux grands princes ne se pouvoyent sauver que miraculeusement[4]. Le roi sceut en mesme jour la mort du chancelier de l'Hospital[5], que ceux qui l'ont cognu ont appellé seul chancelier[6].

Meslons la misère de Sancerre aux pompes de Paris. Sa composition[7] fut faicte le jour que les Polonnois entrèrent, après cinq cents personnes mortes de faim.

1. Bonnelieu ou Gonnelieu, d'après Brantôme, était écuyer et favori de Charles IX. Il fut assassiné par Vitteaux dans la plaine Saint-Denis en représailles de l'assassinat du jeune frère de Vitteaux (Brantôme, t. VI, p. 331).

2. Antoine d'Alègre, baron de Milhau, père d'Yves d'Alègre.

3. Antoine d'Alègre fut assassiné à Paris par Vitteaux en 1573, peu de temps après la levée du siège de la Rochelle, en représailles de l'assassinat de François du Prat, baron de Thiern (Brantôme, t. VI, p. 331).

4. Ce récit est confirmé par le *Journal de L'Estoile* (édit. Michaud et Poujoulat, p. 28) et par les *Anecdotes de du Vair*, publiées à la suite des *Mémoires de Marguerite de Valois*, édit. de la Bibl. elzév., p. 199.

5. Michel de l'Hospital, mort au Vignay, près d'Étampes, le 13 mars 1573.

6. Cette appréciation glorieuse du chancelier de l'Hospital est dictée à d'Aubigné par de Thou (liv. LVI).

7. Capitulation de Sancerre, 19 août 1573. Les *Mémoires de l'estat de France sous Charles IX* (t. II, f. 347) reproduisent l'acte de capitulation.

Un père et une mère avoir déterré et mangé leur enfant ; eux bruslez pour cela ; ceste poursuite faicte par nostre Lhéri[1] de l'Amérique. La Chastre, merveilleusement offensé, se vouloit vanger par la mort de ce peuple. Mais le roi voulut et lui fit sçavoir qu'il désiroit ceste affaire finie avant que les Polonnois, à leur arrivée, le fissent comprendre entre les promesses faictes par l'évesque de Valence ; desquelles le roi fut pressé plusieurs fois par les Polonnois ; comme aussi des biens et des libertez des Chastillons et plusieurs autres demandes pour les réformez, toutes éludées par le roi. Donc, pour Sancerre, il fut dit qu'après avoir demandé pardon et rachepté leurs meubles de quarante mille francs[2], ils jouyroyent des articles de la Rochelle. Cependant ils furent traictez avec toute sorte d'opprobre et de ruine. Le baillif Jouanneau appellé au soir pour aller parler à La Chastre, tiré en la rue, tué et jetté dans un puits[3] ; et de mesme, le ministre Bourgade[4] et sa femme trouvez hors la ville.

Ainsi fut rendue Sancerre après huict mois de siège, près de six mille coups de canon ; quatre vingts hommes seulement morts de coups au dedans, de

1. Jean de Léry, auparavant ministre de la Charité, et auteur d'une relation très fidèle d'un voyage qu'il avait fait en Amérique et d'un journal du siège de Sancerre, que nous avons souvent cité dans le volume précédent, obtint un sauf-conduit de La Châtre et fut mené en lieu de sûreté par de Bueil de Fontaines.

2. Le texte des articles de la capitulation de Sancerre, daté du 19 août 1573, est rapporté par Jean de Léry dans sa *Relation du siège de Sancerre* et reproduit par les *Mémoires de l'estat de France sous Charles IX*.

3. Le bailli André Johanneau fut assassiné le samedi 12 septembre 1573, à neuf heures du soir (*Relation* de Léry).

4. Pierre Bourgade, ministre huguenot de Sancerre.

faim ce que nous avons dit. Les assiégeans y perdirent douze cents soldats, et trois ou quatre capitaines de marque[1].

Chapitre II.

Affaires de la cour et voyage de Polongne.

Rambouillet[2] et un Polonnois[3] furent despeschez, tant pour les remerciements que pour annoncer aux Polonnois la venue de leur roi[4]. Ils trouvèrent le pays s'armant contre le Moscovite[5], pour les causes que nous dirons en leur lieu ; comme aussi fut despesché à Rome, à Venise et mesmes pour passer en Polongne, de Foix[6], duquel nous avons parlé au commencement de ceste histoire.

Le roi de Polongne et la roine mère, qui avoyent eu l'élection désaggréable, regardoyent l'évesque de

1. Quériers, lieutenant-colonel du régiment d'infanterie de Goas, La Lobière, guidon du comte de Brienne, et le capitaine Cabassole.
2. Nicolas d'Angennes, seigneur de Rambouillet, avait déjà été employé à plusieurs ambassades, où il s'était acquis une grande réputation de prudence. Il avait ordre du roi de remercier le sénat de Pologne de l'élection de son frère.
3. Jean Zborowski.
4. Les deux ambassadeurs partirent de Paris à la fin de septembre.
5. Le grand-duc Jean, fils de Basilowitz, se disposait à envahir la Lithuanie et la Livonie avec une armée de cent mille hommes vers le commencement de l'année 1573 (De Thou, liv. LVII).
6. Quelques jours après le départ de Zborowski, le roi envoya Paul de Foix en Italie pour remercier la république de Venise, le pape et les autres princes d'Italie qui avaient félicité le roi de Pologne de son élection. De Thou faisait partie de la mission (liv. LVII).

Valence de costé. Quand le roy et les principaux le louoyent, eux en parloyent comme de celui qui avoit tramé l'exil de ce prince, pour lequel esloigner on commençoit à parler de laisser passer l'hyver. Quand le roi, qui fuyoit les affaires et cerchoit ses plaisirs dans les forests, se resveilla, commanda que toutes les despesches vinssent en ses mains; et puis, en reniant[1] à sa mode, dit à son frère devant la roine, qu'il faloit qu'un d'eux sortist du royaume. La roine mère, voyant la ferme résolution du roi, dit au roi de Polongne : « Partez, mais vous n'y demeurerez guères. » Si bien qu'il falut desloger et partir de Paris sur la fin de septembre[2]. Le roi alla chasser sur son chemin à Villiers Cotterets.

Là furent receus[3] les députez de tous les réformés de Guienne haute et basse, haut et bas Languedoc, et de ceux qui s'estoyent adjoints à eux, résolus de n'accepter point la paix de la Rochelle, comme destruisant toutes les autres, pleine de fraude et de captions[4].

Le roi leur avoit permis de s'assembler, ce qu'ils firent le propre jour de la Saint-Barthélemi à Nismes, où ils dressèrent quelques articles[5] depuis confirmez

1. *Reniant*, jurant.
2. Le roi de Pologne partit de Paris pour son royaume le 28 septembre 1573.
3. Le roi reçut les députés réformés à Villers-Cotterets le 18 octobre 1573 (Piguerre, *Hist. de France*, in-fol., p. 923).
4. La *France protestante* a publié, dans les Pièces justificatives du tome X (n° XXXVIII, p. 121), un état de l'organisation du parti réformé au lendemain de la Saint-Barthélemy. Cette publication a été complétée dans le tome X du *Bulletin de la Société de l'histoire du protestantisme français*, p. 351.
5. Les réformés, réunis à Nimes, dressèrent, le 24 août 1573, une requête au roi, qui porte la date du 25 du mois, et qui est imprimée par La Popelinière, t. III, f. 186.

à Montauban[1], portans « qu'ils remercioyent le roi, de quoi il leur monstroit désir de paix; supplioyent Sa Majesté ne prendre en mauvaise part si, sentant le massacre de Paris encor tout frais, ils demandoyent qu'on eust plus d'esgard à leur seureté; qu'ils avoyent toute confiance au bon naturel de leur prince, mais non pas en son mauvais conseil, duquel ils voyoient l'injustice et l'authorité tout ensemble; en ce que le roi ayant déclaré contre le massacre, et détesté une si meschante action, ils la lui ont depuis fait advouer par édict public. Pourtant ils demandent que bonne garnison leur soit entretenue aux villes qu'ils tiennent, et que de plus en chacune province on leur en donne deux de seureté; que l'exercice de leur religion soit establi par tout le royaume sans distinction de lieux; que toutes leurs causes ressortissent à un parlement composé de gens de leur religion; que leurs héritages ne payent les dismes qu'à leurs ministres; que tous autheurs et exécuteurs des massacres soyent rigoureusement punis, comme brigans et perturbateurs du repos public; toutes inscriptions soyent effacées et tous arrests de Paris et de Tholose donnez depuis le massacre biffez et annullez; que ceux du clergé qui font profession de leur religion et les enfans sortis de leurs mariages soyent receus à la succession de tous biens, honneurs et charges, n'ayans pour juges que

---

[1]. La requête, confirmée à Montauban, fut d'abord présentée au s. de Villars, lieutenant de roi en Guyenne (Copie du temps; f. fr., vol. 15558, f. 256). Les députés désignés à Nimes et ceux de Montauban formaient deux missions distinctes, qui arrivèrent à la cour à des dates différentes, ainsi que le prouve une lettre du roi au cardinal d'Armagnac du 8 octobre 1573 (Copie; f. fr., vol. 7070, f. 311).

ceux de leur religion mesmes; que les tuteurs soyent obligez de nourrir les enfans des réformez en la religion de leurs pères; que ceux du Contat d'Avignon jouyssent des mesmes privilèges; que les ordonnances de la roine de Navarre[1] demeurent inviolables en Béarn; que tous princes, magistrats et compagnies du royaume y soyent obligez par serment solennel. »

Ces articles, accompagnez d'une requeste, le tout signé des vicomtes de Paulin et Gourdon, de Sainct-Romain[2] et autres principaux, furent présentez par Cavagnac, Yollet et quelques autres[3] de ceux qu'ils appelloyent les fronts d'airain[4]. Cela fut receu des uns avec admiration, des autres avec colère, de la roine mère principalement, qui, voyant le mauvais succès de ses conseils, déclamoit d'estrange façon, disant : « Si le prince de Condé estoit en vie, qu'il eust pris Paris ou la moitié des villes du royaume avec vingt mille chevaux et cinquante mil hommes de pied en la campagne, il ne voudroit pas avoir demandé la moitié de ces articles insolents[5]. »

1. Il s'agit des nombreuses ordonnances rendues par la reine de Navarre en 1569 contre le culte catholique.
2. Jean de Saint-Priest, second fils de Jean de Saint-Chamond, dit le capitaine Saint-Romain, dont nous avons déjà parlé, t. III. M. Brun-Durand, dans son édition des *Mémoires de Achille Gamon*, in-8°, 1888, p. 40, lui a consacré une notice biographique détaillée.
3. Cette requête fut remise au maréchal Damville à Montpellier, le 27 mai 1574 (*Hist. du Languedoc*, t. V, p. 328).
4. Les *fronts d'airain* étaient des confédérés de Languedoc et de Provence qui voulaient se tenir à égale distance des excès des partis catholique et protestant. Damville se fit affilier à cette ligue.
5. Après avoir reçu la requête des premiers députés réformés, le roi leur fit une réponse qui est datée du 18 octobre 1573. Cette

De mesme temps ceux de Daulphiné et de Provence vindrent demander diminution des tailles. Le roi fut conseillé d'éluder ces demandes, au lieu de s'y ahurter[1].

Pour les premiers, l'affaire fut renvoyée au mareschal d'Anville[2], qui eut charge de traiter avec eux en quelque lieu propre près de Montauban, et que cependant il leur choisiroit des juges pour leurs causes, des moins animez; et on leur bailla le duc d'Usez[3], sauvé du massacre par celui de Guise, pour les reconduire en Languedoc.

Quant à ceux de Provence et Daulphiné, on leur remonstra[4] les grandes despenses pour les guerres et les appanages, desquels la cour estoit chargée. Le mareschal d'Amville, ne pouvant faire mieux, fit assembler tous les réformés de ces pays à Millaut de Rouargue[5], pour adoucir leurs demandes. Mais l'assemblée les lui renvoya sur la fin de l'année gran-

---

réponse est imprimée dans les *Mémoires de l'estat de France*, t. II, f. 375, et par La Popelinière, t. II, f. 189.

1. Cette requête, présentée au roi par les députés des églises réformées de Provence, Languedoc et Dauphiné, est imprimée dans les *Mémoires de l'estat de France sous Charles IX*, t. II, f. 370. La pièce n'est pas datée, mais la réponse du roi porte la date du 18 octobre 1573 (*Ibid.*, f. 374).

2. Les pouvoirs donnés par le roi au maréchal Damville sont datés du mois de février 1574 et imprimés dans l'*Hist. du Languedoc*, t. V; *Preuves*, col. 239.

3. Jacques de Crussol, duc d'Uzès.

4. Le roi répondit aux dernières requêtes des réformés, le 18 octobre 1573, par une fin de non-recevoir basée sur la nécessité des temps et les charges du royaume. Cette pièce est imprimée dans les *Mémoires de l'estat de France*, t. II, f. 374 v°.

5. L'assemblée de Milhau adressa, le 17 novembre 1573, aux réformés du Languedoc une lettre qui est imprimée dans les *Mémoires de l'estat de France*, t. III, f. 24.

dement amplifiées et beaucoup plus rudes que les premières[1].

Le roi voulut mener son frère jusques à la frontière, mais il commença à se trouver mal d'une fièvre lente qui croissoit tous les jours[2]; ce qui donna de quoi deviser à toutes sortes de gens, accordans à ceste maladie les menées de la roine mère pour prolonger le partement du roi de Polongne jusques après l'hyver, les regrets de cette princesse, qui n'estoyent pas peu violents, tesmoignez avec aigres paroles. Et puis on sceut comment elle, ne pouvant empescher qu'il ne sortist du royaume, avoit mesnagé avec le prince d'Orange par Chomberg[3], que son fils fust esleu chef, pour les guerres de Flandres, contre le roi d'Espagne[4]; cest affaire avancé jusques aux conditions escrites. Depuis elle avoit envoyé le comte de Rets[5], mainte-

---

1. Les décisions de l'assemblée de Milhau furent arrêtées le 16 décembre 1573 et sont imprimées dans les *Mémoires de l'estat de France*, t. III, f. 31, et par La Popelinière, t. II, f. 192.

2. Un document authentique spécifie les causes de la maladie du roi. « Le roy, » écrit le cardinal de Lorraine à la duchesse de Nevers, « est demeuré malade à Vitry de la petite verolle, et ay grand peur qu'il en ayt pour ses trois sepmaines..... » (Lettre autographe, datée du 2 novembre (1573); f. fr., vol. 3232, f. 70.)

3. Gaspard de Schomberg, colonel allemand au service de la France, ambassadeur du roi en Saxe en 1571, un des principaux négociateurs de la candidature de Henri III en Pologne. Il mourut le 17 mars 1599. Une partie de sa correspondance est imprimée dans le tome III des *Beitræge* de F.-C. von Moser. Francfort, 1772, 4 vol. in-4°.

4. Cette affaire est exposée dans une lettre de Schomberg au duc de Retz, laquelle est imprimée dans le tome III de *Henri III en Pologne*, p. 505. Voyez aussi une lettre de Ludovic de Nassau dans les *Archives de la maison d'Orange*, t. IV, p. 278.

5. La correspondance du roi et de la reine mère avec le comte

nant mareschal, avec argent, pour lever en Allemagne des forces, monstrer ce prince prest à faire la guerre, et conclurre le traicté commencé par Chomberg, premièrement à Mets avec le comte Ludovic[1]. Ceste mère, amoureuse de son fils, avoit aussi, et mesmes par présens, gagné la pluspart des Castelans, pour faire consentir aux estats de Polongne que leur roi s'employast à ceste guerre. Les deux rois se séparèrent à Vitri en Parthois[2], mais la roine et le reste de ses enfans s'avancèrent jusques à Nancy[3] et de là à Blamont[4], où avec grands regrets se fit la séparation[5].

Cependant croissoit la maladie du royaume, eschauffée par les vents de plusieurs esprits irritez, qui avec merveilleuse hardiesse faisoyent imprimer livres, portans ce qu'en autre saison on n'eust pas voulu dire à l'oreille. J'en spécifierai quelques-uns après les séna-

---

de Retz pendant le voyage du roi de Pologne est conservée en copie dans le volume 7 des V° de Colbert.

1. Ludovic de Nassau.

2. Les deux rois et la cour arrivèrent à Vitry le 8 novembre 1573 et y séjournèrent jusqu'au 12 du même mois. Le roi de France ne put aller plus loin (Pièce du temps; f. fr., vol. 15870, non paginé).

3. Le roi de Pologne arriva à Nancy le 15 novembre 1573 avec la reine mère et y séjourna jusqu'au jeudi 26 novembre (Pièce du temps; f. fr., vol. 15870, non paginé).

4. Le roi de Pologne partit de Nancy le 26 novembre 1573 et coucha le 29 à Blamont. C'est là, suivant les *Mémoires de Bouillon* (édit. Buchon, p. 390), qu'il entra en conférence avec les princes Ludovic de Nassau et Christophe de Bavière. Le jeudi 3 décembre, il prit congé de sa mère et de sa sœur Marguerite (Pièce du temps; f. fr., vol. 15870, non paginé).

5. Marguerite de Navarre, dans ses *Mémoires,* a donné de curieux détails sur la scène de la séparation.

teurs de France catholiques, desquels l'exemple me servira d'apologie.

Vous aviez le livre de *la Servitude volontaire*[1] faict par La Boétie[2], conseillier au Parlement de Bordeaux, irrité de ce que, voulant voir la salle du bal, un archer de la garde, qui le sentit à l'escholier, lui laissa tomber sa hallebarde sur le pied ; de quoi cestui-ci, criant justice par le Louvre, n'eut que des risées des grands qui l'entendirent.

Vous aviez aprés *la Gaule françoise*[3] faite par Hothoman, premier jurisconsulte de son temps, par lequel il veut prouver que le royaume de France n'est point successif comme les patrimoines privez, mais électif, avec puissance aux Estats de destituer les rois de leurs places ; à quoi il apporte les exemples de Philippes de Valois, Jean, Charles V, Charles VI et Louis XI. Sur tout il pressoit sur l'incapacité des femmes pour toute administration.

---

1. Le livre de La Boétie était intitulé : *De l'esclavage volontaire ou l'Anthenoticon*, mot que de Thou traduit par *Anti-union* (liv. LVII). L'ouvrage courut longtemps en manuscrit sous le titre de *Le contre un*. Il fut publié pour la première fois dans les *Mémoires de l'estat de France* (t. III, f. 116 v°) et a été souvent réimprimé depuis.

2. Étienne de la Boétie, célèbre moraliste, né à Sarlat le 1er novembre 1530, ami de Montaigne, mort à Germinian, près Bordeaux, le 18 août 1563.

3. La *Franco-Gallia* de François Hotman parut, en 1573, à Genève, et a été souvent réimprimée. Simon Goulard traduisit l'ouvrage en français et le publia dans le tome II des *Mémoires de l'estat de France sous Charles IX*, p. 375. Augustin Thierry en a donné une bonne analyse dans le chapitre 1er des *Considérations sur l'histoire de France*. Sur François Hotman, voyez la note 1 de la page 257 du tome I.

Il paroissoit un autre livre[1] qui s'appelloit *Junius Brutus*, ou *défense contre les tyrans*, advoué par un des doctes gentilshommes du royaume, renommé pour plusieurs excellents livres et vivant encores aujourd'hui avec authorité; traictant ses questions des bornes de l'obéyssance qu'on doibt aux rois, en quel cas il est permis de prendre les armes contre eux; par qui telles choses se doivent entreprendre; si les voisins peuvent justement donner secours aux peuples; en quel cas et comment toutes choses s'y doivent conduire; tout cela traicté en grand jurisconsulte et grand théologien. Depuis[2] on a sçeu qui en estoit le vrai autheur, sçavoir Humbert Languet[3].

Ces mesmes questions, depuis traittées et confirmées par la Sorbonne, assemblée des ecclésiastiques, congrégations des Jésuites, confirmation du siège de Rome, comme il paroist par les livrets de la ligue, qui emplissent nos cabinets, au grand malheur de la France, cela suivi du *Dialogue politique* traictant mesmes choses[4], avec plusieurs pièces de mesme estoffe.

J'en marquerai encor une après les autres, qui est

---

1. Le titre de cet ouvrage est *Vindiciæ contra tyrannos*. Voyez la note 2 de la page 256 du tome I. D'Aubigné ici ne se souvient plus qu'il en a déjà parlé sous la date de 1560 (t. I, p. 256). L'ouvrage ne fut publié dans sa forme originale, c'est-à-dire en latin, qu'en 1579. Mais Simon Goulard en publia une traduction en français dès 1578 dans les *Mémoires de l'estat de France*, t. III, f. 61.

2. Cette phrase, jusqu'à la fin de l'alinéa, manque à l'édition de 1618.

3. Hubert Languet (t. I, p. 257, note 4).

4. Ce pamphlet a pour titre : *Dialogue de l'authorité des princes et de la liberté des peuples,* et est imprimé dans les *Mémoires de l'estat de France,* t. III, f. 66.

le discours du chevalier Poncet[1], qu'on disoit avoir esté introduit par Birague, au cabinet du roi, au temps que la roine de Navarre venoit à Paris. Le roi et la roine prenants plaisir à lui faire conter de ses longs et divers voyages, il disoit qu'il avoit veu tous les rois chrestiens et plusieurs autres, mais qu'il n'avoit jamais veu qu'un roi, asçavoir le Grand Seigneur; pource que lui seul avoit en sa main l'honneur, la vie et le bien de tous ses subjects : premièrement pource qu'en son empire il n'y a nulles dignitez naturelles, point de princes, point de grands qui ne doivent ce qu'ils sont à leur roi, et qui ne soyent prests de périr par un clin de son œil; nuls gentilshommes que les janissaires, qui s'appellent fils du souverain Seigneur, et par les mains desquels sans esgard de race et de parentage tous sont astreints et contraints à leur devoir. Il n'y a nulle autre religion que celle du prince, horsmis aux provinces conquises au loin par guerres pour ne les mettre point en désert; nulles terres en fonds à aucun possesseur; toutes appartiennent au fisq, ou sont mesnagées par les janissaires; nulles forteresses sinon aux frontières; nul n'est à son aise qu'au prix qu'il sert à la domination[2]. On demanda à Poncet par quel

1. Maurice Poncet, appelé communément le chevalier, à cause du collier de Saint-Pierre que le saint-père lui avait donné dans un de ses voyages de Rome (De Thou, liv. LVII). C'était un théologien habile, mais mordant et quelquefois bouffon. La trop grande liberté de ses écrits le fit exiler à Melun, dans l'abbaye de Saint-Pierre, en 1583 (*Ibid.*, t. VI, p. 295).

2. D'Aubigné a tiré cette analyse des théories du chevalier Poncet d'un rare pamphlet intitulé : *la France-Turquie, c'est-à-dire conseils et moyens tenus par les ennemis de la couronne de France pour réduire le royaume en tel estat que la tyranie turquesque.* Orléans, chez Thibaut des Murs, 1576, petit in-8º.

moyen la France se pourroit mettre en cest estat : « Il faut, dit-il, oster les princes et affoiblir tellement la noblesse qu'ils ne puissent, comme il est arrivé quelquesfois, contredire au roi et lui donner loi par la suggestion et assistance des autres; et les princes que vous ne pourrez oster les mettre bas de moyens, ne donner honneur ni charge à aucun par leur recommandation; et outre cela les tenir en division, ou au moins en soupçon les uns des autres. A effacer la noblesse, la guerre civile pour le faict de la religion est excellente, pource que l'ecclésiastique se fait votre partisan; le peuple ennemi de ce qui le pourroit descharger. A ce jeu les plus mauvais garçons périssent; le reste se précipite en une basse humilité. Esteignez soigneusement ceux qui parleront d'estats généraux, ou vous servez des petits estats composez de vos confidents, et qui ont une bien contraire opération. En temps de paix faictes travailler la justice sur les réchappez de la guerre; laissez à vos grands les charges ruineuses en effect, desquelles ils n'ayent que l'apparence, et donnez la vraye administration à gens de peu et sur tout de la robbe; qu'ils ne puissent jamais conspirer. Cela faict, vous démantèlerez les villes mutines et les chasteaux de ceux qui en voudroyent refuser leurs restes et lors vous ferez des biens, des vies et de la religion tout ce qu'il vous plaira. »

Ce livre publié, Poncet respond à un autre, nommé *l'Antipharmaque*[1], niant les choses alléguées; un autre[2]

---

1. *L'Antipharmaque du chevalier Poncet dédié aux princes, seigneurs et à tous les estats de ce royaume.* Paris, Morel, 1575, petit in-8º.

2. L'auteur de l'*Antipharmaque*, auquel répondit Poncet, répli-

redouble contre lui ; il lui reproche[1] que par ses conseils quinze ou seize des grands de France[2] ont esté empoisonnez ou tuez par embusches ou près de là. Il lui reproche aussi la pluspart des divisions qui paroissoyent entre les grands du royaume. Or ces cscrits, que vrais que supposez, esveillèrent les esprits à choses nouvelles et dangereuses ; mesmement pource que la cour contribuoit aux projects qui estoyent portez par eux, comme suivant les reigles de Poncet, y adjoustant toutes rigueurs à ceux du royaume, et conférant aux Italiens les charges honorables, les dons immenses, et l'authorité d'emplir la France d'exactions[3].

Chapitre III.

Poursuite du voyage de Polongne jusques au sacre.

Achevons de mener en son royaume nostre roi nou-

qua par les *Lunettes de cristal de roche, par lesquelles on veoit clairement le chemin tenu pour subjuguer la France à mesme obéissance que la Turquie.* Orléans, 1576.

1. L'auteur des *Lunettes de cristal de roche*, faisant allusion à l'*Antidote* de Poncet, entreprend de montrer dans son ouvrage que ce sont les marchands de drogues étrangères, prises au delà des mers, qui sont la cause de tous ces empoisonnements.

2. Voyez dans de Thou (liv. LVII) l'énumération des princes victimes des drogues étrangères.

3. D'Aubigné, en écrivant ces mots, songeait probablement à ces vers qui furent composés sur un des plus avides de ces Italiens, Scipion Sardini :

> *Qui modo Sardini jam nunc sunt grandia cete,*
> *Sic alit italicos Gallia pisciculos.*
> Quand ces bougres poltrons en France sont venus,
> Ils étoient élancés, maigres comme sardaines ;
> Mais par leurs gras impôts ils sont tous devenus
> Enflés et bien refaits, aussi gros que baleines.

veau, avant que retourner aux malheurs de cestui-ci[1]. Au-devant de lui vindrent à Blamont Christofle, fils de l'électeur[2], le prince de la Petite Pierre[3] et le comte Ludovic, qui emmenèrent jusques à Heidelberg, où la bienséance obligeoit, ce prince, accompagné des ducs de Nevers et du Maine, des comtes d'Elbeuf[4], Rochefort[5], Chaune[6], Ligni[7], la Mirande[8], Chomberg, de Rets et de Villecler[9], Bellegarde, Belleville, Quelus[10], Gordes et les Antragues[11]. De plus, entre les princi-

1. Les négociations de la reine avec la diète et avec les princes allemands au sujet du passage du roi de Pologne en Allemagne furent conduites par Schomberg, Harlay et Dollot. Une copie de leur correspondance est conservée dans le vol. 15967 du fonds français.

2. Christophe de Bavière, fils de l'électeur palatin, tué à la bataille de Mookerheide, le 14 avril 1574.

3. Le prince de la Petite-Pierre ou Lutzelstein, seigneur lorrain, possesseur d'une châtellenie dans les Vosges. La Popelinière le signale comme réformé ou du moins comme favorable aux réformés (t. II, f. 227 et 228).

4. René de Lorraine, comte, puis duc d'Elbeuf, fils du premier duc de Guise.

5. Jacques de Silly, comte de Rochefort.

6. Éloi de Chaulnes, comte de Chaulnes, gentilhomme de Picardie.

7. Jean de Saulx de Tavannes, vicomte de Lugny, frère de Guillaume de Saulx, né à Paris en 1555, mort au château de Sully en octobre 1629.

8. Louis Pic de la Mirandole.

9. René de Villequier, baron de Clairvaux, chambellan du nouveau roi.

10. Jacques de Levis, comte de Caylus, un des mignons de Henri III, mort le 29 mai 1578 des blessures qu'il avait reçues dans le duel célèbre des mignons (27 avril 1578). L'Estoile, sous cette date, a donné de curieux détails sur le désespoir du roi (*Journal*, édit. Champolion, p. 98).

11. Charles de Balzac d'Entragues, s. de Dunes et de Graville, dit le bel *Entraguet*, lieutenant général en Orléanais, mort à Tou-

paux de la robe, il y avoit Bellièvre, Pibrac et autres[1]; tout le train estant de six à sept cents chevaux[2].

Le Palatin, adverti des hostes qui lui venoyent, ne voulut point faire paroistre beaucoup de gens armez pour bonne considération; et cela fut la première frayeur du roi de Polongne et des siens, qui estimèrent les gens de guerre cachez pour leur faire un mauvais tour. Ce vieil prince n'oublia à sa réception rien d'honnesteté et aussi peu de sa gravité. Il mena ce roi pourmener dans une galerie, de laquelle le premier tableau estoit celui de l'amiral de Coligni, le rideau tiré exprès. A ceste veue, le Palatin ayant veu changer de couleur son hoste : « Voilà, dit-il, le portraict du meilleur François qui ait jamais esté, et en la mort duquel la France a beaucoup perdu d'honneur et de seureté, tesmoin les lettres qui furent trouvées en sa cassette, par lesquelles il instruisoit son roi des cautions qui lui estoyent nécessaires au traictement des princes les plus proches, et de mesmes pour les affaires d'Angleterre. Nous avons sçeu qu'on fit lire cest escrit et à monsieur d'Alençon, vostre frère,

---

louse en 1599. Il avait connu Michel de la Huguerye au collège de Navarre. Sur la rencontre des deux condisciples en Allemagne, voyez les *Mémoires de La Huguerye*, t. I, p. 93.

1. Parmi lesquels Vincent Lauro, évêque de Mondovi, légat du pape, le médecin Miron, le jurisconsulte Bodin, le poète Desportes, etc. (Rôle original signé du roi; fonds français, vol. 6392, f. 228.)

2. La liste détaillée des seigneurs de l'escorte du roi de Pologne est imprimée dans les *Variétés historiques et littéraires* de la *Collection elzévirienne*, t. IX, p. 91. On conserve, dans le vol. 6392 du fonds français (f. 222 et suiv.), d'autres pièces sur le même sujet : ordre de marche du roi de Pologne, rôle des gentilshommes, mémoire de la conduite des soldats, etc.

et à l'ambassadeur d'Angleterre, en leur demandant :
« Et bien, estoit-ce là vostre bon ami, comme vous
estimiez? » On nous a encores dit que leur response,
bien que non concertée, fut pareille et telle : « Ces
lettres ne nous asseurent point comment il estoit
nostre ami, mais elles monstrent bien qu'il estoit bon
François. »

Le roi de Polongne dit « qu'il n'estoit point coulpable de ce qui s'estoit fait, » et coupa court, enduisant ceste remonstrance pour un affront. Les Allemans disent bien davantage que nos historiens françois, ce que j'adjousterai sur leur foi. C'est que dans la mesme galerie estoyent en suitte les tableaux des principaux massacres; en passant devant lesquels et achevant la pourmenade le Palatin s'estoit estendu à dire :
« Nous avons sçeu, Monsieur, de quelles couleurs vos ambassadeurs desguisent tels spectacles, par harangues et par escrits, que nuls ou peu croyent, bien que plusieurs en facent semblant. Ils allèguent les meurtres du baron des Adrets, et telles actions des réformés pour excuses; et tout ce qu'ils disent n'ont esté que de foibles représailles des cruautez passées à un pour mille, et plustost menaces pour faire cesser les inhumanitez à venir. Mais encor sont-ce actions de guerre sur ceux qui manioyent le fer, et non sur les vieillards, femmes et enfans eslongnez de toute défense, qui dans vos prisons comme dans vostre sein ont esté ravis à la mort. Après ils prennent pour leur innocence l'imitation de la faute d'autrui. Ils allèguent que Mitridate, par un messager, a fait tuer en Asie quarante mille citoyens romains, Pierre d'Arragon huict mille François aux Vespres siciliennes. Ils y joignent

les cruautez de Christierne en Dannemarck, et dix ou douze telles histoires qui n'ont rien de commun à ceste-ci. Ceux-là ont esté cruels envers leurs ennemis estrangers, puissants sans artifices indignes, et vous avez exercé le meurtre sur vos subjects plus fidèles désarmez, en poluant tant de caresses, de signes d'amitié, l'honneur du mariage, et tout ce qui est à révérer en la splendeur des rois. Ils y adjoustent la conjuration de l'amiral accompagné de trois cents gentilshommes, blessé aux deux bras, desquels on en vouloit couper un; n'estant jamais son lict qu'environné de médecins qui lui défendoyent tous propos d'affaires; et cela au milieu de quinze cents[1] gentilshommes, deux mille soldats des gardes, et soixante mille Parisiens armez et animez. »

Ce vieil prince, cognoissant au visage de son auditeur que telles remonstrances se recevoyent en menaces, acheva ainsi : « Or, Monsieur, les princes d'Allemagne n'ont point encores, graces à Dieu, souillé ni leurs mains ni leur renom du sang de ceux qui se confient en eux : ma religion en cela d'accord avec mon pays. Je vous ai dit ces choses amiablement pour vous prier d'avoir ci après en détestation les meschans conseils, par lesquels je croi que vous avez esté poussé plus que par vostre naturel; vous priant de regarder quel service d'assistance vous voulez de moi, pour vous tesmoigner que les enfans de Dieu ne veulent jamais de mal[2]. » Ce discours finit par un remercie-

1. Var. de l'édit. de 1616 : « ... *au milieu* de mille *gentilshommes...* »
2. Ce beau récit de l'entrevue du roi de Pologne et de l'Électeur palatin est tiré d'une chronique allemande écrite par l'Élec-

ment mal asseuré, et les François qui estoyent au chasteau nous ont plusieurs fois confessé leur frayeur, qui fut encor plus grande la nuict, pource que, le feu s'estant mis en quelque cuisine, il y accourut tant de gens et avec si grand bruit[1] qu'ils pensoyent estre à la Saint-Barthélemi[2].

Le roi nouveau[3], pensant voir tous les électeurs, de là alla à Francfort[4], fit sa feste de Noël à Fuld[5]. De là approcha le pays de Hesse[6]; le landgrave[7] le receut

teur palatin lui-même et réimprimée par M. Lalanne (Brantôme, t. IV, p. 411). La Huguerye a aussi connu ce récit et y ajoute quelques traits (*Mémoires*, t. I, p. 193 et suiv.). Brantôme en a aussi reproduit la substance (t. IV, p. 326). Pierre-Mathieu le complète avec d'autant plus d'autorité qu'il assure en tenir les détails de la bouche même du s. de Souvray, un des compagnons de voyage du prince (*Hist. de France,* in-fol., t. I, p. 363 et suiv.).

1. Le roi de Pologne, arrivé à Heidelberg le 11 décembre, y séjourna jusqu'au dimanche 13 décembre, après dîner (Pièce; f. fr., vol. 15870, non paginé).

2. Schomberg, dans une lettre à la reine mère, parle de l'aisance et du peu d'embarras du roi de Pologne en traversant les cours protestantes de l'Allemagne (Noailles, *Henri III en Pologne,* t. III, p. 529).

3. La correspondance du roi de Pologne avec l'empereur, les princes allemands, les Électeurs, les villes libres, etc., est conservée, principalement en originaux, dans les volumes 6392 du fonds français et 338 des Vᶜ de Colbert.

4. Schomberg, dans sa lettre du 20 décembre 1573, raconte avec détails le passage du roi de Pologne à Francfort (Noailles, t. III, p. 529).

5. Fulde, dans le cercle du haut Rhin, célèbre par une abbaye de Bénédictins. Le roi de Pologne y arriva le 23 décembre 1573 (Lettre de Schomberg dans Noailles, t. III, p. 529).

6. Le roi de Pologne arriva à Fach, ville du landgraviat de Hesse-Cassel, au confluent de l'Ulster et de la Werra, le 27 décembre 1573 (F. fr., vol. 15870).

7. Guillaume IV, landgrave de Hesse-Cassel, surnommé *le Sage*, prince luthérien, né le 14 juin 1532, mort le 25 août 1592. Sa

avec trois mille chevaux. L'électeur de Saxe s'excusa sur son indisposition et ne le vid point[1]. Mais le duc de Bavière[2] l'accompagna avec deux mille chevaux, et l'ambassadeur de l'empereur avec cent cinquante[3]; le marquis de Brandebourg avec autant[4]; en tous ces lieux receu à l'envi à qui plus monstreroit de magnificence et d'honneur.

A la rivière d'Odère, frontière du royaume de Polongne, ceux du pays[5] lui envoyèrent l'évesque[6] de Vladislavie[7], qui lui fit une harangue, pour sa bienvenue, avec admirable éloquence, dont il fut remboursé

---

correspondance avec la cour de France avant et pendant le voyage du roi de Pologne est conservée en copie dans le volume 15967 du fonds français.

1. Le roi de Pologne traversa le pays de l'Électeur de Saxe après avoir passé le Weser à Eisenach, le 31 décembre 1573, et l'Elbe à Torgau.

2. Jean-Casimir de Bavière, gendre de l'Électeur de Saxe, reçut le roi de Pologne à Hall et l'escorta jusqu'à la frontière de l'électorat.

3. L'ambassadeur d'Allemagne fit escorte au roi de Pologne avec 1,500 chevaux (De Thou, liv. LVII).

4. Le prince de Prusse, marquis de Brandebourg, était vassal de la couronne de Pologne. Sa correspondance avec le roi, la reine mère et le roi de Pologne est conservée en copie dans le volume 15967 du fonds français.

5. Le roi de Pologne trouva à la ville de Mezeritz, près de l'Oder, le 26 janvier 1574, une foule de cavaliers polonais venus à sa rencontre. Gratiani, secrétaire du cardinal Commendon, a décrit cette troupe (Noailles, t. II, p. 404).

6. Stanislas Karnkowski harangua le roi au nom du sénat et de la noblesse. Son discours a été imprimé sous le titre de : *Harengue publique de bien-venue au roy Henry de Valois, roy éleu des Polonnes, prononcée par Stanislaus Carncovien, évêque de Vladislavie.* Paris, Vascosan, 1574.

7. *Vladislavie* ou *Cujavie* sont des termes synonymes.

par Pibrac[1], non sans usure; car lui, qui estoit le plus éloquent et élégant que nostre siècle ait porté, et le mieux accommodant le geste et la grace aux paroles triées, en cest endroit se surmonta soi-mesme. La cour avancée à Posnanie fit séjour là, cependant qu'on troussoit les neiges du chemin de Cracovie et qu'on faisoit les pompes accoustumées à l'enterrement de Sigismond[2]. Cela ensuivant les loix du pays, qui ne permettent pas qu'aucun roi soit couronné, que le décédé n'ait receu l'honneur de la sépulture, qui fut grand et somptueux. Ce fut le quinziesme de février[3] que les ambassadeurs de trente provinces, avec leurs trente estendarts, ensemble ceux qui portoyent les armes, l'espée, la pomme d'or, qu'ils avoyent aussi portée à l'entrée de Paris, et puis la couronne d'or et les autres enseignes royales; tout cela alla trouver l'infante[4], sœur du mort conduicte par les ambassadeurs du pape et de Venise. C'estoit elle qui menoit le dueil, suivie de quatre mille vestus de noir[5].

Le dix-huictiesme, le roi fit son entrée[6]. Le premier

1. La réponse de Pibrac a été imprimée à la suite de la *Harengue* de Karnkowski. Paris, Vascosan, 1574.
2. Le corps de Sigismond avait été apporté à Varsovie et enfin à Cracovie, où il attendait les honneurs de la sépulture (De Thou, liv. LVII).
3. Obsèques de Sigismond, roi de Pologne, 15 février 1574.
4. La princesse Anne avait le ministre du saint-siège à sa droite et celui de Venise à sa gauche.
5. Le cortège se rendit dans cet ordre au château de Padwick et entendit la messe dans l'église cathédrale. Après la messe, l'abbé de Magiles prononça l'oraison funèbre.
6. Entrée de Henri III à Cracovie, 18 février 1574. Une pièce du temps : *Discours de l'entrée et couronnement de Henry, à présent roy de Pologne*, réimprimée dans le tome IX des *Archives curieuses* de Cimber et Danjou, donne le récit détaillé des céré-

qui alla au-devant de lui fut l'archevesque de Gresna, accompagné d'autres évesques[1] et de deux cents lanciers vestus à la Hongresque, de damas à fonds d'or. Il y eut encores deux troupes d'ecclésiastiques, desquels chacune menoit deux cents chevaliers vestus diversement, mais tous de toile d'or. Le Castelan de Cracovie marchoit le premier des nobles avec deux cents chevaux, à casaque de pareille estoffe; de mesme six autres Castelans; quelques-uns ayant jusques à trois cents chevaliers de mesme parure; mais sur toutes les troupes paroissoit celle de Laski[2]. Après cela marchoyent les bandes de la ville très bien armées, et en très grand nombre. A la porte Saint-Florien, l'évesque de Closqua fit la harangue, à la response de laquelle se fit admirer Pibrac. Là le roi receut le dais, les musiques et les coups de canon. Et les seigneurs[3] qui le suivoyent se couplèrent avec ceux du pays pour passer les arcs triomphaux et aller au temple Saint-Stanislaus faire chanter le *Te Deum*[4].

Encores que j'abrège le conte de ces magnificences pour le peu que dura ceste joye, si ne puis-je oublier l'invention d'un aigle blanc, qui, par moyens, lesquels ne se voyoyent pas, vola tousjours au-devant de ce

monies. Le discours du sénat de Pologne au nouveau roi est conservé en copie dans la collection Moreau, vol. 741.

1. De Thou énumère les seigneurs ecclésiastiques du cortège (liv. LVII).

2. Albert Laski, palatin de Siradie, était suivi de cent cavaliers magnifiquement vêtus à la manière des Hongrois et des Tartares.

3. Les ducs de Mayenne et de Nevers et le marquis d'Elbœuf.

4. Avant le chant du *Te Deum*, le chapitre vint complimenter le roi de Pologne.

roi, battant des aisles, et le bien-veignant, tant que les rues durèrent. Le lendemain le roi alla rendre grâces au sénat par Pibrac. Le jour du couronnement[1], estant sur son haut théâtre, le Palatin de Cracovie[2] troubla la feste, avec remonstrances, et puis avec menaces de tous les évangeliques qui estoyent là présents pour leurs seuretez; mais le sacre ne laissa pas de s'achever[3].

Chapitre IV.

Entreprise sur la Rochelle; prise des armes en Béarn; prise de Grammond; affaires de la cour.

Sur la crainte que la roine avoit prise que le duc d'Alençon[4], rallié des Bourbons et Mommorencis[5], ménageast en France quelque remuement pour lui oster le maniement des affaires et mesmes qu'il voulust avoir la lieutenance générale au deffaut de son frère, elle feignit d'avoir par advertissements ce qu'elle

1. Couronnement du roi de Pologne à Cracovie, 21 février 1574.
2. Firley, palatin de Cracovie. Il mourut peu après.
3. Au moment de la prestation de serment, l'archevêque de Gniezen substitua l'ancienne formule, qui ne contenait aucune garantie pour les réformés, à la nouvelle, qui avait été arrêtée à la diète. Firley s'en aperçut, suspendit la cérémonie et souleva tous les protestants présents à l'église. Il y eut un moment de tumulte, qui faillit mettre les armes aux mains des deux partis. Enfin le roi de Pologne accepta la formule que la diète lui avait imposée. M. de Noailles a donné le récit de cette scène d'après des documents nouveaux (*Henri de Valois*, t. II, p. 416).
4. François de Valois, duc d'Alençon, et plus tard d'Anjou, le dernier des fils de Catherine de Médicis.
5. Allusion à la conspiration dite des *Politiques,* dont d'Aubigné parle plus loin.

n'avoit que par soupçon, en emplit les oreilles du roi, lui persuadant de donner ceste lieutenance au duc de Lorraine[1], son gendre, duquel elle espéroit mieux chevir. Comme donc elle hastoit ces choses, le duc d'Alençon, adverti de ses menées et qu'elle travailloit comme tenant la mort du roi pour inévitable, ce prince avoit desjà à Blamont prins la place de son frère au traicté du Pays-Bas par le comte Ludovic. Ce traicté approuvé par les Flamans, comme avec un prince à qui on reprochoit l'amitié des huguenots, et entr'autres de l'amiral, quand il vivoit; et aussi pour l'apparence qu'il y avoit que le roi seroit bien aise d'eslongner encores cestui-ci pour régner à son aise. Cependant qu'eux et lui traictoyent ainsi, les réformés de France jettèrent les yeux sur lui; et ce qui les hasta davantage fut une entreprise sur la Rochelle, que la roine mère mit entre les mains de Biron, assisté de Puygaillard[2] et de Landereau[3].

Sur un soupçon assez léger[4], on mit prisonniers quelques soldats, et, en voulant prendre un nommé

---

[1]. Le duc Charles avait toujours été fidèle au roi et ami du roi de Pologne, et, comme il était exclu par sa naissance de la succession du royaume, il paraissait, aux yeux de la reine, fort éloigné de pouvoir le troubler.

[2]. Jean de Léomond, s. de Puygaillard. M. Joubert a publié, dans la *Revue de l'Anjou*, t. X, une série de documents nouveaux sur ce personnage.

[3]. Charles de Rouault, s. de Landreau.

[4]. Le maire de la Rochelle découvrit que Grandfief et ses complices comptaient se rendre maîtres de la ville et la remettre ensuite à Biron et à Puygaillard, qui tenaient des troupes toutes prêtes à Noaillé et à Saint-Vivien. Il voulut le faire comparaître, mais, le coupable ayant refusé d'obéir, il le fit tuer dans sa maison.

Grandfief[1], qui avoit servi le comte du Lude au siège, il fut tué[2]. Les prisonniers[3], présentez à la gehenne, confessèrent plus qu'on ne vouloit, et à la mort désavouèrent entièrement, remettans leur confession sur la rigueur de la gehenne. De mesme temps, les Rochelois, avec deux navires, où commandoyent Saugeon et le capitaine Normand, prirent un navire de guerre nommé l'Irondelle, qui piratoit à l'entour du hâvre en attendant quelque occasion. Dix soldats de l'équipage furent pendus. Lichani, Lucois[4], leur capitaine, se sauva.

Ceste entreprise aida merveilleusement à esmouvoir les Rochelois pour se joindre au souslèvement, qui se practiquoit desjà par toute la France, quoique le roi leur eust escrit de belles lettres, désadvoüant les pendarts et voleurs qui avoyent entrepris sur eux. Pour les presser encores arrivèrent à la Rochelle La Nouë[5], Mirambeau[6], La Case[7] et Montguion[8]. Le pre-

1. Jacques du Lyon, seigneur du Grandfief, échevin de la ville de la Rochelle (Arcère, *Hist. de la Rochelle*, t. I, p. 537, note).
2. Mort de Jacques du Lyon, 14 décembre 1573 (*Journal de Michel le Riche*, p. 150).
3. C'étaient les complices de Grandfief, parmi lesquels on peut citer : Guillaume-David, dit le capitaine La Plante, Amanjon de la Zardonière, Louis Vienne, dit le capitaine La Gorte, et Jean Turgier de Montargis (Arcère, t. I, p. 537).
4. Dominique Lichani, corsaire lucquois, qui faisait des courses continuelles sur les côtes de Saintonge et avait sa retraite à l'embouchure de la Garonne (De Thou, liv. LVII).
5. La Noue arriva à la Rochelle le 3 janvier 1574.
6. Jacques de Pons, baron de Mirambeau, gentilhomme du Brouage.
7. Pons de Pons, s. de la Caze-Mirambeau. Voyez plus loin le récit de sa mort.
8. Le seigneur de Montguyon appartenait à la maison de la Rochefoucault.

mier de ces quatre très bien venu, et mesmes, après avoir rendu conte de ses déportements au siège avec plus de liberté qu'il n'avoit peu auparavant, se voyant authorisé, il commença à les presser de se joindre à leurs frères, qui estoyent desjà armez, ce que long temps ils refusèrent, alléguans leur convention dernière, leurs maux passez, leur foiblesse et danger pour l'advenir. A cela La Nouë leur remonstroit ceste foi publique desjà violée par les meurtres de Sancerre et la dernière entreprise sur eux. Et quant à leurs foiblesses, il leur fit sentir l'asseurance qu'ils devoyent avoir d'un chef plus grand que tous ceux du passé et comment le bien public se joignoit à leur cause.

Sur ces doubtes, ils apprindrent comment en Dauphiné, entre les places qu'avoit desjà Montbrun[1], il avoit de nouveau pris Nions, Virieu[2]; Glandage[3], Orange et tenoit la campagne[4]. Et en voici le progrez[5].

1. Montbrun avait signé une trêve locale qui expira le 25 août 1573. Aussitôt après cette date, il se remit en campagne et s'empara bientôt de Nyons (Drôme).
2. Après avoir ravagé les environs de Grenoble, Montbrun pilla la riche abbaye de Virieu, tailla en pièces les troupes qui la gardaient et jeta une telle épouvante dans toute la province que les religieux de la grande Chartreuse demandèrent des troupes pour se mettre à couvert de ses entreprises.
3. Cette phrase doit s'expliquer ainsi : Montbrun avait pris Nions et Virieu, et Glandage avait pris Orange. — Hugues de Lhère, s. de Glandage, dit Glandage le fils, tour à tour protestant et catholique, avait fait ses premières armes en 1570. Plus tard, il passa à la Ligue et servit, en 1580, dans l'armée du duc de Mayenne (*Mémoires de Piémond*, p. 561).
4. Prise d'Orange par Glandage, 5 novembre 1573. D'Aubigné en parle avec détails, p. 221. — Glandage pilla tout le pays d'Avignon, déclarant qu'en son particulier il n'approuvait point la religion des protestants, mais que la pointe de son épée était protestante (De Thou, liv. LVII).
5. Cette phrase manque à l'édition de 1618.

Nous avons dit qu'il estoit la mi-avril avant qu'il peust partir de sa maison, et encores n'avoit-il que dix-huict chevaux et deux cents hommes de pied quand il marcha pour Orpierre, où Sainct-Auban[1] l'avoit asseuré d'y entrer; comme il fit quand les habitants lui firent sauter la muraille. Mais le capitaine Bragard[2], qui avoit accès dans la ville, gaigna une porte plus heureusement. Au bout de neuf jours il eut le chasteau par composition. De là, ayant emporté la ville de Serres[3] par escalade, il eut affaire à un très bon chasteau, équippé en guerre, au secours duquel marchèrent promptement mille Provençaux conduits par Gargas[4]. Montbrun chargea cela sans ordre et sans marchander, et poursuivit sa victoire jusques dans les montagnes, si bien qu'il s'en sauva peu[5]. A la veuë de huict enseignes prises, le chasteau se rendit. Il tourna à

---

1. Albert Pape de Saint-Auban.

2. Balthazard Autard, dit Bragard, capitaine protestant, originaire de Digne, attaché à Lesdiguières, châtelain et gouverneur d'Orpierre (Hautes-Alpes), un des signataires de la protestation des gentilshommes contre l'exécution de Montbrun, fut anobli au commencement du xviie siècle et mourut vers 1625. Sa famille existe encore (*Correspondance de Lesdiguières,* publiée par MM. Douglas et Roman).

3. Serres, chef-lieu de canton de l'arrondissement de Gap, était défendu par Michel de Beauregard et François-Philibert, et se rendit à Montbrun, le 27 avril 1573. Beauregard et Philibert se firent protestants et servirent depuis sous les ordres de Lesdiguières (*Ibid.*).

4. Balthazard de Moustiers, seigneur de Gargas et de Ventavon, fils de Henri de Moustiers, seigneur de Ventavon, gouverneur catholique de Tallard pendant la première guerre civile. Il mourut vers 1600 (*Ibid.*).

5. Défaite de Gargas par Montbrun à la Bâtie-Mont-Salcon, 8 mai 1573.

l'abbaye de Vif¹, à deux lieuës de Grenoble, où le chevalier de la Mothe² s'estoit retranché avec trois cents hommes de pied et soixante gentilshommes. Cela fut emporté d'emblée et mis en pièces. Puis, retournant sur son chemin, il print Sahurne d'une mesme gayeté; et Condorces se rendit, Vinçobres après. Vercas³, frontière du Contat, fit de mesmes. Par tels succès le cœur et les moyens lui creurent, jusques à entreprendre sur Nions, riche et forte ville, bien pleine de garnisons. Elle fut crochetée par le moyen d'un pertuis faict dans une cave, et est encores aujourd'hui entre les places de seureté. De mesme année, et par l'entreprise du mesme capitaine, bien qu'absent à cause de ses autres desseins, fut surpris Menerbe⁴ en la manière que nous dirons.

Quelques habitans qui estoyent venus prendre leur leçon à Montbrun et asseurance de six vingts chevaux pour leur tenir la main commirent l'exécution entreprise au capitaine Ferrier⁵, duquel nous avons parlé en Xainctonge. Le vicaire de Vous⁶, qui de longue

---

1. Vif, chef-lieu de canton de l'arrondissement de Grenoble, tomba aux mains de Montbrun dans les premiers jours de juin 1573, et non au mois de septembre, comme le dit La Popelinière, qui confond Vif avec Virieu (t. II, f. 192). Voyez les *Mémoires de Piémond*, 1885, p. 11.
2. Eustache Piémond le nomme *Maubec*. Georges de Serre, dit le capitaine Maubec (*Mémoires de Piémond*, p. 11).
3. Sahurne est *Sahune* (Drôme); Condorces, *Condorcet;* Vincobres, *Venezobres;* Vercas, probablement *Valréas*.
4. Menerbes, dans le département de Vaucluse.
5. Étienne Ferrier, capitaine protestant, originaire de Boujoux ou Bouroux au Comtat, signataire de la protestation des gentilshommes provençaux contre le supplice de Montbrun.
6. Jean Sérom, de Villeneuve, près Manosque, prêtre et curé

main vouloit changer de religion et avoit accès en la place par le moyen d'un chien couchant, dont il faisoit manger force perdrix au gouverneur, fut l'inventeur d'une desbauche qu'entreprirent ensemble le capitaine Rouchelle, un autre de mesme nom, Bruneti, Poullitre, Jean-François d'Aix et cinq ou six autres, presque tous Vaudois. A ceste desbauche, ils convièrent un mareschal voisin d'une porte. Ceux-ci, ayans follastré jusques après minuict, feignirent une querelle et mesmes d'avoir tué quelcun de la ville, si bien que le mareschal, demi yvre, leur presta des marteaux et leur aida à rompre le morillon de la barre si diligemment que le corps de garde, qui estoit entre deux portes à cent cinquante pas de là, ne put arriver si tost que le secours qui s'avança, comme il estoit convenu, au premier coup de pistolet[1]. Il n'y eut point de combat dans les rües. Le baron d'Allemagne[2], Barles[3], Tourette, Saint-Auban, à diverses fois, entreprirent le commandement de ceste ville, qui demeura au capitaine Ferrier[4]. Et eut pour lieutenant le capitaine Bernuë, qui, à la fin, y demeura seul. Ceste place bien équippée attendit le siège, duquel nous parle-

de Voulx (Pérussiis, dans le tome I des *Pièces fugitives* du marquis d'Aubais, p. 162).

1. La ville de Menerbe fut prise par les réformés le 2 octobre 1573 (Pérussiis, *Hist. des guerres du Comté-Venaissin*, dans le tome I des *Pièces fugitives* du marquis d'Aubais, p. 153).

2. Melchior de Castellane, baron d'Allemagne, seigneur d'Oze, Vitrolles, Claret et autres lieux, capitaine protestant, fut tué, le 5 novembre 1586, dans un combat contre Vins, sous les murs d'Allemagne (Basses-Alpes).

3. Barles est une seigneurie de la Provence (Basses-Alpes).

4. Pérussiis dit que le gouvernement de Menerbe demeura à Jean Sérom, curé de Voulx (*Pièces fugitives*, t. I, p. 161).

rons en son rang. J'adjousterai seulement que le curé, estant pris à quelque combat, se précipita dans la Durance comme on le menoit en Avignon[1].

En Rouargue, en Querci, guerre déclarée et quelque place prise.

La résolution des Béarnois commença par l'acte que j'ai à vous conter. Il y avoit un vieil seigneur nommé Auros[2] qui, ayant passé quatre vingts ans, estoit devenu aveugle[3]. On lui vint annoncer comment Grandmont[4] venoit avec commission de leur roi[5] pour, à main armée, changer la condition de Béarn; et mesmes le lendemain il devoit arriver à Yemau[6], sa maison, où l'on faisoit de grands aprests pour deux cent cinquante gentilshommes qu'il y amenoit; en ce nombre compris tous les seigneurs catholiques du pays. Le peuple de Pau se mit en pleurs et prières publiques, ausquelles cest aveugle se fit porter. Au retour de là,

---

1. Jean Sérom voulut faire partie d'une expédition dirigée contre la ville de Lardiers. Arrêté le 4 mai 1574 par Borrillon, capitaine catholique provençal, il se jeta dans la Durance, au port d'Orgon, et se noya (Pérussiis, dans le tome I des *Pièces fugitives*, p. 162).

2. Bernard, baron d'Arros, fidèle serviteur de la reine de Navarre, gouverneur du Béarn en 1569, mort en 1580. M. Communay, dans *les Huguenots dans le Béarn et la Navarre* (p. 143), a écrit une notice biographique sur ce capitaine.

3. D'Aubigné dramatise son récit aux dépens de la vérité. Le baron d'Arros n'avait point quatre-vingts ans et n'était pas aveugle. Voyez plus loin l'indication des publications de MM. Tamizey de Larroque et Communay.

4. Antoine, comte de Gramont, vicomte d'Aster, le rival du baron d'Arros.

5. La commission du roi était datée du 21 décembre 1572 (*Histoire et généalogie de la maison de Gramont*, p. 181).

6. Hagetmau, près de Saint-Sever (Landes).

il fit appeler son fils[1], le baron d'Auros[2], pour lui tenir ce langage : « Mon fils, qui t'a donné l'estre et la vie? » Le baron respond : « C'est Dieu, Monsieur, par vostre moyen. » Le vieillard suit : « Or ton Dieu et ton père te redemandent la vie qu'ils t'ont donnée; le premier qui la peut conserver parmi toutes sortes de dangers contre toute apparence, et qui recevant la vie présente pour son service en a une meilleure en main, qui seule mérite le nom de vie, toute preste avec la couronne de gloire éternelle pour te donner. Ton père est ici, qui, si tu meurs, te suivra de près, et, après avoir tesmoigné en terre ta vertu et ton obéyssance, tesmoignera pour toi au ciel et au jugement de Dieu. Va, n'ouvre point les yeux encore à voir combien te suivent, car ils seront bons. N'aye point d'yeux encores pour conter les ennemis, mais seulement pour les frapper de mon espée, que Dieu bénira en tes mains. » Le baron reçoit ceste espée, une accolade et un baiser de son père, ne respond que d'une révérence et va mettre ensemble ceux qui eurent le courage de le suivre, qui estoyent en tout trente-huict; entre ceux-là Lons[3], Adde[4] et Sarrazier[5]. Avec cela tout d'une

1. Le baron d'Arros exécuta lui-même l'entreprise d'Hagetmau, et, dans les documents authentiques que nous citons plus loin, il n'est point fait mention de son fils.
2. Jacques d'Arros, seigneur béarnais, ne survécut pas à son père, car le vieux baron d'Arros ne laissa qu'une fille, qui porta la seigneurie d'Arros dans la maison de Gontaut.
3. Jean, baron de Lons, nommé gouverneur de Pau, écuyer du Béarnais, chambellan, colonel-général de l'infanterie, un des plus fidèles serviteurs de Henri IV, mort dans un âge très avancé, en 1615.
4. Probablement Adé, seigneurie de la Bigorre.
5. Le baron de Sarraziet, capitaine protestant de la maison de la Salles-Bordes, plus tard marquis de Roquefort.

traitte s'en va mettre pied à terre dans la cour de Yemau, où tant de gens arrivoyent pour marcher le lendemain avec le comte, que nul ne prit alarme de lui. Ceste troupe, entrée dans la multitude du château, commence à jouer des mains, à tuer et faire sauter les fenêtres aux plus diligens. Ils prennent Grandmont, font mourir tout ce qu'ils purent accoster, et puis, ayans repris leur chemin, emmenèrent de bons chevaux, de quoi faire deux bonnes compagnies, avec des paysans dessus[1]. Le baron meine Grandmont à son père, qui, devant le prisonnier, dit au fils : « Il ne faloit pas amener ce Nicanor; baron, tu as sauvé ton destructeur et le corbeau qui te crevera les yeux[2]. » Grandmont depuis fut mis entre les mains de La Caze, envoyé en Béarn pour commander. Telles nouvelles amenèrent les Rochelois au point que La Noue voulut.

Le duc d'Alençon, sollicité d'un costé pour estre chef des Flamans, de l'autre pour l'estre des réformez, et avec eux de ceux qui s'appelloyent Politiques, et que l'on nomma Mal contents[3], tint les uns et les

1. La surprise d'Hagetmau par le baron d'Arros eut lieu le 17 avril 1573. M. Tamizey de Larroque, dans ses *Documents inédits pour servir à l'histoire de la ville de Dax* (Paris, 1883), a publié plusieurs documents nouveaux sur ce fait d'armes.
2. Les détails romanesques donnés par d'Aubigné sur la prise de Gramont paraissent être de pure invention, quelque autorité qu'ait pu avoir la tradition recueillie par notre auteur à la cour du roi de Navarre. Le 3 août 1573, d'Arros et Gramont signèrent une sorte de traité de paix, qui ne fut pas mieux tenu que les autres accords de ce genre, dans lequel il se rencontre maint détail qui prouve la fausseté du récit de d'Aubigné. Ce traité a été publié par M. Communay, dans *les Huguenots en Béarn et Navarre*, p. 166.
3. Les chefs de cette faction étaient Guillaume de Montmo-

autres long temps en suspens, comme lui l'estoit.
Ceux de Montmorenci, tenans pour certain que rien ne
les avoit sauvez du massacre que l'absence de l'aisné,
et que tous les jours on machinoit leur ruine envers le
roi, emplissoyent les esprits de leurs confidents du
mauvais gouvernement qui estoit au royaume, des
édicts violez, de la substance du royaume qui passoit
en Italie et du grand besoin d'une assemblée d'Estats.
Le duc de Montmorenci[1] alloit en ceci pesamment en
besongne et cerchoit tous remèdes sans faire section.
Mais Thoré et Meru[2], et le jeune vicomte de Turaine[3],
leur nepveu, qui marchoyent d'une autre air, se ser-
vans de La Mole[4], mignon du duc, et qui n'aguères
avoit esté le courrier du massacre le long du Rhosne,
par lui firent voir à ce prince bien ambitieux, fin,
doubteux et, comme on dit, fingart, des despesches
en Espagne et response, par lesquelles on résolvoit de
le faire périr[5], et avec lui le roi de Navarre, le prince
de Condé[6] et autres.

rency, seigneur de Thoré, et Henri de la Tour, vicomte de
Turenne, neveu de Thoré.
  1. François de Montmorency, fils aîné de feu le connétable Anne.
  2. Guillaume de Montmorency, seigneur de Thoré. — Charles
de Montmorency, seigneur de Méru.
  3. Henri de la Tour-d'Auvergne, vicomte de Turenne, devint
duc de Bouillon par son mariage avec Charlotte de la Mark et
maréchal de France, et mourut le 25 mars 1623. Il a laissé des
Mémoires qui ont été imprimés dans toutes les grandes collec-
tions sur l'histoire de France.
  4. Joseph de Boniface, seigneur de la Môle, célèbre à la cour
comme danseur, était l'amant de Marguerite de Valois, reine de
Navarre.
  5. De Thou parle de ces lettres, mais il élève des doutes sur
leur authenticité (liv. LVII).
  6. Ces deux princes faisaient aussi partie de la faction des

La roine mère, qui sentoit ces choses, sçavoit bien que le seul remède à tout cela estoit la lieutenance générale[1], mais elle craignoit que le remède[2] fust pire que la maladie, et qu'il en usast contre son authorité et pour empescher le royaume au Polonnois en cas de la mort du roi[3], laquelle elle voyoit proche. Elle se ferma[4] donc à faire donner ceste généralité au duc de Lorraine, à quoi elle fit consentir le roi en un conseil général qui fut tenu à Compiègne[5].

Le duc d'Alençon, se voyant frustré d'une telle dignité, se mit à penser à bon escient pour remuer les mains, choisit la protection des réformés et des Politiques unis avec eux et ne mit plus en délibération que la seconde question, par où il faloit commencer[6]. C'estoit sur le point que les réformés publièrent un manifeste, commençans par la dernière perfidie et insigne cruauté exercée par tout le royaume en foulant aux pieds la foi publique et tous édicts jurez sainctement, puis alléguans que l'édict de la Rochelle

---

Politiques. Jean Balzac de Montaigu allait et venait chez le duc d'Alençon pour le prince de Condé (De Thou, liv. LVII).

1. C'est-à-dire de donner au duc d'Alençon la lieutenance générale du royaume comme l'avait obtenue le roi de Pologne.

2. Cette partie de phrase jusqu'à « ... *et qu'il en usast* » manque à l'édition de 1618.

3. C'est-à-dire pour empêcher le roi de Pologne de recueillir la couronne en cas de mort de Charles IX.

4. *Fermer*, arrêter; de l'italien *fermar*.

5. Les *Mémoires de l'estat de France* disent que ce conseil devait être une réunion des états (t. III, f. 140). Nous croyons que l'éditeur des *Mémoires* et d'Aubigné après lui ont fait une confusion, car il n'y avait point d'états en préparation à cette date.

6. Le duc de Bouillon, alors confident du duc d'Alençon, expose avec plus de détails qu'aucun autre historien les ambitions et les faiblesses du duc d'Alençon (*Mémoires*, édit. Buchon, p. 391 et suiv.).

ne comprenoit pas la millième partie des réformez ; que l'on s'estoit mocqué des derniers articles présentez par ceux du Languedoc, qu'on leur avoit donné des juges, au lieu de leur rendre justice, propres à exercer leur patience, qu'on les déclaroit infâmes et indignes de charges publiques par tout le royaume, que les intercessions des princes allemans et les promesses faictes avec serment aux Polonnois ont esté mises à rien, mais qu'au lieu de cela on fait des levées en Allemagne et en Suisse ; pour ces causes, ils estoyent résolus de deffendre leurs gorges avec l'espée et la vertu [1].

Les Politiques mirent aussi la main à la plume, et, après avoir remonstré les désordres du royaume, concluoyent aux Estats, si bien qu'il ne demeura faute aucune de matière pour une guerre.

Le chef estoit désigné et prest de se déclarer quand le duc de Montmorenci fit part au duc d'Alençon de sa pesanteur [2], lui monstra les succès du prince de Condé et des Chastillons. Et puis, comme conseillier fidèle, demanda au roi hardiment, avec fortes raisons [3], ceste lieutenance pour Monsieur son frère.

Les choses encores furent aigries, pource que le duc de Guise prit opinion qu'un Vantebran [4], qui avoit

---

1. Ce manifeste, qui ne porte pas de date, est imprimé dans les *Mémoires de l'estat de France sous Charles IX*, t. III, f. 38.
2. Le duc de Montmorency était très obèse.
3. Les *Mémoires de l'estat de France* racontent que le chancelier Birague et le duc de Retz avaient imaginé le projet de donner la lieutenance générale du royaume au duc d'Alençon pour endormir sa confiance (t. III, p. 141).
4. Scévole de Ventabren était un ancien serviteur des Montmorency, qui était passé au service du duc de Guise et qui en avait été chassé (*Mémoires de Bouillon*, coll. Petitot, p. 99).

esté à Thoré, le suivoit pour lui faire un mauvais tour. Et pour ce faict ayant défendu à ce compagnon de se trouver devant lui, et nonobstant l'ayant rencontré dans l'escalier de Sainct-Germain, le poursuivit pour le tuer jusques entre les bras de Thoré. De là à quelque temps, cestui-ci, prisonnier, dit avoir esté suborné pour tuer le Guisard, et puis s'en dédit; pour cela banni de la cour[1].

La roine s'en servit pour persuader au roi que le dessein de tuer le Guisard estoit de la façon du duc d'Alençon, et prit de là occasion de lui reprocher qu'il avoit promis ceste lieutenance sur la demande de Montmorenci, que cela mettoit les forces du royaume entre leurs mains, et que, d'ailleurs, sur les premières honnestetez qui estoyent sorties de la bouche du roi, quand elle lui en avoit parlé, le Lorrain s'estoit avancé, et qu'il n'estoit pas besoin de se mocquer de lui. De faict, dès le lendemain, il vint coucher à Chantilli, par le conseil de la roine[2], pour amuser son hoste de feintes réconciliations.

Chapitre V.

La prise des armes du mardi gras.

Autres estoyent les pensées des réformez qui, à la

---

1. Ventabren ne fut pas seulement banni de la cour; il fut assassiné au mois de février 1574. Cette affaire est restée obscure. Voyez les *Mémoires de Bouillon (loc. cit.)*, et de Thou, liv. LVII.
2. Le roi de Navarre, dans son interrogatoire, accuse les Guises d'avoir accaparé toute la faveur de la reine mère. Il est certain que Catherine, en ce moment, comblait les Guises, parce qu'elle les regardait comme les soutiens de son fils préféré, le roi de Pologne (*Mémoires de l'estat de France*, t. III, f. 160 v°).

friandise d'avoir un fils de France pour chef, commencèrent leurs remuements en Poictou, où Saint-Sulpice[1] fut envoyé avec charge particulière de parler aux Rochelois et à La Noue, qu'ils avoyent esleu pour leur chef général, avec consentement des plus grands de leur parti, notamment de Pontivi, maintenant Frontenai[2] par la mort de son frère[3]. Cestui-ci, comme le plus relevé, y avoit le plus d'intérest, ferma la bouche, par son exemple, à moindres que lui qui en vouloyent murmurer ; et par ceste volonté sa modestie acquit beaucoup de crédit en son parti. Sainct-Sulpice, retourné à la cour, rapporta le point auquel les choses estoyent : qu'il avoit trouvé en La Noue un grand regret de voir rompre la paix[4], mais qu'il y avoit fait un notable discours pour monstrer qu'ils n'avoyent aucun moyen que les armes pour empescher ou esloigner leur ruine[5].

1. Jean d'Ébrard de Saint-Suplice, ancien ambassadeur en Espagne, alors surintendant général de la maison du duc d'Alençon, arriva à Saint-Maixent, en Poitou, le 15 janvier 1574 (*Journal de Michel le Riche*, p. 151). Son discours aux habitants de la Rochelle est reproduit par La Popelinière, t. II, f. 207 v°.

2. Jean de Rohan, seigneur de Pontivy, puis de Frontenay-l'Abattu, fils de René de Rohan et d'Isabeau d'Albret, sœur de Henri d'Albret, roi de Navarre, par conséquent cousin germain de Jeanne d'Albret.

3. Jean de Rohan, seigneur de Frontenay, époux de Diane de Barbançon-Cany, dont le mariage avait été célébré par Théodore de Bèze pendant le colloque de Poissy à Saint-Germain. Il avait été assassiné à la Saint-Barthélemy (*Mémoires de Condé*, t. I, p. 54).

4. La négociation de Saint-Suplice à la Rochelle auprès de La Noue est racontée avec détails par Arcère, *Hist. de la Rochelle*, t. I, p. 544.

5. Le 3 mars 1574, les habitants de la Rochelle décidèrent la

[1574] LIVRE SEPTIÈME, CHAP. V. 217

Donc, après avoir pris intelligence avec ceux du Daulphiné, Languedoc, Guienne et autres, La Noue ordonne la prise des armes à la nuict du mardi gras, qu'on estimoit, comme l'effect le prouva, propre à cause des desbauches qui se font le soir. Ceste nuict doncques, Saint-Estienne[1], accompagné de Bessay[2], prend Fontenay[3] par escalade posée à propos, ayant laissé passer la ronde. Celui qui la faisoit s'amusoit par cas fortuit, et, partant, ayant veu entrer les premiers et donné l'alarme, se jetta du couridour en bas et se rompit la jambe. Et, quoi que la douleur lui aidast à crier, mardi gras avoit si bien bersé les habitans que le corps de garde fut deffait sans secours, la ville pillée, l'argent du roi sauvé par les soldats et mis ès mains de leur général[4]. Lusignan[5], en mesme

nomination d'un conseil souverain sur toutes les affaires du parti réformé et spécialement sur la direction de la guerre pendant l'absence de La Noue.

1. Le s. de Saint-Étienne, fils de Jean de Machecou, s. de Vieillevigne.

2. Giron de Bessay, s. de Bessay et de la Coutancière, était beau-frère de Saint-Étienne (*Chroniques fontenaisiennes*, 1841, p. 172).

3. La prise de Fontenay eut lieu dans la nuit du lundi au mardi gras, 24 février 1574 (*Journal de Généroux*, 1865, p. 113). On lit dans les *Chroniques fontenaisiennes* un récit du temps de ce fait d'armes (p. 172 et suiv.).

4. D'Aubigné dit ici le contraire de ce qu'il voudrait dire. L'argent du roi fut pris au général des finances, le s. de la Ramée, et remis entre les mains du s. de Bessay (*Journal de Généroux*, p. 114).

5. Le château de Lusignan fut surpris par les réformés le 24 février 1574, jour du mardi gras. La chronique de Pierre Brisson contient de curieux détails sur ce fait d'armes (*Chroniques fontenaisiennes*, 1841, p. 215 et suiv.).

nuict, empoigné par Baronnière[1] et Luchai[2], n'y ayant point de garnison, mais bien une intelligence. Le capitaine Bonnet saisit Belle[3]. En Xainctonge, où La Caze commandoit, assisté de Plassac[4], Montguion, Husson, Bertauville, Pontlevin et Saujon[5], Plassac se saisit de Ponts par les armes des habitans réformez; Royan[6] par une haute et difficile escalade estant sans garde; Tonnay-Charente[7] par le moyen du receveur réformé[8]; Talmont[9] de jour par des soldats desguisez en musniers; Sainct-Jean d'Angle[10] par le receveur aussi; Rochefort par la crainte des Rochelois; Bouteville[11] par escalade; où il y eut quelques hommes tuez qui commençoyent à y faire garde. Ce succès, troublé par la mort de La Caze[12], tué par des canailles qui parlementoyent en

1. La Baronnière, gentilhomme huguenot d'auprès de Chenay.
2. Le s. de Luché, gentilhomme huguenot poitevin d'auprès le Lude.
3. Melle (Deux-Sèvres) fut repris par le duc de Montpensier le 21 août 1574 (*Journal de Généroux*, p. 124).
4. Jean de Plassac, de l'illustre maison de Pons, gentilhomme saintongeois, seigneur du Langon, souvent cité dans les *Chroniques fontenaisiennes*.
5. Montguyon, de la maison de la Rochefoucauld; Ussion, Bretoville, Ponlevain; Saujon, de la maison de Campet (De Thou, liv. LVII).
6. Royan, à l'embouchure de la Garonne, appartenait à la maison de la Trémoille.
7. Tonnay-Charente, près de Rochefort (Charente-Inférieure).
8. Var. de l'édit. de 1618 : « ... *receveur refformé*. Roian par une haute et difficile escalade estant sans garde : Tonai-Charente par le moien du receveur refformé. *Talmont...* »
9. Talmont, près des Sables-d'Olonne (Vendée).
10. Saint-Jean-d'Angle, près de Marennes (Charente-Inférieure).
11. Bouteville, près de Cognac (Charente).
12. La Caze de Mirambeau fut tué d'un coup d'arquebuse à la tête (De Thou, liv. LVII).

une meschante maison du village et lesquels il vouloit sauver. Il estoit difficile de juger de ce gentilhomme qui valoit plus en lui la probité, le grand sçavoir, la sagesse naturelle, l'expérience ou la valeur. Les autres historiens ont escrit comment on trouva en sa pochette la prédiction de sa mort et son épitaphe escrit de sa main[1] en vers latins[2].

En Daulphiné, les capitaines Montgon ou Monjon[3] et Guiart[4] prirent quelques bicocques[5] auprès de

---

1. Var. de l'édit. de 1618 : « ... *de sa main*, j'ai pensé devoir au plus excellent de mes capitaines la traduction qui est en ces termes :

> Passant; ne pleure que pour toi;
> Si je passe en meilleure vie
> Je n'ai besoin de ma patrie;
> Mais elle aura faute de moi. »

2. Voici les vers latins (De Thou, liv. LVII) :

> Desine migrantem lugere, viator et hospes,
> Non careo patria, me caret illa magis.

Nous avions déjà mentionné cette épitaphe (t. III).

3. Monjoux, capitaine protestant, avait été accusé, au commencement des troubles de 1562, de l'assassinat de La Mothe-Gondrin.

4. Vidal Guyard, ancien bonnetier du Puy, capitaine de rencontre, avait sous ses ordres une centaine de soldats huguenots (*Mémoires de Gamon*, 1888, p. 68, note). Il fut tué peu de temps après par trahison par son lieutenant, le s. Marfouze, sur les ordres de Antoine de la Tour, baron de Saint-Vidal, gouverneur du Velay (*Mémoires de Jean Burel, bourgeois du Puy*, p. 35).

5. Il s'agit ici du village d'Espaly, aux portes du Puy, qui appartenait à Antoine de Saint-Nectaire, évêque du Puy. Espaly tomba, dans la nuit du 9 au 10 octobre 1574, aux mains de Vidal-Guyard, qui s'y fortifia après l'avoir saccagé (*Mémoires de Jean Burel, bourgeois du Puy*, p. 33-34). Le même annaliste raconte la ruse par laquelle les catholiques, commandés par Saint-Vidal, reprirent Espaly, p. 35.

Valence et allèrent[1] faire la guerre au haut Vivarets, mais ils perdirent aussi tost leurs conquestes et la vie par trahison[2], si bien qu'en ceste pleine il ne demeura rien aux réformez. Mais Montbrun saisit L'Oriol[3], Livron[4], Allet[5], Granne[6] et Rongnat et rebastit Livron et L'Oriol qui estòyent démantelez. Il essaya une escalade à Montélimar, qui fut cause de la mort à plusieurs habitans[7].

En Vivarets, ceux de Villeneufve, ayans deffait des troupes qui s'amassoyent pour le roi, entreprennent sur Aubenas[8] par escalade; et, pource que ce fut plus tard que les autres, il y avoit desjà garnison de Lionnois qui fut toute mise en pièces à cause de la Sainct-Barthélemi. Peraut[9] donna sa maison pour faire la

1. Ce membre de phrase jusqu'à *mais ils perdirent* manque à l'édit. de 1618.
2. Les habitants du Puy se saisirent de Guyard et de sa garnison pendant la nuit et le tuèrent. On plaça sa tête sur la porte du Puy comme un trophée.
3. Loriol, près de Valence (Drôme), fut repris par Gordes le 30 septembre 1574 (*Mémoires de Piémond*, p. 28, note).
4. Livron, petite ville dans le diocèse de Valence, fut assiégé et pris par Montbrun le 23 juin 1574 (La Popelinière, t. II, f. 230).
5. Allex (Drôme) fut pris le 23 février 1574 par Claude de Mirabel, lieutenant de Montbrun, et repris par le Prince-Dauphin le 18 juin de la même année (*Mémoires de Piémond*, p. 24, note).
6. Grane (Drôme), ville et château appartenant au s. de Gordes, fut pris par Montbrun le 11 avril 1574 (Pérussiis, dans le tome I des *Pièces fugitives* du marquis d'Aubais, p. 161).
7. *Plusieurs habitants* protestants qui habitaient la ville (De Thou, liv. LVII).
8. Aubenas (Ardèche).
9. Jean de Fay, s. de Peyraud, chevalier de l'ordre, capitaine de cinquante hommes d'armes, sénéchal de Beaucaire et de Nimes, lieutenant général en Bresse (1595), mort sous Henri IV (*Mémoires de Gamon*, in-8°, 1888, p. 72).

guerre[1]; Andance[2] et Maleval[3], en Forest, receurent aussi garnison qui incommodoit les Lionnois[4]; ce qui fit sortir Mandelot[5] avec le canon dont il batit, prit et rasa Peraut avant qu'il fut esquipé pour le siège[6]. Glandage aussi se saisit d'Orange[7] sur le capitaine Berjon[8], réformé; mais, soupçonné pour avoir quelque privauté avec ceux d'Avignon, Berjon le reprit de puissant combat et par les soldats que Glandage y avoit laissez[9]. Il se maintint long temps en ceste place comme neutre.

1. Le s. de Peyraud était catholique et passa subitement dans le parti réformé (mars 1574) (*Mémoires de Gamon*, p. 72).
2. Andance, sur le Rhône, fut surpris par les réformés d'Annonay, sous le commandement de la Meausse, le 15 mai 1575 (*Mémoires de Piémond*, p. 33). Suivant Gamon, cette surprise eut lieu le 13 février de la même année (*Mémoires de Gamon*, p. 108). L'un de ces deux ouvrages contient probablement une faute d'impression dans la date.
3. Malleval-en-Forest (Loire) fut surpris par le s. de Peyraud le 6 avril 1574 (*Mémoires de Gamon*, p. 75).
4. Après la prise d'Andance et de Malleval par le seigneur de Peyraud, les habitants de Lyon furent comme bloqués (De Thou, liv. LVII).
5. François de Mandelot, chevalier de l'ordre, capitaine de cent hommes d'armes, lieutenant général au gouvernement du Lyonnais, Forez et Beaujolais depuis le 17 février 1571, mort à Lyon le 23 novembre 1588. Son tombeau est conservé dans l'église métropolitaine de Lyon.
6. Le château de Peyraud fut repris par Mandelot le 3 mai 1574 et rasé jusqu'aux fondements (*Mémoires de Gamon*, 1888, p. 78). Le château a été rebâti sous Henri IV et existe encore.
7. Glandage s'empara d'Orange le 5 novembre 1573 par une insigne trahison. Dans une visite de politesse au gouverneur de la ville, il le fit prisonnier sous prétexte qu'il avait reçu de l'argent du cardinal d'Armagnac pour conclure un traité secret avec le gouverneur d'Avignon (*Mémoires de Piémond*, p. 561).
8. Guillaume de Berjon, capitaine huguenot, avait été envoyé à Orange par Guillaume de Nassau.
9. La ville et le château d'Orange furent repris par Guillaume

Du costé des katholiques, Sainct-Jaille[1], qui estoit dans Marguerites[2] avec aussi grosse garnison qu'il en estoit besoin là, entra en intelligence avec le capitaine Deroni[3] qui, ayant pris sa leçon de Sainct-Remi[4], son général, promit tout et prit argent. Mais Sainct-Jaille perdit l'entreprise et l'argent, n'y voulant pas donner, pour avoir sçeu qu'il couloit des autres garnisons quelques forces à Nismes[5].

Nous parlerons du Languedoc et de la Guienne par occasion que nous donnera le mareschal de Montmorenci. Et, pource que les affaires de Normandie donnèrent le bransle à celles de la cour, nous gardons les unes et les autres pour le chapitre suivant.

Chapitre VI.

L'effroi de Sainct-Germain et procédures sur ce faict.

Dès que Guitri[6] eut le vent que le comte de Montgommeri passoit en Normandie[7], il trouva moyen de venir parler au roi de Navarre qui, pour cest effect,

de Berjon avant le 1er mars 1574 (Pérussiis, dans le tome I des *Pièces fugitives* du marquis d'Aubais, p. 159).

1. Probablement le s. de Lastic-Saint-Jal, capitaine de chevau-légers (*Hist. du Languedoc*, t. V, p. 366).
2. Marguerites, près de Nîmes.
3. Jean Deiron, bourgeois de la ville de Nîmes, très influent au conseil (Ménard, *Hist. de Nîmes*, liv. XVII, § 27).
4. Lisez *Saint-Romain*.
5. Le complot avait été fixé au 20 mai 1574, mais échoua (Ménard, *loc. cit.*).
6. Jean de Chaumont, s. de Guitry.
7. Le comte de Mongonmery était à Jersey depuis l'échec de son expédition à Belle-Isle. Il passa à la cour d'Angleterre et organisa une expédition en Normandie (Arcère, t. I, p. 546).

estoit à la chasse à Sainct-Prix[1], où par ma conduicte il fut deux heures en la ruelle du lict sans estre cognu. Le lendemain, il vit en secret Thoré, le vicomte de Turenne et La Nocle[2], tous désespérez des variations du duc d'Alençon. Ils advisèrent de l'engager[3] en faisans approcher une bonne troupe de cavallerie auprès de Sainct-Germain[4], espérans que, l'occasion se présentant, ces princes se jetteroyent à eux. Cela fut exécuté avec un tel heur qu'il ne tint qu'à Guitri qu'il ne gardast Mantes, où la pluspart des siens passèrent la Seine. Mais La Mole, qui avoit senti son maistre branler au manche, voulut avoir le gré, porte l'advis de ce qui se passoit à la roine, qui donne l'alarme la plus chaude qu'elle pût, fait fouiller tous les coins du chasteau, presse le roi de vuider, le faisant souvenir que ses devins, desquels elle faisoit tousjours grand cas, avoyent dit que le roi devoit se donner garde de Sainct-Germain[5]. Toute la cour prend l'effroi, qui par la chaussée, qui par les batteaux, qui par Sainct-Clou;

1. Probablement Saint-Priest ou Saint-Prix (Seine-et-Oise). D'Aubigné ne parle pas de cette conférence dans ses *Mémoires*. Mongonmery était débarqué aux Rades le 11 mars 1574.

2. Philippe de la Fin, s. de la Nocle.

3. Cette entreprise, conseillée par La Noue, eut lieu le 1er mars 1574. Cependant il est à remarquer que le roi, dans une lettre à Arnaud du Ferrier, du 7 mars, la date « du penultième du mois passé » (*Négociations du Levant*, t. III, p. 475).

4. L'entreprise avait été fixée au 10 mars 1574. Turenne raconte que Guitry, en avançant ce coup de main de huit jours, compromit irrémédiablement le succès de la conjuration (*Mémoires de Bouillon*, coll. Petitot, p. 101).

5. Le roi mourant se mit en litière et gagna péniblement les portes de Paris. Voyez les *Mémoires de Marguerite de Valois*, édit. de la Bibl. elzévir., p. 39. Après son arrivée à Paris, le 7 mars 1574, le roi adressa à Arnaud du Ferrier, ambassadeur à Venise,

c'estoit à qui gaigneroit Paris. Ceux du roi de Navarre, pour faire les bons valets, coururent au devant; et nous trouvasmes à moitié chemin de Sainct-Germain les cardinaux de Bourbon, de Lorraine et de Guise, Birague, desjà chancellier, Morvilliers et Bellièvre, tous montez sur coursiers d'Italie ou grands chevaux d'Espagne, empoignans des deux mains l'arçon et en aussi grande peur de leurs chevaux que des ennemis. Ils n'avoyent avec eux, de tout leur train, que deux hommes. Il eschappa à quelcun de dire : « Voilà pour cinq cents mille escus de marchandises. » Et, si le maistre de ceux qui estoyent là eust esté désengagé [1], la besongne estoit faicte [2].

La cour alla loger et séjourna quelques jours à l'hostel de Rets, au faux-bourg Saint-Honoré [3], et de là gaigna le bois de Vincennes, où il y avoit bon air et seureté, sans oublier à prendre bien garde au duc d'Alençon, au roi de Navarre et au prince de Condé, prisonniers sans apparence [4].

le récit des dangers qu'il avait courus. Sa lettre est imprimée dans les *Négociations du Levant*, t. III, p. 475.

1. Marguerite de Valois raconte que la reine mère obligea le duc d'Alençon et le roi de Navarre à monter dans son coche (*Mémoires*, édit. elzévir., p. 39).

2. Tous ces détails sont tirés des *Mémoires de l'estat de France*, t. III, f. 143 et suiv. Les *Mémoires de Bouillon* et les *Mémoires de Marguerite de Valois* confirment le récit de d'Aubigné.

3. L'hôtel de Retz était situé sur le marché aux pourceaux, près la porte Saint-Honoré. Le 3 mars 1574, de ce logis, le roi lança un édit d'amnistie à l'adresse des séditieux qui déposeraient les armes (Coll. Brienne, vol. 207, f. 130). Le 5, il ordonna une levée générale de gens d'armes et de gens de pied (La Popelinière, t. II, f. 211).

4. Avant d'aller à Vincennes, le roi passa quelques jours au

En Normandie, en attendant le comte, Colombières[1], Guitri et Sey[2] se jettent dans Sainct-Lô de plein jour, comme estant sans garde, et La Touche[3] dans Donfront au pays de Goron. Le comte arrive[4] avec Lorge, son fils, et Refuge[5], son gendre, meine ce qu'il avoit d'hommes prests à assiéger Carentan qui, après trois jours de siège, se rendit. Valongnes fit de mesmes, qui leur donnoit la commodité de la mer. Or, cependant que les réformez travaillent par tout à fortifier et à munir, le roi se résout à faire trois armées : l'une pour la Normandie, commandée par Matignon[6], lieu-

---

Louvre. Brantôme raconte que la reine mère fit griller les fenêtres de l'appartement du roi de Navarre (Brantôme, t. VII, p. 359).

1. François de Bricqueville, baron de Coulombières, tué à la défense de Saint-Lô. Coulombières et de Say, avec cinquante gentilshommes environ, reçurent le comte de Mongonmery à sa descente aux Rades (*Mémoires de l'estat de France*, t. III, f. 351 v°).

2. René de Frotté, fils de Jean de Frotté, s. de Say, du chef de sa femme, Jeanne le Coutelier, mariée en 1536, seigneur de Couterne et de Vieux-Pont, était un gentilhomme des environs de Coutances. Il avait des liens de parenté avec le grand historien de Thou (*Mémoires*, liv. II).

3. Ambroise le Héricé et René le Héricé, dits *la Touche*, étaient deux frères de naissance noble, pillards de vocation, qui servaient dans les armées protestantes. M. Hippolyte Sauvage, dans la savante étude qu'il a consacrée au siège de Domfront, leur a consacré une notice détaillée (*Domfront, son siège en 1574*, in-12, 1879).

4. Le lundi, 11 mars 1574, le comte de Mongonmery partit de Jersey pour la Normandie (*Mémoires de l'estat de France*, t. III, f. 351 v°).

5. Jean de Refuge, comte de Couesme, seigneur de Gallardon, avait épousé Claude de Mongonmery.

6. Jacques de Goyon, s. de Matignon, né le 26 septembre 1525 à Lonlay, capitaine d'ordonnance, gouverneur de la basse Normandie, maréchal de France, gouverneur de la Guyenne, mort le 27 juin 1597 à Lesparre. Son immense correspondance, conser-

tenant de roi en ce quartier, assisté de Fervaques[1] pour ce costé[2]. On mande toutes les compagnies de gendarmes de Bretagne, Anjou, le Perche, le Meine et Normandie, quatorze ou quinze vieilles compagnies de divers régimens, un régiment de quinze nouvelles, qu'on donne à Émeri[3], un autre à Lussai[4], un autre à Laverdin[5]; avec cela les arrière bans et tout ce qui se pût amasser tumultuairement. L'armée de Poictou fut mise entre les mains du duc de Montpensier, à qui on donna toutes les compagnies d'ordonnances d'entre Loire et la mer, quelques compagnies des gardes, le vieil régiment de Sarriou[6], celui de Bussi et autres, comme nous spécifierons ci-après.

Le département du Prince Daulphin[7] et de la troisième armée fut en Daulphiné et Languedoc. Devant cela fut despesché le duc d'Usez. Ceux du Pouzin, saisi un peu devant, prirent un courrier qui l'alloit trouver; et, pource que ses pacquets portoyent plusieurs choses contre le mareschal d'Amville, ils furent

vée dans les archives de Monaco, est en cours de publication par les soins du savant M. Gustave Saige.

1. Guillaume de Hautemer, s. de Fervaques.
2. Matignon et Fervaques vinrent camper devant Saint-Lô le samedi 17 avril 1574 (*Mémoires de l'estat de France*, t. III, f. 352).
3. Jean d'Hemeries, gentilhomme normand catholique, époux de mademoiselle d'Ayelle, une des filles de la reine, cité par Brantôme.
4. Jean de Coesme de Lucé, colonel de gens de pied.
5. Jean de Beaumanoir de Lavardin, gentilhomme du Maine, plus tard maréchal de France.
6. Le s. de Sarriou, capitaine catholique, parent du maréchal de Thermes, qu'il avait suivi en Corse, mestre de camp, cité par Brantôme (t. VI, p. 72).
7. François de Bourbon, dauphin d'Auvergne, fils du duc de Montpensier.

soigneusement envoyez et aussi tost que lus. Le mareschal se saisit de Montpelier, Lunel, Beauquaire et Pezenas[1], que le capitaine qu'il y avoit mis vendit, voulant, comme il disoit, avoir un maistre duquel il cognust le parti et qui ne fust point si long à résoudre.

On despescha de la cour Sainct-Sulpice et Villeroi, l'un après l'autre, pour adoucir le mareschal [2], et Martinangues, après eux, qui les trouva encores en Avignon, avec commandement [3] de le faire prendre s'ils pouvoyent, et enjoindre à tous les gens de guerre qu'il avoit, et principalement aux Corses, de le quitter, et aux villes de ne le recognoistre plus.

En cour, Monsieur et le roi de Navarre, avec permission du roi, font publier leurs déclarations [4] pour se purger des calomnies [5] par lesquelles ils prétendoyent estre offensez. Le roi, irrité de toutes ces choses [6], fit

1. D'Aubigné semble dire que Damville prit successivement ces quatre villes. Il se trompe. Ces quatre villes le reconnaissaient comme leur gouverneur et ne lui faisaient aucune opposition. Seulement, après la prise d'armes de 1574, Damville s'occupa de les mettre à l'abri d'un coup de main dirigé contre lui. Voyez l'*Histoire du Languedoc,* t. V, p. 326 et suiv.

2. Damville évita sous divers prétextes cette conférence, qui lui était suspecte (De Thou, liv. LVII).

3. Ces ordres avaient été donnés à Sarra de Martinengo (De Thou, liv. LVII).

4. Les déclarations du roi de Navarre et du prince de Condé, en date du 24 mars 1574, sont imprimées dans les *Mémoires de l'estat de France,* t. III, f. 145 v°, et par La Popelinière, t. III, f. 209 v°, et ailleurs.

5. Suivant l'*Histoire du maréchal de Matignon,* de Caillières, ce fut Matignon qui découvrit les menées du roi de Navarre et du duc d'Alençon (in-fol., p. 118).

6. Le roi montra une dissimulation extraordinaire et feignit la

faire le procès aux accusez par les présidents de Thou[1] et Hannequin[2]. Brinon[3], parisien, du nombre de vingt-cinq espies que la roine entretenoit en la cour et ailleurs, fut ouy[4], accusant La Mole, le comte de Coconas[5], Sainct-Martin[6], Grandri[7], les deux Tourtais[8]; le dernier autresfois secrétaire de Grandri[9] quand il

plus grande confiance vis-à-vis des accusés avant de les faire emprisonner. Les *Mémoires de l'estat de France* donnent d'intéressants détails. Voyez notamment t. III, f. 297.

1. Christophe de Thou, premier président du Parlement de Paris, père du grand historien. Voyez tome II, p. 145, note. L'instruction commença le 30 mars 1574 (le Frère de Laval, *Hist. des troubles*, f. 717). Les lettres de commission du roi, sans date, sont imprimées dans les *Mémoires du duc de Nevers*, t. I, 2e partie, p. 72.

2. Pierre Hennequin, président au Parlement.

3. Yves Brinon, délateur de profession, appartenait à une bonne maison, mais, réduit par son inconduite aux expédients, il demandait des moyens d'existence aux métiers les moins honorables (De Thou, liv. LVII).

4. Brinon déposa le 14 avril 1574 et fut confronté le même jour avec le s. de Grandry. Les procès-verbaux sont imprimés dans les *Mémoires de l'estat de France*, t. III, f. 163 et 174.

5. Annibal, comte de Coconas, gentilhomme piémontais, attaché au duc d'Alençon, s'était signalé par sa cruauté au massacre de la Saint-Barthélemy. A la cour il était connu par son élégance et son esprit et il devint l'amant de la duchesse de Nevers. Brantôme le cite souvent.

6. Laurent du Bois, s. de Saint-Martin, subit deux interrogatoires, le 14 et le 29 avril 1574, et fut confronté le 14 avec le s. de Saint-Paul. Les procès-verbaux de ces actes sont imprimés dans les *Mémoires de l'estat de France*, t. III, f. 170, 171 et 192.

7. Pierre de Grandry était maître d'hôtel ordinaire du roi. Il fut interrogé le 14 et le 27 avril 1574 et confronté avec le s. de Tourtray le 24. Les procès-verbaux de ces actes sont imprimés dans les *Mémoires de l'estat de France*, t. III, f. 173, 188 et 190.

8. Pierre et François de Tourtray, habitants de Tours. L'interrogatoire de François eut lieu le 14 et le 24 avril 1574 (*Mémoires de l'estat de France*, t. III, f. 172 et 184).

9. François de Tourtray avait été secrétaire, non de Pierre de

estoit agent en Constantinople. La Mole, interrogé[1], nia, Coconas[2] confessa que La Mole l'avoit donné depuis peu au duc d'Alençon, qu'ils devoyent se sauver de Sainct-Germain à Verine, de là à la Ferté, où le prince de Condé et de Thoré devoyent se trouver avec bonne troupe pour se rendre à Sedan ; que le duc de Bouillon leur avoit envoyé un gentilhomme des siens pour les conduire, que le duc de Montmorenci estoit de la partie, qu'à Sedan se devoit trouver le comte Ludovic pour certains desseins qu'ils avoyent faicts ensemble à Blamont, que là, ayant receu des forces, il devoit marcher vers la Guienne, que, si le mareschal de Cossé avoit une armée contre eux, ils auroyent bonne intelligence ; que Tevales[3], gouverneur de Mets, estoit du parti et qu'il avoit desjà envoyé des armes pour avoir quatre mil hommes[4].

Grandry, comme d'Aubigné semble le dire, mais de son frère, Guillaume de Grandchamp, pendant son ambassade à Constantinople (De Thou, liv. LVII).

1. La Mole subit des interrogatoires le 11 avril 1574, le lendemain de son arrestation, le 15, le 29 et fut confronté avec Coconas le 27. Les procès-verbaux de ces actes de procédure sont publiés dans les *Mémoires de l'estat de France*, t. III, f. 151, 176, 190 et 191.

2. Coconas subit deux interrogatoires, le 12 et le 15 avril 1574. Ils sont imprimés dans les *Mémoires de l'estat de France*, t. III, f. 152 et 175.

3. Jean de Thevalle, seigneur d'Aviré, gouverneur de Metz, mestre de camp (Brantôme, t. V, p. 364). Le 18 avril 1574, Coconas le dénonça au roi comme complice de la conjuration. Sa lettre est imprimée dans les *Mémoires de Castelnau*, 1731, t. II, p. 371.

4. D'Aubigné a tiré ces détails du premier interrogatoire subi par Coconas en présence du roi (*Mémoires de l'estat de France*, t. III, f. 152 v° et suiv.).

Le duc d'Alençon, interrogé[1], confessa avoir eu grand désir d'espouser la roine d'Angleterre[2], que cela et le désir de la guerre en Flandres[3] l'avoyent rendu ami de l'amiral et fait conférer avec lui, que les insolences du Gast[4] contre les princes et seigneurs et contre lui mesmes lui avoyent fait prester l'oreille à Thoré et à Turaine pour présenter une requeste, que La Noue avoit dressée et dont ils avoyent parlé dès le siège de la Rochelle[5]; et que La Mole l'avoit empesché de la présenter à Chantilli, lui disant qu'il print conseil de l'aisné des Montmorencis[6] et non des cadets et autres, que nous avons nommez, sans barbe et sans expérience; qu'au retour du roi à Sainct-Germain, ils

1. La déposition du duc d'Alençon, datée du 13 avril 1574, est imprimée dans les *Mémoires de l'estat de France,* t. III, f. 155. Le 14, le 15 et le 18 avril, ce prince signa diverses déclarations qui sont imprimées dans les Pièces justificatives des *Mémoires de Castelnau,* t. II, p. 356 à 373.

2. Les négociations de Catherine de Médicis pour faire accepter le duc d'Alençon par la reine d'Angleterre étaient alors poursuivies avec activité. Voyez les Pièces justificatives des tomes II et III des *Mémoires de Castelnau,* 1731, in-folio. Le duc de Retz avait été envoyé en Angleterre pour diriger cette négociation dès le 24 août 1573 (*Journal de Michel le Riche,* p. 46).

3. Le duc d'Alençon, depuis le siège de la Rochelle, négociait pour devenir le chef des confédérés des Pays-Bas (*Mémoires de Bouillon,* ann. 1574).

4. Louis Bérenger du Guast était le favori du duc d'Anjou et avait été nommé colonel général des troupes que ce prince devait amener en Pologne (Brantôme, t. VI, p. 206).

5. Les intrigues du duc d'Alençon en faveur de l'organisation du tiers parti dès le siège de la Rochelle sont racontées dans les *Mémoires de Bouillon,* ann. 1574.

6. Dans les anecdotes de du Vair, publiées à la suite des *Mémoires de Marguerite de Valois* (édit. elzévir., p. 198), on lit que La Mole s'était mis en rivalité ouverte avec le duc de Montmorency et que cette division fit manquer la conjuration.

avoyent délibéré du partement; que Guitri avoit précipité les affaires par le conseil de La Noue; que le roi de Navarre et le prince de Condé se devoyent[1] rendre à Montfort-l'Amaurri; que La Mole, réprouvant toutes ces choses, les avoit révélées à la roine, premièrement, et puis au roi. Le Blosset[2], envoyé par le roi vers Guitri, en rapportant les secrets du parti, requiéroit que La Mole n'en sçeut rien. Et, qu'en fin, La Mole contredisant tousjours, ils avoyent pris la résolution de partir le dixiesme d'avril[3], gaigner Muret[4], qui est au prince de Condé; tout cela mesnagé par Chasteau-Bandon[5] et Montaigu[6]. Quant à Coconas, qu'il avoit esté présenté par La Mole et reçeu en sa maison depuis peu de jours[7].

Le roi de Navarre, à son audition[8], ne travailla point à la négative des choses alléguées, mais, encor que le chancelier y fust, créature de la roine, il se

1. Le roi de Navarre dit au prince de Condé « qu'il feroit ce qu'il vouldroit, mais qu'il n'en falloit rien dire; ajoutant ces mots: « le prince de Condé fera ce que je voudray » (*Mémoires de l'estat de France*, t. III, f. 158).
2. Jean de Blosset, seigneur de Torcy, de la célèbre maison d'Estouteville.
3. Le 10 avril, en 1574, tombait le samedi saint.
4. Moret, près de Fontainebleau, une des seigneuries de la maison de Condé.
5. Le seigneur de Château-Bodeau, gentilhomme d'Auvergne, appartenait à la maison de Ligondès.
6. Jean de Balzac, s. de Montaigu.
7. Ces détails sont tirés de l'interrogatoire du duc d'Alençon (*Mémoires de l'estat de France*, t. III, f. 155).
8. Le roi de Navarre déposa au bois de Vincennes, le 13 et le 24 avril 1574, en présence de la reine mère, du cardinal de Bourbon, des présidents de Thou et Hennequin. Ces deux dépositions sont imprimées dans les *Mémoires de l'estat de France*, t. III, f. 159 et 181.

mit à justifier son désespoir par les maux qu'elle lui faisoit, pour voir le duc de Guise desjà tenu pour connestable, le duc d'Alençon et les Bourbons destinez à la mort; ce qui ne leur estoit pas si dur que celle du roi, qu'on disoit procurée par les catholiques zélez, afin que Monsieur, au lieu d'aller en Polongne, achevast d'extirper les hérétiques en France; qu'au partir de Blamont, ce prince, courtois à tout le monde, recommanda à la roine tous les principaux qui estoyent là, de lui un seul mot; et qu'elle ne l'a regardé que d'un très mauvais œil depuis; et voilà pourquoi il avoit pensé à quitter la cour. Il desposa les mesmes choses depuis devant la roine et quelques princes joints aux commissaires[1].

La Mole, condamné[2] et présenté à la gehenne extraordinaire, enquis que c'estoit d'une image de cire qu'il avoit faite et picqué au cœur d'une aiguille, et qui lui aidoit à cela, respondit que c'estoit pour gaigner l'amour d'une fille de Provence et que son instructeur estoit Cosme[3], qui fut aussi tost pris et

1. Le roi de Navarre présenta au roi un mémoire justificatif dû à la plume élégante et facile de sa femme. Cette pièce intéressante est publiée à la suite des *Mémoires de Marguerite de Valois,* édit. elzévir., p. 181.

2. Le procès-verbal de la question et exécution de La Mole, daté du 30 avril 1574, est contenu dans les *Mémoires de l'estat de France sous Charles IX* (t. III, f. 193 et suiv.).

3. Cosme Ruggieri, devin florentin, un des favoris de la reine mère, fut arrêté vers la fin d'avril 1574. Lansac l'envoya de Vincennes sous bonne escorte à l'avocat général La Guesle, avec ordre de l'interroger « sur certaines images de cire qu'on dit qu'on a trouvées parmy les besoignes de La Mole » (Lettre autographe de Lansac à La Guesle, du 26 avril 1574; coll. Dupuy, vol. 590, f. 26).

rasé comme sorcier; mais la roine le favorisoit et employoit ceux de ce mestier. La Mole fut mené en Grève, où, après force pleurs et cris, eut la teste tranchée et mis en quartiers[1]. Coconas de mesme[2], advertissant le roi des embusches qu'il avoit bien près de sa personne[3]; Grandri, grand alchimiste, sauvé par son oncle l'évesque de Limoges[4].

Ces choses et la mort du roi toute apparente résolurent la roine à s'asseurer des mareschaux de Montmorenci et de Cossé[5], qui vindrent au premier man-

1. Le corps de La Mole fut coupé en quatre quartiers qui furent attachés à quatre gibets et exposés plus tard à quatre portes différentes de la ville (De Thou, liv. LVII). Après la mort de La Mole, dit Brantôme, la reine de Navarre fit embaumer sa tête et la garda en souvenir de son amour pour lui (t. IX, p. 122). L'Estoile raconte que La Mole mourut avec une faiblesse honteuse (*Journal,* édit. Champollion, p. 30).

2. La Mole et Coconas subirent le dernier supplice le 30 avril 1574. Les *Mémoires de l'estat de France sous Charles IX* (t. III, f. 197 v° et suiv.) contiennent le procès-verbal de l'exécution de Coconas. Après sa mort, la duchesse de Nevers, à l'exemple de la reine de Navarre, fit embaumer sa tête (Brantôme, t. IX, p. 122). Coconas mourut avec courage (*Journal de L'Estoile,* édit. Champollion, p. 30).

3. Avant de mourir, La Mole fit une déposition qui est imprimée dans les *Mémoires de Castelnau,* t. II, p. 277. Quant à Coconas, on ne connaît pas le fond de ses derniers aveux, mais il dut faire quelques révélations, car, le 1er mai 1574, le roi commanda au premier président de venir immédiatement à Vincennes pour lui en rendre compte (Orig.; coll. Dupuy, vol. 801, f. 86).

4. Sébastien de l'Aubespine, prélat et diplomate, né en Beauce en 1518, évêque de Limoges au mois d'octobre 1558, ambassadeur en Espagne en 1559, mort à Limoges le 2 juillet 1582. M. Louis Paris a publié dans la *Collection des documents inédits,* sous le titre de *Négociations sous le règne de François II,* une partie de la correspondance de ce prélat pendant sa mission en Espagne.

5. Artus de Cossé, s. de Gonnor et de Secondigné, frère cadet du feu maréchal Charles de Brissac.

dement; logez au commencement dans le chasteau[1], là advertis par leurs femmes et amis de gaigner la campagne sous couleur d'aller à la vollerie[2]. Cela fut mesprisé et la bonne conscience alléguée au contraire.

Le troisiesme jour[3], le vicomte d'Auchi[4] leur ayant déclaré leur prison, les mena en coche à la Bastille[5]. Le peuple de la ville, n'aguères partisan de ceste famille, les receut avec injures et contribua huict cents arquebusiers de garde, tant que leur prison dura[6]. Le mesme jour, on donna des gardes au duc d'Alençon et au roi de Navarre. Quelques uns soupiroyent d'une telle nouveauté; les autres en rioyent; et chacun admiroit de voir une femme estrangère, née de con-

---

1. Le maréchal de Montmorency était à Dammartin avec le duc de Lorraine et le cardinal de Lorraine quand, au mois de mars 1574, il fut convoqué soudainement par le roi avec le maréchal de Cossé à Vincennes (*Mémoires de l'estat de France*, t. III, f. 296).

2. Le maréchal de Montmorency s'attendait si peu à son arrestation qu'il avait fait apporter de Chantilly ses oiseaux de volerie (*Ibid.*, f. 296 v°).

3. Les deux maréchaux furent arrêtés à Vincennes et conduits à la Bastille en avril 1574 (*Mémoires de l'estat de France*, t. III, f. 297). On conserve dans la coll. Moreau (vol. 741, f. 209) une lettre que Montmorency adressa à ses frères après son entrée en prison, le 28 avril.

4. Eustache de Conflans, vicomte d'Auchy, de l'illustre maison de Mailly. Il fut député de la noblesse du Vermandois aux états de Blois, en 1588, puis gouverneur de Saint-Quentin, ambassadeur en Flandre près de l'archiduc et enfin chevalier d'honneur de Marie de Médicis. Il mourut le 19 juin 1628.

5. Le 7 mai 1574, un ordre du roi mit le parlement en demeure d'instruire le procès des deux maréchaux. Cette pièce est conservée dans la coll. Dupuy, vol. 590, f. 27.

6. Les *Mémoires de l'estat de France* (t. III, f. 296) ont reproduit une pièce du temps, *Discours sur l'emprisonnement du maréchal de*

dition impareille à nos rois, au lieu d'estre envoyée en sa maison comme plusieurs roines douairières, se jouer d'un tel royaume et d'un tel peuple que les François, mener à sa cadène[1] de si grands princes. Mais c'estoit qu'elle se sçavoit escrimer de leurs ambitions, bien mesnager les espérances et les craintes, trancher du cousteau des divisions; et, ainsi, docte en toutes les partialitez, employer pour soi les forces qu'elle devoit craindre. On pouvoit lors dire des François que chacun, pour sauver sa vie et respirer une ame précaire, se faisoit bourreau de son compagnon[2].

Chapitre VII.

Partie du prince de Condé; guerre de Normandie.

Un vallet de chambre du prince de Condé, ayant rencontré Le Blosset, qui lui tesmoignoit avoir un grand désir de voir encor son maistre devant que mourir, trouva moyen de le cacher en la garde-robbe du prince, où il esprouva un cœur que la prison n'avoit pas attiédi, en se départant, les larmes aux yeux, de l'un à l'autre. Le prince, privé de tous ses moyens et n'ayant que pour vivre bien estroictement,

Montmorency, laquelle a été réimprimée dans les *Archives curieuses* de Cimber et Danjou, t. VIII, p. 121.

1. *Cadène,* chaine.
2. Les documents inédits abondent sur la conjuration des Politiques, qui reste encore un des plus obscurs mystères du règne de Charles IX. A toutes les indications de sources que nous avons présentées, nous ajouterons la collection sur ce procès formée par le procureur général Joly de Fleury, qui occupe actuellement le volume 2444 de ce fonds.

demanda à son homme de chambre un cordon d'esmeraudes qu'il avoit porté le jour de devant ses nopces, estimé à dix-huict cens escus. Il coula ce cordon dans la pochette du Blosset, comme s'il lui eust desrobé. L'autre, s'en apercevant, ne le voulut pas souffrir et dit qu'il estoit plus riche pour gentilhomme que son maistre pour prince. En fin, contraint de le prendre sous couleur que c'estoit pour l'employer aux premiers commandements[1], ce gentilhomme, esmeu pour un si bon maistre, de qui la misère ne pouvoit esteindre la libéralité, espia si bien à la cour les occasions de sa revanche, que, par lui, le prince de Condé sceut les premières nouvelles de ce que dessus. Il ne se fist point prier pour sortir desguisé[2]

1. D'Aubigné tenait sans doute ce récit de la bouche du capitaine Blosset, qu'il vit peu de temps après, ainsi qu'il le racontera plus loin. Quoi qu'il en soit, un document nouveau nous permet de raconter les suites de cet acte de générosité. Après avoir quitté le prince de Condé, Blosset partit pour la Normandie et s'enferma avec Mongonmery dans les murs de Saint-Lô. Vers la fin du siège, il confia la chaîne de Condé à un s. de Chassaing, moyennant un récépissé. Chassaing la remit à l'évêque de Tulle et facilita la sortie du prélat. Blosset fut tué. Villarmois, lieutenant de Matignon, trouva dans ses poches le récépissé de Chassaing et réclama la chaîne à l'évêque de Tulle. L'évêque et Villarmois se disputèrent ce joyau, comme étant de bonne prise. La querelle fut soumise à la reine, qui renvoya le jugement à Matignon. Nous ne connaissons pas l'arrêt de Matignon. Nous prenons ces curieux détails dans une lettre de Catherine à Matignon du 24 juin 1574 (Orig.; f. fr., vol. 3255, f. 53).

2. Condé prit la fuite avant le 15 avril 1574 (Lettre du roi à M. du Lude de cette date ; *Arch. hist. du Poitou*, t. XII, p. 365). La Huguerye, qui avait été secrétaire du prince de Condé, raconte dans ses *Mémoires* que la reine mère avait envoyé à Antoine de Créqui-Canaples, évêque d'Amiens, l'ordre de saisir le prince de Condé (t. I, p. 312).

d'Amiens[1], et, ayant Thoré, qu'il print en chemin, gaigner l'Allemagne[2] en prenant haleine à Strasbourg[3].

Voilà les armes prises par toute la France à jeu descouvert. Manifestes et déclarations[4] des confédérez et plusieurs escrits d'une part et d'autre[5] parurent en mesme temps; comme aussi un dessein pour assassiner La Noue, auquel furent employez Maurevel et un Sainct-Martin[6], qui s'en retournèrent de Poictou sans rien faire. Un autre dessein de poison, composé

---

1. La Popelinière donne de curieux détails sur la fuite du prince de Condé (t. II, p. 239). Une lettre adressée à la reine mère, sans date ni signature, lui apprend que le prince a été poursuivi comme un criminel et que tous ses bagages ont été saisis (f. fr., vol. 20434, f. 3).

2. Condé alla à Heidelberg avant d'aller à Strasbourg. Il était auprès de l'Électeur palatin à la date du 27 avril 1574 (Lettre de Charles IX à Arnaud du Ferrier, ambassadeur à Venise; *Négociations du Levant*, t. III, p. 487).

3. Le prince de Condé, après son arrivée à Strasbourg, adressa, le 4 mai 1574, des lettres aux églises réformées de France et à divers capitaines, notamment au s. de Saint-Romain. Plusieurs de ces lettres sont imprimées dans les *Mémoires de l'estat de France*, t. III, f. 362 et suiv. Le 9, le roi, informé de sa présence à Strasbourg, adressa au Magistrat des plaintes contre les menées que le prince et ses compagnons de fuite organisaient dans cette ville (Kentzinger, *Documents relatifs à l'hist. de France*, t. I, p. 79).

4. Les *Mémoires de l'estat de France sous Charles IX* (t. III, f. 300) contiennent le manifeste lancé par les réformés au moment de la prise d'armes.

5. Le 4 mai 1574, le roi adressa à tous les gouverneurs de province une circulaire pour les avertir de la reprise de la guerre civile et leur recommander de faire bonne garde (*Mémoires de l'estat de France*, t. III, f. 369. — La Popelinière, t. III, f. 248).

6. Maurevel et Saint-Martin, dit le Huguenot (parce qu'il avait appartenu au parti réformé), furent envoyés en Poitou pour faire des prosélytes et négocier des trahisons parmi les réformés (*Chroniques Fontenaisiennes*, p. 247 et suiv.).

par la femme de deffunct Corbouson[1], par elle mis en main du médecin du mareschal d'Amville, corrompu[2]; cela descouvert par un escuyer du roi de Navarre, qui en advertit la duchesse de Montmorenci[3], et elle son beau-frère.

Des trois armées que nous avons dittes, la plus tost preste fut celle de Normandie, tant pource que le mal estoit plus proche, les remèdes plus prompts, comme aussi pressant la vengeance qui paroissoit brusler au cœur de la roine contre le comte de Montgommeri[4] pour la mort du roi son mari.

Matignon[5] commença son armée à Bayeux à la mi-

---

1. Jacques de Lorges, s. de Courbouson, frère de Gabriel de Mongonmery (t. II, p. 255, note).

2. Le maréchal Damville, dans un manifeste publié au mois de novembre 1574, accuse Sciarra Martinengo d'avoir reçu et accepté l'ordre de l'assassiner, mais il ne parle pas de cette tentative d'empoisonnement. Voyez l'*Histoire du Languedoc*, t. V, p. 327.

3. Diane de France, fille naturelle de Henri II, d'abord femme d'Horace Farnèze, duc de Castro, avait épousé en secondes noces le duc François de Montmorency.

4. Le comte de Mongonmery partit de Jerzey pour la Normandie le 11 mars 1574 (*Mémoires de l'estat de France*, t. III, f. 351 v°). Voyez, outre le récit de Goulard, qui fait le fond du récit de d'Aubigné, une pièce du temps sur le siège de Domfront, qui est réimprimée dans le tome VIII des *Archives curieuses* de Cimber et Danjou. On conserve dans la coll. Brienne (vol. 207, f. 72 et suiv.) une déclaration du roi contre le comte de Mongonmery, datée du 20 janvier 1574, suivie de pièces touchant le même capitaine à cette date.

5. Avant d'entrer en campagne, le 9 mars 1574, Matignon publia à Caen au nom du roi une déclaration en faveur de la paix et stipulant une amnistie générale pour tous les séditieux qui déposeraient les armes. Cette pièce imprimée en placard est conservée avec d'autres pièces sur le même sujet dans le fonds français, vol. 20597, f. 179 et suiv.

avril[1]. De là fit[2] un logis sur le grand Vay[3], passa la sepmaine qu'on appelle saincte et mesme le jour de Pasques[4] en piaffes, deffits, parties de quatre contre quatre et autres telles galenteries.

Là, on sçeut que Barrache[5], qui venoit d'accomoder un fort au pont de Douvre[6], en bastissoit un sur le bord du petit Vay dans les vases. Ce Vay, en pleine mer, avoit trois quarts de lieuës de large; estant retirée se réduisoit à demie; et lors on peut passer à gué, quelquefois jusques à la ceinture, et en quelques lieux sans eau[7]. Fervaques prit le régiment d'Éméri, qui estoit de nouvelles bandes, mais de quinze cents bons hommes, les fait donner en basse mer dedans l'eau pour aller au fort, favorisez de cinquante salades, desquels son guidon en menoit quinze comme coureurs, et le baron d'Oilli[8] les autres. Comme cela fut dans le milieu du passage, ceux du fort ayans tiré quelques mousquetades, les coureurs prennent le galop; et Bar-

1. Matignon campa devant Saint-Lô avec son armée le 17 avril (*Mémoires de l'estat de France*, t. III, f. 352). Cependant, d'après une relation inédite, publiée par M. Hippolyte Sauvage, la ville de Saint-Lô ne fut investie que le 1er mai (*Domfront, son siège de* 1574, p. 182).
2. Sous-entendu *Mongonmery*. Lisez : « De là, Mongonmery fit un logis..., » etc.
3. Mongonmery arriva à Adeville, auprès du grand Vay, le 18 avril 1574 (*Mémoires de l'estat de France*, t. III, f. 352 v°).
4. D'Aubigné commet ici une erreur. La fête de Pâques, en 1574, étant tombée le 11 avril, est antérieure à ces événements.
5. Il s'agit ici de Jean de Galardon du Refuge, gendre de Mongonmery.
6. Douvres, ville du Calvados.
7. Le grand et le petit Vay sont des lagunes situées à l'embouchure de la rivière d'Ourc, dans la baie de la Hogue.
8. Le baron d'Ouilly était guidon de la compagnie de La Meilleraye (*Mémoires de l'estat de France*, t. III, f. 357).

rache, jugeant que ceste témérité se sentoit suivie de l'armée[1], fait lever ses enseignes pour, à l'abri des pommiers, gaigner Carentan. Le baron d'Oilli, voyant enlever les drappeaux et les coureurs, qui vouloyent couper le chemin, bien servis d'arquebusades, voulut prendre un chemin nouveau et se mit dans une bourbe, de laquelle il ne retira que peu de chevaux et ses hommes à peine. Ce qui avoit passé, ne pouvant espérer ni le retour ni le secours de l'armée, passa la nuict en quelques maisonnettes, en gardant le fort pour son besoin; et puis, une heure avant jour, prit le chemin de Sainct-Lô, Éméri sachant bien que le dessein de l'armée estoit de l'assiéger; comme aussi elle y arriva deux jours après, receuë de bonne grâce par les arquebusiers réformez, qui attendirent les coureurs au cimetière de Sainct-Georges. Mais Fervaques, qui les menoit, fit donner son guidon, qui sauta la muraille, et, se voyant mal suivi, cria : « Coupez leur chemin. » Cela fit retirer à la haste ceux de la garnison; mais ils disputèrent tous les fauxbourgs avec telle opiniastreté et furent attaquez si chaudement par les nouvelles compagnies que les assiégeans perdirent ce jour là deux cents hommes.

Sur le soir[2], le comte, avec cent cinquante chevaux, favorisé de quelques arquebusiers, se jetta dans le dessous d'un moulin avec un saut dangereux. Et parce que les gardes n'estoyent pas bien encores establies, mesmement pour la lassitude des soldats, il eut moyen de couler hors du fauxbourg par le fonds du

1. C'est-à-dire *que cette témérité ne pouvait s'expliquer que parce que les coureurs étaient suivis du gros de l'armée.*
2. Mongonmery sortit de Saint-Lô le 22 avril 1574.

ruisseau, et de là gaigner Carentan[1], où il laissa son fils Lorges malade[2], pour venir repasser auprès de Sainct-Lô[3] et aller joindre à Donfront[4] Le Breuil[5], Sey, Chauvigni[6] et autres gentilshommes de marque, de qui il sçavoit devoir estre attendu. Son dessein estoit, après avoir mis ordre à quelques différents et entreprises, d'aller joindre en Beausse deux ou trois cents gentilshommes, desquels il se tenoit pour asseuré. Mais le commandement de la roine estoit qu'on quittast tous desseins pour enfermer le comte en quelque lieu qu'il fust. Cela fit partir toute la cavallerie de l'armée, hormis l'arrière ban et huict compagnies, pource qu'il en devoit arriver le mesme jour[7].

Le comte donc, contre l'advis de tous ceux qui estoyent avec lui, s'amusant à quelque querelle de

1. Carentan, défendu par François Cabot de Sebeville, avait été pris par Mongonmery dès son arrivée en Normandie (Pontaumont, *Hist. de Carentan*, p. 20). Cet auteur donne de curieux détails sur les fortifications que le capitaine huguenot y avait fait élever.

2. Le s. de Lorges, fils de Mongonmery, avait été blessé d'un coup d'arquebuse dans une escarmouche au Pont-Saint-Hilaire (*Mémoires de l'estat de France*, f. 352 v°).

3. Le 5 mai 1574, Mongonmery, escorté de vingt compagnons d'armes seulement, quitta Adeville, près de Saint-Lô (*Mémoires de l'estat de France*, t. III, f. 352).

4. Mongonmery arriva le matin du 8 mai 1574 à Domfront, que ses deux lieutenants, Ambroise Le Roy et René Le Hericé, avaient surpris le 26 février précédent.

5. Bonenfant du Breuil, dit Le Breuil, capitaine réformé.

6. Roland de Chauvigny, seigneur de Boisfront, gentilhomme du Maine, était gouverneur du château de Lassay pendant les premières années du règne de Henri IV.

7. Matignon, instruit par des transfuges de la présence de Mongonmery à Domfront, quitte le siège de Saint-Lô, arrive le 8 mai 1574 à Mortain et le 9 au matin aux portes de Domfront.

Toucher[1] et à se reposer plus qu'il ne faloit, fut estonné de voir naistre trente salades conduictes par Rubempré[2], soustenus de Fervaques avec six vingts lances[3]. Cela donna à la poterne, trouvent quelques soldats dehors, desquels ils en tuent deux. En mesme instant, Fervaques, Matignon et toute la cavallerie, faisans de douze à treize cents chevaux, et huict compagnies d'arquebusiers à cheval, qui furent aussi tost logez, deux de Bretons à un moulin du fonds, quatre en deux maisons près de la poterne; les autres deux servoyent de gardes à Matignon, qui alla prendre sa place au devant de la grand'porte. Et là, ne voulant pas que le comte fist le mesme traict de Saint-Lô, il employa ses arquebusiers à coucher les arbres dans les chemins et mesmes en couper au devant de son corps de garde. Le comte, voyant ce préparatif, voulust taster s'il pourroit encores faire un pertuis par ce costé là, et pourtant fit sortir par la poterne trente salades, menées par Sey[4], qui donnèrent résolument par si peu d'ouverture qu'ils trouvèrent devant les deux compagnies qui estoyent en garde. Ceux-là, ayans

1. Du Touchet, s. du Tilleul, capitaine huguenot, renommé pour ses pillages en Normandie. Le 22 septembre 1577, il tenta de s'emparer par surprise du Mont Saint-Michel. Ce coup de main a été raconté dans une relation inédite que M. Hippolyte Sauvage a publiée dans *Domfront et son siège de 1574*, p. 155.

2. Le s. de Mouy de Riberpré, lieutenant de La Meilleraye, et son parent, dangereusement blessé pendant le siège de Domfront, le 9 mai 1574 (De Thou, liv. LVII).

3. Le comte de Mongonmery fut resserré dans Domfront le 9 mai 1574 (*Mémoires de l'estat de France*, t. III, f. 353).

4. Le chroniqueur du *Siège de Domfront* dit que cette sortie fut commandée par le s. de Brossay-Saint-Gravé (*Mémoires de l'estat de France*, t. III, f. 353 v°).

beu une salve des arquebusiers et ayans perdu Friaise[1], tué cinq hommes[2] sur la place, retournèrent conter au comte comment les chemins estoyent retranchez, à quoi, et au circui des rochers par lesquels ils ne pouvoyent passer, comme aussi à la soigneuse garde qu'il voyoit en tous les endroits par où il y avoit la moindre apparence de passer, il devoit juger que sa personne estoit condamnée et qu'on en vouloit sur tout à lui.

Cependant, les régiments partis de Saint-Lô s'avançoyent pour parfaire le siège de Donfront[3]. Le lendemain de leur partement, les assiégez de Saint-Lô firent une sortie au fauxbourg, par lequel s'estoit sauvé le comte, les premiers ayans des croix à l'eschine et point au devant. Ceux du fauxbourg, qui avoyent receu le soir auparavant la compagnie de Beauvois et les autres, après un de leurs corps de garde faussé, les meslent et les suivent à leur retour, entrans plus de quatre vingts dans la ville, pensans que ceux qui avoyent les croix en l'eschine fussent de leurs compagnons. La herse estant cheute, ce qui se rendit fut traicté en prisonniers de guerre, ce que les réformez n'eussent pas fait, s'ils eussent sçeu comment Surenne, ayant pris quelques soldats qui venoyent à Donfront, les avoit fait lier quatre à quatre, et, quand ils ne purent plus cheminer en ceste incommodité, il les fit

1. Sortie des assiégés de Domfront, 9 mai 1574. Friaize fut tué et deux capitaines furent pris (*Mémoires de l'estat de France*, t. III, f. 353 v°).
2. Les catholiques perdirent sept gentilshommes et neuf soldats.
3. Matignon avait laissé Fervaques et Malicorne devant Saint-Lô avec huit compagnies de gens de pied et emmené toutes les autres à Domfront.

tuer à coups de baston par lacquais et petits goujats.

Fervaques, partant de Paris, avoit juré au roi de Navarre que, s'il pouvoit faire plaisir au comte de Montgommeri aux despens de Matignon, il le feroit. Ce prince, ayant un escuyer fort engagé aux affaires que nous avons dictes, print ceste occasion pour le prier de l'emmener, de quoi l'escuyer fit refus[1], comme estant opiniastre huguenot. Mais on lui apprit que, ne prestant point de serment, il pouvoit sans reproche laisser penser à ses ennemis ce qu'ils vouloyent et estre dedans leur armée comme ennemi, mesmement s'il se pouvoit garder de prononcer paroles desrogeantes à ce qu'il estoit. Cestui-ci se résolut d'essayer à sauver le comte, et, pour prendre créance dans l'armée, avoit deux fois hazardé le paquet, si bien qu'on lui donna à commander les quatre compagnies près de la poterne. Fervaques, qui les lui mettoit entre mains, à qui cestui-ci avoit descouvert sa pensée, ordonna bien aux capitaines de lui obéyr, mais n'exigea aucunes paroles du commandement, mais bien de ne faire rien par son quartier. Cestui-ci donc part la nuict avec arme d'ast comme pour recognoistre le fossé, si bien que, par le moyen de la sentinelle, il fit venir un gentilhomme bien confident, nommé Le Portal. Par ceste entremise, le comte se rendit le lendemain au fossé, auquel l'écuyer offrit de le tirer de péril, et quant et quant tout ce qui estoit dans Donfront, pource que l'armée avoit commandement de quitter tous sièges, où la personne du comte ne seroit point. Pour ce faict, il l'advertissoit de la prise d'Alençon par les réfor-

---

1. Cet écuyer était d'Aubigné lui-même, comme il le raconte dans ses *Mémoires* (édit. Lalanne, p. 28).

mez le jour d'auparavant, et qu'il y pouvoit séjourner cinq ou six heures pour passer en la Bauce, où il avoit deux cents bons chevaux pour lui. Le Breüil, qui assistoit à ce pourparler avec Le Portal, solicitoit le comte de prendre créance du gentilhomme, duquel la fidélité ne pouvoit estre suspecte; mais autrement estoit escrit au ciel. Le comte convia celui qui le vouloit délivrer à s'enfermer avec lui sur l'espérance des reistres qui s'avançoyent et autres choses vaines. Le Breüil et l'autre prindrent l'offre et firent preuve qu'il estoit bon[1]. Sur la fin du discours, ils virent arriver les régiments de Laverdin et de Lussay, Saincte-Colombe et Lussan[2], ensemble quelques compagnies des gardes et autres nouvelles; le tout faisant quelques cinq mille arquebusiers.

Le lendemain, au point du jour, on présenta à la ville un secours feint de gens couverts de blanc, mais ils les receurent avec mousquetades. Dedans la ville et au chasteau y avoit quarante cinq gentilshommes et quatre vingts arquebusiers sans picques, poudres, farines, destituez de tout équipage de siège. De là advint qu'il falut abandonner la ville à la première bresche, bien tost faicte par dix-huit canons dans une muraille pourrie[3]. Au laschement de pied de la ville, le tiers des soldats se desroba, si bien que la

1. Le rôle de d'Aubigné au siège de Domfront fut bientôt connu à la cour. A son retour auprès du roi de Navarre, un jour qu'il sortait de la chambre de son maître, d'Aubigné fut rencontré par la reine mère et faillit être arrêté. Voyez le récit piquant qu'il fait de cette rencontre dans ses *Mémoires*, p. 29.
2. Probablement Jacques Audibert, s. de Lussan.
3. La batterie de Domfront commença le 23 mai 1574, vers sept heures du matin (*Mémoires de l'estat de France*, t. III, f. 356).

bresche estant faicte au chasteau de cinquante pas[1], il n'y eut pour soustenir que le comte, Brossé-Singravé[2], qui prindrent leur place à droicte avec vingt-cinq gentilshommes et seize arquebuziers. Sei, Chauvigné et Les Hayes[3] prindrent l'autre main avec dix-huict gentilshommes et quatorze soldats, le tiers de ce qui se présentoit à la défense desjà blessé. A l'assaut[4], marchèrent deux cents gentilshommes volontaires et mille arquebusiers choisis. Fervaques, nouvellement mareschal des armées de France[5], y monta comme y commandant. Il y eut fort peu des deffendans qui ne fussent blessez, et le comte mesme, qui, ce jour-là, fit en pourpoint ce que peut faire un homme qui cerche la mort[6]. Brossé fut tué en achevant d'eslocher[7] une pierre du créneau pour la faire choir sur la teste de Saincte-Colombe, comme il se reposoit au pied de la muraille. Neuf du dedans moururent sur la bresche[8].

1. « A midy et demi, il y avoit bresche de quarante-cinq pas, si raisonnable qu'un homme de cheval y fût entré » (*Mémoires de l'estat de France*, t. III, f. 356 v°).

2. Christophe du Matz, s. du Brossay-Saint-Gravé, tué au siège de Domfront.

3. François Goyet des Hayes, capitaine huguenot, plusieurs fois cité dans les relations publiées par M. Hippolyte Sauvage.

4. Le combat dura de deux heures de l'après-midi à sept (*Mémoires de l'estat de France*, t. III, f. 357).

5. Fervaques ayant été nommé maréchal de France en 1595, ces mots *nouvellement maréchal des armées de France* indiquent approximativement l'époque de la composition par d'Aubigné de cette partie de l'*Histoire universelle*.

6. Mongonmery fut légèrement blessé de deux éclats au visage et d'une arquebusade au bras droit (*Mémoires de l'estat de France*, t. III, f. 357).

7. *Eslocher*, ébranler.

8. Les *Mémoires de l'estat de France* (t. III, f. 357) énumèrent les morts et les blessés.

Des assaillans, entre les plus remarquables, tindrent compagnie à Saincte-Colombe, d'Oïlli et Bons, lequel, ayant la teste percée vint à la prochaine tente demander par signe une plume et du papier, et mourut en achevant de son sang une lettre à sa maistresse, qui portoit le nom de Rabodange[1]; Fervaques et Laverdin légèrement blessez[2]. La fin fut que, par l'entremise de Vassai[3], la place fut rendue[4] avec asseurance de la vie à tous, horsmis au comte, qui n'eut que des promesses captieuses[5], comme de n'estre mis en autres mains que celles du roi. J'asseure cela, quoi qu'on ait escrit autrement. Il n'y a eu que trop de perfidies en France sans en inventer; s'il y eut des infractions, ce fut envers quelques gentilshommes et soldats tuez et malmenez[6].

1. Le s. de Rabodanges, chef de la maison d'où sortait cette jeune fille, avait été nommé chevalier de l'ordre en 1560 (Journal de Bruslard dans les *Mémoires de Condé,* t. I, p. 17). Marie de Clèves, mère de Louis XII, avait épousé secrètement le père ou le grand-père du sire de Rabodanges, son maître d'hôtel. Voyez Brantôme, t. IX, p. 592.

2. Il y eut environ cent blessés, d'après les *Mémoires de l'estat de France sous Charles IX* (t. III, f. 357 v°).

3. Jean Grognet de Vassé, proche parent de Mongonmery.

4. Prise de Domfront par Matignon, 27 mai 1574, un peu après minuit (*Mémoires de l'estat de France,* t. III, f. 358 v°).

5. L'aveu de d'Aubigné est précieux à enregistrer, d'autant que, comme on l'a vu plus haut (cf. *Mémoires,* édit. Lalanne, p. 28), il n'était pas éloigné du théâtre des événements. Cependant, La Popelinière, de Serres, L'Estoile et Le Laboureur soutiennent que la capitulation de Domfront fut violée par le jugement et par l'exécution de Mongonmery. M. Hippolyte Sauvage, dans la publication qu'il a consacrée au siège de Domfront, examine la question, produit des ordres formels de Charles IX et en conclut, comme d'Aubigné, que Mongonmery se rendit sans obtenir de garantie.

6. Les documents sur le siège de Domfront et sur la prise de

Avant que mener le comte à Paris, on advisa de le destourner à Saint-Lo, pour avoir meilleur marché de la place[1], en faisant rendre avec quelques raisons et son exemple Colombières[2]. Mais ce déterminé, après quelques paroles d'injures et de mespris, acheva ainsi : « Tu me donnes ton exemple, le mien ne te servira de rien ; mais je monstrerai à mes compagnons comment il faut mourir. » Promesse qu'il tint ; car le canon, de retour à Saint-Lo[3], trouvant ses plattes formes et enbrasures prestes, vingt-deux canons logez le soir curent fait le lendemain, à une heure après midi, septante pas de bresche, dans le milieu de laquelle Colombières prit place, ayant fait amener et mis à ses deux costez ses deux petits enfans, chacun avec un javelot, l'un aagé de douze ans et l'autre de dix. Puis, voyant marcher à l'assaut, il dit à ses compagnons : « En donnant ma vie à Dieu avec les vostres, je lui présente encor tout ce que j'avois de cher au monde. Il leur vaut mieux mourir avec leur père impolus et pleins

---

Mongonmery sont assez abondants. Outre les récits imprimés dans les *Mémoires de l'estat de France* et dans les *Archives curieuses* de Cimber et Danjou, nous recommandons le recueil publié en 1879 par M. Hippolyte Sauvage, qui est presque entièrement composé de relations inédites et de savantes notes. On y trouve une complainte populaire sur Mongonmery qui est longtemps restée populaire en Normandie (*Domfront, son siège en* 1574 *et sa capitulation d'après les documents officiels*, 1879, in-12 de 226 p.).

1. Aussitôt après la prise de Domfront, Matignon ramena toutes ses troupes sous les murs de Saint-Lô dont il pressa le siège.

2. « La ville étoit foible et de nulle valeur, » dit La Popelinière (t. III, p. 217 v°), « mais le cœur de Colombiers qui la deffendoit fut si grand qu'il ne voulut oncques entendre à aucune composition, quelque promesse que l'on luy sceut faire. »

3. La batterie de Saint-Lô commença à tirer le 10 juin 1574 (La Popelinière, t. III, f. 217 v°).

d'honneur que de vivre au service des infidèles dégénérez et apostats. » De là mit ordre à soustenir sa bresche, où arrivèrent aussi tost quelques cent cinquante soldats menez par des sergents. C'estoit pour faire brusler l'esmorce, car ils se fendirent aussi tost, et en leur place vint un gros de cent cinquante hommes, qui se retirèrent n'ayant pas trop opiniastré. Matignon print ce temps pour faire tirer encor des canonnades à ouvrir le ventre d'une tour. A la main droicte de la bresche, un sergent, de ceux qui avoyent pris à droicte, ne voyant plus dans la tour que des soldats morts, se jette dedans, et, l'ayant remplie de mousquetaires, la fit servir de cavallier, qui battoit dans la bresche. De là fut tué Colombières[1] d'une mousquetade par la teste. La bresche paroissant dépeuplée tant par les morts que par ceux qui laschoyent le pied, toute l'armée y donne et emporta aisément la ville, ne trouvant sur la ruine que treize ou quatorze soldats qui s'y firent tuer, et ces deux petits enfans que les soldats sauvèrent, et que ceux de la tour qui tiroyent de fort près avoyent espargnez[2].

De là on marche à Carantan[3], de qui ceux du pays

1. Mort de François de Briqueville, baron de Coulombières, 10 juin 1574.

2. La ville de Saint-Lô fut prise avec perte de quatre cents hommes, assiégés ou assiégeants, et de dix capitaines catholiques (La Popelinière, t. III, p. 218).

3. Jean de Chaumont-Quitry, qui défendait la ville de Carentan avec quatre cents hommes de gens de pied, et le comte de Lorges, fils de Mongonmery, capitulèrent le 28 juin 1574. Le comte de Lorges réussit à fuir et gagna la Rochelle; Chaumont-Quitry déposa les armes (*Chronique de Toustain de Billy*, publiée par M. Hippolyte Sauvage, *Domfront*, p. 180).

firent la capitulation[1], pour abréger leurs ruines. Les autres bicocques n'attendirent rien. Ainsi nous finissons la guerre de Normandie par l'entrée de Matignon à Paris[2], menant en triomphe le comte de Montgommeri jusques à la Conciergerie[3]. Voyons ce qu'on fait de mesme temps en Poictou.

Chapitre VIII.

Siège de Fontenai; prise de Talmont; mort du roi; traicté de paix; préparatifs de guerre.

Plustost ne fut arrivé en Poictou le duc de Montpensier[4] qu'il se vit assisté du comte du Lude[5], gouverneur de la province, Mortemart[6], Chavigni[7], Puy-

---

1. De Thou dit que la capitulation de Carentan fut honorable et bien tenue (liv. LVIII).

2. Matignon, conduisant Mongonmery, n'attendit pas la prise de Carentan et arriva à Paris le 16 juin 1574.

3. La tour carrée de la Conciergerie du Palais où fut enfermé le comte de Mongonmery prit et a gardé son nom.

4. Le duc de Montpensier entra en Poitou au commencement d'avril 1574 avec 1,200 chevaux et 4,000 gens de pied (La Popelinière, t. II, f. 213). Le 10 avril il réunit ses troupes à Parthenay; le 4 mai il marcha sur Sainte-Hermine (*Journal de Michel le Riche,* p. 163 et 169); le 8 mai il revient à Parthenay (*Journal de Generoux,* p. 117).

5. Guy de Daillon, fils de Jean, comte du Lude, mort à Briançon, le 11 juillet 1585. Les *Archives historiques du Poitou* (t. XII et XIV) ont publié sa correspondance.

6. René de Rochechouart, baron de Mortemart, chevalier du Saint-Esprit (1580), né en 1528, mort en 1587.

7. François Le Roi, s. de Chavigny.

gaillard, la Roche-Bariteau[1], Sansai[2], Chemeraut[3], Landereau, Argence[4] et Chalandri[5]. De l'autre costé, La Noue, avec ce peu qu'il avoit, alla en Poictou et Xainctonge taster le poux à toutes ses places et les conforter selon son pouvoir[6]. Biron estoit lors à Saint-Jean, qui osta aux réformés l'opinion qu'ils avoyent de sa faveur par une intelligence qu'il mesnagea sur Tonay-Charante avec un notaire du lieu[7]. Les complices se sauvèrent, horsmis le notaire qui fut pendu par ceux de la garnison.

Le duc, ayant commencé à recevoir de l'infanterie par l'arrivée de Richelieu[8], s'avance au bas Poictou[9], envoye Puygaillard avec quelque partie de ses troupes[10]

1. Philippe de Châteaubriant, s. de la Roche-Baritaud.
2. René de Sansay, colonel des milices ou des arrière-bans (La Popelinière, t. III, f. 213).
3. Barbezières, de la maison de Chemeraut, était capitaine de la compagnie de gens d'armes du roi de Pologne (De Thou, liv. LVII).
4. Louis Tison, s. d'Argence.
5. Louis de Montbrun, sieur de Fontaine-Chalandray.
6. La Noue campa, le 20 mai 1574, devant Saint-Maixent (*Journal de Michel le Riche*, p. 171).
7. Etienne Gon, homme corrompu et menant une vie scandaleuse. Sur les belles promesses que lui avait faites Armand de Gontaut-Biron, il promit « de lui livrer l'une des portes de la ville en un certain matin, lorsque les habitants seroyent allez desjuner. » (Voy. les *Mémoires de l'estat de France sous Charles IX*, t. III, f. 359 v°.)
8. Antoine du Plessis, s. de Richelieu (t. II, p. 275, note), commandait dix enseignes de gens de pied (La Popelinière, t. II, f. 213).
9. Le capitaine Richelieu entra en bas Poitou au commencement de mai 1574 (*Mémoires de l'estat de France*, t. III, f. 360).
10. Le duc de Montpensier fit venir six canons de Nantes pour battre le château de Talmont, et Puygaillard amena douze com-

assiéger et prendre par capitulation Talemont[1]. Et puis ayant receu Sarriou, se prit à serrer Fontenai[2]. Il falut commencer par les Loges[3], fauxbourg qui n'avoit lors aucun avantage ni mur que les maisons. L'opiniastreté des défendans contraignit d'y faire batterie de six canons; et encores quittèrent tant à regret qu'il en fut tué quatorze à la retraicte.

Le siège estant commencé, Saint-Estienne[4] fit une entreprise, laquelle, comme estant sans apparence, fut aussi avec son danger : c'est qu'il alla pour enlever la compagnie de cent hommes d'armes du duc de Montpensier logée à Petoce[5], à cinq quarts de lieu de Fontenai. Il part donc deux heures avant jour, force

pagnies de gens de pied avec de la cavalerie légère. Talmont était défendu par le capitaine Revolière (*Mémoires de l'estat de France*, t. III, f. 360 v°).

1. Prise du château de Talmont par le duc de Montpensier, 4 mai 1574 (La Popelinière, t. III, f. 213).

2. Le duc de Montpensier avait paru devant Fontenay-le-Comte le 20 avril 1574, mais, en attendant son artillerie, il avait occupé son armée à la prise de Talmont et de Moric. Le 12 mai, il entama le siège de Fontenay (*Journal de Generoux*, p. 118). Ces dates sont confirmées par les *Chroniques fontenaisiennes*, publiées par M. de Vaudoré.

3. Le faubourg des Loges, dit La Popelinière, qui en fait la description (t. III, f. 214 v°), était à peine fortifié. Il fut pris le 18 mai 1574, à quatre heures du soir (*Journal de Michel le Riche*, p. 171). Les *Chroniques fontenaisiennes* (p. 176) donnent plus de détails sur le siège de Fontenay qu'aucun autre chroniqueur contemporain.

4. La ville de Fontenay était défendue par le capitaine Saint-Étienne avec 400 hommes de garnison et seulement vingt gentilshommes.

5. Les *Mémoires de l'estat de France* disent que Saint-Étienne attaqua la compagnie de Montpensier au village des Magnils (t. III, f. 360).

les gardes, tue ce qui se défendit et ramène des prisonniers. Par ce coup l'alarme donnée en toute l'armée, on le voit revenir par une grande plaine. Les compagnies les premières prestes, comme estans logées dans son chemin, furent celles de Mortemar[1] et les Roches Bariteau, qui ne le firent qu'abayer entre Longaive et le fauxbourg, à l'entrée duquel Mortemar chargea et le mesla; mais l'autre perça avec ce qu'il avoit.

Par les comoditez du fauxbourg, les approches se firent dans deux jours, et le lendemain la bresche entre le chasteau et la porte du pont[2]. Ceux de la ville furent en grand dispute la nuict, car, voyans qu'il n'y avoit point d'eau à passer jusques à la jarretière, que la muraille n'estoit bastie qu'à mortier de terre, qu'il n'y avoit ni rempart ni place de combat, ils furent sur le point de quitter, mais, le jour estant venu sur leurs disputes, ils se résolurent à la défense, et pourtant se logèrent dans les maisons, que le canon leur abatoit sur la teste. L'assaut se présente de deux rafraichissements seulement. Mais quelques six vingts gentilshommes volontaires en faisoyent la teste, horsmis quelques arquebusiers, à qui on fit taster le gué. Après que ceste noblesse eut attaqué assez furieusement, se voyant mal assistée de l'infanterie, elle prent parti de retraicte[3].

1. La compagnie de Mortemart n'arriva pas assez tôt pour combattre Saint-Étienne dans la campagne (*Mémoires de l'estat de France*, t. III, f. 361).

2. Le bombardement de Fontenay commença le 23 mai 1574 (*Journal de Michel le Riche*, p. 172).

3. Le premier assaut de Fontenay par l'armée royale eut lieu le 23 mai 1574 (*Journal de Michel le Riche*, p. 172).

Le lendemain le duc eut advis que La Noue, qui, avec trois cents chevaux, faisoit mine de le combattre, avoit failli Niort[1], seulement faute de trois pieds d'eschelles, et menaçoit de donner à l'armée. Les capitaines furent d'advis de présenter une partie du canon au dehors. La Noue temporisant ne s'engagea à rien. Et l'armée, composée la pluspart de volontaires, commença à s'esclaircir, comme font ordinairement les amas de ceste sorte[2]. Sur quoi arriva bien à propos au duc de Montpensier que la roine lui escrivoit, comme asseurée de la mort du roi, qu'il se vint ranger auprès d'elle.

L'armée donc quitte Fontenai[3], et nous aussi, pour aller voir ce qu'on fait au bois de Vincennes, d'où on despeschoit lettres[4] à tous les gouverneurs des provinces, par lesquelles le roi, promettant peu de sa

1. Niort était la ville de retraite et d'approvisionnement du parti catholique en Poitou. Elle avait été l'objet d'une première tentative de la part des réformés, le jour de la foire de Sainte-Agathe, au commencement de février 1574 (*Chron. fontenaisiennes*, p. 234).

2. La seconde tentative des réformés sur Niort eut lieu dans la nuit du 8 mai 1574. Elle échoua « pource que les échelles furent trouvées trop courtes, » dit La Popelinière (t. III, f. 215 v°), « par la présence du comte du Lude qu'ils (les huguenots) pensoient ailleurs, » dit la *Chron. fontenaisienne*, p. 240.

3. Montpensier, reconnaissant que son artillerie était insuffisante, troublé d'ailleurs par les mauvaises nouvelles de la santé du roi, leva le siège de Fontenay le 28 mai 1574, après avoir perdu 450 hommes, tant morts que blessés (*Journal de Generoux; Chron. fontenaisiennes*; La Popelinière, t. III, f. 215).

4. Lettres du roi aux gouverneurs des provinces et autres officiers, du 4 mai 1574. Elles ont été publiées par La Popelinière (t. III, f. 218). D'Aubigné se trompe : dans ces lettres il n'est point fait de délégation de pouvoir à la reine mère. Ce ne fut que le 29 mai que le roi lui confia la régence. Voy. les notes suivantes.

santé[1], remettoit toutes affaires entre les mains de la roine sa mère. Le lendemain, jour de Pentecoste[2], en présence de tous les princes prisonniers et autres, fit despescher lettres[3] de régence à la roine, qui, après s'en estre fait prier par les princes, en accepta le titre et en fit bien valoir l'effect.

Enfin sur le soir du jour de Pentecoste [4], trespassa le roi[5], aagé de vingt-quatre ans et dix mois [6], ayant régné treize ans[7], prince nay avec un esprit vif, prompt

1. On suit les progrès de la maladie du roi dans ses lettres aux gouverneurs de province. Le 27 mai 1574, il leur écrit : « Aujourd'huy... je me suis trouvé si bien et sans aucun ressentiment de fievre que j'espere en estre du tout hors... » (Orig., f. fr., vol. 3255, f. 31; lettre à Matignon.) Le surlendemain, 29, il écrit : « ... Suis-je aujourd'huy en tel estat que j'attends ce qu'il plaira à Dieu faire de moy... » (Copie; coll. Anjou et Touraine, vol. X, n° 4549.) La Popelinière a imprimé une lettre du roi de même date et de même teneur (t. III, f. 218 v°).

2. La fête de la Pentecôte en 1574 tomba le 30 mai.

3. Les lettres du roi qui délèguent la régence à la reine mère jusqu'au retour du roi de Pologne sont datées du 29 mai 1574 et sont imprimées dans les *Mémoires d'estat de France*, t. III, f. 370, et par La Popelinière, t. III, f. 218 v°. Isambert les a réimprimées d'après une copie qui porte la date du 30 mai (*Recueil des anciennes lois*, t. XIV, p. 262). La reine obligea le duc d'Alençon et le roi de Navarre à les ratifier officiellement (Déclarations des deux princes en date du 1er juin; *Mémoires de l'estat de France*, t. III, f. 383).

4. Charles IX mourut le 30 mai 1574, sur les trois heures de l'après-midi (*Mémoires de Cheverny*, édit. Buchon, p. 233).

5. Voyez le récit de La Popelinière (t. III, f. 219) que d'Aubigné paraît avoir suivi.

6. D'Aubigné est dans l'erreur. Charles IX, né le 27 juin 1550 et mort le 30 mai 1574, n'avait que vingt-trois ans et onze mois.

7. Charles IX avait régné treize ans, cinq mois et vingt-cinq jours.

à tout, mal nourri[1], violent ennemi et inesgal ami, acharné à toutes sortes d'amours[2]. J'adjousterai à cest éloge plus hardiment ce que j'ay veu, après le tesmoignage des plus grands sénateurs de France, grands catholiques, et chargez encor en ce temps du principal faix de l'Estat : c'est que, depuis la Saint-Barthelemi, ce prince n'avoit repos qu'entrerompu de tressaux et de gémissements, qui se terminoyent en reniements[3] et en propos tendants au désespoir ; si bien que les valets de chambre estoyent diligents d'appeler à telles occasions la musique, de laquelle il estoit fort amoureux[4] aussi bien que des vers[5] ; car il en faisoit qui

---

1. *Mal nourri,* c'est-à-dire mal élevé.

2. De Thou émet une opinion contraire. « Le roi, » dit-il (liv. LVII), « se livrait à des exercices violents. Quelquefois même il maniait le fer, le marteau, les tenailles pour fabriquer des armes. L'ardeur qu'il avait pour ces sortes de plaisirs le rendait presque insensible à celui de l'amour ; et on ne lui a jamais connu pour maîtresse qu'une jeune fille d'Orléans, Marie Touchet, dont il eut un fils nommé Charles, comte d'Auvergne, » qui mourut le 24 septembre 1650. La Relation de l'ambassadeur vénitien, Giovanni Michieli, confirme cette appréciation (*la Saint-Barthélemy devant le sénat de Venise,* in-12, 1872). Voyez cependant le récit de Brantôme (t. V, p. 274).

3. Turenne, dans ses *Mémoires,* donne ce détail curieux : « Le roy juroit et luy ouys dire quelquefois que jurer estoit une marque de courage à un jeune homme. Cela donc me rendit fort grand jureur... » (*Mémoires de Bouillon,* édit. Buchon, p. 382.)

4. Peu de temps avant sa mort, Charles IX avait fait venir d'Allemagne le célèbre musicien Orlando di Lasso, qui était au service du duc de Bavière (De Thou, liv. LVII).

5. Charles IX a certainement écrit *la Chasse royale,* traité de vénerie qui fut publié en 1625, dédié à Louis XIII et réimprimé en 1858 par M. Henri Chevreul. Quant à son talent poétique, Brantôme (t. V, p. 280) et tous les contemporains se plaisent à le reconnaître. M. Chevreul a réuni dans l'introduction de l'ouvrage précité toutes les pièces de vers attribuées à Charles IX.

estoyent recevables. Et mesmes ce fut par là que j'entrai en sa familiarité, et quant et quant au soupçon de la roine, principalement d'un sonnet françois[1] contre ceux qui conseilloyent le sang[2].

Je reviens à ce roi pour en dire ce que j'ai veu, quoi que laissé par les autres[3] : c'est qu'aux extrêmes douleurs il sortoit du sang par les pores de la peau de ce

M. Blanchemain, dans l'édition des OEuvres de Ronsard, publiée dans la *Bibliothèque elzévirienne* (t. III, p. 255 et suiv.), les a également reproduites. La pièce célèbre, qui commence ainsi :
> L'art de faire des vers, dût-on s'en indigner,
> Doit être à plus haut prix que celui de régner...

de l'avis de ces savants critiques, ne doit pas être attribuée à ce prince. Elle fut publiée pour la première fois en 1651 dans le *Sommaire de l'histoire de France* de Le Royer de Prades (Chevreul, *la Chasse royale*, introd., p. xxii). Si elle avait été de la composition du roi, elle n'aurait pas été oubliée par les éditeurs de Ronsard de 1623 (Brantôme, t. V, p. 280, note). A ces arguments, il faut joindre celui qui résulte de l'examen de la facture de la pièce, qui révèle un écrivain du xviie siècle.

1. Ce sonnet a été publié par d'Aubigné à la suite de l'épître de l'Imprimeur au lecteur, t. I, p. 21, de la présente édition.

2. Var. de l'édit. de 1618 : « ... *le sang*, à l'imitation de *Dicitur Ægyptus*, » c'est-à-dire à l'imitation des vers d'Ovide :
> Dicitur Ægyptus caruisse juvantibus arva
> Imbribus atque annos sicca fuisse novem.
> (*Ars amatoria*, l. I, vers 647, 648.)

3. Les péripéties de la dernière maladie de Charles IX et la mort du roi sont racontées avec beaucoup de détails précis dans les *Mémoires* de Philippe Hurault de Cheverny, édit. Buchon, p. 232. Les causes de sa mort sont restées inconnues aux historiens du temps. Brantôme raconte qu'Ambroise Paré lui dit « en passant et sans long propos que le roy estoit mort pour avoir trop sonné de la trompe à la chasse au cerf, qui luy avoit tout gasté son pauvre corps » (Brantôme, t. V, p. 270). M. le docteur Corlieu a publié, d'après les *OEuvres de Guillemeau*, le procès-verbal en latin de l'autopsie du corps de Charles IX et en conclut que le roi mourut d'une maladie des organes pulmonaires (*la Mort des rois de France*, 1873, p. 42 et suiv.).

prince presques en tous endroits[1]. Et puis j'adjouste, avec authorité de ceux que j'ai alleguez, que, comme il détestoit fort souvent le massacre, il avoit desjà eslongné des affaires ceux qui lui avoyent donné ce mauvais conseil, voire mesmes jusques à vouloir envoyer la roine sa mère, sous couleur de voir son fils aimé[2], faire un voyage en Polongne.

Un des plus grands signes auquel on cognut la mort de ce roi[3] fut que, la roine entrant en sa chambre avec quelques insolences de joye qu'on n'avoit jamais remarquées en elle, pour annoncer à son fils la prise de Montgommeri, il tourna la teste de l'autre costé, sans prendre part à ce resentiment[4]. Il disoit souvent de son frère que, quand il auroit un royaume sur les bras, la magistrature le descouvriroit[5] et qu'il tromperoit

---

1. Nous ne croyons pas qu'aucun autre historien parle des hémorragies cutanées qui auraient été le prélude de la mort de Charles IX.

2. Il y a par erreur dans l'imprimé : *son fils aisné*.

3. Cheverny raconte que, le jour même de la mort du roi, les médecins croyaient à son rétablissement prochain et l'assuraient à la reine mère (*Mémoires*, édit. Buchon, p. 233).

4. « Trois jours avant sa mort, dit Brantôme, la reyne luy dict comme le comte de Montgonmery estoit pris. Il n'en fit nul semblant. « Quoi, dist-elle, mon filz, ne vous resjouissez-vous « poinct de la prise de celuy qui a tué vostre pere ? » Il respondit qu'il ne se soucyoit de cela ny d'autré chose. Ceste response fust à la reyne un présage de la mort prochaine de son filz comme elle le dist après » (Brantôme, t. V, p. 272). Il faut noter cependant que les nombreuses dépêches que le roi avait adressées à Matignon pendant le siège de Domfront paraissent inspirées par un ardent désir de prendre Mongonmery. Voy. le texte des quatorze lettres du roi publiées par M. Hippolyte Sauvage (*Domfront, son siège en* 1574, p. 1 et suiv.).

5. C'est-à-dire que la *magistrature découvrirait son infériorité*, qu'il ne serait pas à la hauteur de sa tâche.

[1574] LIVRE SEPTIÈME, CHAP. VIII. 259

ceux qui en avoyent trop espéré. A la mort il recommanda la roine, sa femme, et sa fille[1]; et de tous propos le dernier fut cestui-ci : « Qu'il se resjouissoit de ne laisser aucuns enfans héritiers, sachant très bien que la France a besoin d'un homme, et que sous un enfant le roi et le règne sont malheureux. » Il voulut encores embrasser et parler au duc d'Alençon et au roi de Navarre, mais on ne les avoit amenez que quand on le vit impuissant de s'exprimer[2].

La roine se trouva lors deux sortes d'affaires sur les bras ; les négociations de paix qu'elle entretenoit tousjours[3], et cependant les préparatifs de guerre, pour les provinces de Poictou, Xainctonge, Guienne, Daulphiné et Languedoc, d'où elle receut en ce temps Rieux[4], lieutenant de roi en la dernière nommée. Cestui-ci rapportoit comment le prince de Condé avoit despesché de Strasbourg en tous ces quartiers, pour

---

1. Marie-Élisabeth de France, née le 25 octobre 1572, morte le 2 avril 1578. On conserve dans la coll. Clairambault, vol. 836, f. 2975, la liste des officiers de sa maison avec le chiffre de leurs gages.

2. Le P. Griffet, dans une savante dissertation ajoutée à l'*Histoire de France* du P. Daniel (t. X, p. 650), discute plusieurs questions contestées sur la mort du roi.

3. Le lendemain de la mort du roi, le 31 mai 1574, la régente adresse à tous les gouverneurs de province et autres officiers du roi une circulaire pour les exhorter à se maintenir dans le devoir. Cette pièce est publiée par La Popelinière, t. III, f. 227, et dans les *Mémoires de l'estat de France*, t. III, f. 382.

4. François de la Jugie, s. de Rieux, fut expédié de Montpellier au roi par le maréchal Damville, le 18 mai 1574 (*Hist. du Languedoc*, t. V, p. 327). L'instruction qui lui fut confiée par le maréchal est imprimée dans les *Mémoires de l'estat de France*, t. III, f. 165, et par La Popelinière, t. III, f. 228.

esmouvoir et encourager davantage[1], avec asseurance d'une bonne armée d'estrangers, moyennant la récolte et l'envoi des deniers qu'on lui avoit fait espérer, que Thoré avoit escrit amplement au mareschal d'Amville, son frère, pour le solliciter de venger l'injure faicte à leur aisné, en travaillant d'un commun consentement à la délivrance des prisonniers et garentir la vie de ceux qui ne l'estoyent pas. Il n'oublioit pas de lui faire considérer que le duc d'Usez, Maugiron, Saint-Sulpice et depuis Villeroi n'estoyent point autour de lui sans dangereuses commissions ; les uns pour se séparer des siens et sa seureté, les autres pour travailler contre sa vie ; à quoi estoit fort propre Martinangue[2], le dernier despesché. Rieux disoit que tout cela n'avoit qu'interrompu le sommeil du mareschal, lequel n'estoit aucunement esveillé pour faire la guerre, ne désirant rien que de se purger des calomnies à lui imposées ; prioit qu'on ne le fist point criminel des misères de son frère, de l'innocence duquel il se fust rendu pleige autres fois ; que, s'il se trouvoit coulpable, qu'on se souvinst que tous crimes sont personnels. Le mareschal avoit escrit lettres[3] de mesme teneur à la cour de parlement de Thoulouse.

1. La circulaire du prince de Condé aux églises réformées est datée du 4 mai 1574 et imprimée dans les *Mémoires d'estat de France*, t. III, f. 363.
2. Damville, pour se débarrasser de Martinengo, qu'il soupçonnait de chercher à attenter à sa vie, l'avait expédié à la cour avec un long mémoire justificatif. Cette pièce importante est conservée en original dans le vol. 15559 du fonds français, f. 82.
3. Les lettres du maréchal Damville au parlement de Toulouse sont datées du 18 mai 1574 et imprimées dans les *Mémoires de l'estat de France*, t. III, f. 367 et 368.

La roine avoit encores sur les bras les menées de La Haye[1], lieutenant de Poictou, qui, se faisant de feste en toutes les affaires des mal contents, y marchoit au commencement comme refusé d'un estat de maistre des requestes, et de celui de président, qu'il vouloit joindre au sien; mais, ayant failli l'entreprise sur Poictiers[2], faicte principalement pour se venger de Saincte-Souline[3] et de sa faction, branloit des deux costez. De plus les réformés, et sur tous les Rochelois, ne pouvoyent prendre de confiance en lui, quelque asseurance que leur en donnast La Noue. Cest homme, au temps de la mort du roi, renouoit quelque chose en cour. Voilà une sorte d'affaires, desquelles la roine se deschargeoit sur son conseil; mais voici trois poincts qu'elle desmesloit toute seule.

Le premier, de despescher[4] avec toute sorte de dili-

---

1. Jean de la Haye, dont nous avons parlé (t. III), était un gentilhomme sans fortune, qui, d'agent d'affaires de la dame de la Roussière-Girard, était devenu son mari et avait acquis une fortune qui l'avait mis en état d'acheter la lieutenance générale de la sénéchaussée de Poitiers (*Chroniques fontenaisiennes*, p. 258).

2. Entreprise de La Haye sur Poitiers, 23 mai 1574 (*Journal de Michel le Riche*, p. 172). Il entra à Poitiers en habit de prêtre, feignant de dire ses heures, suivi de plusieurs compagnons déguisés en meuniers; mais il fut reconnu par un gentilhomme, Duchillac d'Yvernay, qui s'efforça de l'arrêter. Il réussit cependant à prendre la fuite avec la plupart de ses complices. Le *Journal de Generoux*, p. 119, et surtout les *Chroniques fontenaisiennes*, p. 145 et suiv., donnent de nombreux détails sur ce coup de main.

3. Joseph Doyneau, seigneur de Sainte-Souline, ancien capitaine du château de Lusignan, envoyé par le roi à Poitiers pour conserver la ville (Lettre du roi au comte de Lude, du 27 février 1574; *Arch. hist. du Poitou*, t. XII, p. 356).

4. Le jour même de la mort du roi, Mery de Barbezières, sei-

gence en Polongne pour quérir son fils, qui, le propre jour de la mort du roi, faisoit, en faveur d'Anne l'infante[1], un célèbre festin à Cracovie, avec toutes sortes de dances, balets, mascarades, courses de bagues et combats de barrière. Sa seconde pensée estoit à faire enterrer le mort[2] plus honorablement que l'ordinaire[3], adjoustant à la despense les larmes et regrets si bien composez[4] qu'elle croyoit par là arracher de la pensée des grands et du peuple l'opinion, que presque tous avoyent, qu'elle eust apporté de la fraude et de l'artifice à la mort de son fils[5]. Mais cela profita envers

gneur de Chemeraut, fut dépêché au roi de Pologne, et le lendemain Magdelon de Fayolle, seigneur de Neuvy, reçut la même mission. Presque immédiatement après, elle lui expédia successivement Rambouillet, Miossens et d'Estrées (*Journal de L'Estoile*, édit. Champollion, p. 35 et 36).

1. Anne Jagellon, sœur du feu roi de Pologne.
2. L'enterrement de Charles IX eut lieu le 12 et le 13 juillet 1574. Le cardinal de Lorraine officiait. Brantôme observe que, malgré les invitations officielles, peu de seigneurs suivirent le cortège (t. VII, p. 326). On conserve dans le vol. 19535 du fonds français et dans le vol. 1 des Vc de Colbert une série de pièces relatives à ces obsèques.
3. Le récit de la cérémonie, célébrée avec une solennité inaccoutumée, comme l'observe d'Aubigné, a été publié dans le *Discours des obsèques de Charles IX, écrit par un catholique*, pièce qui a été insérée dans les *Mémoires de l'estat de France*, t. III, f. 374 v°, et réimprimée dans le tome VIII des *Archives curieuses* de Cimber et Danjou.
4. Arnaud Sorbin de Sainte-Foy prononça deux oraisons funèbres de Charles IX, l'une à Notre-Dame, le 12 juillet 1574, l'autre à Saint-Denis, le 13 du même mois. Ces deux pièces ont été imprimées en 1579 (Paris, chez Chaudière, in-8°). Il a aussi écrit une *Vie de Charles IX,* qui a été réimprimée dans le tome VIII des *Archives curieuses* de Cimber et Danjou, p. 274 et suiv.
5. De Thou constate que le roi mangeait fort peu et ne buvait

peu : tesmoin deux livres imprimez de ce temps, l'un intitulé *la Vie de saincte Catherine*[1] et l'autre *la Légende de sainct Nicaise*[2].

Le troisiesme affaire estoit de donner au comte des juges maupiteux[3] et exécuteurs de sa volonté. Ce prisonnier, ayant sçeu la mort du roi, la pleura, comme asseurance de la sienne, et ne cercha plus de subterfuges vers ses juges, devant lesquels, quelques franches véritez qu'il leur donnast, il ne pût obtenir grâce de la gehenne. Ses commissaires estoyent le président Vielard[4] et le conseillier Poisle[5]. Ils lui firent son procès particulièrement sur ce point, qu'il avoit arboré des croix rouges en l'armée qu'il conduisit au secours

presque pas de vin, ce qui donna naissance aux bruits d'empoisonnement (liv. LVII). L'accusation portée ici contre Catherine de Médicis n'a aucun fondement.

1. *Legenda sanctæ Catharinæ Mediceæ, reginæ matris, vitæ, actorum et consiliorum quibus universum regni Gallici statum turbare conata est, stupenda eaque vera narratio*, 1573, in-8°. Ce pamphlet violent fut traduit en français et publié sous le titre de *Discours merveilleux de la vie, actions et deportemens de Catherine de Medicis*, 1575, in-8°, et a été très souvent réimprimé soit à part, soit dans les recueils du temps. Il est généralement attribué à Henri Estienne, mais M. Lenient, qui en a donné une analyse, l'attribue à Jean de Serres (*la Satyre en France au XVI° siècle*, p. 313).

2. La *Légende de saint Nicaise* est un pamphlet satirique dirigé contre Claude de Guise, abbé de Saint-Nicaise, depuis abbé de Cluny, dans laquelle le cardinal de Lorraine est vigoureusement attaqué. Elle parut d'abord en un petit volume in-8°, en 1574, puis en 1579. L'auteur, suivant de Thou, serait Dagoneau, s. de Vaux, juge de Cluny; suivant le P. Lelong, Gilbert Regnault, juge mage de Cluny (P. Lelong, n° 18245), et Louis Regnier de la Planche suivant Lenglet du Fresnoy, qui l'a réimprimée dans le *Supplément des Mémoires de Condé*, in-4°, 1743, p. 1 et suiv.

3. *Maupiteux*, sans pitié.

4. Vielard, président du parlement de Rouen.

5. Poisle, conseiller à la grand'chambre du Parlement de Paris.

de la Rochelle. Il fut donc amené sur l'eschafaut en grève vestu de dueil[1]. Là, après s'estre plaint que ces bourreaux l'avoyent rompu par leurs gehennes[2], il composa sa contenance et, d'un visage fort serain, parla ainsi : « Il n'est pas possible qu'en une si grande multitude il n'y ait quelques gens de bien. Je prie ceux-là de se souvenir que les causes qu'on vient de prononcer en mon dicton ne sont pas celles pour lesquelles je meurs. Il n'y en a guères de vous qui ne sachent le malheur sans péché qui m'arriva en la personne du roi Henri. A ces causes, me voyant exilé de France, j'ai pris à deux mains les occasions qui se sont présentées pour me faire respirer l'air auquel je suis né, principalement quand elles ont esté convenables à ma conscience et à ma profession, mais c'a esté sans infidélité à mon prince. En cest endroit je me sens obligé de descharger messieurs les mareschaux prisonniers. J'atteste, comme estant en la voye de vérité, que, pour les armes que nous avons prises, ils n'ont eu avec nous aucune communication. Je requier deux choses de vous, l'une, de faire sçavoir à mes enfans, qui ont esté ici déclarez roturiers, que, s'ils n'ont la vertu de nobles pour s'en relever, je consens à l'arrest; l'autre point plus important, dont je vous conjure sur la révérence qu'on doit aux paroles d'un mourant, c'est que quand on vous demandera pour-

1. Mongonmery eut la tête tranchée le 26 juin 1574, en place de Grève (*Mémoires de l'estat de France*, t. III, f. 394).

2. On soumit Mongonmery à la question ordinaire et extraordinaire sous prétexte de lui faire avouer le nom de ses complices prétendus et le nom du prince qui lui avait commandé de débarquer en France.

quoi on a tranché la teste à Montgommeri, que vous n'alléguez ni ses guerres, ni ses armées, ni tant d'enseignes arborées mentionnées en mon arrest, qui seroyent louanges frivoles aux hommes de vanité; mais faites-moi compagnon en cause et en mort de tant de simples personnes, selon le monde, vieux, jeunes et pauvres femmelettes, qui en ceste mesme place ont enduré les feux et les couteaux. » Ayant dit ces choses à ceux qui estoyent vers la rivière, il en porta autant de l'autre costé, commençant par ce discours : « Je disois à ceux-là, » etc. De là, en allant au posteau, il dit adieu à Fervaques, derrière lequel j'estois en croupe; il pria le bourreau de ne le bander point, et d'une longue et diserte prière changea les cœurs de plusieurs qui avoyent couru à sa mort pour y prendre plaisir[1].

Chapitre IX.

Retour du roi de Polongne.

Chemeraut arriva le premier des courriers vers le roi de Polongne, n'ayant mis que treize jours en son voyage, et puis il pressa la fuite de Polongne[2] et une

---

1. Le supplice de Mongonmery et ses prétendus crimes sont racontés dans une plaquette catholique qui fut publiée peu après sa mort, *Discours de la mort et exécution de Gabriel de Lorge, comte de Montgommery, par arrest de la Cour*. Paris, 1574, in-8°. Cette pièce est réimprimée dans les *Archives curieuses* de Cimber et Danjou, t. VIII, p. 239.

2. La reine mère conseillait à son fils de traverser l'Allemagne et avait engagé des négociations à ce sujet avec les princes allemands, notamment avec Jean-Frédéric, électeur palatin. Voyez la correspondance du s. de Harlay, ambassadeur de France (F. fr., vol. 15967).

confirmation de régence pour envoyer à la mère[1]. Les Polonnois, ayans sçeu d'Allemagne la mort de Charles, espioyent leur roi, commettans pour prendre garde à lui le comte Christofle[2] et quelques autres, voire l'eussent mis prisonnier sans la qualité de souverain. Ce roi, donc, publia la mort de son frère, fit vestir sa cour en dueil, licencia Bellièvre, qui estoit ambassadeur en Polongne, pour aller travailler à l'élection d'un vice-roi en France, faisant semer par ses confidents que son pays naturel estant défiguré de troubles, il aimoit beaucoup mieux le repos de Polongne. Les ayant endormis de telles apparences, il festoye le comte que nous avons dit et celui de Tanci[3]. Puis, les ayant bien fait boire, se desrobe au soir[4], desguisé en Polonnois avec un bandeau sur la moitié du visage. Nonobstant un Italien, l'ayant recognu, sortit de Cracovie, en advertit les comtes, qui se mirent sur ses erres avec telle diligence qu'un d'eux l'empoigna entré en Autriche. Il monstra au roi tant de passion, de regret et d'affection qu'il lui donna une de ses bagues pour tesmoigner sa diligence. Elle lui servit bien à propos, car elle l'empescha d'estre condamné par le peuple irrité, qui avoit desjà pillé les

1. Les lettres de Henri III, portant confirmation des pouvoirs de la régente, datées du 15 juin 1574, sont imprimées dans les *Mémoires de l'estat de France,* t. III, f. 386, et dans le recueil de Fontanon, t. II, p. 23.

2. Christophe Bathory, prince de Transylvanie, qui eut pour fils Sigismond.

3. Premier gentilhomme de la chambre du roi de Pologne. « Peu après qu'il fut couché, dit La Popelinière (t. III, p. 282), et que le comte luy eut fermé le rideau pour dormir, le roy se lève et, desguisé d'habits, sort par derrière et s'en va hors de Pologne. »

4. Henri III partit dans la nuit du 18 juin 1574 avec peu de suite.

logis des François; et parloyent de faire mourir les principaux comme larrons de leur roi, et, sur tout, vouloyent pendre Pibrac[1], pour les avoir pipez de faussetez depuis descouvertes[2]. Laski, prince de probité, non sans grand's peines et submissions, le sauva[3].

L'empereur le receut avec tout l'honneur que lui permettoit la chose non espérée, lui donnant des forces honorables jusques au bord de ses terres[4], au sortir desquelles les Vénitiens envoyèrent ce qu'ils avoyent de plus beau et de meilleur pour l'accompagner[5], où

1. Pibrac, poursuivi par les Polonais, se cacha dans un marais. Il y demeura quinze heures entières, ayant de l'eau jusqu'aux épaules et souvent obligé de plonger la tête dans la boue pour se dérober aux flèches. Voyez, dans la coll. Moreau (vol. 741), plusieurs lettres de Pibrac adressées aux états de la Pologne et au roi, au sujet de sa fuite.

2. Le 12 octobre 1574, les états de Pologne adressèrent au roi une mise en demeure de revenir à Cracovie (Pièce en latin, f. fr., vol. 20153, f. 193). Le 15 juillet 1575 fut proclamée la déchéance (Déclaration de cette date; coll. Moreau, vol. 719, f. 211).

3. D'Aubigné se trompe. C'est à Stanislas Karnkowski, un de ses amis, que Pibrac dut son salut (De Thou, liv. LVIII).

4. Maximilien envoya au-devant du roi les archiducs Mathias et Maximilien, ses enfants, pour le complimenter. Lui-même, suivi de soixante carrosses magnifiques et de trois cents chevaux levés à la hâte, alla à sa rencontre à deux milles de la ville et lui fit un accueil des plus favorables. Le roi quitta Vienne le 1er juillet 1574.

5. L'entrée de Henri III à Venise (17 juillet 1574) et les fêtes qui furent données à l'occasion de son passage sont longuement racontées dans un manuscrit conservé à la Bibliothèque nationale dans le vol. 799 du fonds italien et dans plusieurs lettres conservées dans la coll. Dupuy, vol. 844, f. 263 et suiv. En quittant Venise, le roi hésitait à passer par la Suisse, mais il se décida à entrer en Piémont (Lettre de Thomas de la Bruère à Hautefort, du 1er août 1574; f. fr., vol. 15559, f. 132).

le duc de Venise[1] se trouva avec le Bucentaure[2], et par conséquent avec toute la magnificence qui accompagne ceste pièce. La Seigneurie le retint longtemps, l'exhortant tousjours à la paix de son royaume, entr'autres en un festin que lui fit le duc, où il y eut pour problème et propos de table sçavoir : Si les princes doivent garder la foi à leurs subjects. Quelques-uns les en affranchissoyent, les autres non. Après plusieurs notables raisons et exemples alléguez là-dessus, le duc ferma ainsi le discours : « Il est vrai que le prince ne doit la foi à ses subjects, pource qu'il ne doit jamais venir là de traicter avec eux, ni payer de sa foi, mais défendre bien les loix fondamentales, traicté perpétuel et barrières inviolables de la puissance et obéyssance ; mais, si le prince traicte et paye de sa foi, il la doibt dès le jour qu'il l'a promise, plus fermement, tant plus il est grand, soit qu'il l'impute à sa faute ou à son malheur. Il l'authorise de sa force et la rend égale à sa grandeur. » De Venise, il prit le chemin de Crémone[3], où le vice-roi de Milan le vint recevoir et honorer[4].

De là, le duc de Savoye et la duchesse, sa tante, le prindrent en main[5]. Là aussi arriva le Conseil de France,

1. Louis Mocenigo, doge de Venise.
2. Le *Bucentaure* était le navire que montait le doge lors de la cérémonie de ses épousailles avec la mer. La Seigneurie l'avait mis à la disposition de Henri III pour son entrée à Venise, le 18 juillet 1574 (Noailles, *Henri de Valois*, t. II, p. 467).
3. Henri III partit de Venise le 27 juillet 1574, conduit par le doge et le sénat, qui l'accompagnèrent jusqu'à Lizza-Fuzina. Sur le passage de Henri III à Crémone, on trouve un document dans le f. fr., vol. 15967, f. 181.
4. Henri III avait été prié de s'arrêter à Milan, mais il ne voulut point y passer (Noailles, *Henri de Valois*, t. II, p. 468).
5. Emmanuel Philibert et Marguerite de France, tante du roi. Voyez le récit de La Popelinière (t. III, f. 282 v°).

qui trouva le roi imbu d'un grand désir de paix[1], plein des remonstrances de ses hostes, desquels il avoit par tout ouy de grandes déclamations contre les rois qui mettent le trouble en leur foyer. Et pourtant[2], à la première despesche qu'il envoya à la régente, l'abbé de Gadagne alla parachever une tresve de deux mois avec les réformez, en donnant septante mille livres pour retenir une partie de leurs forces aux garnisons. D'ailleurs la régente fut bien aise de faire ceste œuvre publique en sa qualité nouvelle, approuvée par les uns et les autres, comme aussi elle avoit fait escrire les deux princes prisonniers en loüange, mais prophétique, de son heureux gouvernement. Le Conseil de France n'eut pas plustost haleiné ce prince qu'il lui osta tous ses désirs pacifiques, si bien qu'on soupçonna que c'estoit du mouvement de la régente, qui, n'ayant peu avoir l'honneur de la tranquillité, ne voulut pas que l'arrivée de son fils fust marque de son impuissance ou de sa mauvaise volonté.

En passant[3], nous marquerons que le roi donna au duc de Savoye Pignerol[4], pour ne l'avoir pas contraire durant la guerre qu'il vouloit faire contre ses subjects.

1. Henri III arriva le 24 août 1574 à Turin. Il y trouva le chancelier Cheverny et les secrétaires Simon de Fizes et de Villeroy, envoyés par la reine mère (Noailles, t. II, p. 468).
2. *Pourtant,* partant, en conséquence.
3. Cet alinéa manque à l'édition de 1618.
4. La restitution des places de Savigliano et de Pignerol fut vivement blâmée par le duc de Nevers qui, par hasard, se trouvait aux eaux d'Aix. Les remontrances de ce personnage au roi, datées du mois de septembre, sont imprimées dans les *Mémoires de Nevers,* t. I, p. 1 à 68. Les volumes 3313 et 3315 du f. fr. contiennent d'autres pièces sur le même sujet. Malgré ces remontrances, le roi chargea le duc de Nevers lui-même de négocier

Chapitre X[1].

Exploicts de Languedoc et Dauphiné.
Bataille de Montbrun.

Nous avons rendu conte de ce que l'une de nos trois armées paracheva en Normandie et de ce que l'autre commença seulement en Poictou. Puis que nous sommes auprès du roi, nous dirons un mot du Languedoc et du Daulphiné, commençans au mareschal d'Amville, qui, ayant sçeu comment les premiers projects pacifiques du roi se changeoyent en passions violentes, toucha en la main des réformez, les asseurant autant qu'il pouvoit de ne leur manquer point[2]. Pour ce faict, envoye à Millaud à une assemblée[3] et promet son assis-

---

cette restitution (Mandement du 21 oct. 1574; f. fr., vol. 23515, pièce 14). La convention des députés du roi avec le duc de Savoie fut signée le 14 décembre 1574. L'acte original est conservé à la bibl. de l'Institut dans le vol. 94 de la coll. Godefroy.

1. Le numéro et l'en-tête manquent à l'édition de 1618.
2. Le maréchal Damville, condamné par le parlement de Toulouse, et convaincu de connivence avec le parti des politiques, avait prié le duc de Savoie d'intercéder pour lui auprès du roi (Pièces, f. fr., vol. 3194, f. 122, et 3250, f. 12). Mais, informé des dispositions du roi, le 1er août 1574, il s'unit aux confédérés du Languedoc (Lettre dans La Popelinière, t. III, f. 229 v°), prit les armes et s'empara de Montpellier. Le 3 novembre il publia un manifeste qui est imprimé par Le Laboureur dans les additions aux *Mémoires de Castelnau*, liv. IV. Voyez pour plus de détails l'*Histoire du Languedoc*, t. V, p. 335 et suiv., et les pièces contenues dans la coll. Brienne, vol. 207.
3. Assemblée de Milhau, 16 juillet 1574. Les réformés et les confédérés du Languedoc, avec l'assentiment de Damville, approu-

tance en Daulphiné, où le prince Daulphin[1], avant les tresves[2], trouva Montbrun sur pieds, qui lui enleva d'abordée le principal logis de son avantgarde au pont de Royans, où sans résistance il deffit huict compagnies et laissa cinq cents hommes morts sur la place[3]; huict drapeaux emportez. De là il dressa une entreprise sur Die[4], jusques à oser penser l'assiéger[5] si la surprise lui manquoit. Mais le jeune Glandage estant avec lui advertit son père, gouverneur du lieu, qui estrilla bien les premiers qui venoyent aux eschelles[6].

Montbrun se résolut de mettre ses forces dans les garnisons, principalement quand il vit le prince Daul-

vèrent les décisions de l'assemblée de Nimes et publièrent, le 9 août, un acte d'association qui constituait le tiers-parti (*Hist. du Languedoc*, t. V, p. 331 et suiv.). Cet acte d'association est imprimé avec plusieurs autres pièces qui s'y rapportent dans les *Mémoires de l'estat de France sous Charles IX*, t. III, f. 31 et 404, et par La Popelinière, t. III, f. 232 et suiv.

1. François de Bourbon, dauphin d'Auvergne, commandant de l'armée royale.

2. La trêve du Dauphiné fut publiée le 29 mai 1574. Le 19 juin, le parlement de Toulouse, hostile à Damville, parce qu'il le soupçonnait de favoriser les protestants, rendit un arrêt qui annulait la trêve.

3. Le combat du Pont-de-Royans fut livré vers le 26 mai 1574. Pérussiis donne quelques détails qui complètent le récit de d'Aubigné (*Pièces fugitives*, t. I, p. 163).

4. L'entreprise sur Die eut lieu au commencement de juin 1574. La ville était défendue par Glandage le père (Pérussiis dans le t. I des *Pièces fugitives*, p. 163).

5. « Il pensoit emporter aisément la ville ou d'assault ou par composition, pource que la garnison estoit fort harassée, et estimoit qu'il y eust bien peu de gens de guerre dedans » (*Mémoires de l'estat de France sous Charles IX*, t. III, p. 392).

6. Montbrun fut obligé de lever le siège de Die et de battre en retraite vers le 9 juin 1574 (Note de d'Aubais dans le t. I des *Pièces fugitives*, p. 312).

phin faire ses premiers progrez sur le Pousin[1], qu'il assiégea avec dix-huict mil hommes et quatorze canons. Ceste petite place gourmandée fut bien tost toute en bresches, desquelles la plus ruineuse se fit par le rempart de terre fresche sans fascines, talus ni entre-deux, qui enfondrèrent la muraille. Sainct-Romain y avoit mis Rochegude et Pierregourde, qui y soutindrent un assaut général, duquel Sainct-Luc[2] eut la pointe; le meurtre y fut de huict cents hommes. En fin n'y ayant plus moyen de tenir, le mesme Sainct-Romain y entra en plein midi, et sous la faveur d'un grand combat emmena blessez, malades, vieillards, femmes et enfans avec ce qu'ils avoyent de meilleur pour les loger dedans Privats[3]. La ville abandonnée fut exposée au pillage et mesmes au feu[4] par un moyen bien nouveau. Il y avoit à l'armée un jeune Nostradamus, fils de Michel. Sainct-Luc lui demandant que deviendroit le Pousin, le prognostiqueur, après y avoir pensé profondément, respondit qu'il périroit par feu, et le mesme fut trouvé comme on pilloit la ville, mettant le feu par tout. Sainct-Luc, le lendemain le rencontrant, lui demanda : « Or çà, nostre maistre, ne vous doit-il point arriver aujourd'hui d'accident? » Le devineur n'eut pas si tost

1. Montpensier entreprit le siège du Pousin au commencement d'octobre 1574 (*Hist. du Languedoc*, t. I, p. 334).

2. François d'Espinay, seigneur de Saint-Luc, né en 1554, devint un des mignons de Henri III, combattit à Coutras, servit fidèlement Henri IV et devint grand maître de l'artillerie. Il fut tué le 8 septembre 1591 au siège d'Amiens.

3. L'armée royale n'avait pu soumettre Privas, que le prince Dauphin avait assiégée, et que Saint-Romain avait secourue (*Hist. du Languedoc*, t. V, p. 334).

4. De Thou dit que la ville entière fut brûlée, sauf une maison (liv. LIX).

respondu *non* que l'autre lui donne de la baguette par le ventre, et le cheval sur qui il estoit, fait à cela, lui enfonça la rate d'un coup de pied, payement de sa meschanceté.

Montbrun endura encores le siège d'Allez, très mauvaise place, en laquelle pourtant fut repoussé un assaut ; et puis la garnison retirée au chasteau fut emportée par surprise, bruslée en partie et le reste précipité des tours en bas[1]. De là le prince marche attaquer Oste[2], mais la garnison perça les gardes de nuict et se retira à Livron[3], ville que le prince s'engagea d'assiéger à la fin de juin[4]. L'assiette n'en est pas mauvaise, mais Gordes l'avoit entièrement desmentelée depuis la Sainct-Berthélemi. Montbrun, en faveur du peuple, l'avoit fortifiée à la haste en la pluspart des lieux avec barricades. Ce siège ne fut de longue durée, tant pour ce que le premier assaut fut bien repoussé et poursuivi avec grande gayeté de cœur comme aussi que Montbrun, retranché dans Loriol aux pieds de la coline de Livron, ne donnoit aucun repos à l'armée, esmeu, outre la passion générale, de ce que Roisse[5], son gendre, estoit enfermé là-dedans.

---

1. Prise d'Allès (Drôme) par le prince Dauphin, 19 juin 1574. Une lettre de ce prince au roi contient un récit détaillé de ce fait d'armes (F. fr., nouv. acq., vol. 6009, f. 32).

2. Aouste sur la Drôme.

3. Livron (Drôme). La Popelinière donne une description de cette ville (t. III, f. 230).

4. Le prince Dauphin se présenta devant Livron le 23 juin 1574. Il fit battre la place de six cent soixante coups de canon et donna un furieux assaut, mais il fut rudement repoussé (*Mémoires de l'estat de France sous Charles IX*, t. III, p. 393).

5. Philibert de Roesse, « gentilhomme vaillant et sage, gou-

Au bout de huict jours, le prince Daulphin décampa, ayant tousjours sur la queuë Montbrun, importun et mal faisant, qui l'eust esté d'avantage sans la tramontane[1], qui est insupportable en ce pays-là. Ceste armée s'alla venger sur quelques petites places de peu de réputation, sièges qui ne servoyent qu'à rendre l'armée accomplie. Le roi, redescendant en Avignon[2], escrivit à Montbrun fort au long; et une response courte lui fut donnée, finissant en ces termes : « Que le nom de rebelles et de traistres appartient aux infidèles conseilliers de Sa Majesté, ausquels le nom de François n'apartient point; mais que ceux-là se trouveront vrais François, qui, par la providence de Dieu sauvez des vilaines perfidies et horribles massacres, ont donné leurs vies à Dieu, et réputent la mort honorable pour belle récompense à leur honneur et fidélité. »

A la faveur de ce voyage, le roi fit, pour la deuxiesme fois, assiéger[3] Livron par le mareschal de Bellegarde[4]. La place, batue de vingt-deux canons et deux basilics, vit en peu de temps tout ce qui pouvoit couvrir les

verneur de la ville de Livron » (*Mémoires de l'estat de France sous Charles IX*, t. III, p. 393). Voyez p. 276.

1. La tramontane, d'après les *Mémoires de l'estat de France sous Charles IX* (t. III, p. 393), est une « bise impétueuse qui commença à souffler lorsque les Catholiques départoient; ils étoient en grand danger, à cause que le sieur de Montbrun s'estoit apresté pour leur courir sus de toutes parts, mais l'impétuosité extraordinaire du vent l'empescha. »

2. Une lettre du cardinal de Lorraine à la duchesse de Nemours, du 15 novembre 1574, raconte avec de piquants détails le passage du roi et de la cour à Avignon (F. fr., vol. 3159, f. 198).

3. Le siège de Livron commença le 21 décembre 1574.

4. Roger de Saint-Lary, seigneur de Bellegarde, maréchal de France le 6 septembre 1574.

gens de guerre en poudre. Nonobstant ils soustindrent deux assauts[1], et puis un général[2], où Balagni[3], commandant aux gentilshommes volontaires, la pluspart au duc d'Alençon et au roi de Navarre, pour se sauver de soupçon, fut blessé. Les assiégez descendirent trente pas de la bresche, et fut remarquée entre les plus avancez une femme avec des manchons rouges, une halebarde en la main, qui mesla et se signala en ce combat.

Le mareschal, qui commandoit en ce siège, entreprit[4] une mine du costé qui regarde Romans[5], et puis fit choisir un jeune capitaine et trente soldats de marque, lesquels il instruisit ainsi : « Mes compagnons, en vostre valeur, ou, pour mieux dire, en vostre obéyssance, est la bonne ou mauvaise issue de ce siège. Tout dépend de ce point, c'est que voyant le feu pris à la mine, sans vous estonner de la fumée et de la poudre, qui est tout le mal qu'elle vous sçauroit faire, vous alliez vous loger, en faveur de ceste grande obscurité que vous verrez, en la bresche qui sera faicte, et de là ne desmarcher en la ville que[6] deux cents gentilshommes et trois cents soldats choisis, qui marchent après vous, n'arrivent en vostre place. » Ce

---

1. Le premier assaut de Livron eut lieu le 21 décembre 1574 (De Thou, liv. LIX).
2. L'assaut général, dont parle d'Aubigné, fut donné le 26 décembre 1574.
3. Jean de Monluc, seigneur de Balagny, un des compagnons de Henri III dans son voyage de Pologne.
4. Prise de Romans par les catholiques, 3 août 1574 (Pérussiis dans le t. I des *Pièces fugitives*, p. 166).
5. Saint-Romans de Malegarde (Vaucluse).
6. *Que*, c'est-à-dire *avant que*...

jeune homme et ses compagnons ne faillirent pas, dès qu'ils ouyrent siffler l'amorse, de prendre leur course et donner du ventre à la terre coupée avant que celle que la terre enlevoit fust en bas ; dont advint que les premiers furent à l'abri de la terre qui estoit coupée, et qu'elle accabla en tombant trois ou quatre qui suivoyent de loing. Ainsi ceste mine fut inutile, comme aussi le siège, qui attendit[1] pourtant la cour à repasser, et un secours[2] de cinquante hommes que Montbrun jetta dedans avec combat et péril.

Les assiégeans et les assiégez se trouvèrent tant harassez qu'ils furent sans exploit de guerre jusques au repasser du roi. Lors Montbrun ravitailla et fortifia d'hommes la place deux fois, ce que les courtisans appelloyent impudence sous la moustache de la cour. Cela resveilla le mareschal à donner une attaque à la porte qu'on a toujours depuis nommée Porte meurtrière, pour le grand nombre de soldats qui périrent en ce combat, entre ceux-là Roisse[3], gouverneur ; en la place duquel fut esleu La Haye.

L'armée décampée jetta quelques hommes dans le Saix[4]. Montbrun avec deux canons les attaqua et emporta par assaut ; comme aussi La Mothe-Chalan-

---

1. *Qui attendit*, c'est-à-dire qui resta en suspens jusqu'à ce que la cour eût repassé.

2. Sous-entendu *fut aussi inutile...*

3. Philibert de Roesse, gentilhomme des environs de Crest, capitaine protestant, avait fait, en 1568-1569, la campagne de Saintonge sous les ordres de Montbrun. Successivement gouverneur de Dieulefit, du Valentinois, de Livron, il fut tué d'une arquebusade le 26 décembre 1574. Il avait épousé Louise du Puy-Montbrun dont il n'eut point d'enfants (*Mémoires de Piémond*, p. 593).

4. Le Saix (Hautes-Alpes).

çon[1] et Sainct-André-Rosans[2], avec perte en ces trois de six à sept cens catholiques. L'hiver fut si fascheux qu'il falut se reposer. Et puis, à la fin de may[3] mil cinq cents septante cinq, Montbrun vint assiéger Chastillon, à deux lieues de Die, où estoit Gordes[4] avec le reste de l'armée et vingt-deux enseignes de Suisses, qui faisoyent un peu plus de quatre mil hommes. Comme le canon jouoit devant la place, Gordes, sur le renfort de ses estrangers, s'avance au secours. Les Diguière[5] demeure avec quelque infanterie devant la place, cependant que le reste alla au-devant de l'armée pour ne démordre point sans raison. Puis voyant que c'estoit à bon escient, le canon fut renvoyé à Manglon.

Sur le soir, les ennemis se virent l'un l'autre et vindrent aux mains, cavallerie et infanterie. Les Diguière chargea les Suisses, qui firent bien leur devoir[6], abatirent sous son cheval le chef des attaquans, qui estoit perdu sans le secours de Montbrun. La nuict empescha que le combat ne fust de ce jour

1. Montbrun attaqua la Motte-Chalançon (Drôme) au-dessus de Nions, le 5 mai 1575, d'après Pérussiis, et le 11 mai, d'après Chorier.
2. Saint-André-de-Rosans (Hautes-Alpes) fut pris par Montbrun peu de jours après la Motte-Chalançon (Notes d'Aubais sur Pérussiis, *Pièces fugitives,* p. 328).
3. Châtillon-en-Diois (Drôme), petit bourg voisin de Die, fut pris par Montbrun le 12 juin 1575 (De Thou, liv. LX).
4. Bertrand de Simiane, seigneur de Gordes, lieutenant général du roi.
5. François de Bonne, s. de Lesdiguières, un des plus grands capitaines du temps, né à Saint-Bonnet de Champsaur (Hautes-Alpes), le 1er avril 1543, mort à Valence le 28 septembre 1626. Nous reviendrons sur ce capitaine.
6. Les Suisses, dit de Thou, soutinrent jusqu'à trois charges sans se débander.

mesme ; si bien qu'après légères charges, se perdirent quelques cinquante d'une part et d'autre[1]. Gordes[2], pour venir à bout de ce qu'il avoit entrepris, gaigna[3] Chastillon, et se résolut de partir avant jour pour se retirer à Die ; mais son ennemi vigilant, qui estoit à cheval à l'aube, coulant le long de la rivière, trouva que Gordes avoit fait passer au pont de Drome deux mille arquebusiers et quatre cents chevaux. Ce vieil capitaine fit sauter en croupe deux cents arquebusiers derrière autant de chevaux, et, en faisant soustenir Champoléon qui les menoit, par Morges[4] et Vercoiran[5], envoya descharger les compagnons sur le pont, qui, suivant leur commandement, se retranchèrent avec quelques charrettes de bagage et chevaux morts, pour couper chemin à ceux qui estoyent passez.

Gordes avoit poussé ses Suisses, comme pres21 à passer ; lui marchoit après eux, et le reste de son infanterie faisoit sa retraicte. La teste de l'infanterie des réformés, conducte par Estable[6], commença de jouer aux Suisses, qui à tous coups baissoyent la teste

[1]. D'après de Thou (liv. LX), Gordes n'eut que vingt-six hommes de tués, et Montbrun huit.

[2]. Gordes se mit en campagne et partit de Crest, à la tête de deux régiments suisses, le 11 juin 1575 (Notes de d'Aubais sur Pérussiis dans les *Pièces fugitives*, t. I, p. 328).

[3]. Gordes parut sous les murs de Châtillon le 12 juin 1575.

[4]. Abel Bérenger de Morges.

[5]. François de Massue, s. de Vercoiran, beau-frère de Montbrun, avec du Poët et de Bar, conduisait le deuxième corps de cavalerie (De Thou).

[6]. Il y avait deux capitaines du nom d'Establet. L'un servait dans l'armée de Montbrun, comme le dit d'Aubigné, l'autre commandait une compagnie suisse (Notes de d'Aubais sur Pérussiis, *Pièces fugitives*, t. I, p. 328).

et faisoyent quitter pays aux Daulphinois. Gordes s'avançant comme pour estre de la partie, Montbrun fit aller à la charge Morges et Champoléon, fortifiez de ceux de Gapensois, et lui[1], assisté de Compos et Blacons[2], print la charge à tout le reste de la gendarmerie, passe sur le ventre à tout ce qui s'opiniastra, réduisant le chef des catholiques au chemin de Die pour se sauver. On se souvint lors de ce que valurent les charges des Suisses à Dreux et à Saint-Denis, et de nouveau celle que Les Diguière avoit faicte le soir de devant. C'est pourquoi ceux mesmes, qui en avoyent tasté de nouveau, gardèrent ce plat pour le dernier ; et, après avoir mis en pièces l'infanterie abandonnée, desquels quelques uns essayèrent de gaigner un coin des Suisses, tous se mirent à mouscheter ces estrangers, premièrement à mousquetades et puis à coups d'escoupettes et de pistolets. Ces hommes abandonnez, se faisans faire place où ils vouloyent, enfilèrent un chemin, pour gagner une de leurs villes, mais abandonnans leurs morts par tout et ne pouvans enlever leurs blessez. Quand ils virent neuf cents de leurs hommes par terre[3], parmi ceux-là le colomnel Freulich et seize capitaines en chef, et d'ailleurs Montbrun qui crioit à ceux qui les giboyoient, ils levèrent leurs picques, rendirent toutes leurs enseignes[4] ; et la vie et

1. Montbrun était à la tête du troisième corps de cavalerie.
2. Mary de Vesc, s. de Comps et de Dieulafit. — Hector de Forest, s. de Blacons (*Mémoires de Piémond*).
3. Victoire de Montbrun sur les Suisses au pont d'Oreille, auprès de Motières, 13 juin 1575. D'après les documents cités par le marquis d'Aubais, les Suisses ne perdirent que 300 hommes (*Pièces fugitives*, t. I, p. 328).
4. Montbrun leur enleva dix-huit enseignes.

l'espée au costé, donnez[1] à ce qui restoit, pour recognoissance de leur valeur.

Le bruit de ceste victoire releva les affaires des réformés, apprit à ceux de Fribourg à déclamer contre les François, sans oublier que Montbrun n'avoit que cinq cents chevaux et huict cents arquebusiers contre trente compagnies de gens d'armes et neuf mil hommes de pied.

Il mourut donc à ceste deffaicte neuf cents Suisses, de six à sept cents fantassins françois, des gens de cheval trente-quatre.

Les réformés y laissèrent vingt-deux hommes en tout[2]. Deux jours après cest effect, je trouvai un jeune capitaine suisse au mont du Chat[3], avec une petite troupe, qui ne portoyent que l'espée. Lui ayant demandé d'où venoyent les compagnons, il me respondit ainsi en mauvais françois : « Nous venons de la bataille de monsieur de Montbrun. Jules César, le roi François et lui ont deffaict nostre nation. » Cela me fit le suivre quelque temps, pour aprendre de lui une partie de ce qu'en escri[4].

Montbrun, depuis ce grand combat, ayant réduit Gordes à s'enfermer à Die, et depuis encores ayant fait charger par Bar[5] et Gouvernet[6] la compagnie du

---

1. Sous-entendu *furent* donnez.
2. De Thou (liv. LX) rapporte que Montbrun ne perdit que six hommes dans cette rencontre.
3. Près d'Aix-les-Bains.
4. C'est-à-dire *de ce que j'en écris*. D'Aubigné s'est approprié le mot du capitaine dans ces vers des *Tragiques* (liv. V) :

> Montbrun qui n'a receu du temps et de l'histoire
> Que César et François, compagnons de victoire.

5. N. de Grasse, comte du Bar, capitaine provençal.
6. René de la Tour du Pin-Gouvernet.

comte de Bennes[1], il sçeut que toutes les forces du pays se rengeoyent auprès du lieutenant de roi. Il essaya de s'opposer à leur ralliement et se trouva en chemin de trois cents chevaux, ausquels Urche[2] commandoit. Il trouve à la sortie d'un chemin creux les premiers coureurs et une troupe de soustien[3], lesquels deux il mena batant jusques dans le gros. Urche, ayant laissé une petite troupe au lieu où le chemin s'estrécissoit, reprend la charge avec son gros, trouve Montbrun desjà espars du premier combat, et quelques-uns des siens qui avoyent mis pied à terre pour fouiller les pochettes. La charge fut rude. Montbrun, voyant Bar et quelques vingt cinq gentilshommes morts auprès de lui[4], la pluspart des siens se rendans ou fuyants, lui desjà blessé, voulant sauter un fossé, son cheval s'abbatit sur lui et lui cassa la cuisse. Urche et Rochefort[5], son cousin, lui jurèrent la vie et le firent porter au Crest[6], pour en pouvoir disposer[7]. Mais les comman-

1. Costa, comte de Benne, était en garnison dans l'Étoile, petite place voisine de Livron.
2. D'Ourches, dit de Berlion, de la maison d'Urre en Dauphiné, gendre de Gordes.
3. Ce secours consistait en quatre compagnies de gens d'armes, quatre enseignes d'arquebusiers et quelques compagnies de cavalerie légère (De Thou, liv. LX).
4. Du Bar fut tué avec vingt-six soldats (De Thou, liv. LX). Les troupes du roi perdirent plus de 200 hommes.
5. Joachim de Rochefort, seigneur de Pleuvant, lieutenant de la compagnie de gens d'armes du comte de Benne, son beau-père.
6. Crest sur la Drôme.
7. Prise de Montbrun entre Aouste et Miribel-en-Diois (Drôme), 4 juillet 1575, d'après les documents cités par le marquis d'Aubais (*Pièces fugitives*, t. I, p. 329), 9 juillet d'après de Thou (liv. LX). Une lettre du s. de Gordes à Hautefort, datée du 25 juillet 1575, donne des détails sur la prise de Montbrun (F. fr., vol. 15560, f. 32). Hautefort répondit qu'il serait contraire

dements redoublez du roi et de la roine mère leur firent oublier leur promesse et le devoir de la guerre et mettre leur prisonnier, demi mort, entre les mains du Parlement de Grenoble. Trente-deux prisonniers avec lui furent traictez en prisonniers de guerre et lui suivant les loix du mestier; mais lui eut la teste tranchée[1]. Et ainsi mourut celui à qui nous ne donnerons autre éloge que le titre que lui ordonna La Noue, asçavoir le vaillant Montbrun. Sa mort et l'honneur de la guerre violé furent depuis vengez par toutes les rigueurs que les gens de guerre purent inventer, tant sur Grenoble que sur ses entours, qui furent de là jusques à la paix traictez comme esperviers de bourreaux. A sa charge succéda Les Diguières, duquel la police et les exploits de guerre paroistront ci après.

Avant que quitter le Rhosne et faire que la cour avec son passage nous laisse pour quelque temps en repos de ce costé là, nous adjousterons que le gouverneur[2] de Sainct-Laurens ayant surpris Vessau[3] dans la montagne, sur les réformés, Rochegude amassa par les garnisons de quoi l'assiéger promptement. Laval et

aux déclarations pacifiques du roi de livrer Montbrun aux poursuites du parlement de Grenoble (*Ibid.*, f. 35).

1. Supplice de Montbrun, 12 août 1575. Le 10 août, les sieurs d'Oraison, Lesdiguières et autres chefs du parti réformé adressèrent au sieur de Gordes une requête pour sauver la vie de Montbrun, offrant divers avantages au parti catholique (Copie datée du 10 août 1575; f. fr., vol. 15560, f. 36). La question fut soumise au roi qui, d'après Brantôme, fut implacable et exigea la mort de Montbrun.

2. Le gouverneur de Saint-Laurent (Ardèche) se nommait Saint-Thomas (*Mémoires de l'estat de France sous Charles IX*, t. III, p. 393).

3. Vaissaux (Ardèche), petite ville entre Privas et Aubenas, fut prise sur la fin de juin 1574 (*Ibid.*).

autres katholiques du pays espuisèrent[1] aussi leurs places de gens de guerre, pour venir lever ce siège ; mais les réformez logez à propos les arrestèrent et emportèrent la place à leurs nez. Le mesme desplaisir arriva à Saint-Chaumont et à Sainct-Vidard[2], qui voulurent secourir Chalançon assiégée par Sainct-Romain et Pierregourde, car ils la virent perdre devant eux ; et Sainct-Chaumont à son arrivée trouva Nonnai[3], qui n'est qu'à onze lieues de Lyon, entre les mains des réformés.

La Provence ne fut pas sans besogne, où le mareschal de Rets fut envoyé avec partie des reistres et Suisses, tant pour nettoyer le pays et reprendre les petites places surprises par les réformez (comme elles le furent toutes, hormis Seine), comme aussi pour remédier au soulèvement des Rasez[4], qui commencèrent contre les gabeleurs de Marseille[5] ; ce qui estant appaisé, Vins[6] chassa de la Provence le baron d'Alle-

1. Les catholiques y perdirent quatre-vingts hommes (*Mémoires de l'estat de France sous Charles IX*, t. III, p. 393 v°).
2. Antoine de Latour, baron de Saint-Vidal, gouverneur du Gevaudan en 1583 et sénéchal du Velay en 1585 (*Mém. de Piémond*).
3. Saint-Chaumont s'était rendu, le 2 octobre 1574, sur l'ordre du roi, à Annonay pour le prendre d'assaut ; mais il n'osa point en entreprendre le siège et cantonna ses troupes aux environs (*Hist. du Languedoc*, t. V, p. 334).
4. Nom donné aux adversaires des Carcistes, qui suivaient le parti de François de Pontevez, comte de Carces, et qui se reconnaissaient à leur longue barbe. Les ennemis du comte, au contraire, parmi lesquels étaient des protestants et des catholiques, portaient la barbe rase, d'où leur vint le nom de *Razat*.
5. Voyez dans de Thou (liv. LX) le récit des troubles de cette ville au sujet de la douane que Louis de Diaceto, noble Florentin, y avait établie.
6. Jean de la Garde, s. de Vins, neveu du comte de Carces,

magne[1], Oraison[2] et Establon[3], qui ne purent s'affermir dans Lourmarin et Riez.

Le mareschal de Rets ayant laissé au duc d'Usez de ses forces, la guerre s'esprit plus que de coustume en Languedoc. Rochegude, allant à Nonnay, deffit deux cornettes, mais il y receut le coup de la mort. Surquoi le duc d'Usez osa assiéger Bais[4], nouvellement surprise, où Peiregourdes ayant jetté cent-cinquante hommes. Une sortie emportoit toute l'armée sans les Suisses, qui sauvèrent l'artillerie.

Ceux de Vivarez fortifient le chasteau du Pousin. Le mareschal[5], irrité contre le duc d'Usez qui avoit pris Sainct-Ferriol[6] pour favoriser le desgat de la ville, se reschauffe à faire la guerre, et, après avoir failli Béziers, donne sur les doigts à quelques troupes qui venoyent de Narbonne pour trouver le duc d'Usez. Cela et la surprise d'Aiguemortes[7], par une invention[8]

---

ennemi des protestants, se servait, dit de Thou, du prétexte de la religion pour satisfaire ses ressentiments particuliers (liv. LX).

1. Melchior de Castellane, baron d'Allemagne en Provence.

2. François d'Oraison, vicomte de Cadenet, créé marquis d'Oraison en mars 1588.

3. Thadéé de Bachy, s. de Stoblon, dans l'évêché de Riez, un des principaux chefs des protestants, s'était fait connaître par la victoire qu'il remporta près d'Oppède sur le comte de Carces et Claude de Berton de Crillon, le 6 juillet 1574.

4. Le duc de Retz prit d'assaut la ville de Bais-sur-Bais, en Vivarais, le 1er mai 1575; mais il ne put forcer le château où la garnison s'était retirée (*Hist. du Languedoc*, t. V, p. 341).

5. *Le maréchal* désigne ici Damville.

6. Saint-Ferréol, place située aux environs d'Usez.

7. Aigues-Mortes fut assiégée le 12 janvier 1575 et prise le 14.

8. Saint-Chaumont de Saint-Romain, quelques années auparavant, s'était emparé d'Aurillac en faisant sauter les portes de la ville à l'aide de sacs de poudre.

presque pareille à celle d'Aurillac, poussa le conseil du roi à quelques offres de paix.

Chapitre XI.

Prises de Melle et Fontenai avec la trape de Lusignan.

Pource que le roi, en s'en retournant, reçoit force nouvelles de Poictou, il est temps d'y faire un tour pour en apprendre nous mesmes, car le duc de Montpensier[1], renforcé des régiments de Normandie[2], avoit commencé à nettoyer le pays[3] par Melle[4], où commandoit, pour lors, le capitaine Tournecouppe[5], qui, pour n'avoir guères que des mazures à défendre avec quatre-vingts mauvais soldats, se rendit à discrétion et fut pendu lui douziesme[6]. Et, sur l'effroi de ce traictement, furent quittez Soubise, Tonai-Charante,

---

1. Le 8 avril 1574, le duc de Montpensier, lieutenant général en Anjou, Bretagne, Poitou, etc., arriva à Parthenay et y séjourna jusqu'au 15 du même mois (*Journal de Généroux*, p. 116). Il achevait de réunir ses troupes à la date du 1er juin (Lettre de Pinart à la reine de cette date; f. fr., vol. 15559, f. 90).

2. Montpensier avait sous ses ordres 1,200 chevaux et 3,500 hommes de pied en fort bon équipage (*Ibid.*).

3. Avant d'assiéger Melle, le 12 mai 1574, le duc de Montpensier avait vainement tenté le siège de Fontenay (*Journal de Généroux*, p. 118). Il se retira le 28 du même mois.

4. Montpensier mit le siège devant Melle le 19 août 1574 (*Journal de Généroux*, p. 124).

5. Le capitaine Tournecoupe, lieutenant du capitaine Normand, avait exercé l'état de *pintier* (mesureur) (*Journal de Généroux*, p. 124).

6. Prise de Melle, 21 août 1574, d'après les journaux de Généroux, p. 124, et de Le Riche, p. 191.

Rochefort et Marans[1] ; en tous lesquels lieux le duc de Montpensier jetta forces garnisons, qui, en incommodant les Rochelois, les rendoyent très fascheux à leurs chefs, mais faciles aux ennemis et au traicté de paix que la roine mesnageoit toujours. Le zèle et bon désir de bien faire que monstra lors Frontenai[2] empescha La Noue de succomber sous le faix, car, en lui quittant le nom et la principale charge de la guerre, il portoit sa part du fardeau, comme aussi l'autre lui quittoit l'hautorité des sauvegardes et congez de mer et en fin plus qu'il ne vouloit. Le nouveau comte de Montgommeri[3], eschappé de prison, arriva aussi d'Angleterre. La Noue, ainsi accompagné, va visiter[4] Fontenai et Lusignan, places desquelles il estoit en jalousie et auxquelles il vouloit pourvoir, notamment à Lusignan, où il avoit ordonné Chouppes[5] pour gouverneur, lui adjoignant Barronnière comme pour successeur. Et, quant à Luché[6], à cause de son aage, on l'avoit contenté d'une compagnie. Tout cela faict avant la prise de Melle et lors que l'armée estoit encore en Touraine, où elle fut amusée, par l'artifice que je dirois, l'espace de six sepmaines.

1. Soubize, Tonnay-Charente et Marans (Charente-Inférieure). Marans fut pris le 27 août 1574.
2. René de Rohan, mort à la Rochelle en 1586.
3. Jacques de Lorges, comte de Lorges et de Mongonmery, fils de Gabriel de Mongonmery, prit part aux guerres civiles du règne de Henri III, suivit en Flandre le duc d'Anjou, se tint à l'écart sous le règne de Henri IV et mourut le 28 juin 1609.
4. La Noue campa devant Fontenay le 1er septembre 1574 (La Popelinière, t. II, f. 250 v°).
5. Pierre de Chouppes, capitaine huguenot, mort en 1603.
6. Jean de Coesme, s. de Luée.

Le ministre Clerville[1] avoit un beau-frère, maistre d'hostel du duc et parent de Pataudière, qui le gouvernoit. Cestui-ci, respondant à une lettre de son beau-frère, lui laissa aller qu'il voudroit estre hors de Lusignan, pour la division qu'il voyoit entre La Noue et Chouppes, à cause du refus de l'abbaye de Selles audit Chouppes (fait exprès), et les mescontentements de Luché et d'autres. Le duc, adverti de ceci, fut conseillé de faire parler à Chouppes par son frère et par Mondon, qui lui escrivirent, demandans passeport pour lui parler de son grand bien. Chouppes refuse, disant qu'il ne pouvoit parler à eux honorablement, l'armée estant si près de lui; comme de fait elle estoit en Lodunois. Sur ceste excuse, l'armée s'esloigna jusques en Touraine; et lors Chouppes communiqua ce qu'il devoit faire à son général Frontenay, qui, dès lors, estoit venu cercher l'honneur à Lusignan. L'affaire approuvée, le rendé-vous se fit dans le parc, où le frère de Chouppes, ayant exagéré le mespris que La Noue faisoit de lui, la foiblesse de sa place, où il n'y avoit que des forts de bouchons, et puis les grandes forces de l'armée; que le roi estoit desjà en France. Et, là dessus, il lui promet de grandes récompenses et le presche en sa maison. Cependant que l'un n'oublioit rien aux persuasions et l'autre à des refus mal gracieux, Luché, qui se pourmenoit avec Mondon, lui dit qu'il trouvoit estrange comment son gouverneur, si brave en autre chose, ne sentoit mieux le rebut que La Noue avoit faict de lui et que, s'il eust sceu le roi

1. Clairville, pasteur de Loudun en 1577, député aux états de Montauban en 1581, conseiller et maître des requêtes du roi de Navarre, mort en 1608 (Haag).

revenir en France, il se fust bien gardé de prendre
Lusignan pour la belle récompense qu'il en avoit. De
propos en propos, ils demandèrent à Luché les moyens
d'entreprendre sur la place. Il respondit qu'il les
diroit à un chef d'armée et que le plus difficile estoit
de sauver ses amis. Là dessus, ils remettent à se
revoir, ce qui se fit au mesme lieu, où le capitaine
Port, enseigne colomnelle, se trouva ; lequel il mena
en la place desguisé, pour, à son plaisir, recognoistre
toutes les gardes. Le marché estant faict à la charge
que Puygaillard, qui seul sentoit cest affaire au renard,
s'obligeroit à garentir les sommes promises ; sur tout,
que Luché auroit le magazin de la place pour le vendre
et crédit de sauver ses amis. Le jour de l'exécution
fut pris au dixiesme d'aoust ; auquel jour ils ne faillirent pas de faire marcher quatre compagnies de gens
de pied, qui devoyent trouver la tour de la fontaine
ouverte, comme aussi la porte de la seconde fausse
braye et le reste de mesme. Un soldat réformé, qui
s'estoit mis en l'armée pour venir cercher ses frères,
comme plusieurs faisoyent, voyant mettre en ordre
deux cents hommes armez pour mettre au cul des
quatre compagnies, tira une arquebusade. Enquis
pourquoi, respondit qu'il aimoit mourir et, par cet
advertissement, sauver la vie aux gens de bien ; aussi[1]
fut-il poignardé. Cela faillit à rompre tout. Nonobstant,
Port marche jusques au pied de la Vacherie[2], donna
le mot : « Sainct Anthoine » sur le : « Qui va là »
de Luché. Et Luché lui ayant reproché sa longueur,

1. Cette fin de phrase jusqu'à *cela faillit* manque à l'édition de 1618.
2. La Vacherie (Charente).

il s'en revint faire passer les compagnies sur une planche, et tout saisit librement la porte de la fontaine et la seconde contr'escarpe. Mais Le Retail, qui estoit à la tour, ayant laissé tomber un espieu, Des Moulins[1], qui menoit la première compagnie, tourna visage. Ce que voyant, Le Chaillou coupa la corde du rasteau. Lors les arquebusiers[2] firent leur devoir et les fougades jouèrent. Mais, pource que ceux de la Vacherie tiroyent sur la planche, il s'en noya : la perte, en tout, de deux cents quarante hommes, gens de commandement et choisis.

C'est sur la souvenance de ceste perte que le duc de Montpensier traita mal ceux de Melle, qu'il tança Les Roches-Bariteaux et Montsoreau[3] de ce qu'ayant deffaict la compagnie de Bizot[4] à Auzais[5], ils n'avoyent tout tué. La penderie[6] de Tournecouppe à Melle fut revenchée par celle de quelques prisonniers de guerre et de Babelot[7], confesseur du duc et grand solliciteur des cruautez. Le duc escrivit aux chefs de Luzignan[8]

---

1. Claude du Moulin, ministre ordinaire de Fontenay-le-Comte, avait habité la Rochelle. Voyez le récit d'Arcère (*Hist. de la Rochelle*, t. I, p. 566).

2. Var. de l'édit. de 1618 : « *lors les* harquebusades et *foucades...* »

3. Jean de Chambes, seigneur de Montsoreau, était colonel des chevau-légers (*Journal de Généroux*, p. 124).

4. Bizot, capitaine et second ministre de Fontenay, parvint à s'échapper (La Popelinière, t. III, f. 253).

5. Auzais (Deux-Sèvres).

6. La fin de cet alinéa manque à l'édition de 1618.

7. Le P. Babelot, cordelier, interrogeait les prisonniers huguenots et, après les avoir convaincus d'hérésie, les envoyait au bourreau. Voyez le récit de Brantôme, t. V, p. 10.

8. Saint-Germain-de-Lusignan (Charente-Inférieure).

comment ils avoyent fait pendre des prisonniers de guerre. La response fut qu'ils estimoyent estre de leur devoir de prendre leçon et exemple d'un si grand prince que lui.

Le désir de ce chef estoit de s'attaquer premièrement à Luzignan ; mais les capitaines qui l'assistoyent, soit pour leurs intérests, comme estans la pluspart Poictevins, ou pour aider à Marans à incommoder les Rochelois, firent résoudre le second siège de Fontenai[1], après avoir receu de nouveau dix-huict canons, ayans auparavant les six qui avoyent batu Melle, beaucoup plus forte en masures que Fontenai en murailles entières. Sainct-Estienne[2] et ses compagnons, pour mesnager le terrain et partager de loing, défendirent les Loges[3] sept jours autant qu'elles se pouvoyent, comme y ayans enduré trois cens coups de canon, sur le rapport des Roches-Bariteaux[4], qui asseura d'avoir veu ployer un drapeau. Par là jugeant la retraicte, Puygaillard fit donner par tout et pressa fort ceux qui se retiroyent. Mais les katholiques trouvèrent une

1. La ville de Fontenay avait été prise par les réformés dans la nuit du 24 février 1574 et assiégée une première fois par Montpensier au mois de mai précédent. L'armée royale reparut sous ses murs le 29 août 1574. Voyez la chronique du Langon dans les *Chroniques fontenaisiennes*, in-8°, 1841, p. 181 et 294.

2. Le seigneur de Saint-Estienne était fils de Jean de Machecou, s. de Vieillevigne (*Journal de Généroux*, p. 114). Il commandait 400 soldats et une compagnie de vingt gentilshommes du pays (De Thou, liv. LIX).

3. Le faubourg des *Loges*, à Fontenay. Il fut pris d'assaut par l'armée royale le 2 septembre 1574.

4. Philippe de Châteaubriand, s. des Roches-Baritaut, fut nommé par le duc de Montpensier gouverneur de Fontenay après la prise de la ville (*Journal de Généroux*, p. 115).

barricade auprès des poissonneries, qui les arresta avec perte de quarante bons hommes; entre ceux-là le marquis de Saluces[1]. Les pièces, logées en divers lieux, passèrent le temps trois jours à desmanteler la ville de courtines, à rompre la montée du clocher. Landerau[2] et quelques autres gaignent le fonds du fossé pour faire une mine au fort des Dames, qui fut aussi tost éventée[3]. Mais, cependant que les assiégez avoyent l'œil de ce costé, une batterie de neuf pièces se dressa vers la tour de la Lamproye, une autre de six sur une plateforme un peu eslevée pour ruiner la teste du chasteau, duquel ils abatirent, premièrement, la guérite, et ouvrirent la tour du coin. Le reste de l'artillerie estoit demeuré aux Loges, de laquelle fut batue la courtine qui descend vers la rivière.

Durant ces approches, les capitaines Courcicaut[4] et Montigni firent une sortie sur le régiment de Bussi[5], forcèrent les barricades, firent quitter le principal corps de garde et emportèrent une enseigne[6]. Trois jours après, Samson et Pierre-Longue, joints[7] au

1. Le marquis de Saluces fut tué d'une arquebusade à la gorge à l'entrée du faubourg. Voyez le récit de La Popelinière, t. III, f. 250 v°.
2. Charles Rouaut, s. de Landreau.
3. Landreau y avait conduit trois canons et une coulevrine (La Popelinière, t. III, f. 250 v°). L'assaut fut donné vers les quatre heures du soir, le 15 septembre 1574.
4. Corchicauld, capitaine protestant (De Thou).
5. Jacques de Clermont de Bussy-d'Amboise. Voyez le récit de La Popelinière, t. III, f. 251, que d'Aubigné a suivi.
6. Ils emportèrent encore un grand nombre d'armes. Voyez la note précédente.
7. Peyrelongue commandait une centaine d'arquebusiers (La Popelinière, t. III, f. 251).

premiers, enfilèrent la tranchée jusques auprès des pièces, laissèrent plus de soixante hommes sur la place. Ce fut le mercredi matin[1], quinziesme du mois, que se fit la batterie générale, qui eust tantost mis en poudre autant de murailles qu'on avoit entrepris ; et, pource qu'il n'y avoit point au dedans de place de combat, comme nous avons dit, mais seulement un fossé de six pieds faict en pierre seiche, Bussi, bien accompagné de capitaines, marchant à l'assaut dès la première poincte, passa la ruine et le petit retranchement, mais il trouva plus bas, à[2] quelques autres avantages pratiquez presque à la mode de Chastelleraut, des barricades retirées hors de la vue du canon, gardées par le capitaine Brave[3], commandant les gardes de La Noue. Cestui-ci, flanqué par les capitaines Motterie, Picq et autres, attendit les croisez de pied ferme ; dont advint que Bussi estant blessé au bras[4], quinze ou seize[5] de ses meilleurs hommes morts à ses pieds, trois de ses capitaines estropiez, ils s'arrestèrent pour consulter un logement sur la bresche. Les assié-

1. La Popelinière dit qu'il était quatre heures du soir (t. III, f. 251 v°). La date donnée par d'Aubigné est exacte (*Chroniques fontenaisiennes*, p. 183).

2. *à*, avec.

3. On trouve deux capitaines de ce nom dans les récits des guerres du Poitou. L'un, après avoir longtemps pratiqué la réforme, s'était fait catholique et fut tué sous les murs de Fontenay le 31 août 1574 (*Journal de Généroux*, p. 125). L'autre, dont parle ici d'Aubigné, appartenait au parti huguenot. Voyez plus loin la mention de sa mort.

4. Blessure de Bussy d'Amboise, 15 septembre 1574 (Généroux, p. 126).

5. La Popelinière dit que dix ou douze soldats furent tués (t. III, f. 251 v°).

gez prindrent leur pose pour estonnement. Ils sortent des deux costez et vont aux mains la teste baissée avec telle résolution que ceux de l'assaut, enfilans la bresche à reculons, renversent Les Roches et Landereau qui les venoyent rafraischir. Sur le soir, ceux qui entroyent en garde avec quelque fascherie se logèrent dans la ruine, mais le canon leur fit quitter, le lendemain, à la diane.

Aussi peu profita l'escalade générale[1], que l'on présenta de tous costez, repoussée par fort peu de soldats qui s'aidoyent des femmes et des goujats. Plus utile aux assiégeans[2] fut le parlement practicqué dextrement par les parentages et amitiez, et par lequel plusieurs de l'armée jettèrent division entre la noblesse et les soldats du dedans, disans aux uns : « Voulez-vous mourir à l'appétit de ces coquins? » Et aux autres : « La noblesse capitule sans vous. » Et cela sur le point que quelques uns des assiégeans estoyent desjà dans le logis de leurs amis.

Le duc, ayant juré que nul des siens ne passeroit la contr'escarpe, fit reschauffer la batterie de neuf pièces pour haster la capitulation. Sur ce poinct, Lago, suivi de huict autres capitaines avec leurs compagnies, donna de gayeté de cœur dans la bresche, et son lieutenant se logea dans la grosse tour avec vingt soldats; mais les assiégez, s'estans ravisez, firent obéyr le duc par la résolution du jeune Renolière, faisant repasser si rudement la bresche à celui qui estoit

---

1. Assaut de Fontenay, 16 septembre 1574 (*Journal de Généroux*, p. 125). La chronique du Langon en donne un récit détaillé (*Chroniques fontenaisiennes*, p. 183).

2. Les mots *aux assiégeans* manquent à l'édition de 1618.

entré qu'après perte[1] de quelques bons hommes, ce lieutenant demeura assiégé en la tour qu'il avoit gaignée, où il eust esté bruslé sans l'arrivée de Bessay, qui l'empescha.

Là fut remarquable l'obéyssance des vieilles bandes et le soing que les vieux capitaines prirent à faire observer la capitulation, desjà jurée et signée à la vie et à quelques armes. A la vérité, on peut blasmer les assiégeans d'avoir en plusieurs choses faussé la parole; mais ceux du dedans ne se peuvent couvrir qu'ils ne les ayent conviez par leur faute[2], pource qu'ils quittèrent la garde des courtines avant le commandement, laissant la seureté générale, qui estoit la plus seure. Chacun se trompa, se voulant asseurer en particulier. Le duc de Montpensier se laissa aller au désordre, ne s'efforça point contre le pillage, consentit à la prison de Sainct-Estienne[3], gouverneur, et de tous les principaux.

Ainsi finit le siège[4], auquel se perdirent au dedans trente-cinq[5] hommes, parmi eux les capitaines Pierre-Longue et Champagné, et deux cents cinquante

---

1. Lisez *entré que, après perte...*, etc.

2. Var. de l'édit. de 1618 : « ... *conviez* par insolences, *pource qu'ils...* »

3. Saint-Estienne fut conduit au duc de Montpensier avec environ quarante hommes de la garnison; le reste fut désarmé et sortit de la place le bâton blanc à la main. Saint-Estienne avait été blessé à une jambe durant le combat (De Thou, liv. LIX).

4. La ville de Fontenay se rendit le vendredi 17 septembre 1574 (*Hist. de la Rochelle*, t. I, liv. IV, p. 566). Le 19, le duc de Montpensier quitta la ville (*Chroniques fontenaisiennes*, p. 185).

5. D'après La Popelinière, les protestants ne perdirent que trente hommes (t. III, f. 253).

hommes[1] au dehors. Le duc[2] fit pendre[3] le ministre du Moulin à Benet[4], lequel, à la mort, convertit un capitaine[5], compagnon de supplice, mais qui mourut pour ses forfaits.

La régente entretenoit tousjours le traicté de paix[6], y employant mesmes les femmes, comme la dame de Bonneval[7]. Elle envoya à la Rochelle[8] Boissière[9], qui

1. L'armée des catholiques eut 200 hommes tués et près de 300 blessés (La Popelinière, t. III, f. 253).
2. Le duc de Montpensier avait promis 500 écus au soldat qui lui amènerait le ministre (*Ibid.*).
3. La plupart des historiens, et notamment Arcère (t. I, p. 566), ont écrit que du Moulin avait été pendu à Niort. D'Aubigné a raison contre eux. Du Moulin fut pendu à Benet, ainsi que l'assure la chronique du Langon (*Chroniques fontenaisiennes*, p. 187), dont l'auteur était sur les lieux. Colomiès, dans son *Gallia oriental.* (p. 53), fait mention de ce ministre. *Claudius Molinius, verbi divini minister ac hebraici idiomatis insignis.* « Il avoit à commandement, » dit La Popelinière (t. III, f. 253), « les trois langues hébraïque, grecque et latine. »
4. Benet (Vendée).
5. Ce membre de phrase, jusqu'à la fin de l'alinéa, manque à l'édition de 1618.
6. Le 27 juin 1574, la reine mère accorda aux habitants de la Rochelle une trêve de deux mois (*Hist. des troubles* par le Frère de Laval, t. II, f. 734 v°). Un mois après, le 21 juillet, elle écrivit une lettre qui promettait aux réformés qu'il ne leur serait fait aucun tort (Coll. Brienne, vol. 207, f. 106). Le 7 août, elle écrivit dans le même sens aux gens de la Rochelle (La Popelinière, t. III, f. 243 v°).
7. Jeanne d'Anglure, épouse de Gabriel de Bonneval, fut envoyée à la Rochelle le 15 août 1574. Voyez dans La Popelinière (t. III, p. 234 v° et 235) la réponse des Rochelois aux articles apportés de la part du roi par la dame de Bonneval.
8. La Boissière-Brisson arriva à la Rochelle le 4 septembre 1574, mais il fut retenu à la porte de Coques, où La Noue et le maire allèrent le trouver (La Popelinière, t. III, f. 244 v°).
9. Pierre de la Boissière-Brisson, frère du fameux président Barnabé Brisson.

n'y trouva pas les désordres qu'on y avoit semez et sur lesquels il marchoit[1], mais une nouvelle réconciliation entre la noblesse et les habitans, le conseil du maire changé, pource que les plus gros de la ville, qui en estoyent, se montroyent tièdes et doubles; dans ce conseil nouveau[2] quatre gentilshommes et quatre bourgeois de la ville, choisis par les suffrages de tous. Ainsi se retira Boissière avec response[3] de civilité, quelques injures qu'il reçeut par les rues pour avoir tesmoigné au procès de Briquemaut; et n'emmena pas La Noue[4], que l'on désiroit fort à la cour.

Le duc de Montpensier avoit eu nouvelles que le vicomte de Gourdon, Langoiran et Vivans[5] venoyent en Xainctonge pour joindre La Noue; mais ils sçeurent aussi tost qu'ils avoyent esté divertis, pource que le vicomte de Lavedan estoit assiégé dans Proux, en Auvergne, par Montal[6], suivi de deux mille hommes, qui leva le siège à la veue du secours, tellement que le duc ne laissa pas d'envoyer[7] Chavigni pour faire de

1. C'est-à-dire *désordres..... pour le remède desquels il était censé envoyé.*
2. Ce conseil était composé de quatre échevins, quatre bourgeois et quatre gentilshommes élus (La Popelinière, t. III, f. 244 v°).
3. Voyez dans La Popelinière (t. III, f. 245) la réponse des Rochelois à la mission de la Boissière-Brisson.
4. De Thou analyse la réponse de La Noue à la Boissière-Brisson (liv. LVIII).
5. Antoine de Gordon, s. de Sénevières. — Guy de Montferrand, s. de Langoiran. — Geoffroy de Vivans.
6. Le s. de Montal appartenait à la maison des Cars.
7. Chavigny fut envoyé avec six cents chevaux (La Popelinière, t. III, f. 251).

mesmes à Nuaillé[1], assiégé par les Rochellois, et siège levé de mesmes.

Plus heureux ne fut le voyage de La Noue à Marans[2], où Les Bruères[3], qui y commandoit avec deux cents hommes, l'attendit d'une façon nouvelle et à laquelle il se prépara dès qu'il sçeut ses ennemis estre entrez dans l'isle[4]; c'est que, se doubtant bien que les attaquans, pour venir voir le chasteau, passeroyent par une ruette qui vient de la halle, il renforça la teste des maisons qui regardent en la grand'rue, autant qu'il faloit pour n'estre pas si tost enfoncée, et perça la ruette par tous les endroits, laissant à chasque bout une porte pour donner dans la rue quand il faudroit. La Noue ne faut pas de s'enfourcher dedans le piège, et lors (après un salve de huict vingts hommes cachez dans les maisons et duquel furent tuez les meilleurs d'auprès de ce chef, les autres chassez) il se voit sur les bras Les Bruères, bien suivi, qui lui donne d'abordée un si grand coup d'halebarde dans l'estomac armé, qu'il le fit trébuscher contre une porte si rudement qu'elle fut demie enfoncée. Et lors, cependant que La Noue relevé donna des affaires aux

1. Nuaillé (Vendée) fut assiégé par les Rochelois le 12 septembre 1574 (*Journal de Le Riche*, p. 196).

2. Marans avait été saisi par les catholiques que commandait Puygaillard le 27 août 1574 (*Journal de Généroux*, p. 124). Sa reprise était d'une grande importance pour les Rochelois. La Noue, à la tête de 50 lances et de 400 arquebusiers, parut devant la place au point du jour le 5 octobre 1574 (*Hist. de la Rochelle*, t. I, p. 567).

3. Le s. des Bruyères, gentilhomme angevin, avait longtemps pratiqué la réforme et était redevenu catholique (*Journal de Généroux*, p. 125).

4. Var. de l'édit. de 1618 : « ... *entrez dans* la ville; *c'est que*... »

Bruères, un des deux, qui l'assistoyent, enfonça la porte, et l'autre le tira au dedans, où, n'ayant plus qu'un trou à deffendre, Les Bruères fit sa retraicte au chasteau, voyant venir le secours, et les autres à la Rochelle; leur manquant le canon qu'on avoit promis, avec plusieurs blessez et perte de vingt bons hommes, et, entre ceux-là, le capitaine Brave[1]. Aussi peu heureuses furent les entreprises sur Xainctes, et Sainct-Jean d'Angeli faillit en mesmes mois.

Chapitre XII.

Acheminement du roi. Voyages et assemblées pour la paix. Prise de Castres et affaires de Languedoc. Mort du cardinal de Lorraine.

Pendant que le duc marche à Lusignan, il faut vous tenir promesse et vous rendre conte des desmarches de la cour et de la contagion que porta, en passant au Languedoc, ce conseil qui changea le désir pacifique du roi.

Le roi estant en Avignon[2] le vingt-troisiesme jour de décembre, y mourut Charles, cardinal de Lorraine[3],

---

1. En se retirant de Marans, La Noue voulut reconnaître le fort de la Bastille; il perdit alors le capitaine Brave, qui reçut un coup de feu dont il mourut deux jours après. Cet officier avait donné des preuves de sa valeur à la défense de Fontenay (*Hist. de la Rochelle*, t. I, liv. IV, p. 567).

2. Le roi s'était rendu à Avignon afin de secourir le Languedoc contre les entreprises de Damville et empêcher ses communications avec le maréchal de Bellegarde (De Thou, liv. LIX).

3. Le cardinal de Lorraine mourut le 26 décembre 1574 après dix-huit jours de maladie, et non presque subitement, comme on

esprit sans bornes et très riche, craintif de sa vie, prodigue de celle d'autrui, pour le seul but qu'il a eu en son vivant : asçavoir, d'eslever sa race à une desmesurée grandeur. Sa mort fut signalée par deux prodiges : le premier, la plus signalée tempeste qui ait esté de mémoire d'homme, car les vents furent remplis d'une fulguration si puissante qu'en plusieurs endroits, et notamment au logis où il mourut, quelque chose de plus violent que le vent arracha et emporta en l'air grilles et fenestres.

Quelques uns ont osé escrire que la roine, estant de nouveau entrée en soupçon contre la maison de Lorraine, avoit praticqué ceste mort par les mains de Sainct-Nicaise[1], estimé bastard du cardinal, et ce, par un présent de double ducats parfumez. Ce Sainct-Nicaise est celui duquel il a couru un gros livre hideux des empoisonnements qu'on lui attribue, ayant[2] pour compagnon Sainct-Barthélemi, que nous avons ci-dessus allégué, comme des trois enfans de la roine, du prince Porcian, d'Andelot, du cardinal de Chastillon, de la roine de Navarre, de la princesse de Condé, de

l'écrit souvent (Griffet, *Traité des preuves de l'histoire*, p. 221). D'après le *Journal de L'Estoile* (édit. Champollion, p. 48), confirmé par l'*Histoire des quatre rois* (p. 244), qui renchérit sur L'Estoile en détails piquants, il mourut en blasphémant. Pierre Mathieu, au contraire, trace de la mort de ce personnage un tableau plein de grandeur et de dignité (t. I, p. 407).

1. Claude de Guise, abbé de Saint-Nicaise, n'était point bâtard du cardinal de Lorraine, mais de Claude de Lorraine, premier duc de Guise. En 1574 parut un violent pamphlet contre lui, *la Légende de saint Nicaise*, qui a été réimprimé dans le tome VI des *Mémoires de Condé*, in-4°, 1743.

2. Ce membre de phrase jusqu'à *comme des trois* manque à l'édition de 1618.

quelques ministres, et, après plusieurs autres, de son oncle[1] putatif. Quand vous avez leu dans ce livre dix ou douze chapitres qui commencent ainsi : « Comme Sainct-Nicaise partit de Paris pour aller empoisonner le roi ou Monsieur ; » il en vient un sur la fin qui a ce titre : « Comme Sainct-Nicaise partit de son esglise de Cluni pour aller empoisonner le bourreau de Langres. » C'estoit pource qu'il estoit véritablement fils d'un palefrenier, frère de ce bourreau de Langres, auquel, avec l'aage, il vint à ressembler si fort qu'on ne le vouloit plus prendre pour estre de la race du cardinal. En soit la foi par devers les autheurs, mais j'afferme sur la parole du roi[2]. Le second prodige, comme estant un des trois contes, desquels j'ai parlé autresfois, qu'il nous a réitérez[3], nous faisant voir ses cheveux hérisser ; c'est que la roine s'estoit mise au lict de meilleure heure que de coustume, ayant à son coucher, entr'autres personnes de marque, le roi de Navarre, l'archevesque de Lyon[4], les dames de Rets[5], de Lignerolles[6] et de Sauves[7], deux desquelles ont con-

1. Var. de l'édit. de 1618 : « ... *de son* père *putatif.* »
2. *Le roi* ici est le roi de Navarre.
3. Var. de l'édit. de 1618 : « ... *réitérez* en privé, *nous faisant...* »
4. Pierre IV d'Espinac, archevêque en 1573, mort le 9 janvier 1599. Il embrassa le parti de la ligue, à laquelle il conserva la ville jusqu'en 1594.
5. Claude-Catherine de Clermont, mariée en 1565 à Albert de Gondi, duc de Retz, morte le 25 février 1603.
6. Mademoiselle de la Guyonnière, autrefois fille de la reine. Voyez Brantôme, t. IV, p. 278.
7. Charlotte de Beaune-Samblançay, dame d'atours de Marguerite de Valois. Mariée à Simon de Fizes, baron de Sauves, elle se distingua par sa vie galante ; veuve en 1579, elle épousa le marquis de Noirmoustier. Elle mourut le 30 septembre 1617.

firmé ce discours. Comme elle estoit pressée de donner le bon soir, elle se jetta d'un tressaut sur son chevet[1], met les mains devant son visage, et, avec un cri violent, appella à son secours ceux qui l'assistoyent, leur voulant monstrer au pied du lict le cardinal, qui lui tendoit la main, elle s'escriant plusieurs fois : « Monsieur le cardinal, je n'ai que faire de vous. » Le roi de Navarre envoye au mesme temps un de ses gentilshommes au logis du cardinal, qui rapporta comment il avoit expiré au mesme point. La frénésie[2] de ce mourant fut telle qu'il ne respondit à toutes les paroles des confesseurs et à ceux qui le consoloyent que *Monsieur Sainct-Denis Aréopagite*, répété plusieurs fois.

De ce temps, le roi partit d'Avignon et, passant devant Livron[3], avec toute la cour, entre les tentes du camp et la place, toute l'artillerie de l'armée joua en saluant le roi et foudroyant quelques maisons tout ensemble[4]. De là, il passa par Romans et Valence, entre les bataillons de Suisses et deux scadrons d'Allemans,

1. La reine, « disant les vêpres verset par verset avec le roi de Navarre, et venant à lever la tête, s'écria qu'elle voyait Charles de Lorraine, fort pâle et affreux, lui faisant signe du doigt en forme de menace » (De Thou, t. V, liv. LIX, p. 124, *note*).
2. La fin de cet alinéa manque à l'édition de 1618.
3. La ville de Livron était assiégée par François de Bourbon-Montpensier, dit le prince Dauphin, depuis le 13 juin 1574. Le 30 juin il avait donné le premier assaut.
4. Parti d'Avignon le 10 janvier 1575, le roi passa sous les murs de Livron vers le milieu du mois de janvier. Le siège de Livron avait été résolu à Avignon au mois de novembre, et le maréchal de Bellegarde en avait été chargé (Lettre du cardinal de Lorraine à la duchesse de Nemours, du 15 novembre 1574; f. fr., vol. 3159, f. 198).

où commandoit le comte Charles de Mansfeld[1], nouvellement levez et arrivez; les deux plus proches princes du sang, prisonniers dans un coche bien gardé. La cour arriva à Lyon[2] pour y séjourner et ordonner des affaires des provinces voisines.

Là, les Rochelois[3], et ceux de Xainctonge et Poictou unis à eux, envoyèrent leurs députez particuliers pour respondre à une négociation de paix traictée par Brantôme[4]. Ils avoyent aussi Poupelinière[5] et un autre[6] à la grande assemblée de Millaut[7], à laquelle on donnoit le nom d'estats, et où le mareschal d'Amville envoya de sa part pour achever de former son union, si bien que, de là en avant, tant que ceste guerre dura, il ne traicta avec le roi, au moins ouvertement, que par la voix générale des confédérez[8].

Et, pource qu'en ceste assemblée, ils avoyent déclaré

---

1. Charles de Mansfeld, né en 1543, capitaine catholique, plus tard au service de la ligue, mort en 1595.
2. Arrivée du roi et de la cour à Lyon, 5 septembre 1574.
3. Départ des députés de la Rochelle pour Lyon, 30 novembre 1574 (*Chroniques fontenaisiennes*, p. 188).
4. Pierre de Bourdeille, seigneur et abbé séculier de Brantôme, né vers 1540, gentilhomme de la chambre du roi, un des plus précieux biographes que nous ait légués le XVIe siècle. M. Lalanne a publié pour la Soc. de l'hist. de France une excellente édition des œuvres de cet historien.
5. Henri Lancelot-Voisin de la Popelinière, l'historien.
6. Le Fèvre, dit Tillerolles.
7. Assemblée de Milhau, 16 juillet 1574.
8. Le 9 août 1574, on publia au nom des confédérés un écrit en forme de manifeste, où ils protestaient que ce n'était point par esprit de révolte et de sédition qu'ils avaient pris les armes, mais uniquement pour défendre leur religion et assurer leurs vies et leurs biens. Cette protestation est imprimée dans La Popelinière (t. III, f. 241).

le prince de Condé leur chef, à la charge de persister en la religion réformée, les députez qu'ils envoyèrent à Lyon protestèrent ne pouvoir traicter d'aucune chose au desseu du prince. A quoi le roi s'accommodant donna saufconduit à eux et à ceux de la Rochelle, et mesmes accompagna de ses valets de chambre[1] les passeports donnez pour le maniement de la paix. Il envoya aussi en Allemagne les articles de ses offres et concessions en latin et françois, afin que tous en peussent juger[2]. La liberté de ces envoyez restraincte en un seul point, c'est qu'on les regardast de près, et à Paris et en passant à Lyon, pour empescher qu'ils ne portassent autre argent que celui de leur voyage. Or, tout cela s'en va à Basle, d'où ils feront sçavoir de leurs nouvelles; et cependant ceux de Millaut travaillent à de grands reiglements pour la guerre, desquels je ne chargerai point la patience de mon lecteur.

Cela fut publié avec la protestation[3] du prince de Condé, qui jura et protesta de suivre le résultat de Millaut, dont les principaux points estoyent de ne faire aucune paix sans le consentement d'une assemblée de

1. Un valet de chambre du roi, nommé Roger, fut chargé de suivre les députés et de rendre à la cour un compte de leurs paroles et de leurs démarches (De Thou, liv. LIX).

2. Les instructions du roi à ses ambassadeurs en Allemagne, les lettres aux princes allemands pour prévenir la guerre sont innombrables. Nous nous contenterons de citer l'instruction du 25 mai 1575 confiée au s. de Schomberg, où la négociation est bien résumée, et les pièces qui s'y rapportent (V° de Colbert, vol. 400).

3. Le 12 juillet 1574 eut lieu la publication du manifeste du prince de Condé, datée d'Heidelberg.

toutes les provinces authorisées légitimement; s'employer pour la délivrance des princes du sang et mareschaux de France prisonniers, pourveu qu'ils se trouvassent exempts de trahison; solliciter les états légitimes au soulagement de la noblesse et du tiers estat.

Ceux de Languedoc et leurs voisins ne marchoient pas aux négoces de la paix avec tant d'impatients désirs que les Poictevins, accablez[1], qui donnèrent à leurs envoyez des mémoires fort retenus, quand les autres provinces, qui despeschoient *cum libera*, en partie, pource qu'ils ne se fioyent pas trop en leur mareschal, et mesmes sous main sollicitoyent le prince de marcher. Entre les succès, desquels ils prospéroyent, fut une surprise qui vaut la peine d'estre sçeue.

Castres et Villegodon[2] ne sont divisées que d'un petit ruisseau qui s'appelle le Gond[3], qui, entre les deux, fait tourner deux moulins bien bastis[4] et qui se deffendent l'un l'autre avec canonnières. Ces moulins sont fort bas, et, toutesfois, la courtine de la ville si basse en cest endroit, que, de dessus celui qui est auprès de la ville[5] et qui estoit couvert à plat, on pouvoit gaigner la courtine. A l'autre moulin devers Villegodon, un meschant bastion[6] y donnoit accès, pour lequel empescher on avoit fait une fort mauvaise

1. Une de ces protestations est conservée en copie dans la coll. Brienne, vol. 207, f. 163.
2. Villegodon, faubourg de Castres.
3. L'Agoût sépare en deux la ville de Castres.
4. Voyez leur description dans La Popelinière (t. III, f. 247).
5. Le moulin de Villegodon était joint aux remparts par un mur de communication (De Thou, liv. LVIII).
6. Château environ à trente pas hors de la ville, et appartenant à un bourgeois de Castres, nommé Roquecourbe.

muraille; la garnison de la ville, outre les partisans naturels, estoit de trois cents cinquante Italiens ou Corses[1], soldats fort lestes, bien policez et curieux de leur devoir.

Il y avoit aussi quelques habitans réformez, accablez de maux et de menaces pour deux entreprises qui avoyent esté faillies sur la ville depuis peu de jours. Le vicomte de Paulin[2] y fit acheminer huict cents hommes des garnisons du pays, et Terride[3], les ayans mis à couvert, fit planter deux eschelles : l'une à ce meschant bastion et l'autre pour monter sur le moulin, et, de là, à la courtine; ces eschelles bien fournies et trop, car la première rompit, et ce qui estoit monté trouva, contr'espoir[4], la muraille qui est entre le moulin et le mur de la ville. Ces compagnons, au lieu de s'estonner pour voir l'endroit mal recognu, dressent l'autre eschelle sur la chaussée[5]. Là ils eurent le « qui va là » et l'arquebusade, et, tout aussi tost, une salve du corps de garde, qui avoyent allumé la mesche, en ayant senti celles de l'arquebuserie cachée derrière la contr'escarpe ; comme l'ignorance des fortificateurs de ce temps-là estoit de hausser les contr'escarpes et ne les applanir pas au porfil des glacis qu'on observe aujourd'hui, si bien qu'en plusieurs lieux elles ont merveilleusement abbrégé la besogne et servi aux assiégeans, quelquesfois dès la première nuictée,

1. La garnison était commandée par le s. de Saint-Félix, successeur de La Croisette.
2. Bertrand de Rabasteins, vicomte de Paulin.
3. Géraud de Lomagne, vicomte de Serignac, puis de Terride.
4. *Contr'espoir*, c'est-à-dire contre toute espérance.
5. Les assiégeants nommaient cette chaussée « la paissière du moulin. » Voy. les descriptions de La Popelinière (t. III, f. 247 v°).

leur donnant un logis à couvert des courtines et des flancs.

Ce corps de garde, ainsi prest, blessa et tua force gens, n'ayant à tirer qu'à une eschelle seule, mais les capitaines Rascas[1], Puicalvère[2], La Grange[3], Pasquet[4] et La Brune[5], mettant les blessez à part, gaignent le haut du moulin. Quelques uns se coulèrent dedans. On dit que le musnier, de qui le gouverneur s'estoit mocqué, demandant justice d'un soldat qui entretenoit sa femme, leur presta faveur. Tant y a que ceux-ci montez donnent la teste baissée au corps de garde, le mettent en pièces et gaignent une tour, tant pour s'oster des arquebusades que pour, dès l'entrée, nettoyer la courtine et faire place à ceux qui les suivoyent. Du logis de Rochecourbe, qui servoit de citadelle à la ville, sortoit une escoupeterie perpétuelle, comme aussi des flancs moyens et bas de leurs tours, tellement qu'il faisoit fort chaud suivre les premiers. Un soldat s'avisa de remuer l'eschelle sous une guérite et donna de sa teste, armé d'un casque, si rudement qu'il enleva le madrier qui n'estoit cloué que de saletez. Il monte et se fait suivre, chacun baillant la main à son compagnon. Quelques soixante[6] avoyent passé par là

---

1. François de Rascas, capitaine protestant, enseigne de la compagnie du capitaine La Grange, tué peu après (*Mémoires de Gaches*, p. 179).

2. François de Chateauverdun, s. de Puycalvel (*Ibid.*).

3. Jean de Bouffard, s. de la Grange, mort en 1604 (*Ibid.*, p. 174 et 472).

4. Pasquet, capitaine protestant, pendu par arrêt du parlement de Toulouse en 1575 (*Ibid.*, p. 214).

5. Paul de Corneillan, s. de la Brunié (La Popelinière).

6. La Popelinière (t. III, f. 247 v°) dit que plus de cent soldats étaient déjà montés.

et enfiloyent la courtine, quand de la grosse tour, où il y avoit un corps de garde, sort un capitaine corse, la picque à la main et suivi, qui, favorisé du beau feu que faisoit la citadelle, cogna ceux-ci dans la tour qu'avoit gagné Pasquet, et les autres firent ferme à la guérite. De ces deux endroits sortent à la fois les entrepreneurs et contraignent le Corse, qui avoit desjà r'allié cinquante hommes[1], de gagner la poterne de la citadelle. Terride, voyant les compagnons avoir si bien fait et fort engagez, convie la noblesse à mettre pied à terre, et Verglat, à leur teste, trouva moyen de rompre les grilles qui estoyent à l'arceau du moulin. Terride donne après lui et tout cela à la grand'place, où ils mirent en pièces un gros amas en prenant fort peu à merci, comme estans estrangers ou gens qui avoyent mal traicté leurs combourgeois. Rochecourbe[2], le plus notable entre ceux-là et qui craignoit encor plus pour avoir fait une citadelle de sa maison, parlementa de bonne heure à la vie sauve pour lui, les siens et cinquante Corses. Des autres il en eschappa fort peu. Il s'en noya une partie, l'autre[3] fut tuée par la cavallerie, qui n'avoit pas mis pied à terre, à travers laquelle pourtant Sainct-Félix[4], sixiesme, perça. Rochecourbe et ceux qui avoyent parlementé furent conduits par Terride demie lieue et tant loing qu'ils voulurent par des gentilshommes qu'il leur bailla.

1. La ville était défendue par trois compagnies corses du régiment d'Alphonse d'Ornano (*Mémoires de Gaches*, p. 156).
2. Antoine de Martin, s. de Roquecourbe.
3. Les morts, dit La Popelinière, étaient au nombre de plus de trois cents (t. III, f. 248).
4. Germain de Saint-Félix, capitaine aux ordres de Damville, se sauva avec une escouade de six cavaliers (La Popelinière).

Dans la ville furent enterrez deux cents morts de catholiques[1]. De l'autre costé il y en eut vingt-deux et plus de soixante blessez. Terrides y establit quatre[2] compagnies et partagea le principal butin[3], qui fut de très belles armes[4].

En nostre chemin nous avons Périgort, où Langoiran, assisté de Vivans, faisoit des siennes. Nous n'avons pas voulu, pour ceste fois, vous conter les peines où estoyent Montauban[5] et le Mas de Verdun[6]. Vous le sçaurez par leur délivrance après le siège de Lusignan, qui nous presse et ne nous donne plus congé de dire que deux exploicts de Langoiran : l'un fut que Montflanquin[7], estant assiégé par les forces du Périgort, de Bourdelois et d'Agenois, avec les vieilles compagnies de Mabrun, les compagnies de gens d'armes de Losse, Montferrant, Lozun, d'Escars et autres, de chevaux-légers de Vaillac, de la Sale-du-Ciron et quelques nouvelles bandes, tout cela pressoit la place et l'avoyent réduitte à parlementer, car la ville, lors,

1. Entre autres le capitaine Anthony et Jamin, lieutenant de Saint-Félix (La Popelinière, t. III, f. 248).
2. Deux cents hommes de garnison, d'après de Thou.
3. Le butin n'excéda pas 100,000 livres, « pource que, » dit La Popelinière (t. III, f. 248), « les protestants, qui estoient les plus riches de la ville, avoient jà esté tous pillez. »
4. Prise de Castres par les réformés, 23 août 1574. Ce fait d'armes est raconté avec de curieux détails, qui éclaircissent le récit de d'Aubigné, dans les *Mémoires de Gaches,* p. 177.
5. Au mois d'août 1574, les chefs du parti réformé tinrent à Montauban une réunion où les décisions de l'assemblée de Nîmes furent ratifiées. La Popelinière y prononça un discours (La Popelinière, t. III, f. 235 v°). Le roi donna aux s. d'Uzès et de Caylus la mission d'y répondre (coll. Brienne, vol. 207, f. 118).
6. Le Mas-Grenier (Tarn-et-Garonne).
7. Montflanquin (Lot-et-Garonne).

n'avoit guères de murailles que les maisons, quoiqu'elle soit en belle assiete et qu'on y aille en montant par tous les endroits. Langoiran donc, ayant ramassé tout ce qu'il peut de Bergerac, Saincte-Foi, Gensac[1] et autres petites garnisons, fit seize cents arquebusiers et deux cents chevaux. Avec cela partit au point du jour du bord de Dordongne, ne put arriver à une portée de coulevrine de Montflanquin qu'entre deux et trois heures. Lors il prit place de combat à la veue de l'armée, très avantageuse pour ses gens de pied, en quoi il ne se trouvoit guères moins fort que les autres[2].

Mais Montferrand, son frère, qui commandoit et se sentoit deux fois plus fort de cavallerie, ne voulut point quitter le haut, où il y avoit quelques petites plaines propres pour lui. Après s'estre marchandez quelque heure, Langoiran s'apperçeut qu'en prenant à gauche il trouvoit presque de cent en cent pas des rideaux mal aisez à regagner sur ceux de dessous, qui en faisoyent parapet. Il met son infanterie en trois parts, fait un gros de huict cents hommes à sa main droicte vers les ennemis, partage le reste à sa gauche et devant lui, où il mit Panissaut.

Les katholiques ne s'apperceurent pas de son dessein qu'il n'eust desjà gaigné deux rideaux. Ils font marcher dix compagnies pour leur empescher le troisiesme, mais Lambertie[3], qui menoit la troupe de

1. Gensac (Charente).
2. Geoffroy de Vivans raconte la prise de Montflanquin par Langoiran (*Faits d'armes de G. de Vivans*, 1888, p. 17).
3. François de Lambertie, baron de Montbrun, gentilhomme périgourdin, chevalier de l'ordre, mort en 1612. Henri IV le cite dans une lettre du 10 juin 1580 (*Lettres missives*, t. II, p. 328).

gauche, s'y avança; et là commença à estre favorisé des arquebusades de la ville, d'où il sortit deux cents hommes, lesquels monstrèrent à Lambertie qu'il falloit gaigner un chemin creux au devant des dix compagnies. Ce qu'ayant fait, Panissaut, qui estoit à la teste, se trouva au milieu. Et, pource qu'il y avoit un petit bois à l'endroit des huict cents hommes qui flanquoit ce chemin creux et que deux cornettes, qui venoyent favoriser les dix compagnies, avoyent à le passer, Langoiran commande à son gros de main droicte de gaigner ce bois à la faveur d'une charge qu'il vouloit faire; ce qu'il fit cauteleusement, car il attendit que le gros, qui s'estoit renforcé de deux autres cornettes, tous lanciers, eussent passé le bois et partant en désordre. Et lors fit sonner la charge, que ces lances n'attendirent point, horsmis dix ou douze glorieux, desquels il en fut tué six. Le reste alla faire son r'alliement à six vingts ou sept vingts pas au delà du bois; mais les huict cents arquebusiers réformez s'y estans promptement placez, ces lanciers avisèrent à se replacer plus loing, ce qui leur fut difficile, pource que le reste de la cavallerie les avoit suivis, comme aussi le reste de l'infanterie des dix compagnies. Les chefs ne sceurent mieux faire qu'à r'appeler le tout en la première place ou un peu plus loing. Le jour qui défailloit et un fossé creux qu'il eust falu passer en désordre fit contenter Langoiran de loger dans les tranchées des assiégeans, qui s'en allèrent avant jour.

Chapitre XIII.

Siège de Lusignan[1].

Pource que les fortifications de Lusignan[2] n'avoyent ni ordre ni forme, dont mon lecteur pust apprendre beaucoup, je ne m'amuserai point à l'inutile, aussi que les combats nous donneront assez de quoi dire, pour une si petite place, de laquelle la garnison fit ce qu'il faloit en un lieu pauvre pour le meubler et préparer au siège, comme en tenant les champs, auparavant que l'armée fust en Touraine, jusques à faire rendre Civray[3] par siège, qui leur fut une mère nourrice. Et, quand l'armée commença à se former, ils changèrent leurs possessions de la campagne en courses, d'une desquelles ils desfirent l'arrière-ban, qui estoit de quelques cent chevaux, comme ils estoyent logez à Curzay[4] en Loudunois, et emmenèrent Maurepas, lieutenant du comte de Sanzai[5], l'ayant

---

1. La ville et le château de Lusignan, qui ont donné leur nom à une maison illustre, d'où sont sortis les rois de Jérusalem et de Chypre, sont décrits par La Popelinière (t. III, f. 254) et par de Thou (liv. LIX), d'après la chronique de Brisson (*Chroniques fontenaisiennes*, p. 331).

2. Le château de Lusignan avait été surpris le jour du mardi gras, 24 février 1574, par le s. de la Bironnière, gentilhomme huguenot, à l'aide d'une fête et d'une mascarade. Voyez les curieux détails contenus dans la chronique de Brisson (*Chroniques fontenaisiennes*, p. 241).

3. Civray (Vienne).

4. Cursay, près de Lusignan (Vienne).

5. René de Sanzay, colonel général de l'arrière-ban, un des capitaines de l'armée du duc de Montpensier, plusieurs fois cité dans le *Journal de Généroux*.

forcé dans une maison où il s'estoit retranché. D'une autre cavalcade ils osèrent donner dans les faux-bourgs de Thouars[1], sur un advertissement que les poudres marchoyent; mais Terreford[2], qui menoit les coureurs de Chouppes, se trompa à une grande suite de charrettes qu'il print pour les poudres, lesquelles sortoyent de la porte quand les coureurs parurent.

Ces chariots pourtant, qu'ils amenèrent, estoyent pleins d'armes et choses utiles pour le siège. La mesme troupe, ayant mis en sureté leurs prises, alla deffaire le capitaine Cholet[3] à Limalonges[4]. Frontenai donc, maintenant Rohan et chef de la maison par le décès de son frère et de sa niepce, se voyant dans Luzignan cent et six gentilshommes, partagea cela en quatre brigades, à l'une desquelles il voulut commander pour prendre sa part des périls et labeurs, donna l'autre à Sainct-Gelais, qui en avoit mené au siège plusieurs; les autres deux furent pour Seré et Chouppes, gouverneur.

On partagea après les quartiers des compagnies, comme celles de Chouppes et de Luchai au chasteau, Terrefort au fort qui portoit son nom et que luimesmes avoit dressé comme il avoit peu à la teste de la croupe, sur quoi est bastie la ville, Bruneau[5] au

---

1. Thouars (Deux-Sèvres).
2. Terrefort, capitaine huguenot, mourut plus tard d'une pleurésie (De Thou, liv. LIX).
3. Bois de Cholet, capitaine catholique, cité dans le *Journal de Généroux*, p. 18.
4. Limalonges (Deux-Sèvres).
5. Probablement Jean Bruneau, ancien avocat du bailliage de Gien. D'abord capitaine calviniste, il se convertit au catholicisme en 1578.

fort des Dames, près de lui Bonet et Bourgonnière pour les deux courtines de la ville, La Garenne au retranchement de la maison de Mauprié, des Teilles[1] choisi pour les vivres. Baronnière[2] ne se desdaigna pas de l'artillerie et munitions de guerre. Les habitans de la ville avoyent le soin des plateformes devers le parc. Encores choisirent-ils gens pour faire basles[3], pour porter vivres aux quartiers et y départir poudres et munitions, selon qu'il estoit ordonné, d'autres pour battre la poudre, emporter les blessez, si bien que nul soldat ne peust trouver excuses pour quitter son quartier.

A chasque fort y avoit une halle pour voir la compagnie entière et à couvert. Toute la ceincture fut partagée aux quatre chefs de la noblesse et, à chacun d'eux, un ministre et un chirurgien. Comme l'armée approchoit, Seré fut à la guerre, leva un logis de deux compagnies à Seuret, et puis, le duc estant logé à Sansei, le mesme donna dans les rues, où furent tuez quelques hommes, et, entr'autres, un dans le logis du général, ce qui fit réprouver à quelques uns la coustume glorieuse des François, qui est de ne faire jamais barricades ni retranchemens aux premiers logis qu'on appelle[4] le « quartier du roi. » Je dis en passant qu'Henri le Grand s'est bien trouvé d'avoir observé autrement.

1. Probablement du Teil. On trouve dans la *Chronique de Brisson* et dans le *Journal de Généroux* plusieurs membres de cette famille.
2. Le s. de la Baronnière, gentilhomme protestant d'auprès de Chenay (*Journal de Généroux*, p. 114).
3. *Faire basles*, fondre des balles.
4. Cette fin de phrase manque à l'édition de 1618.

Le vingt-sixiesme septembre[1], l'armée arriva au fauxbourg d'Anjambe, d'où les arquebusiers les plus avancez furent chassez par Terrefort, et, après une longue escarmouche, les maisons bruslées. L'armée campa ceste nuict là. Et, le lendemain, Puygaillard, premier mareschal de camp, venant faire ses quartiers, trouva la basse ville toute en feu[2], horsmis une maison à cinquante pas hors la contr'escarpe, qu'un sergent de la ville, bien barricadé, gardoit avec vingt arquebusiers. Puygaillard en envoya deux cens pour l'emporter. Terrefort y rejetta vingt autres arquebusiers et Seré[3] y courut avec cinquante, par qui les assaillants furent cognez jusques au bas du village[4]. Il falut que Sarriou y marchast enseigne desployée et tambour batant. Seré engagea les siens aux coups d'espée dans la teste de ce régiment, et la pluspart de l'armée les alloit envelopper, quand Chouppes y mena trente hommes armez, pour desmesler la besongne et r'amener tout jusques dans la maison, que l'armée voulut emporter en poursuivant. Mais après un rude effort ils en furent repoussez, avec perte de huictante bons hommes, et les assiégez de six, qui leur estoyent plus qu'aux autres quatre-vingts. L'armée fut deux jours premier que d'emplir les fauxbourgs, mais enfin,

1. La Popelinière dit que l'armée royale campa à Enjambes le 30 septembre 1574 (t. III, f. 255).

2. « Le baron de Frontenay avoit commandé mettre le feu en la basse ville après avoir sur ce prins l'avis des gentilshommes et capitaines. Ce qui fut fait le mardi 28 septembre 1574 » (Chronique de Brisson dans les *Chroniques fontenaisiennes,* p. 335).

3. René de Valzergues, d'après de Thou, liv. LIX.

4. Ce combat eut lieu le soir du 7 octobre 1574 (La Popelinière, t. III, f. 255).

ayans travaillé à leurs approches, comme ceux de dedans à quelques nouvelles réparations vers le chasteau, et à une espaule auprès de la maison de Mauprié, le mercredi, treziesme d'octobre, l'artillerie commença de se jouer aux défenses. Le lendemain se fit une grande batterie entre la maison[1] de la roine et le portal des Eschilles[2]. Cela inutile, car c'estoit un pan de muraille sur un rocher, qui cousta beaucoup à abbatre, et ne pouvoit faire d'esplanade, seulement elle remplit la fausse braye où Chouppes et Seré se jettèrent, mais ce que nous avons dit empescha qu'il n'y eust point d'assaut.

Le vingt-sixiesme[3], dessein et batteries furent changées. On mena cinq canons au parc, trois à la porte du chasteau, et douze à la montagne du moulin. Ces vingt canons, dès la poincte du jour, firent deux bresches dans les trois heures du soir, l'une du costé du moulin, l'autre du parc qui battoit à plomb dans la vacherie, et les trois du bout du chasteau en courtine, si bien qu'ils tuoyent ou blessoyent tout ce qui se présentoit[4]. De fait à tel jeu estoyent desjà perdus le jeune Sainct-Gelais, Chirai, Sainct-Jame[5], deux jours

---

1. « Grand corps de logis qui est à droite entrant au portal de l'eschelle et qui regarde la basse ville » (La Popelinière, t. III, f. 255 v°).

2. D'après La Popelinière (t. III, f. 255 v°), ce combat eut lieu le 15 octobre 1574.

3. D'après Généroux (p. 128) et La Popelinière (t. III, f. 256), ce combat eut lieu le 23 octobre 1574. De Thou confirme cette date (liv. LIX).

4. On tira ce jour-là plus de 1,250 coups de canon (De Thou, liv. LIX).

5. Probablement Sainte-Gemme. Plusieurs capitaines portaient

devant le sergent major, et vingt autres de moindre condition.

Il n'y avoit qu'un petit abri de muraille en triangle, là où se pouvoyent cacher trente hommes. Tout vouloit quitter en emportant Le Chaillou blessé[1] qui y commandoit, quand Seré, Tiphardière et après eux Chouppes y coururent, sur le poinct que Bussi faisoit bransler ses enseignes, pour donner après la volée qu'on tire avant que les assaillans soyent aux mains. Bussi, bien suivi des meilleurs capitaines et soldats de France, monte, et ceux qui estoyent cachez dans le coin arrivèrent ensemble sur le dos de la ruine; et à l'instant il se descouvre un flanc où douze ou quinze arquebusiers pouvoyent tirer à la fois, et qu'on avoit tout fermé pour servir au besoin. C'est de là que fut le principal dommage des assiégeants. Bussi en fut blessé, et en deux heures de combat plus de six vingts hommes de morts, et du dedans Chaillou, qui commandoit ce jour à la Vacherie, et, ne s'estant pas voulu retirer pour sa première blessure, fut tué.

Le lendemain[2], sous couleur de parlementer, les réformés désignèrent une sortie vers le parc, pour laquelle il fallut faire d'une vieille canonière une porte, où la cavalerie pust passer, et accommoder la descente des grand's caves pour aller à ce trou. Cela faict, au point du jour on fit couler premièrement deux

ce nom. La Popelinière lui-même est désigné dans le *Journal de Généroux* sous le nom de Poupelinière de Sainte-Gemme (p. 130).

1. Le Chaillou eut la jambe emportée par un boulet de canon, et son compagnon, René de Sainte-Marthe de Châteauneuf, fut tué (De Thou, liv. LIX).

2. Sortie des défenseurs de Lusignan sur les assiégeants, 28 octobre 1574 (La Popelinière, t. III, f. 256).

troupes, de chacune douze ou quinze chevaux ; l'une pour Chouppes, et l'autre pour Seré ; et puis deux cents arquebusiers menez par les capitaines Terrefort et Dubien. Au cul de tout cela, Sainct-Gelais menoit trente chevaux et quatre vingts arquebusiers à leur estrier. Cela faict, ayans mis ordre à laisser des hommes dans le moulin pour leur retraicte, Terrefort en doublant le pas se va jetter en la tranchée des cinq canons, Seré donne à gauche au corps de garde des gens de cheval, qui estoyent sur leurs armes, pour avoir ouy passer l'eau. Nonobstant ils prindrent la fuite, et ces deux petites troupes ne trouvèrent rien en tout ce qui estoit campé au parc qui leur résistast, quelque diligence de r'allier que fit La Hunaudaye[1], jusques à ce que cent picques et deux cents arquebusiers firent un gros, que les deux petites troupes et Sainct-Gelais chargèrent et mirent en désordre. Tout ce qui estoit en garde aux tranchées estant deffaict par Terrefort, les sortis furent une grand'heure maistres de ce camp, et quelques uns allèrent tuant jusques à la veue de Jazenueil, où estoit le duc de Montpensier.

Terrefort, qui avoit gaigné les pièces et les poudres, eust emmené les pièces, n'eust esté que le bruit de la cavallerie de Luzignan fut pris pour la cavallerie de l'ennemi r'alliée. Il se falut contenter d'enclouer et mettre toutes les poudres en un monceau, avec une traînée faicte à la haste, je di pource qu'on n'y vouloit pas mettre le feu que les compagnons ne fussent retirez. Or la cavallerie de l'armée accourue pressoit à la retraicte, et nul ne vouloit porter la mesche à

1. René de Tournemine, baron de la Hunauldaye, seigneur breton, allié de la maison de Rohan.

ceste petite traînée craignant le soufflet du gros, si bien que tout demeuroit là, quand un soldat de Sainct-Gelais, nommé Baribault, dit à son maistre, qui se tormentoit de voir sauver les poudres : « Je m'y en vais pour le service de Dieu et pour vostre commandement. » Il va donc jetter trois mesches dans la traînée, et ne courut pas douze pas que le vent et le feu de ce grand effort ne le jettast jusques à la rivière, demi bruslé. Sainct-Gelais retourne vers lui, et par un homme de pied le fit traîner jusques auprès du moulin; pour cest acte il a esté longtemps valet de chambre du roi Henri IIII.

Il mourut à ceste sortie quelques deux cents hommes, en cela neuf capitaines, et Cossard[1] prisonnier, avec son drapeau. Ceste gayeté de cœur estonna l'armée, et fit que les principaux capitaines vouloyent persuader au duc de lever le siège, mais il opiniastra et envoya pour les poudres à Tours; ce qui donna aux assiégez loisir de réparer en tous les lieux où on les avoit endommagez. De mesme temps aussi se commença une mine à la Vacherie, aussitost contreminée, de si près que les contremineurs virent seeler la mine, et eurent moyen de se retirer, horsmis la sentinelle, qui fut emportée, et les gens de guerre, qui estoyent préparez pour se loger dans le partage, comme nous avons dit à Livron, furent la pluspart couverts à la cheute de la ruine.

Peu de jours après, Rouet[2] apporta des lettres du

---

1. Cossard, capitaine catholique, cité dans le *Journal de Généroux*, p. 43.
2. François de la Beraudière, seigneur de l'Isle-Rouhet (De Thou, liv. LIX).

roi au gouverneur, qui les refusa au commencement, et puis se virent auprès du moulin, où Rouet monstra lettres[1] que le roi lui escrivoit, pour asseurer de sa part les réformés de toutes les honnestetez, seuretez et libertez qui se pouvoyent dire en tel cas.

Durant cela il se commença une tranchée du chemin creux d'Anjambe, pour gagner la contr'escarpe. Beauvois, Montserni, Puividart[2] et douze soldats se jettèrent à ce travail, qu'ils firent abandonner, mais, depuis estant repris, ils percèrent la contr'escarpe, gaignent le fossé, à un bout duquel ceux de dedans se partagèrent; et puis en poursuivant les approches, vindrent au pied d'une tour pleine de terre, qu'ils faisoyent couler par une bresche faicte exprès. Ceux de dedans, esprouvants combien ces remplissages de tours sont mauvaises fortifications, vindrent à partager par leurs retranchements, où ils logèrent Terrefort, pource que le capitaine Bruneau, qui gardoit ce coin, avoit sa compagnie fort diminuée. Cela fait, il faloit penser à la mine de la Vacherie[3], qui joua, et ne fit pas mieux que la première. Mais plus qu'à tout cela il faloit pourvoir aux vivres, vestements et chaussures des soldats, et toutes autres nécessitez[4], desquelles ils estoyent si desgarnis et descouragez qu'ils aimoyent mieux souffrir la faim, que de faire tourner leurs

---

1. La Popelinière donne l'analyse de ces lettres (t. III, f. 258).

2. Puy-Vidal, lieutenant du capitaine Terrefort (De Thou, liv. LIX).

3. Le 22 novembre 1574, l'artillerie commença à tirer contre le ravelin de la Vacherie et le fort des Dames (De Thou, liv. LIX).

4. La Popelinière (t. III, f. 258) et après lui de Thou (liv. LIX) font le tableau des extrémités auxquelles les assiégés étaient réduits.

moulins à bras, estans mieux fournis de bled que d'autre chose quelconque, quoi qu'on l'ait dit autrement.

Il se passa plusieurs discours entre les principaux, qui faisoyent des rondes, et Puy-Gaillard, qui les sommoit de penser à leur composition ; les autres tournans le discours à la paix générale. Mais, en devisant, on ouyt des pionniers qui faisoyent esplanade à l'endroit du jeu de paume. Ceux de Luzignan jugèrent à ce travail qu'on les vouloit battre et accoster par là. Ce fut à eux à faire sortir tout le monde des maisons, de tous sexes, pour faire de petits logis, soit en terre ou dans les ruines, à placer les soldats jusques aux espaules, tant le long des courtines, qu'à un petit tuquet de terre qui avançoit et donnoit quelque flanc. Il en estoit temps, car une batterie de douze canons commença au point du jour à toute la courtine qui regardoit la basse-ville, et neuf pièces qui entretenoyent les bresches desjà faictes au chasteau et à la Vacherie ; avec cela l'armée en bataille par parties et comme pour l'assaut en fatiguant les assiégez, à qui il en falut faire de mesmes.

Sainct-Gelais ordonné pour commander en la nouvelle bresche, le jour se passa ainsi. Mais le lendemain, veille de Noël, la batterie accreue de trois canons, et dans les onze heures ne voyant plus rien à ruiner qui leur faschast, hormis ceste petite fausse braye, avancée du costé de la basse-ville, de laquelle Sarriou se tourmentoit fort, la nommant peyrade, on y envoya à sa sollicitation quelque volée, mais on n'y battoit que des ruines.

A onze heures donc se mit l'armée en trois bataillons[1] principaux, parez à leur teste de force noblesse volontaire. Outre cela quelques pelotons s'avançoyent vers Anjambe pour fournir aux escalades et autres occasions. Les vieilles bandes et le plus grand bataillon mené par Sarriou descendent du costau à la basseville pour donner à la plus grande bresche, défendue par Sainct-Gelais, qui avoit jetté dans ces petites peirades Barronnières et du Gué, fort sollicitez par les soldats de quitter, pour la quantité de gens qu'estropioyent trois canons batans en demi courtines; mais enfin résolus y demeurent, et ne furent pas de petit effect pour ceste journée.

Le duc de Rohan, que nous appellerons ainsi ci-après, sa terre méritant d'estre duché dèslors, fit ce jour-là devoir de chef et de soldat; et, se voyant auprès de lui plus d'hommes que Sainct-Gelais n'avoit pour la grande bresche, y en envoya de renfort Choupes avec dix gentilshommes et vingt arquebusiers. Vous eussiez veu lors les soldats se jetter dans les ruines, se couvrir de terre et de mortier jusques à la ceincture, desrober de petits flancs, estimans que, les assaillans continuans leurs marches et venans aux mains, on ne leur tireroit plus de canonnades. Mais les bataillons, ayans rompu leur ordre pour passer le fauxbourg, vindrent reprendre leur forme sur les contr'escarpes, où ils demeurèrent tant que leur artillerie eut loisir de tirer quatre cents canonades et par ainsi briser beaucoup des petits avantages que les

1. « Les trois bataillons furent acheminez, » dit La Popelinière, (t. III, f. 259), « au dessous des trois pièces qui battoient la teste du ravelin de la Vacherie. L'un d'eux se porta au fort du Bien, l'autre marcha droit au ravelin des Dames. »

soldats, comme nous avons dit, avoyent practiquez.

Cela faict et le signal donné, les assiégez paroissent sur leurs bresches à genoux pour la prière, et puis debout et aux mains à la grand'bresche de la ville, où le combat de main dura près d'une heure. Les petits flancs et la peyrade furent la principale cause qui fit quitter l'assaut, et que ceux qui faisoyent des caprioles en venant revinssent un peu plus viste gaigner le couvert des maisons. Il resta pourtant une troupe de capitaines et de gens à qui le retour faisoit mal au cœur. Ceux-là se mirent à l'abri d'une tour ruinée, donnant moyen aux canonniers de jouer, et aux défendants une jalousie qui les faisoit paroistre. Et puis les attaquans estans chassez à coups de pierre et d'un pan de muraille qui fut poussé sur eux, firent quelque contenance de r'allier et de donner; mais ils ne sçeurent faire reprendre ce chemin qui estoit tout pavé de morts[1].

Au mesme temps de cest assaut commença celui de la Vacherie que Puy-Gaillard voulut conduire; Mortemar les suivit. La poincte fut pour Lussay avec son régiment. Les flancs qui avoient faict du mal au dernier assaut, s'ils estoyent hauts ou moyens, estoyent ruinez, les bas aveuglez par les ruines. Lussay eut bientost gaigné le haut de la bresche où, après quelques artifices de feu, il fut receu à coups de picques et d'espieux[2]. Ceste troupe estoit arrestée, quand les autres

---

1. Voyez dans La Popelinière (t. III, f. 259) les préparatifs et l'ordre des assiégés pour soutenir l'assaut.
2. Jean de Coëme-Luée fut gravement blessé et mourut quelques heures après. Il laissa ses biens dans le Maine à Jeanne de Luée, sa sœur, qui venait d'être promise à Louis, comte de Montafier, seigneur piémontais (De Thou, liv. LIX).

survenans et ayans circui toute la Vacherie, les ruines du chasteau qui estoyent faites dessur avoyent fait esplanades, si bien qu'ils n'eurent qu'à se laisser couler, pour accabler Seré, quelque deffense qu'il fist. Et par ainsi Luchai, qui se battoit de l'autre costé à couvert de quelques madriers, ne put faire que se retirer vers le chasteau, avec ce qui le put suivre. L'émulation de ces deux jeunes gentilshommes fit garder ceste masure contre l'ordonnance du conseil, et perdre à ce jeu force hommes choisis, Seré prisonnier et la Vacherie prise. Ce qui se sauva au chasteau y porta l'effroi, si bien que la bresche en fut comme abandonnée[1], ne restant dessus que le duc de Rohan, une enseigne, deux gentilshommes et huict ou neuf soldats, avec lesquels venoyent aux mains six drapeaux, au poinct que Chouppes, qui ne faisoit plus besoin à la bresche, y arriva bien à propos. Sainct-Gelais r'ammena les siens, et plusieurs qu'il trouva dans la rue à leur devoir.

A son arrivée près du duc de Rohan et après les artifices les voilà aux coups de picques et hallebardes. Ceux de dedans empoignèrent les picques de quelques morts et firent si bien que les six enseignes laschèrent le pied en descendant, et puis estans renforcez, au lieu de feindre pour le rafraîchissement, revindrent aux mains plus furieusement qu'au premier coup.

Là le duc de Rohan fit part de son courage aux compagnons, et tout ensemble se serra avec une telle opiniastreté que, pour la deuxiesme fois, les katholiques descendirent au bas de la ruine. Sur ceste pause, le capitaine La Coste, qu'on avoit envoyé pour faire

1. Le combat avait duré depuis midi jusqu'à la nuit (La Popelinière, t. III, f. 260).

retirer avec ordre les eschappez de la Vacherie, entendit comment à coups de hache les assiégeans enfonçoyent la première porte de deux qui entroyent dans les fausses brayes en la place. Ceux qui se retiroyent, ayans fermé la seconde, se mirent à la remparer de quelque pippe, qui estoit là, et de la ruine qui estoit auprès. Ceux qui avoyent rompu la première donnoyent de résolution à la seconde, quand une volée de canon versa sur eux un pan de muraille, et par ainsi ce péril fut remédié.

La deuxiesme bresche de la ville estoit à la veue de la première, plus propre à amuser les deffendants qu'à les emporter. Le Retail et Tiffardière s'y présentèrent, mais Baronnière, qui en avoit la charge, la deffendit mieux en ce petit flanc, où nous l'avons logé dès le commencement, que s'il eust esté retiré au haut, où il n'y eut comme point d'effort.

A la teste de la ville, où commandoit Terrefort, les pelotons que nous avons dit allèrent présenter neuf eschelles au fort des Dames, et une autre attaque au fort de Terrefort. Mais lui défendit son nom et sa garde, laissant à remarquer que le premier qu'il versa par terre fut son frère.

Durant tous ces exercices, il y eut, parmi le grand meurtre des deux costez, des coups de remarque. Massardière faillit à estre enterré, n'estant estonné[1] que du vent du canon, mais un valet opiniastre le sauva. Le ministre Marri[2] de mesme. Un soldat ayant l'estomach

---

1. C'est-à-dire : *n'estant qu'étourdi*.
2. « Un boulet emporta le dessus de son chapeau, » dit La Popelinière (t. III, f. 258), « comme qui l'eust couppé avec un cousteau, sans luy faire aucun mal. Le vent seul du boullet l'es-

ouvert d'un boulet, vid son cœur, et le dict avant de mourir. Le bruit de tant de canonnades tirées de si près fit perdre le jugement à plusieurs, entre autres à un gentilhomme signalé auparavant, et tant qu'il a vescu depuis, par sa valeur; lequel, jusques à tant qu'il eust dormi, disoit qu'il se faloit rendre, et autres choses contre son honneur. Nous specifierons les morts à la fin.

Tous ces combats ayans duré plus de quatre heures, la nuict qui les sépara se passa en un triste silence, et tous d'un parti et d'autre, mesmes quelques blessez, demeurèrent en garde jusques au jour, où les réformés l'employèrent à réparer leurs bresches comme ils peurent et à despescher avant jour un message vers La Noue, pour lui rendre conte de leur misérable estat. Les autres, s'estans couverts de madriers dans les retranchements qu'ils trouvèrent à la Vacherie, commencèrent à prendre mesme invention pour faire deux chemins, couverts tout de mesme. Et avec cela trouvèrent moyen de percer la basse fausse braye; et puis, en continuant les deux chemins, en poussèrent un au pied du pillier, qui servoit d'arc-boutant au logis de la roine. L'autre branche alla mordre dans la tour Poictevine, et la percer, pour sonder le rocher, et y faire une mine, ou s'avancer dans les caves du dessous du logis.

Les assiégeans ayans senti cela, pour remédier à tous les deux, firent un grand retranchement, bien tenaillé, avec plate-formes et casemates, par lequel,

---

tonna un peu. Le ministre dit alors à ceux qui s'esmerveilloient du coup qu'il avoit pratiqué ce qui est dit au psaume 91 : « Tu n'aurast peur de ce qui espouvante de nuict ne de la flèche qui vole le jour; mille cherront à ton costé et dix mille à ta dextre, mais elle ne viendra point jusques à toi. »

comme on dit en telles choses, ils mirent ce corps de logis dehors. Pour croistre la nécessité aux affamez, sur le rapport d'un serrurier, qui se jetta des murailles, on batit de trois canons un moulin à cheval ; après quoi on donna du bled aux soldats au lieu de pain. Les grandes nécessitez de la ville estoyent principalement, outre les vivres, aux munitions de guerre, aux vestemens et chaussures, veu le grand yver qu'il faisoit, mais sur tout en ce que les apotiquaires et chirurgiens n'avoyent plus ni drogues, ni linges usez pour penser leurs blessez, ni de quoi donner médecines aux malades, desquels, par faute de vivres convenables et remèdes, il en estoit desjà mort plusieurs, si bien que nul des chefs n'ignoroit le besoin et qui plus est la nécessité de composer; mais il faloit que ce fust de bonne grâce.

J'ai laissé quelques petites ruses particulières, comme celle de Terrefort, qui empoigna plusieurs ennemis à le venir quérir, feignant s'estre rompu une jambe pour se vouloir sauver de prison; mais les ruses qui ont servi à la capitulation, qui est la dernière preuve d'un capitaine assiégé, se devant monstrer valeureux, c'est ce que l'histoire, qui veut instruire, ne doit point oublier.

Au premier conseil, qui se tint devant le duc de Rohan, ceux qui lui avoyent dit à part qu'ils estoyent réduits au dernier poinct furent ceux-là mesmes qui devant plusieurs tesmoins dirent qu'ils avoyent encore des bottes à manger, et qu'il ne faloit point céder aux Sancerrois en vertu. Estans sur ce propos ils rompirent, pour courir à une attaque qui se faisoit au fort des Dames. Il n'y avoit guères de soirées que Puy-Gaillard et autres n'appellassent, tantost Terrefort, pour le voisinage, à la petite bresche de la ville Tiphardière, pour protester d'estre ennemis du sang, et du regret de voir perdre une si brave noblesse, après des faits d'armes du tout hors du commun.

Les responses furent qu'il n'y avoit nul d'eux si hardi qui osast ouvrir la bouche de composition aux gouverneurs, qui avoyent la main au poignard à tous propos qu'ils sentoyent cela. Là-dessus ils firent une revue[1], où ils trouvèrent encores soixante hommes armez, et quatre cents arquebusiers ; sur la fin de laquelle les ministres exhortèrent les compagnons de se tenir le premier serment, et jurer de nouveau de ne s'abandonner et courir mesme fortune ensemble, gentilshommes et soldats. Ce serment, suivi d'une grande escoupeterie, mit en peine les assiégeans sur la nouveauté.

Cossard, prisonnier, avoit esté présent à la reveue, et Le Retail l'avoit mené en deux greniers de magazins, et le lendemain en trois autres, qu'on avoit rempli la nuict des premiers. La nuict d'après, un soldat le fit sauver par un coin de bresche, et Pui-Gaillard, passionné pour la capitulation, le fit ouyr au duc, y adjoustant qu'ils avoyent fait grande deffense de parlementer plus.

Sarriou releva le parlement au bas du bastion des Dames, en demandant à Querais une levrette[2]. « Aussi bien, disoit-il, vous n'avez pas moyen de la nourrir. »

---

1. On trouva dans Lusignan, dit La Popelinière, quatre-vingts soldats armés de cuirasses et quatre cent cinquante arquebusiers (t. III, f. 260 v°).

2. La levrette appartenait à Mlle du Fresne (La Popelinière, t. III, f. 260 v°).

Sur leurs discours arriva Chouppes, qui tansa tout haut Querais d'avoir rompu la deffense; lui-mesme cependant offrit la levrette toute grasse. Et là-dessus, sollicité de capitulation, fit un assez long discours sur les sanglantes perfidies qui empeschoyent toutes confiances et cela le traité. Sarriou, après avoir dit que Pui-Gaillard et lui s'estoyent tousjours monstrez ennemis des massacres, demanda le nom de celui qui parloit, de quoi estant refusé, ils r'assignèrent leurs propos au mesme lieu au lendemain. Tout cela rapporté au duc de Rohan, et ce commencement trouvé bon, Pui-Gaillard et Sarriou se trouvèrent au lieu, et par Pui-Vidal, qui commandoit au fort, pource que deux jours devant Terrefort estoit mort d'une pleurésie, ils envoyèrent prier Chouppes, comme il le vouloit estre, qui amena au discours le duc de Rohan et les principaux de la noblesse. Après les salutations et que Pui-Gaillard eut tenu tous les discours de nécessité, de dommage et autres, tous acoustumez en ce cas, après encores grandes protestations d'amitié à Chouppes, qui lors s'estoit nommé, pour parler de veue, ils firent une petite tresve du long de la courtine; le duc de Rohan et les autres entendans les discours qui furent sur quelques articles envoyez auparavant, et qui avoyent mis en cholère le duc de Montpensier.

Au parlement d'après disner, après mesmes cérémonies, ils en vindrent là, que La Hunaudaye et Milli entrèrent en ostages, et Chouppes et Le Retail allèrent au logis[1] de Sarriou, où ils furent festinez à bon escient.

1. Le logis de Sarriou, dit La Popelinière, se nommait la Raugonnière et n'était éloigné de Lusignan que de la portée de deux arquebuses (t. III, f. 260 v°).

Les autres prindrent une collation de pastez de chair de cheval pour bonne venaison, ce qui leur fit croire, avec le vin que Sainct-Gelais avoit réservé, qu'ils avoyent toutes les nuicts des rafraîchissements de dehors, et intelligence avec quelques corps de garde, ou autrement; à quoi ils furent confermez par deux perdrix et quelqu'autre gibbier, qu'ils virent à un crochet chez Sainct-Gelais. Cela apporté par un valet qui venoit de conduire les messagers de La Noue.

Encor quelques jours auparavant le lieutenant de Sarriou appellant quelcun devers la peyrade pour causer, Sainct-Gelais l'entretint en bon poictevin, en titre de pionnier qui se plaignoit de son ordinaire. La naifveté de ses propos les rendit croyables, et toutes ces petites brouilleries servirent merveilleusement à diminuer l'opinion de leur nécessité et à croistre leurs articles, qui ne purent estre conclus pour ce jour. Le lendemain donc ils les trouvèrent si adoucis par le rapport des hostages, que tout fut conclud horsmis l'article des ministres, qu'ils firent remettre aisément.

Le duc receut à son logis ceux qui traictoyent et, les embrassant, leur reprocha qu'ils le prenoyent pour un Turc, homme sans foi, en demandant tant d'ostages, mais eux ayans respondu qu'ils n'avoyent garde d'avoir telle opinion de lui, puis qu'il estoit du sang de Bourbon et de saint Louys et qu'ils avoyent seulement cerché caution contre quelques ennemis qu'ils avoyent en son armée, pour les garder de meffaire à son desçeu, cela dit, le duc prit la plume et signa les articles que j'ai voulu coucher pour bonnes raisons.

Asçavoir qu'il leur baille dès à présent pour la seureté de leurs vies sa foi, et promet les faire conduire en toute seureté en tel lieu qu'il leur plaira, pourveu qu'il ne soit point plus esloigné que la Rochelle de six lieues. Et, encor que la foi dudit duc soit suffisante pour leur seureté, néantmoins, pour doute de quelques ennemis particuliers, seront envoyez pour tenir hostage dans la Rochelle jusques à ce que tous soyent rendus ès lieux qu'ils choisiront, les seigneurs de la Hunaudais et de Milli, demeurans pour contre seureté en l'armée les sieurs de Chouppes, Tiphardière et Boissec. Sortiront, le sieur de Rohan et autres gentilshommes, avec leurs armes, chevaux et bagages; les capitaines, lieutenans et enseignes, avec chacun un courtaut; et quant aux soldats avec leurs arquebuses, les mesches esteintes et les drapeaux pliés dans les coffres. L'artillerie et les munitions de guerre et les vivres demeureront.

Le sieur duc baillera entière main-levée des biens des assiégez saisis de son authorité.

Les ministres, avec leurs familles et bagages, seront menez à la Rochelle en mesme conduicte et seureté. Les damoiselles et autres femmes qui voudront sortir seront conduictes là mesmes, ou en leurs maisons. Les habitans peuvent demeurer en bonne protection et sauvegarde.

Sera baillé passe-port aux sieurs de Retail et des Teilles, pour aller faire recevoir les hostages à la Rochelle, et à leur retour, ou au plus tard dans sept jours de leur partement.

Les assiégez mettront la place entre les mains du sieur duc. Pendant continueront les gardes d'une part et d'autre sans tirer, sinon que quelcun voulust passer, outre ce qu'il tient de présent.

Ne se fera nulle fortification, et le jour de la sortie ne se fera aucune garde par les armées du costé qu'ils les sortiront, et ne s'y trouvera autres forces que celles qui les iront conduire, dont seront chefs les sieurs de Puy-Gaillard et Sarriou. Le vingt-sixiesme[1] janvier mil cinq cents septante-cinq. Signé Louys de Bourbon, Chavigni et autres chefs[2].

Le Retail de retour à la Rochelle, toute la garnison se retire au chasteau, duquel ils fermèrent la porte pour descendre à leur aise au bas du moulin, où Puy-Gaillard et Sarriou les attendoyent. Les capitaines et lieutenans tous ensemble marchoyent à la teste, les soldats après et puis les blessez, le duc de Rohan le dernier. En cest équipage ils saluent en passant le chef de l'armée, qui leur fit assez bon visage, et marchent par le petit parc le long de la Vonne ayans devant une troupe de ceux qui les gardoyent et l'autre derrière. Comme ils furent au village de Souillaut, il vint un soldat au galop dire un mot à l'oreille de Puy-Gaillard, qui, en ayant autant dit à Sarriou, firent allumer les mesches à tous les soldats réformés en leur demandant s'ils n'aideroyent pas bien à défendre leurs vies. Les compagnons l'ayans accepté gaillardement, les chefs et les gens de guerre à la conduite leur promettent office de compagnons. Depuis Puy-Gaillard dit à Chouppes que Chavigni avoit donné conseil au duc de se saisir des personnes de Rohan et Sainct-Gelais et

---

1. D'Aubigné est ici dans l'erreur. C'est le 25 janvier 1575 que furent rédigés les articles de la capitulation, d'après La Popelinière (t. III, f. 261), confirmé par de Thou (liv. LIX).

2. Entre autres Mortemart, La Hunaudaye, Puygaillard, de Montbrun, Sarriou (La Popelinière, t. III, f. 261).

de quatre des principaux pour retirer leurs hostages, et qu'il feroit un grand service au roi de faire tailler le reste de ces enragez en pièces. Et quand Chouppes print congé du duc, il loua sa foi d'avoir résisté à un si meschant conseil, ce qu'il ne désadvouoit point. Et protesta de ne faire jamais telles choses, mais donner du poignard à ceux qui les lui conseilleroyent. Cependant la vérité est que Chavigni l'avoit esbranlé.

La Noue amène ses hostages jusques à Nuaillé[1] où, après force embrassades, tout se sépare, et les bandes de Luzignan passèrent en Ré[2], pour se rafraîchir huict jours.

Ainsi finit le siège[3] de Luzignan, qui dura trois mois et vingt-un jours, et cousta près de huict mille canonnades, huict cents hommes de pied, deux maistres de camp, quelques cent que gentilshommes que capitaines. Dedans moururent près de trente gentilshommes choisis ou capitaines, deux cents soldats; et le chasteau, à la requeste de ceux de Poictiers, de fonds en comble rasé[4].

1. Les otages arrivèrent à Nuaillé, à trois lieues de la Rochelle, le 14 février 1575 (La Popelinière, t. III, f. 261 v°). — L'auteur a, par erreur, imprimé *14 janvier,* ce qui est impossible, puisque la capitulation est du 25 janvier. De Thou n'en parle pas.

2. Loyré, à une lieue de Nuaillé (La Popelinière, t. III, f. 261 v°).

3. La Popelinière et de Thou ont donné de beaux récits du siège de Lusignan. L'acte de capitulation est analysé dans l'*Histoire des troubles* de Le Frère de Laval, t. II, f. 778.

4. Le château, qu'on prétendait avoir été bâti par la fée Meluzine, était un des plus célèbres du royaume. Méry de Barbezières fut chargé de le faire raser (De Thou, liv. LIX).

Chapitre XIV.

Du lieutenant de Poictou[1]; Poictevins à Montauban.

Montauban estoit cependant merveilleusement pressé, comme nous avons dit. Deux choses firent condescendre La Noue à leur despescher du secours : l'une que, ne voyans point encore apparence de siège pour la Rochelle, il soulageoit d'autant peu de villages qui leur restoyent pour les nourrir. Et d'ailleurs le vicomte de Turenne[2], bien que pour lors fort esloigné de la religion, estoit entré dans le parti politique, et qu'il faloit l'obliger à son advenement, pour en tirer une pareille à coup de besoin. Vrai est que les entreprises[3] du lieutenant de Poictou, qui lors tenoyent en cervelle toute la cour[4] et tous les réformés, faisoyent crier plusieurs qu'il le faloit assister. Mais les autres furent bien aises d'avoir de quoi le refuser sans l'irriter; et c'est de quoi il faut rendre le conte que nous pourrons. Cependant Chouppes, esleu pour mener ses forces en Périgord et Querci, fait policer ses gens de pied au mieux qu'il peut, leur donnant pour maistre de camp La Garenne, qui se trouva neuf cents hommes

---

1. Jean de la Haye, baron des Couteaulx.
2. Henri de la Tour d'Auvergne, marié, le 15 octobre 1591, à Charlotte de la Marck, héritière du duché de Bouillon. Il était calviniste et fort aimé de Henri IV, qui le créa maréchal de France en 1592. Dès lors il fut appelé le maréchal de Bouillon.
3. Voyez les jugements de La Popelinière (t. III, f. 207) sur les entreprises du lieutenant de Poitou.
4. De Thou l'accuse de trahison et de relations secrètes avec la cour (liv. LIX).

bien armez. Cela s'achemine à Xainctonge ; et nous fournirons à ce que nous avons proposé, pour les revenir trouver à leur première besongne.

Pour despescher donc le lieutenant de Poictou, excellent en esprit et courage, mais d'une âme fort esgarée, nous dirons qu'il fut le premier autheur et directeur de la conjonction du bien public[1] avec le parti réformé ; et cela par plusieurs voyages qu'il fit en cour[2], pour gaigner secrètement l'oreille du duc d'Alençon et du roi de Navarre par ceux qui les approchoyent, des Rochelois et de La Noue, par petits rendez-vous qu'ils se donnoyent tantost à Angoulin[3], autres fois ailleurs, et par lettres et mémoires, à quoi il passoit les nuicts. Par ce labeur il avoit gaigné la créance de La Noue et des réformés plus civilisez ; mais les simples et ceux qu'ils appeloyent consistoriaux ne purent jamais espérer bien de cest homme, ni de tous ceux que l'âme et la conscience n'avoyent pas unis.

La dureté de ces meffiances d'un costé, la vengeance et l'espérance de l'autre lui agitoyent tellement l'âme, l'esprit et le cœur, que, n'ayant rien de certain en soi, il n'en pouvoit donner à autrui. Ce fut lors qu'il fit sa première entreprise sur Poictiers[4], et que croyant sa

---

1. Jean de la Haye, dit La Popelinière (t. III, f. 202), « se monstra à ce commencement des plus eschauffés, jusques à dresser quelques troupes composées d'une et d'aultre religion, qui despuis furent nommées les troupes du publicq. »
2. Les fréquentes visites de La Haye à la cour, dit La Popelinière (t. III, f. 257), faisaient croire « que toutes ses entreprinses tendoient à quelque fin pour le service du roy. »
3. Angoulin, à deux lieues de la Rochelle.
4. Première tentative de La Haye sur Poitiers, 23 mai 1574.

demeure en la ville utile pour exécuter son dessein avec moins d'esclat, il projetta de se réconcilier avant toute autre chose ; et pour cest effect alla en poste trouver le roi entre Thurin et Avignon, et obtint de lui rémission de tout le passé[1]. Et lors s'estant r'asseuré et retiré en sa maison de la Begaudière près Poictiers, fit une entreprise sur la ville et en mesme temps une sur Fontenai ; la première par le moyen de quelques pèlerins[2], qui, avec des bourdons faits exprès et armez sous la juppe, devoient saisir le corps de garde de la tranchée ; et lui logé dans les maisons plus proches de la porte, qu'il avoit fait louer à un sien domestique, devoit en mesme temps saisir et attendre le secours de ses forces.

L'autre entreprise estoit par intelligence avec le capitaine Carcassonne, qui lui devoit percer une cave[3] respondant au fort de Guinefolle[4]. Et, comme les gens

---

Voyez le récit du *Journal de Généroux*, p. 119. D'Aubigné en confirme les détails dans la seconde partie de ce paragraphe. Mais il se trompe sur la date ; l'entreprise est antérieure au voyage de La Haye vers le roi Henri III.

1. D'Aubigné a suivi le récit de La Popelinière (t. III, f. 268 v°).

2. Les soldats choisis qui devaient servir à l'entreprise étaient déguisés en pèlerins de Saint-Jacques. Ils devaient répandre l'alarme dans la ville au moment même où les habitants entendraient le sermon dans l'église des Jacobins (La Popelinière, t. III, f. 268 v°).

3. Le 1er avril 1575, jour du vendredi saint, pendant que ceux de la ville étaient en oraison, Carcassonne devait pratiquer une ouverture à la cave d'une veuve mendiante (La Popelinière, t. III, f. 269).

4. Le samedi saint, 2 avril 1575, vers les dix ou onze heures du soir, on devait conduire dans ce fort, situé devant la cave, trois cents hommes de guerre qui se rendraient maîtres de la ville (La Popelinière, t. III, f. 269). La chronique de Brisson

de guerre qui s'avouoyent à lui, se miroyent à ses inconstances, ses deux entreprises descouvertes par un de ses capitaines, il fut si hardi que d'aller la seconde fois en cour où il advoua tous ses desseins[1]; desquels il disoit cognoistre bien la vanité, mais qu'il n'avoit d'autre moyen de gagner créance parmi les huguenots, qu'il cognoissoit merveilleusement soupçonneux. Ainsi paya-il le roi et la roine d'une espérance pour la Rochelle avec tant de couleurs qu'on le r'envoya la bourse pleine pour travailler.

Nous nous rencontrasmes à son retour dans un petit village près Romans. Ayant sçeu mon nom par mon homme, il me meine dans un jardin, où il me conte qu'il alloit contrefaire une entreprise sur la Rochelle, pour en faire une à bon escient sur Poictiers, qu'il estoit contraint de souler les Rochelois de meffiances, et que cela lui valoit de la créance dans l'autre parti[2]. Il suivit ce propos de tant d'autres, que je fis un jugement de lui, croyable à peu de gens, que son but général estoit de se jouer au plus aisé et payer de son bon effet les discours du passé. Il m'encouragea à travailler pour sauver mon maistre, de quoi je m'eslongnai pour lors autant que je peus.

Il estoit arrivé à la roine, comme le lieutenant prenoit congé d'elle, de lui dire assez haut : « Lieutenant, ayez bien soin de l'exécution des affaires que nous fions entre vos mains. » La roine, par ces pro-

raconte avec détails cette entreprise (*Chroniques fontenaisiennes*, p. 363).

1. De Thou énumère les motifs qu'il invoquait en faveur de sa justification (liv. LIX).

2. D'Aubigné ne parle pas de cette rencontre dans ses *Mémoires*.

pos¹ le voulant rendre suspect aux réformés, l'authorisa où il le vouloit estre, car lui-mesme, ayant fait rapporter par les siens les mesmes paroles que lui avoit dit la roine, qui mesmes estoyent sçeues d'ailleurs, Poictiers fut instruit que suivre les desseins de La Haye estoit servir le roi.

Le lieutenant donc eut crédit de faire rôder ses troupes autour de Poictiers avec plusieurs bruits que La Noue avoit failli à les deffaire. Et, sur ceste commodité, il redresse la deuxiesme entreprise² par la porte Saint-Cyprian³, près de laquelle il avoit quelque maison, où il logea six hommes choisis⁴. Dedans la ville il avoit fait gouster son entreprise aux plus mauvais garçons, qui lui avoyent touché en la main en espoir du pillage. Ceux de Poictiers lui refusans les portes, il y estoit entré habillé en musnier, pour conforter les cœurs des compagnons, contraint à telles ruses et péril par la faction contraire, qui avoit veu trop de gens le visiter à sa première réception. Il devoit cacher deux cents hommes au fauxbourg Saint-Sornin⁵, et en avoit d'autres meslés dans le régiment de Laverdin, qui n'attendoyent que le commandement;

1. Voyez dans La Popelinière (t. III, f. 270 v°) les derniers propos de la reine mère au lieutenant de Poitou.
2. La Haye devait faire cacher un certain nombre d'arquebusiers et de piquiers dans des charrettes de paille et les introduire dans la ville de Poitiers (Chronique de Brisson dans les *Chroniques fontenaisiennes*, p. 382).
3. La porte Saint-Cyprien était alors ouverte parce que le pont Joubert était rompu (*Ibid.*).
4. Ces six bourgeois, qui étaient du complot, devaient, à un certain signal, mettre le feu à la ville dans six endroits différents (*Ibid.*).
5. La surprise de Poitiers devait avoir lieu le vendredi 8 juillet 1575, d'après le *Journal de Le Riche*.

et ceux-là devoyent passer par un trou que les confidants de la ville devoyent faire à la muraille, à l'endroit du moulin Cornet[1]. Mais, comme La Haye eut impétré de la cour lettres favorables pour le faire entrer et mesmes plusieurs commissions pour les affaires du roi, il advint que le capitaine Bastardin[2], qui estoit des siens, pour sauver l'argent d'un sien ami nommé Le Pin, lui tint quelque propos de l'entreprise. Cestui-ci lui promet d'en estre, le mène pour en deviser dans son cabinet, où il trouva moyen de l'enfermer, et de mettre des valets à la porte avec chacun un pistolet, pour le garder en attendant que lui allast quérir Bois-Seguin, gouverneur de la ville. Lui donc, pris et interrogué, confessa toutes les parties de l'entreprise et ses complices, qui furent pendus et lui décapité ; le lieutenant exécuté en effigie[3], et depuis y eut commandement du roi de le prendre vif ou mort[4]. Saincte-Souline[5], avec trois cents arquebusiers, l'alla attaquer dans sa maison[6] à une lieue de Poictiers, où, sans flanc et sans fossé, il dormoit sans garde. Là, après quelques coups de pistolets qu'il tira, il fut tué[7].

1. Le moulin Cornet était situé devant le faubourg Saint-Sornin (La Popelinière, t. III, f. 271).
2. Le capitaine Bastardin avait été sergent-major du régiment des vieilles bandes de Brissac (De Thou, liv. LX).
3. Condamnation de Jean de la Haye par effigie, 16 juillet 1575.
4. Le roi envoya à Poitiers un capitaine, le s. de Bourriq, pour arrêter à tout prix Jean de la Haye. Bourriq arriva en poste à Poitiers le 25 juillet 1575, suivant le *Journal de Le Riche,* le 21 juillet, suivant la *Chronique de Brisson.*
5. Joseph Doineau, s. de Ste-Souline, ennemi mortel de La Haye.
6. Jean de la Haye habitait la Begaudière.
7. Voyez le récit de la mort de Jean de la Haye dans la chronique de Brisson (*Chroniques fontenaisiennes,* p. 388).

Chouppes[1] donc et les bandes de Poictou, accreues de quelques Xainctongeois et quelques trois cents hommes, s'avancèrent jusques à Bergerac, où se rendirent les barons de Montendre[2] et d'Auros, qui reçeurent nouvelles du vicomte de Turenne pour se joindre à lui, et aller délivrer Montauban de son oppresse. Langoiran, qui voyoit que le vicomte s'en aloit prendre l'authorité du pays, empescha autant qu'il put les forces de se joindre à lui, disant qu'il estoit papiste bigot, jeune et sans expérience, et que depuis peu de jours il s'estoit trouvé aux troupes des ennemis, et mesme au siège de la vaillante dame de Miraumont[3] en sa maison. Tout cela ne put empescher, qu'après avoir délivré les environs de Bergerac de quelques petits forts sur Dordongne et sur l'Isle, Chouppes ne marchast le long de la Dordongne à Lanquay, de là auprès de Benac, où on retira les bateaux, mais ils en gagnèrent à la nage. Le régiment de Martinangues, qui s'estoit avancé, lascha le pied devant ces troupes pour s'enfermer dans l'abbaye de Tarazon, où il s'attaqua une escarmouche ; et puis le vicomte de Turenne, Langoiran, Montguion et Auros se trouvèrent à Nazaret avec cinq cents chevaux et quinze cents arquebusiers, la pluspart à cheval. Là Beaupré apporta les nouvelles que le roi avoit envoyé deux mille reistres, de ceux qui l'avoyent conduit, à Bourdeilles, gouverneur de Périgueux. Le vicomte vouloit retourner de ce costé-là, mais l'advis de La Noue le fit

---

1. Chouppes conduisait les troupes de La Noue.
2. François de la Rochefoucauld, s. de Montendre.
3. Madeleine de Senneterre, veuve de Guy de Saint-Exupery, s. de Miraumont, gentilhomme du Limousin. Voyez plus loin.

acquiescer aux prières de Montauban, où, estant déclaré chef du haut Languedoc et de la Guienne, il marcha pour sa première diligence à l'avitaillement du Mas-de-Verdun, importante pour estre sur Garonne. La Valette[1], lieutenant de roi en Gascongne, l'avoit bloquée de si près que toutes commoditez lui failloyent. Le vicomte donc, à la veue de la ville, pousse Chouppes avec cinquante chevaux et deux cents arquebusiers, qui, ayans fait lascher pied à cinq cents de bonne rencontre, le reste de l'armée estant de là l'eau, conduit ses chariots au bord de la rivière, les fait descharger dans les bateaux de la ville et puis fait sa retraite, ayant sur les bras, mais de loin, un sage et vaillant capitaine, six cents lances et trois mille hommes de pied.

De là les forces de Poictou assiégèrent Puy-Gaillard avec deux canons et une couleuvrine de Montauban; la bresche estant faicte en un lieu si mal recognu qu'il y falut porter une escalade. La Garenne, avec les soldats de Luzignan, en prit la poincte sans demander; et ceux-là se jettèrent si follement des eschelles entre ceux qui défendoyent qu'ils l'emportèrent de haute lutte. Ce fut un bon magazin de bleds pour Montauban.

De là le vicomte, relevé d'une petite maladie, résolut le siège de Realle-Ville[2], qui estoit une bonne munition de vivres; mais il falut prendre à coups de canon en passant un petit fort nommé Quérat[3].

Quant à Realle-Ville, comme on commençoit la bat-

1. Jean de Nogaret, s. de la Valette, père du duc d'Épernon.
2. Le vicomte de Turenne assiégea Réalville le 23 mai 1575. Ces événements sont racontés dans une relation anonyme que d'Aubigné paraît avoir connue et dont il existe une copie du temps dans le vol. 20152 du f. fr., f. 287.
3. Le fort de Cayrac se rendit après quelques canonnades.

terie du costé d'une citadelle, les mesmes bandes, de leur instinct, présentent une escalade. Le régiment de Montauban se mit à les contrefaire; la ville est emportée et le fort se rendit par capitulation[1].

Ces choses donnèrent assez de temps à La Vallette pour joindre Clermont de Lodève, Vezins et Martinangues, à l'arrivée desquels les réformez se partagèrent aux garnisons. Ce qu'ayant veu La Vallette, n'ayant point d'estat pour tenir armée ensemble, congédie ses forces, et le vicomte met les siennes ensemble, desquelles il assiège Mauzac, qui avoit double fossé, quatre esperons de terre attachez de quatre courtines. Les capitaines faisoyent grande difficulté de l'attaquer avec deux canons et trois moyennes; mais Chouppes, qui là commandoit l'infanterie, ayant recognu que les pluyes avoyent desgarni de terre les fassines d'un bastion d'environ un empan, après quelques volées ès barricades, qui servoyent de parapet, les enfans de Luzignan eschappent, montent par les fassines et tournent les barricades contre le donjon, d'où le capitaine Jagot demandoit à parlementer. Mais, comme il estoit après à demander la capitulation de Luzignan, ses soldats se mirent à deviser et se laissèrent surprendre, Jagot ayant rompu le traicté et aussi n'y ayant point de tresve. Là fut tué près de quatre-vingts hommes, et entr'autres le capitaine qui avoit violé la femme et les filles du seigneur de la maison. Cette place n'estoit qu'à une lieue de Montauban, sur le bord de la rivière du Tarn; c'est pourquoi

---

1. Réalville capitula après quatre jours de siège, et le vicomte de Turenne institua le capitaine Valade commandant de la garnison (Cathala-Coture, *Hist. du Quercy,* t. II, p. 14).

La Valette r'amassa ce qu'il put et vint au secours, mais trop tard.

Chasteau-Bandeau, estant allé à la guerre, rencontra la compagnie de Joyeuse avec une autre d'argoulets, qui le chargèrent si rudement qu'après avoir passé sur le ventre à Chasteau-Bandeau et sept ou huict qui voulurent disputer un chemin, ils poursuivirent leur victoire jusques au village où estoit logé Turenne, à mesme heure qu'il montoit à cheval ; ce qui changea la chance, car, les premiers arrivez ayans donné advis de leur désastre, le vicomte va recevoir les poursuivans teste pour teste, mettant d'abordée neuf gentilshommes sur le carreau, et parmi ceux-là le lieutenant de Joyeuse. Et puis, les ayant suivi une lieue aux despens des plus mal montez, il vint assiéger deux forts sur le bord du Tarn. Joyeuse vint au secours avec deux mil hommes de pied, quelque peu plus de cinq cents lances, espérant combattre le vicomte, qui n'en avoit que six vingts et huict cents arquebusiers.

Sur le bruit que ceste armée venoit assiéger Villemur, les capitaines conseilloyent au vicomte d'envoyer la moitié de ses hommes avec Chouppes dans Villemur, et que lui se retirast avec le reste dans Montauban. Mais il se contenta de retirer trois cents hommes qu'il avoit au delà en danger, tant pour ne les perdre que pour les employer aux gués et passages de la rivière, résolu de combattre l'armée demi-passée. Et ainsi s'opiniastrant au siège des deux forts qu'il battoit toujours à travers l'eau, il les fit abandonner, et Joyeuse, content de cela, retourne vers Tholouze. Par tous ces petits exploits, Montauban et les autres villes réformées du pays demeurent libres et en puissance de faire leur récolte. Le vicomte marcha en Limousin, où La Noue l'attendoit pour ce que nous verrons ci-après.

Chapitre[1] XV.

Prise de Périgueux. Exploits du vicomte de Turenne.

Périgueux estoit de longue main désirée des réformez et mesme de Langoiran, disant quelques fois que Bergerac lui estoit une bonne hostesse, si elle avoit pour aide Saint-Front. Ceste grande ville a un fauxbourg, au bout des ponts. Dans ce fauxbourg, et assez près de l'eau, les Lamberts, qui faisoyent la guerre à Langoiran, avoyent une maison spacieuse accompagnée de grands jardins et appartenances, par le bout desquelles on fit couler la nuict de quatre à cinq cents arquebusiers bien choisis et quelques quarante gentilshommes. Ces gens bien catéchisez gardèrent un merveilleux silence à entrer, mais encor un plus grand à demeurer la plus grand' partie du jour sans estre aperçus ni sentis. Là quatorze hommes bien asseurez se desguisent en paysans pour se mettre en deux troupes et compasser tellement le partement des derniers qu'ils ne fissent qu'arriver dans le corps de garde du bout du pont quand les premiers mettoyent le pied dans celui de la ville. A cela y avoit grande difficulté, car la première garde se faisoit dans un petit ravelin, et posoit une sentinelle au bout du pont levis; et puis de là à la porte de la ville y a plus de trois cents pas.

1. Le numéro et l'en-tête du chapitre manquent à l'édition de 1618.

Comme la rivière estant large en cest endroit, les sept premiers passèrent heureusement le corps de garde du ravelin. Estans à la porte de la ville, un vieil sergent jetta les yeux sur les mains de Lambertie, qu'il trouvoit plus blanches et plus fresches que celles d'un paysan. A fort peu d'enqueste ce vieillard saute au collet du paysan desguisé, mais fut aussi tost tué d'une grand dague que tira de dessous l'ouvrière[1] Le Tranchard. Bien prit à ceux-là que la seconde troupe deffit le corps de garde sans peine et arriva au secours des premiers, qui avoyent à faire à une douzaine de voisins du pont desjà accourus au bruit. Et ainsi ces quatorze hommes qui avoyent eu pour le moins chacun deux hommes à combattre, ayans saisi les portes, le reste de la maison fut habille à succéder.

Nous avons encores laissé Vivans, avec deux compagnies de cavalerie, embusqué dans une cense, de laquelle toutes les personnes estoyent enfermées, et assez près pour ouyr les arquebusades, joint aussi deux vedettes qui alloyent et venoyent jusques à la veue du pont. Ceux-là, à la première fumée, accoururent et entrèrent dans la ville à cheval; ce qui donna beaucoup d'espouvantement et fut cause que ceste ville, pleine de mauvais garçons, ne pût faire de r'alliements. Et n'y eut rien d'opiniastré que vers la porte de Taillefer, dans laquelle, après avoir disputé la rue, se renfermèrent quelques septante hommes, mais, estans pressez par le feu, se

---

1. « On appelle la cheville ouvrière d'un carrosse une grosse cheville de fer qui joint le train de devant à la flèche. » (*Dict. de Trévoux.*) Il est probable que les paysans déguisés amenaient quelques charrettes avec eux. C'était l'un des stratagèmes les plus en usage dans les surprises de ville.

rendirent à discrétion. Le pillage de ceste ville duroit tousjours et n'eust point trouvé de fin que le manque de prendre, sans l'arrivée du vicomte de Turenne et de La Noue, qui, par l'espoir d'un second pillage, firent cesser cestui-là. Langoiran, ayant joint ses forces ensemble, alla au siège de Tiviers[1], où ils furent receus rudement et par gens qui tiroyent sans cesse, mesmes aux tambours et trompettes, comme incapables de toute capitulation. Le vicomte, entrant en cholère à son rang, fit donner une escalade générale. La Noue et Chouppes portèrent la première eschelle. La Noue monta le premier et les deux, se tenans bonne compagnie, se jettèrent de la muraille dans une maison, où ils se trouvèrent seuls, attaquez de six hommes. Bien leur servit de défendre leur peau, attendant le secours qui leur vint presque trop tard du costé où le vicomte avoit monté. A ceste prise y eut grande contention pour le commandement, mais à la fin tout fut appaisé par la preud'hommie de La Noue, et Langoiran fut amené à recognoistre son général[2].

Les troupes se r'approchèrent du Limousin, et le vicomte se donna loisir de retourner vers Montauban[3]. Et pource que les réformez, et au nom de tous La Noue, le pressoyent journellement de vouloir, comme ils

---

1. Thiviers (Dordogne).
2. Prise de Périgueux par Langoiran, 6 août 1575. On conserve dans la collection Périgord plusieurs copies d'un récit de ce hardi coup de main (vol. 5, f. 315; vol. 49, f. 238 et 345). La ville resta aux mains des réformés jusqu'au mois de juillet 1581.
3. Le vicomte de Turenne était entré dans Montauban le 1er mai 1575 à la tête de trois mille cinq cents hommes (Cathala-Coture, *Hist. du Quercy*, t. II, p. 14). Turenne, dans ses *Mémoires*, raconte son passage à Montauban (édit. Buchon, p. 399).

disoyent, entendre des nouvelles de son salut, après avoir plusieurs fois respondu qu'il aimoit mieux estre chien que huguenot, la probité qu'il cognut en plusieurs des chefs réformez et notamment en La Noue le fit condescendre à ouïr une dispute entre Constans, ministre de Montauban, et un docte Cordelier qu'on lui envoya de Thoulouze exprès. Ceste dispute fut formelle sur la pluspart des controverses, mais principalement sur le poinct de la transsubstantiation. Le vicomte ne changea point de religion pour cela, mais promit seulement de fréquenter les presches, ce qu'ayant fait quelque temps, il fit profession de la religion réformée.

Il se fit de ce temps un grand souslèvement au Limousin, ceux de Tulles monstrans exemple aux autres, pour ne payer tailles à aucun des partis. Cest amas se fit jusques à quatre ou cinq mil hommes, moyennement bien armez, lesquels, sachans que Chouppes, laissé pour commander en Limousin, marchoit vers eux avec quatre compagnies, allèrent au-devant, prirent place de bataille au haut d'une montagne; mais, quand ce fut à picque baisser, les plus vaillans furent contents de tirer une arquebusade pour fuir. Ils furent poursuivis avec la mort de sept ou huict vingts, et le pays ne se rebella plus et paya.

Je ne puis quitter ce pays-là sans mettre sur la scène la dame de Miraumont, laquelle ayant dressé une compagnie de cavallerie de soixante gentilshommes, qui suivoyent le drapeau de l'amour et le sien ensemble, presque tous bruslans pour elle, sans que jamais aucun se soit peu vanter d'une caresse déshonneste, ceste-ci avoit fait plusieurs algarades à

Montal, lieutenant de roi en la basse Auvergne. Mesme lui ayant de nouveau deffaict deux compagnies de gens de pied, Montal irrité mit ensemble environ deux mil hommes de pied et trois cents chevaux[1]. Il envoya quelque compagnie faire du ravage à une lieue de Miraumont, sachant que ceste amazone seroit aussi tost à eux sans marchander, à quoi elle ne faillit pas; car, ayant pris quinze coureurs à mener elle-mesme, et dit à son gros pour tout discours qu'ils fissent comme elle, elle prend le galop gaillard, et les ennemis, qui estoyent quarante, ne voyant que quinze chevaux à cause d'un destour de montagne, firent ferme. Elle mesla à sa coustume vingt pas devant les siens, bien à propos, cognue[2] par amis et ennemis à ses cheveux qui dessous la sallade lui couvroyent l'eschine. Sa troupe, oyant les pistolades, reprit la charge. Tant y a que ceste amorse fut bruslée et les amorseurs deffaits. Mais cependant Montal, qui ne vouloit que voir dehors ceste femme opiniastre et les mauvais garçons qui la suivoyent, avec les troupes qu'il avoit fait marcher toute la nuict, investit de près Miraumont, comme n'y estant resté que peu d'hommes et les moindres. Nostre cavallière, se voyant l'entrée de sa maison impossible, s'en court à Turenne, où, ne pouvant avoir promptement que quatre compagnies d'arquebusiers à cheval, commandez par Dalangnac, en attendant plus grand secours, délibéra d'essayer à jetter cinquante arquebusiers dedans sa place. Montal adverti s'avance

1. Le siège de Miraumont est raconté dans les *Mémoires du duc de Bouillon*, édit. Buchon, p. 397.
2. Ce membre de phrase jusqu'à *sa troupe* manque à l'édition de 1618.

dans leur chemin entre deux montagnes avec six vingts hommes de pied choisis et quelques six vingts salades. Dalangnac attaqua effrontément ceste infanterie, et, Montal venant par un recoin pour les soustenir, la dame de Miraumont, qui n'avoit lors que cinquante chevaux, prent la charge et renverse toute la cavallerie. Là Montal, ayant receu un coup à travers le corps, alla tomber dans la foule de toute son armée qui accouroit à l'alarme. Le lieu estant fort estroit, ses gens de pied ne perdirent que fort peu des derniers; si bien qu'en quittant le siège ils sauvèrent leur chef dans un chasteau, qui estoit pour eux à demi-lieue de là, où mourut dans quatre jours ce lieutenant de roi. Quelquesfois nous reprochions par jeu aux gentilshommes de ce pays qu'ils avoyent esté soldats à la dame de Miraumont, et eux à nous que nous ne l'avions pas esté.

Il est temps de r'amasser ce qui se pert ès autres pays en attendant la sortie de Monsieur d'Alençon, lequel depuis l'arrivée du roi n'aura plus que le titre de Monsieur.

Chapitre XVI.

Affaires de Xainctonge et de Poictou.

Nous trouverons la Xainctonge quelque peu alarmée à l'envoi des reistres[1], et leurs courses moins libres.

---

1. Au mois de juin 1574, la reine mère avait chargé Bassompierre de lever en Allemagne 600 cavaliers et autant de gens de pied. L'acte d'enrôlement est daté du 18 juin (V° de Colbert, vol. 471, f. 91). Les reîtres au service du roi arrivèrent en Poitou au mois d'octobre 1574 (*Journal de Le Riche*, 1846, p. 208). Le

La garnison de Bouteville[1] ne laissa pas de prendre Besme[2], celui qui tua l'amiral, comme il venoit pour prendre quelque charge entre les troupes de sa nation, cestui-ci promettant une grosse rançon et de faire sortir Montbrun duquel on avoit sçeu la prise[3]. La rançon n'empeschant point sa mort, la délivrance d'un tel homme le faisoit retenir; mais de là à quelques jours, sachant ce qui avoit esté faict à Grenoble, il corrompit un soldat qui le sauva sur un bon cheval, un pistolet à l'arçon de la selle. Bertauville, gouverneur du lieu, le sentant eschappé, saute sur un courtaut seul et empoigne Besme avec le soldat, et, n'ayant armes qu'une espée, donne à tous les deux. Le soldat ne l'attend point, mais Besme, qui ayant crié : « Tu sçais que je suis mauvais garçon, » tire son coup de pistolet, et l'autre en respondant : « Je ne veux plus que tu le sois, » mit l'espée jusques aux gardes dans le ventre de son prisonnier[4].

Les reistres, conduits par La Vauguion[5] et depuis

5 décembre 1574, le roi chargea Castelnau-Mauvissière de les licencier (Vᶜ de Colbert, vol. 471, f. 91).

1. Bouteville, à sept lieues d'Angoulême.
2. Dianowitz, dit Besme, parce qu'il était né en Bohême, revenait alors d'Espagne où le duc de Guise l'avait envoyé pour renouer ses négociations avec Philippe II (De Thou, liv. LX). Sur Besme voyez le t. III, p. 316 et notes.
3. Le s. de Montbrun avait été fait prisonnier au pont de Blacons, alors appelé le pont de Mirabel, à la suite d'un combat, le 9 juillet 1575 (*Mémoires de Piémond*, p. 36, note).
4. Mort de Besme, septembre 1575 (La Popelinière, t. III, f. 288 v°).
5. Jean d'Escars de la Vauguyon et Louis de Genouillac de Vaillac avaient été mis à la tête des reîtres par le duc de Montpensier, en quittant la province après la prise de Lusignan (De Thou, liv. LX).

par Ruffec[1], s'estendirent par toute la Xainctonge, et Ruffec, les ayant renforcez de trois compagnies de gens d'armes et quatorze de gens de pied, avoit pris quelques maisons de gentilshommes; entre autres Saint-Jean-d'Angle[2], y laissant garnison. La Noue, importuné des Rochelois, qui en sentoyent beaucoup d'incommoditez, se résolut de passer la Charante, et, ayant donné un rendé-vous à ceux qui se retiroyent à Ponts[3], ils se trouvèrent à Pont-l'Abbé cinquante chevaux et six vingts arquebusiers à cheval. Poupelinière[4] et le capitaine Bonnet[5] envoyèrent à Saint-Jean-d'Angle, firent si bonne mine de siège, et ceux de Brouage[6] si bonne contenance d'embarquer du canon que le chasteau se rendit; et ceux-là mesme le lendemain, sur la frayeur des troupes, se logèrent dans Chef-Boutonne, et puis le tout s'avança vers Ponts.

Les reistres r'appelez par le roi[7], La Noue revint à

1. Philippe de Volvire, s. de Ruffec, gouverneur d'Angoulême.
2. Château fort commandé par le capitaine Maisonblanche (La Popelinière, t. III, f. 281 v°).
3. A Pons (Charente-Inférieure), La Noue fit la revue de ses troupes, qui montèrent à 800 hommes, tant de cavalerie que d'infanterie (De Thou, liv. LX).
4. La Popelinière « commandoit à nombre de cuirasses et cent harquebuziers montez » (La Popelinière, t. III, f. 281 v°).
5. Bonnet reçut l'ordre de se joindre à La Popelinière avec ses cent arquebusiers pour resserrer les coureurs de Saint-Jean-d'Angle (La Popelinière, t. III, p. 281 v•).
6. Tonnay-Boutonne (Charente-Inférieure), ville mal assurée, « mais assez bien fossoyée et deffendue de la Boutonne, laquelle coule à son pied » (La Popelinière, t. III, f. 281 v°). Aux approches de La Popelinière, les habitants profitèrent d'un orage pour abandonner la ville (De Thou, liv. LX).
7. Henri III rappela les reîtres et peu après les congédia (De Thou, liv. LX).

la Rochelle, donnant congé à plusieurs capitaines d'aller passer le temps à diverses reprises, qui toutes se trouvèrent vaines, comme si les astres eussent esté lors ennemis des entreprenans. J'en spécifierai une couple des plus apparentes : la première est du Mont-Sainct-Michel par Touchet[1], lequel, adverti que les mortes-payes et les habitans alloyent, le jour de la Magdelaine, à un voyage, accommode trente hommes en pèlerins, qui, ayans esté à leur dévotion, tirent des petites dagues, car ils avoyent laissé les grandes à la porte; et avec quelques bidets, qui aujourd'hui s'appellent pistolets de poche, saisissent le gouverneur[2], et tout ce qui estoit dedans[3]. Mais la ville d'embas s'estant mise promptement en armes, pour ce qu'ils voyent Touchet venir au galop par la grève, ils se retranchèrent à la herse du chasteau, qu'ils firent tomber, et bien à propos secourus par Vicques[4], enseigne de Matignon, les preneurs se trouvèrent pris sans vert, n'ayans aucunes armes, et pourtant firent composition à vies et bagues sauves sans rien emporter de l'autrui[5].

1. Touchet du Tilleul, gentilhomme normand, ancien lieutenant de Mongonmery.

2. Ce capitaine se nommait Percontant d'après La Popelinière (t. III, f. 285). D'après les documents cités par Le Hardy (*Hist. du protestantisme en Normandie*, p. 272), il se nommait René de Bastarnay.

3. Les conjurés égorgèrent le prêtre qui venait de dire la messe et se jetèrent ensuite sur les moines. Voyez le récit de La Popelinière (t. III, f. 285).

4. Louis de la Moricière, s. de Vicques. Il reçut, en récompense de sa diligence, la capitainerie du Mont-Saint-Michel.

5. Matignon était à Avranches avec une compagnie de 60 cavaliers lorsqu'il reçut la nouvelle de la prise du Mont-Saint-Michel, sur les onze heures du soir (La Popelinière, t. III, f. 285 v°).

Mais Matignon fit trancher la teste aux trois principaux et pendre la plupart du reste[1].

L'autre entreprise de plus d'importance, c'est que le comte du Lude[2], qui restoit en Poictou, fit dessein d'empescher la récolte aux Rochelois, et, en attendant le régiment de Bussi et autres forces, il en presta à Landereau, pour exécuter l'entreprise sur l'île de Ré, que le duc lui avoit commise avant que partir[3]. Pour cest effect, ayant receu les advis de ce qu'on lui préparoit, il s'embarqua aux Sables-d'Olonne[4] et fit entrer dans deux navires de cent tonneaux seulement et sur vingt pattaches quarante gentilshommes, trois cents arquebusiers du régiment de Sarriou, et cent qui le suivoyent. Avec cela il fut plutost arrivé et descendu en Ré[5] que ceux de l'isle n'en eurent le vent. Landereau donne le pillage aux soldats, dépesche au comte du Lude pour faire marcher les parties qui restoyent de l'entreprise, comme ceci n'estant que l'amorce; c'estoit de faire joindre le Chien[6], le grand et petit

1. Entreprise de Touchet sur le Mont-St-Michel, 22 juillet 1574.
2. Guy de Daillon, comte du Lude, était lieutenant de roi en Poitou, et commandait sept compagnies de cavalerie et vingt-deux enseignes de gens de pied (De Thou, liv. LX).
3. L'entreprise de Charles de Rouhaut de Landereau consistait à s'emparer des îles de Ré et d'Oléron et de Brouage, qui servaient de dépôts aux salines de l'Ouest. Le projet avait été soumis au roi pendant un voyage de Landereau à la cour (*Chroniques fontenaisiennes*, p. 393).
4. Landereau s'embarqua aux Sables-d'Olonne pour l'île de Ré le 1er septembre 1575.
5. Le 2 septembre 1575, Landereau mouilla aux Portes et à Loix, bourgades de l'île de Ré. Voyez dans La Popelinière (t. III, f. 286 v°) la description de l'île.
6. Le *Chien* était un bateau corsaire. Il avait appartenu ou appartint plus tard à la ville de la Rochelle (Arcère, t. II, p. 9).

Brissac de Bretaigne, le Bisquaien de Bayonne, qui faisoyent ensemble deux mille tonneaux, d'autres moyens du baron de la Garde avec ses galères. Tout cela debvoit oster la mer aux Rochelois, Oléron et Brouage.

Ces dépesches faictes par une chaluppe, il marche au bourg Sainct-Martin[1] le second jour de septembre avec trente rondaches de front, quarante gentilshommes armez, une picque à la main, un rang de mousquets, trois d'arquebuziers derrière, le reste en deux æslerons aux costez, et quelques-uns en confusion devant. Le peuple tira force arquebuzades. Mais, en ayant veu cinq ou six par terre, ils n'halenèrent point les picques et se sauvèrent comme ils purent. Landereau n'eust jamais sçeu prendre son temps plus à propos; car les Rochelois avoyent achevé de chasser par mescontentemens les deux dernières compagnies qu'ils entretenoyent en leur ville. La Noue estoit allé à Périgueux. Le duc de Rohan, demeuré à la Rochelle[2], n'avoit que dix ou douze gentilshommes à lui et autant de volontaires, ce qu'il alla avec sa personne offrir promptement pour passer en Ré. Tout fut accepté, hormis sa personne que l'on empescha comme par force de s'embarquer. Les pires eschauffez par les meilleurs, tous ensemble esleurent pour leur chef Fromentinière et de chasque compagnie de la ville vingt des plus délibérez.

A cela se joignit bien à propos Poupelinière, qu'on

1. Saint-Martin est le bourg le plus peuplé de l'île de Ré. Landereau y arriva vers midi.
2. Rohan commandait à la Rochelle pendant l'absence de La Noue. Il assembla le conseil de ville et fit décider l'envoi de secours à Ré.

avoit mis en Charon[1] pour brider les courses de Maran. Depuis on lui fit quitter le chasteau que les ennemis bruslèrent. Ce changement estoit tant pour la risque qu'il y couroit que pour l'envoyer en Ré, avec deux compagnies de gens de pied, comme estant demandé par ceux de l'isle pour gouverneur. Les soldats qu'il amassoit pour cest effect creurent la troupe de quelques soixante bons compagnons. Tout cela s'embarque d'assés mauvais ordre. Deux tiers de ce qu'ils estoyent arrivèrent à la pointe de Sablanceau[2], à un petit fort que le baron de la Garde y avoit basti durant le siège. En attendant le reste il le r'accomode et y laisse vingt arquebusiers avec des vivres pour leur retraicte; et puis, impatient d'attendre leur noblesse, Popelinière marche, et, sur un advis que les katholiques de l'isle se barriquoyent[3] à la Flotte[4], il double le pas, y donne sans marchander, et s'en fait maistre, après quelques arquebuzades. Ses gens demandent à repaistre, et falut qu'il leur obéïst à demi-lieue des ennemis ceste fois. Le mespris qu'on faisoit d'eux leur donnant de la seureté, car Landereau, adverti par quelcun des siens qu'on avoit veu à jour couchant descendre quelques gens de guerre, dit à ses gens qu'ils se reposassent et qu'il donneroit le lendemain un bon resveille-matin aux Rochelois.

Fromentinière, arrivé à la Flotte[5], y demeure trois

---

1. La Noue avait confié à La Popelinière la défense du château de Charron, près de la Rochelle.
2. Le port de Samblanceau est en face de la Rochelle.
3. Se barricadaient.
4. La Flotte, bourg de l'île de Ré.
5. Fromentière arriva avec six gentilshommes et quinze arquebusiers (La Popelinière, t. III, f. 287).

heures en consultation et doubtes[1]. Les uns disoyent que leurs ennemis estoyent plus en nombre et plus choisis qu'eux, que tous les refformés de l'isle s'en estoyent fuis, plus de mille katholiques armez pour eux; qu'il valoit mieux se retrancher dans le bourg où ils estoyent, et attendre les réfugiez de Ré à se r'allier, et ce que d'ailleurs leur pourroit faire couler le duc de Rohan. Au contraire, Poupelinière et quelques capitaines maintenoyent qu'il les faloit charger chaudement, las de poursuivre les fuyards et de piller, que l'attente étoit pernicieuse, pour ce qu'il s'embarquoit en Poictou plus de gens pour venir aux ennemis qu'il n'en pouvoit espérer. Cest advis demi-approuvé, Poupelinière part, et, ayant prié le capitaine Carbillac[2] de donner par un autre costé, prend ce qui voulut estre d'enfans perdus, et, monstrant qu'il sçavoit faire quelqu'autre chose que des histoires, emporte trois barricades sans les taster. Carbillac fait de mesme de son costé; le gros suit ce bon commencement. Il y eut de la défense par les maisons qui cousta aux attaquans la mort de quatorze ou quinze hommes. Enfin tout fut emporté et Landereau, plus prévoyant qu'il ne faisoit semblant, gaigna une chaluppe qu'il avoit fait cacher à un coin de marests. Plusieurs, voulant faire de mesme aux gallions qu'ils avoyent amenez au Havre, se noyèrent[3], et tous les desseins qu'ils avoyent noyez avec eux. Il y demeura trois cent cinquante hommes

1. Voyez dans La Popelinière (t. III, f. 287) le récit du conseil tenu par les assaillants.
2. Corbillac, gentilhomme breton, commandait l'avant-garde.
3. La plupart des navires, soit qu'ils fussent trop chargés, soit que par la faute des pilotes ils fussent mal conduits, coulèrent à fond (De Thou, liv. LX).

et plusieurs prisonniers, entre ceux-là Boucherie, gouverneur de Tallemont, les capitaines Bernai et La Valée.

En revanche de ceste perte, Les Bruères donne à la Fon[1], et y prit quelques bourgeois de la Rochelle, où arriva peu de temps après La Hunaudaie[2], de la part du roi, solliciter la paix, de laquelle le traicté n'avoit jamais discontinué, quoi que peussent crier les plus advisez, en remonstrant le tort que les espérances de paix faisoyent dans le parti dedans et dehors le royaume ; dedans, en empeschant plusieurs de se déclarer, comme ne voulans pas se faire poissonniers la veille de Pasque[3], mettant des divisions dans les villes, nommément à la Rochelle, à laquelle on offroit une paix particulière, et dehors en refroidissant les estrangers et ruinant le labeur du prince de Condé, duquel nous parlerons après avoir achevé tout ce qui se faict en Xainctonge.

C'est que Brouage, augmentant tousjours ses fortifications, commençoit à se rendre désirable, et le duc de Rohan, y estant[4] allé, y mit gouverneur Sainct-Gelais[5]; de quoi les habitans de la ville et mesme tous ceux des isles se mutinèrent en l'absence de leur seigneur Mirambeau, qui estoit lors près du roi avec d'autres députez pour attendre les responses de ceux

1. La Fon, village à une demi-lieue de la Rochelle.
2. La Popelinière raconte la mission du s. de la Hunaudaye (t. III, f. 284). Voyez plus loin.
3. C'est-à-dire : le carême fini.
4. Rohan-Fontenay se rendit à Brouage le 21 août 1575 (La Popelinière, t. III, f. 285 v°).
5. Brouage avait pour capitaine le s. de Cimendière, de par le baron de Mirambeau, seigneur du lieu. Rohan en donna le gouvernement à Louis de Saint-Gelais (De Thou, liv. LX).

qu'on avoit envoyez en Allemagne, si bien qu'ils prirent les armes contre la garnison, ayans appellé Plassac[1] pour faire la querelle sienne comme pour son frère. Sainct-Gelais se saisit d'un port séparé par une muraille; l'autre estoit le plus fort en la ville. Le duc de Rohan print le parti de Sainct-Gelais, mais le tout fut enfin pacifié; premièrement par le ministre[2] et puis par la venue de Vérac, auquel les deux partis quittèrent leur droict[3].

Durant que La Hunaudaie estoit à la Rochelle[4], La Noue présenta une escalade[5] à Niort; il les trouva advertis et prests, ce qui lui cousta quelques hommes. La Hunaudaie prit de grandes occasions de mescontentement pour ceste entreprise durant qu'il traictoit à la Rochelle, jusques à en rompre le pourparler[6]; dont les Rochelois furent très marris à cause que par ceste tresve ils espéroyent faire vuider les garnisons

1. Jean Pons de Plassac, gouverneur de Pons, frère du baron de Mirambeau, se mit à la tête d'une troupe de gens d'élite et se rendit à Brouage pendant que Saint-Gelais faisait la revue de ses troupes.
2. Le s. des Aguerres, favori de Mirambeau (La Popelinière, t. III, f. 285 v°).
3. Vérac prit les fonctions de gouverneur de Brouage au nom du parti huguenot le 2 septembre 1575 (De Thou, liv. LX).
4. La Hunaudaye se rendit, au mois de janvier 1575, à la Rochelle (*Journal de Le Riche*, p. 215) et y passa huit jours (La Popelinière, t. III, f. 284 v°). A son retour à la cour, il fut accompagné par le s. de Mirambeau. On conserve dans le f. fr., vol. 20783, f. 82, un intéressant récit de sa mission.
5. Escalade de Niort par La Noue, « sous l'occasion de la mairie de la ville qui estoit à ce jour, » 12 juin 1575 (La Popelinière, t. III, f. 282 v°).
6. La Hunaudaye et les Rochelois discutaient alors la proposition d'une trêve de trois mois pour la Saintonge, l'Angoumois et le Poitou (De Thou, liv. LX).

de Marans[1] et de Benon[2], qui leur coupoyent les vivres, et notamment la dernière, de nouveau r'accommodée par La Pierrière, qui y commandoit cinquante hommes, si diligens à leurs courses[3] qu'ils avoyent osté tout le trafic du Minot[4]. Cela poussa La Noue à hazarder deux canons avec ce qu'il put ramasser; il assiégea donc. Après quelques batteries et que les capitaines Poupelinière et Le Mesnil[5] eurent gaigné le ravelin, huict soldats de La Pierrière se jettèrent des murailles et lui parlementa à la vie sauve. Le Mesnil qui fut mis dedans n'y demeura guères, car Les Bruères fit couler dedans la place quelques révoltez[6] comme on les appelle, qui mirent les refformés dehors et Les Bruères dedans. Il est temps de parler des choses plus générales.

Chapitre XVII.

Retour des députez en Allemagne.

Au commencement de novembre, le mareschal d'An-

1. Marans (Charente-Inférieure).
2. Benon était un château situé à cinq lieues de la Rochelle (La Popelinière, t. III, f. 284 v°), qui appartenait à la maison de La Trémoille. Il avait été pris par quatre soldats du parti catholique, qui y étaient prisonniers, le 8 août 1575. Voyez les curieux détails donnés par Brisson (*Chron. fonten.*, p. 189).
3. Les 50 hommes de La Pierrière coupaient le chemin à tous ceux qui, venant de Bagnols, transportaient des vivres à la Rochelle (La Popelinière, t. III, f. 284 v°).
4. Minot (Charente-Inférieure).
5. Le capitaine Mesny commandait 60 arquebusiers auxquels les Rochelois avaient donné des munitions de guerre (La Popelinière, t. III, f. 284 v°).
6. *Révoltez*, transfuges. — La Popelinière donne des détails sur la reprise du château de Benon par les catholiques (t. III, f. 284 v°).

ville s'estant confirmé par un voyage faict en cour aux soupçons qui le tourmentoyent desjà, et vérifié quelques parties des advertissements que nous avons marqué ci-dessus, en ce qui touchoit sa vie ou son gouvernement, enfin il laissa ses cunctations[1] et franchit le saut de l'union, laquelle fut dressée à Nismes[2], le tiltre en estoit tel : *L'assemblée générale faicte le mois de janvier mille cinq cens septante cinq, en la ville de Nismes, par convocation et mandement de Monsieur d'Anville, mareschal, gouverneur et lieutenant général pour le roi en Languedoc, tant du clergé et katholiques paisibles que des églises refformées de ce royaume, unis et confédérez par leurs députez, pour traicter de leurs communes défenses, bien et repos de ce royaume et des subjects d'icelui, recognoissans Monsieur le prince de Condé[3] pour leur protecteur général, et en son absence mondit sieur le mareschal. Considérant[4], etc.*

1. *Cunctation*, hésitation.
2. Assemblée de Nîmes et constitution du tiers parti en Languedoc sous le commandement de Damville, 10 janvier 1575 (La Popelinière, t. III, f. 262).
3. Depuis sa fuite de France, le prince de Condé cherchait les moyens d'y rentrer les armes à la main. Les *Mémoires de La Huguerye* (t. I, p. 340) racontent ses négociations en Allemagne. Le 1er juillet 1574, il souscrivit à l'association des confédérés du Languedoc (La Popelinière, t. III, f. 230). Le 12, il publia un premier manifeste (*Mémoires de l'estat de France*, t. III, f. 400). Enfin, le 14 février 1575, il signa deux actes de procuration pour lever une armée en Allemagne. Ces deux actes sont conservés en originaux, l'un dans la coll. Dupuy, vol. 322, f. 183, l'autre dans les Ve de Colbert, vol. 399, f. 22. Ce dernier recueil est presque entièrement composé de pièces relatives à la prise d'armes du prince.
4. Le 10 janvier 1575, les catholiques du tiers parti et les huguenots du Languedoc se réunirent à Nîmes sous la présidence

Voilà le tiltre. De là ils marquent les conditions ausquelles on peut entrer en leur parti[1] : veulent que tous les ans les estats généraux ordonnent de leurs formes et fonctions, des qualitez des pasteurs d'une part et d'autre, de la possession des biens ecclésiastiques, du labeur, du trafic, des gardes des villes, des impositions nouvelles, de la despense du prince[2], du mareschal et de Chastillon[3], des pensions, de la discipline militaire en toutes ses parties, des rançons et butins. Ces choses au long et expressément, comme vous pouvez lire en Poupelinière au livre 39. Cela parut, et en mesme temps se fit une autre association des katholiques, premièrement en Poictou, au stile de laquelle plusieurs la donnèrent au lieutenant La Haye, trouvée en ses papiers, comme ayant voulu un peu avant sa mort expier le passé[4]. Il en a couru de ce

du maréchal Damville et signèrent un acte de confédération qui est publié dans La Popelinière, t. III, f. 262. Voyez l'*Hist. du Languedoc*, liv. XL, et les pièces contenues aux *Preuves* du t. V, col. 242 et suiv. Voyez aussi la lettre du roi, du 3 mars, dans laquelle il analyse les demandes des confédérés (*Négoc. du Levant*, t. III, p. 293).

1. La Popelinière énumère les diverses dispositions de l'acte de confédération (t. III, f. 264 v°).

2. Le prince de Condé devait avoir un traitement annuel de 36,000 livres, Châtillon et le maréchal de 6,000 livres (La Popelinière, t. III, f. 265).

3. François de Coligny, comte de Chastillon, fils de l'amiral de Coligny et de sa première femme, Charlotte de Laval, né le 28 avril 1557. Réfugié à Mulhouse après la Saint-Barthélemy, il rentra en France en 1575 et se mit à la tête des forces réformées dans le haut Languedoc. Sa vie fut une suite de combats et d'actes héroïques. Il mourut le 8 octobre 1591. M. le comte Delaborde a écrit la vie de ce capitaine, in-8°, 1886.

4. Cette pièce est imprimée par La Popelinière, t. III, f. 267 v°.

[1575] LIVRE SEPTIÈME, CHAP. XVII. 361

temps une pareille que j'ai veu depuis ès mains du roi Henri IV, la confrontant à la folle déclaration de Jarriges[1] et ses compagnons.

Toutes ces choses jusques ici sont à recepvoir comme du commencement de l'année ; mais, le vingt-deuxiesme[2] de mars, partirent de Basle et arrivèrent à Paris le quinziesme d'apvril[3] tous les députez du prince[4], du mareschal[5], de Languedoc, la Rochelle[6], Guienne[7], Provence et Dauphiné pour toutes les églises refformées de France. Ceux-là, mandez[8] par le roi au logis de la roine mère, lui présentèrent une requeste, de laquelle je vous donnerai le tiltre et les principaux poincts :

« Sire, le prince de Condé, seigneurs, gentilshommes et autres de la religion refformée de vostre royaume, le mareschal d'Amville, seigneurs, gentilshommes et autres katholiques à eux unis et associez, vos très humbles et très obéissans subjects et serviteurs, pour parvenir à une entière, seure et perdurable pacification

1. Pardoux de Jarrige, de Saint-Yrieix, dont les *Mémoires* ont été publiés, en 1868, à Angoulême, par M. de Montegut.
2. La Popelinière donne la même date que d'Aubigné. De Thou dit que les députés étaient partis de Bâle le 20 mars 1575.
3. Les députés arrivèrent à Paris le 5 avril, selon La Popelinière (t. III, f. 271 v°), le 6 d'après de Thou (liv. LX).
4. Les députés du prince de Condé étaient Jean de la Fin de Beauvoir La Nocle, Guillaume Dauvet d'Arènes et Du Cheylard (De Thou).
5. Damville avait envoyé Guillaume Roques, s. de Clausonnes, plus tard président de la chambre mi-partie de Nîmes.
6. La Rochelle avait député son maire, Jacques Guiton, s. de la Valade.
7. Les envoyés de cette province étaient François de Pons, baron de Mirambeau, des Bessons, des Marets et des Prises.
8. Le roi leur donna audience le 10 avril 1575, d'après de Thou, le 11 selon La Popelinière.

des troubles, remonstrent en toute humilité, premièrement, etc. » Ils allèguent en la préface leur justice à la prise des armes par plusieurs édicts rompus, par le massacre, par le désir d'obtenir une paix, pour à laquelle parvenir ils demandent exercice libre et public de la religion refformée sans distinction d'aucun païs, d'aucun lieu, ni d'aucunes personnes ; pouvoir faire presches, prières, chanter pseaumes aux boutiques, prisons et aux champs ; avoir administration du baptesme et de la cene ; l'usage des cloches, publications et célébrations de mariages, visitation de malades, enterrement des morts en plein jour ès lieux anciens et accoustumez ; escholes pour instruire les enfans ; leçons publiques, impression et libre vente de tous livres appartenants à ladicte religion; discipline et censures ecclésiastiques, consistoires, colloques et synodes, tant provinciaux que généraux, cueillettes d'aumosnes pour les pauvres et nécessité des églises, et généralement permission de bastir temples ; tous leurs mariages confirmez, les dispenses pour les proximitez prises dans la chancellerie, leurs dismes affectées pour leurs ministres. Mesmes articles pour ceux du comtat, d'Avignon et Dombes, avec seureté de vies et de biens pour ceux de Savoye et d'Oranges, exemption des festes, réception aux estats, chambres mi-parties avec toutes les cautions qui en dépendent, jouissance des commanderies par les chevaliers qui se sont rendus de la religion. Que les achepteurs des biens ecclésiastiques, vendus par messieurs les princes, jouissent de leurs contracts ou rentes de leurs sommes assignez sur les bénéfices au denier quinze ; justice des meurtres, faicts à Paris ou ailleurs, soit faicte par un grand conseil mi-parti. Que toutes sentences, jugements et procédures, ventes et décrets contre ceux de la religion et katholiques unis, depuis le trespas de Henri II, sur les faicts des troubles, soyent biffez des registres des cours de Parlements et autres juridictions. A cela tout ce qui touche particulièrement l'amirale[1] d'Antremont[2], Briquemaut, Tavannes et le comte Montgommeri ; cela avec toutes les clauses qui importent la vie, l'honneur et le bien, jusques aux forçats mis aux gallères en haine du parti, tous les soldats avouez hors la justice des prévosts. Qu'ils soyent exempts de payer leurs reistres, veu les pillages de la Sainct-Barthélemi ; que pour subvenir aux plus affligez, il plaise au roi leur faire don de la somme de deux cens mille escus pris sur les plus clairs deniers de ses finances. Aussi que les provinces de Poictou, Xainctonge, Angoumois, Aunis, Guienne, Languedoc et Dauphiné soyent exempts de tailles pour six ans.

Après cela il y a une liste des particulières prises par mer et par terre ; aveu de tous les procès et jugements faicts par les refformés ; liberté et accès aux mareschaux, déclaration honorable pour tous les grands du parti, les tailles réduictes au taux du roi Louys XII, toutes garnisons ostées horsmis aux places frontières et aux seuretez et villes d'hostage des refformés, desquelles ils en demandent en chasque gouvernement

1. Var. de l'édit. de 1618 : « ... *particulièrement* l'Amiral, ses enfants, l'*Amirale*... »

2. Jacqueline de Monthel, fille du comte d'Entremont, une des plus riches héritières de la Savoie, rentra dans sa patrie après la Saint-Barthélemy et fut jetée en prison par ordre de Philibert-Emmanuel pour crime d'hérésie. Voyez du Bouchet, *Hist. de la maison de Chastillon,* in-fol.

deux, choisies par le roi, d'entre six que le prince de Condé nommera à Sa Majesté. Et pour ce que les fidelles subjects du roi ont de grandes causes de soupçons contre le mareschal de Rets et chancelier de Birague, qu'il plaise au roi les retrancher de son conseil d'Estat[1].

Beauvois La Nocle, ayant là-dessus présenté les lettres du prince et Yollet celles du mareschal, d'Arennes, député, harangua devant le roi, traictant premièrement, « de la joye de tous les gens de bien qu'une espérance de paix leur apporte, du besoin qu'en a le royaume, duquel la face est bien différente à la splendeur d'autresfois. Il a esté l'honneur de l'Europe, maintenant le mespris, comme le roi peut avoir cogneu en Polongne. Les causes de ce mal ne sont point celles que les astrologues et philosophes remarquent ou sur les constellations, ou sur les ans climactériques, mais sur le courroux de Dieu par le manquement de piété et justice. Que l'examen de ceste piété fut bien et légitimement commencé au concile de Poissy, où la vérité obtint quelque liberté. Ce bon commencement ayant esté changé aux perfidies et meurtres horribles qu'on a veus, la France a donné justes causes à Dieu de desployer sur elle le fléau des guerres civiles. Si le manque de piété a enflammé son courroux, la justice n'en a pas moins faict, si bien qu'estant pervertie au commencement, les guerres civiles l'ont achevée de ruiner, et avec elle mis la France à son dernier point, pour à

---

[1]. La requête des réformés au roi, en date du 11 avril 1575, est imprimée par La Popelinière, t. III, f. 271 v°. La réponse du roi est dans le même volume, f. 280 v°. La requête des mêmes à la reine, f. 280 v°.

quoi remédier, Monsieur et Messieurs nous ont chargé de présenter avec toute humilité et révérence à Vostre Majesté ce cayer, qui, bien examiné, ne tend qu'à restablir la piété et la justice[1]. »

Le roi respondit qu'il estoit très aise de leur venue, et parti de Polongne les bras tendus, pour recepvoir semblablement ses subjects sans distinction de religion; qu'ils debvoyent plustost se jetter entre ses bras, et que, s'ils estoyent disposez à la paix, il auroit la foi et parole de roi aussi chère que sa vie.

D'Arennes, se tournant vers la roine, lui dit en fort peu de mots[2] l'obligation que le royaume lui auroit si elle lui donnoit la paix. Sur ce propos le roi prit le cayer, fit retirer les porteurs dans l'antichambre, et, après l'avoir leu[3] et communiqué à ceux qu'il voulut, fit rentrer les députez pour leur dire qu'il estoit fort esbahi comment ils avoyent osé présenter telles demandes, et mesmes choses faictes avec conseil. D'Arennes le suppliant de dire quel article entre les autres le pouvoit avoir offensé, la response fut que c'estoit le premier[4]. Trois du conseil furent choisis pour esplucher les nonante-un articles avec des dépu-

---

1. La harangue de Guillaume Dauvet, s. d'Arènes, est imprimée par La Popelinière, t. III, f. 279 v°.
2. La Popelinière, t. III, f. 280 v°.
3. Le roi, dit de Thou, se fit lire les articles de la requête par le s. de Fizes, un des quatre secrétaires d'État (liv. LX).
4. Dans cet article, les députés demandaient que dans tout le royaume, sans exception, mais surtout à Metz, Toul et Verdun, dans le marquisat de Saluces, la principauté de Dombes et le duché de Bar, il leur fût permis de s'assembler au son de la cloche, d'administrer les sacrements selon leur usage, de tenir des consistoires et des assemblées pour le maintien de la discipline, et enfin de convoquer des synodes (De Thou, liv. LX).

tez. Ils supplièrent Sa Majesté, leur charge estant limitée, de retourner vers ceux qui les avoyent envoyez, pour voir en quoi ils se vouloyent eslargir[1].

Ils s'en retournèrent donc à la fin de may avec les ambassadeurs de Suisse, qui au mesme temps avoyent esté despeschez[2], pour conjurer le roi à faire la paix; comme aussi de mesme temps la roine d'Angleterre, les princes protestants et mesme le duc de Savoye, par ambassadeurs ordinaires ou envoyez de nouveau, pressoyent le roi des mesmes choses, pour intérests et regards différents.

Les députez trouvèrent à leur retour leurs maistres résolus à continuer leurs demandes. Le prince pourtant, pour ne rompre point, envoya Beauvois pour fortifier d'Arennes, qui estoit demeuré à la cour, et en Languedoc du Chelar[3] et le président Feuqueville, pour se trouver à une assemblée générale[4], qu'on y assignoit, et là préparer tout à la paix ou à la guerre, et plus au dernier qu'au premier; comme plusieurs interpretoyent la dureté des articles avoir esté telle pour monstrer leur fermeté, et par là tirer à soi ceux qui marchandoyent encores, comme il advint. Les députez Rochelois apportèrent[5] à leurs concitoyens

1. Les députés du prince de Condé lui rendirent compte de leur mission (Lettre du 25 avril 1575; V^c de Colbert, vol. 399, f. 56).

2. Les ambassadeurs de Suisse étaient arrivés en cour sur la fin d'avril 1575 (La Popelinière, t. III, f. 284).

3. Pierre Sauvain, s. du Cheylard, capitaine et négociateur huguenot, mort à Nimes le 8 août, suivant les uns, le 24 août, suivant les autres (*Mémoires de Piémond*, p. 544).

4. La mission envoyée en Languedoc partit de la cour le 15 juin 1575 (De Thou, liv. LX).

5. Les députés de la Rochelle étaient partis le 25 mai 1575

des articles que le roi avoit faict dresser pour le project de la paix, par lesquels les esprits et les désirs furent mi-partis, sur tout au païs où les affaires des refformés ne prospéroyent pas, comme à leur ville[1], qui avoit du pain difficilement, pour ce que son parti ne tenoit pas un pouce de terre dans le Poictou. La Noue[2] les empescha de faire séparation.

Le plus remarquable[3] de la levée du prince de Condé fut qu'estant à Strasbourg pour dépescher Grafinière[4] aux Suisses, il emprunta de ses gentilshommes à grand peine quatorze escus. Cettui-là vint en secret à Berne, où Ludovic et Gabriel Diespac[5] lui promirent de lever chacun un régiment. Avec eux se joignirent Albrech de Melune[6], nepveu de l'advoyer Lodovic, et Petreman d'Erlach[7], Jacob de Bonstest[8],

pour Paris. Le lendemain ils présentèrent leur requête (La Popelinière, t. III, f. 283 v°). Arcère raconte les négociations qui eurent lieu à leur retour (*Hist. de la Rochelle*, t. II, p. 4).

1. Var. de l'édit. de 1618 : « ... *comme* à la Rochelle, *qui avoit...* »

2. La Noue arriva par mer à la Rochelle le 3 juin 1575, accompagné de Frontenay (La Popelinière, t. III, f. 283 v°).

3. Cet alinéa et les cinq alinéas suivants manquent à l'édition de 1618.

4. Robert de Villiers, s. de la Grafinière, gentilhomme d'Anjou, chambellan du prince de Condé.

5. Louis et Gabriel de Diesbach, gentilshommes bernois, colonels de gens de pied, avaient autrefois servi en Piémont sous les ordres du maréchal de Brissac (Zurlauben, *Hist. mil. des Suisses*, t. V, p. 26).

6. Jean Albrech de Mullenen, neveu de l'ancien avoyer de Berne, Beat Louis de Mullenen (Zurlauben, *Hist. milit. des Suisses*, t. V, p. 5 et 26). On conserve deux lettres de ce personnage à l'ambassadeur de France (F. fr., vol. 16011, f. 199 et 235).

7. Peterman d'Erlach et son frère Louis d'Erlach.

8. Jacob de Bonstetten était lieutenant de la compagnie de Thielman, de Berne (*Mémoires de La Huguerye*, t. III, p. 213).

Bénédic, fils de l'advoyer Negueli[1], Rodolphe de Graffenried, Bernard Tillemend[2], Antoni Magi, et Ulycorch[3], tous aparentez dans la seigneurie de Berne. Il fallut traicter cette affaire hors de Berne, et comploter par les villages, en un desquels, nommé Nermond[4], ils firent leur premier rendez-vous. Et là, n'y ayant pas d'argent pour tous, Lodovic d'Arlach, Melune, Graffenried et Bontest n'avancèrent pas seulement l'argent de leurs compagnies, mais, l'espace de huict mois que la guerre dura, servirent à leur despens. Depuis Walter Despach[5] se joignit à eux. Tout cela fit dix-sept compagnies.

L'ambassadeur en Suisse, qui estoit Bellièvre, ne fut adverti de la menée qu'après le rendez-vous, et encor par quelques gentilshommes catholiques près de la personne du prince. Il n'oublia rien pour faire guetter les négociateurs, espouvanter d'autres encor, qui promettoyent faire compagnies à leurs despends. Il marcha à Berne[6], où il parla si hautement qu'il y met de la peur; déclara que, si la Seigneurie ne faisoit retourner

---

1. Benoist Nœgeli, fils de l'avoyer, de Berne, avait servi en Hongrie dans l'armée impériale.

2. Bernard Thielman, de Berne, commandait une compagnie de 500 hommes, dont 50 étaient destinés à la garde personnelle du prince de Condé.

3. Antoine Mey et Ulrich Koch, capitaines bernois.

4. Nermont, village de l'évêché de Bâle. La conférence eut lieu le 19 novembre 1575. La Grafinière avait eu une première conférence avec ces capitaines à Fraubrunnen.

5. Walter de Diesbach, de Berne, commandait une compagnie de 350 hommes.

6. Voyage de Bellièvre à Berne et protestation contre les levées du prince de Condé, 22 novembre 1575 (Zurlauben, *Hist. milit. des Suisses*, t. V, p. 30).

leurs hommes, qui n'estoyent pas encore à une journée, il rompoit dès lors l'alliance de la France et alloit de ce pas faire marcher les cantons catholiques à Berne[1].

Là-dessus Bellièvre obtint de la Seigneurie qu'à cri public et par tous les pays, villes et lieux de leur obéissance, deffenses seroyent faictes à toutes personnes, de quelle qualité qu'elles fussent, de ne sortir de leurs terres à peine de la vie et confiscation de biens. Et de faict, dès lors messieurs de Berne, non seulement firent garder les portes de leurs villes, les ponts et passages des rivières et chemins, mais aussi firent emprisonner quelques-uns des capitaines[2] et soldats, leurs subjects, qui s'estoyent enroollez.

Autant en firent à leur exemple les autres villes où se levoyent des soldats, mais eux, encouragez par leurs capitaines, se sauvèrent de nuict. Plusieurs passèrent la rivière d'Ar à nage pour se rendre à Bienne. Et, pour ce qu'ils n'avoyent peu apporter d'armes, il en falut faire venir de Strasbourg, desquelles les marchands suisses respondirent et en furent relevez.

L'ambassadeur retourna à Berne sçachant que les régiments estoyent à Corno[3], terre de l'évesque de Basle. La Seigneurie de Berne, aux secondes menaces de Bellièvre, y envoyèrent leurs hérauts et trompettes[4],

---

1. Protestation des cantons catholiques contre la connivence des autorités bernoises dans les levées du prince de Condé, 7 septembre 1575.

2. Notamment Benoist Nœgeli, qui fut obligé de renoncer à son droit de bourgeoisie.

3. Cornau, village près de Bâle.

4. Le sénat de Berne, mis en demeure par les menaces de Bellièvre, somme les capitaines bernois de ne pas prendre les armes contre le roi, 25 novembre 1575.

pour déclarer biens et vies de ceux qui passeroyent outre confisquées sans rémission. Mais Burch[1], qui se trouva là, se servit des commissaires de l'évesque de Basle pour empescher les trompettes de faire le cri comme estans sur terre d'autrui. Enfin, après estre venus aux menaces et injures d'une part et d'autre, les maistres de camp firent monstre en partant de sept mille hommes moins quelques cinquante[2].

Contre pareilles défenses de la ville de Genève[3], les soldats se desrobèrent et gagnèrent aussi le costé de Biène, et le prince[4], parti de Strasbourg avec le duc Casimir[5] le unziesme de décembre, fit son rendez-vous général pour passer la Mozèle à Charme.

La reprise qu'il a falu faire en Allemagne et en Languedoc nous a contraints de retourner au commencement de l'année, ayant estendu quelques

---

1. Pierre Beutterich, capitaine et négociateur au service de Casimir de Bavière, un des agents des diverses invasions allemandes pendant le règne de Henri III, souvent cité dans les *Mémoires de La Huguerye*.

2. Zurlauben précise le chiffre d'après des sources locales : 6,944 soldats divisés en dix-sept compagnies, dix de Berne, six de Neufchâtel, une de Bonneville (t. V, p. 35).

3. Genève, à l'instar de Berne, avait prohibé les enrôlements au service du prince de Condé. Malgré cette défense, une troupe de soldats, sous le commandement de Bricquemaut et de La Pierre, prirent, le 2 janvier 1576, la route de Charmes.

4. D'Aubigné ne parle pas des négociations du prince de Condé avec Casimir de Bavière, qui furent longues et laborieuses. La Huguerye les a racontées avec détails (t. I, p. 340 et suiv.). Enfin les deux princes s'accordèrent le 27 septembre 1575. L'original du traité est conservé dans les Ve de Colbert, vol. 399, f. 133.

5. Jean-Casimir de Bavière, fils de Frédéric III de Bavière et de Marie de Brandebourg, le chef des invasions allemandes qui désolèrent la France sous le règne de Henri III. Il mourut le 6 janvier 1592.

branches plus avant; l'histoire qui traicte plusieurs choses est contraincte à cela, ou il faudroit qu'elle sautelast sans cesse et n'achevast aucun discours. Il est temps que nous regardions le prince de Condé, asseuré d'hommes de divers endroits à différentes conditions et termes divers, pour les grandes traverses que lui donnèrent les agens du roy d'Espagne, de l'empereur et du pape. Enfin, les nouvelles estans à la cour que les forces estoyent prestes à marcher, on mande les vieilles compagnies, on despesche commissions nouvelles avec quelque estonnement[1]; duquel Monsieur print courage de faire ce que nous dirons au chapitre suivant.

Chapitre XVIII.

Sortie de Monsieur. Tresves.

A l'arrivée du roi, son conseil le pressa de se faire sacrer à Reims[2]. Et là mesme se traicta le mariage[3] de Louyse de Lorraine[4], fille du duc de Vaudemont,

---

1. *Avec étonnement*, c'est-à-dire *avec hésitation*.
2. Le sacre de Henri III eut lieu le 13 février 1575 (et non le 15, comme le dit de Thou, liv. LX). Le roi fit frapper une médaille qui porte ces mots : « Sacra ac salut. Remis feb. 13. 1575. » Le dessin de cette médaille est conservé dans le f. fr., vol. 4921, f. 21.
3. Mariage de Henri III, 15 février 1575. Le contrat de mariage, daté du 14, est conservé en copie dans le vol. 2746, f. 267 du fonds français. Les préparatifs et la cérémonie sont racontés avec des détails piquants dans l'*Hist. de France* de Mathieu, t. I, p. 409.
4. Louise de Lorraine, fille de Nicolas de Lorraine, comte de Vaudemont, et de Marguerite d'Egmont, née à Nomeny (Meurthe) le 30 avril 1553, resta toujours étrangère à la politique et ne laissa sur le trône que le souvenir de ses vertus. Elle mourut à Moulins le 29 janvier 1601. M. Meaume a écrit sa vie, in-18.

contre le désir de plusieurs et l'attente de quelques princesses, qui en mesme espérance rompirent en peu de jours l'équippage qu'elles avoyent dressé pour Reims, se voyans deceues. Plusieurs[1] convièrent le roi à cela : une vie fort modeste et retirée[2], grande douceur et beauté, et le désir d'obliger toute la race des Lorrains.

Cependant Monsieur et le roi de Navarre vivoyent à la cour d'une estrange façon, tousjours soupçonnés, tousjours craignants. Quelque espèce de liberté[3] qu'ils avoyent reçeue à l'arrivée du roi, sans cesse interrompue au premier advis de quelcun qui vouloit parvenir par rapports, desquels on ne pouvoit manquer, la roine mère entretenant à sa suite vingt-six espions, les uns qui avoyent changé de religion et commençoyent leurs discours par le regret de leur salut, les autres qui feignoyent y vouloir entrer par l'espérance de cela mesme, les autres sous espérance de quelque beau butin ; la moitié de telles gens mangeans le pain[4] de Monsieur et du roi de Navarre. De là ces princes souvent interrogez en termes qui sentoyent mieux le procès que le devis commun. Monsieur, qui scavoit comment on donnoit espoir de la lieutenance

1. *Plusieurs,* sous-entendu *motifs.*
2. Louise de Lorraine avait paru à la cour sous le règne de Charles IX et avait plu à Henri III. Il la revit à son passage en Lorraine en allant en Pologne (Brantôme, t. IX, p. 600 et suiv.). D'Aubigné ne parle pas de l'amour de Henri III pour la princesse de Condé, dont il avait voulu faire rompre le mariage. Voyez les *Mémoires de La Huguerye,* t. I, p. 316.
3. Le duc d'Alençon fut rétabli dans tous ses titres et honneurs au retour de Henri III.
4. La Popelinière dit que l'apanage dont le duc d'Alençon jouissait (t. III, f. 209 v°) était insuffisant pour ses besoins.

générale¹ au roi de Navarre, recommença à se descharger sur lui, comme il avoit desjà fait aux interrogatoires de Sainct-Germain-en-Laye², mesmes apportant souvent des accusations spécieuses et fausses, et par lesquelles il désignoit ceux qui, auprès de son beau-frère, pressoyent et mesnageoyent sa sortie. Ce dernier fut contraint, en se purgeant, de dire les choses véritables de l'autre. Tous les deux faisoyent l'amour à la femme³ de Sauves, secrétaire d'Estat, de laquelle un bon visage rompoit les desseins de partir, aussi bien que l'espoir de la lieutenance.

Un jour elle reprocha à Monsieur son infidélité et malice, et il respondit que le roi de Navarre n'avoit point de quoi se plaindre, pour ce qu'il n'avoit encores esté pendu aucun des siens et que cela lui desplaisoit. A ceste cause ceste femme, penchant de l'autre costé, induisit la roine mère à se meffier plus que jamais de Monsieur. Ceste meffiance apportant plus mauvais visage, plus de recerches d'un costé, et de crainte de l'autre; cela ensemble eschauffa à Monsieur le désir de changer sa condition. La peur le retenoit encores, mais l'envoi des députez françois à Basle, la paix méditée par le roi (ainsi parloyent ceux qui le poussoyent), la fermeté qui paroissoit aux nonante-un articles présentez, les bonnes nouvelles d'une partie de la France, une petite armée qui s'avançoit devant la grande⁴

---

1. La promesse de lieutenance générale était le leurre dont Catherine de Médicis usait vis-à-vis du roi de Navarre. Voyez les *Mémoires de Marguerite de Valois*.
2. Voyez plus haut, p. 228 et suiv.
3. Charlotte de Beaune, dame de Sauves.
4. *La petite armée*, commandée par Thoré, était composée de

sous la conduite de Thoré et du comte de Laval[1], serviteur de Monsieur.

La cour merveilleusement esmeue à tout cela, il s'esmeut aussi, si bien que, le quinziesme de septembre[2], ayant envoyé sur son chemin Drou et Lavergne, il se jetta sur un courtaut, lui troisiesme, ayant vestu avant que partir le mesme pourpoint qu'il avoit sur lui le jour que La Mole fut décapité[3], et disant à ceux de sa suite qu'il le porteroit encores un jour de bataille pour gage d'une grande vengeance[4]. Nous lairrons là La Mole bien vengé, pour mener Monsieur jusques à

2,000 reitres, de 500 arquebusiers français et de 100 gens d'armes. Elle passa le Rhin, traversa la frontière de la Lorraine et entra en Champagne par Langres. Le dessein de Thoré était de franchir la Loire à la Charité pour aller à la rencontre de l'armée royale. *La grande armée* était l'armée allemande conduite par Casimir de Bavière et le prince de Condé. Voyez plus loin.

1. Paul de Coligny, neveu de Renée de Rieux et fils de François de Coligny, seigneur d'Andelot, et de Claude de Rieux, plus tard prit part à la guerre du duc d'Alençon en Flandre (1581), et mourut au château de Taillebourg en avril 1585.

2. Le duc d'Alençon, retenu prisonnier à la cour depuis l'échec de la conjuration des politiques, s'évada dans la nuit du 15 au 16 septembre, avec l'aide de la reine de Navarre (*Mémoires de Marguerite de Valois,* édit. de la Société de l'hist. de France, p. 64), et se retira à Dreux. Voyez, sur la fuite du prince, le *Journal de L'Estoile* et les pièces publiées dans le t. X de la *Revue rétrospective*.

3. Le duc d'Alençon s'était rendu sur le soir au faubourg Saint-Marceau, sous prétexte de quelque galanterie, et était entré chez une personne qui était dans le secret. C'est là que sa suite l'attendait et lui tenait des chevaux prêts (De Thou, liv. LXI).

4. Claude Haton (*Mémoires,* t. II, p. 783), La Huguerye (*Mémoires,* t. I, p. 352), de Serres (*Inventaire de l'hist. de France,* t. I, p. 766) et beaucoup d'autres historiens pensent que le duc d'Alençon avait été « lâché » par la reine mère pour contrebalancer l'influence du prince de Condé et diviser ses forces.

Remorantin faire publier une déclaration[1] qu'il avoit signée[2] à Dreux[3]. Elle commence en raisonnant sur la ruine des royaumes par le mespris des loix, touche comme elles ont esté violées par un faux zèle d'exterminer les réformés, ce que n'ayant pas approuvé, qu'il courroit fortune de la vie. Il achève en protestant de mettre l'Église et la noblesse en leur splendeur, chacun conservé en sa religion avec le soulagement du tiers estat. Cest escrit donna à gloser à chacun comme il voulut, et fit cest effect que toutes les parts de la France coururent trouver Monsieur; seigneurs, gentilshommes, capitaines; entre autres le vicomte de Turenne, qui estoit lors empesché à parachever la besongne où nous l'avons laissé.

La Noue fut chassé[4] par le mauvais traitement qu'il recevoit des Rochelois, ausquels Monsieur escrivit[5] pour les confirmer et asseurer de leurs privilèges, sans oublier de leur demander un peu d'argent.

Le premier fruict de cette sortie fut la délivrance

1. Voyez dans La Popelinière (t. III, f. 289 v° et 290) le texte de la déclaration du duc d'Alençon.

2. La déclaration du duc d'Alençon est datée du 17 septembre 1575.

3. La ville de Dreux était de l'apanage du duc d'Alençon (De Thou, liv. LXI).

4. La Noue écrivit de la Rochelle au duc d'Anjou une lettre, en date du 28 septembre 1575, qui contenait des offres de service (Copie, coll. Dupuy, vol. 844, f. 274), et le rejoignit au commencement d'octobre. Il fut bientôt suivi par Saint-Gelais et par quelques autres gentilshommes (La Popelinière, t. III, f. 290 v°).

5. Les premières lettres du duc d'Alençon aux habitants de la Rochelle sont datées du 18 octobre 1575, et furent lues publiquement dans le conseil de ville le 20 du même mois (La Popelinière, t. III, f. 290 v°). Au commencement de décembre, le prince leur envoya la Rochepot et Preseaux (Arcère, t. II, p. 11).

des deux mareschaux[1]; mais celui de Montmoranci ayant pris par ses tristesses, comme par la bouche[2], une mauvaise condition qui lui accourcit la vie[3]. La roine mèrc court après son fils, accompagnée des princes et premiers officiers de la couronne[4]. Elle fit ce voyage en un des plus fascheux hyvers[5] que nous ayons esprouvez et suivit Monsieur jusques à Champigni[6]. Quand elle ne vit aucun moyen de faire la paix[7], elle obtint une tresve[8] de sept mois, asçavoir,

---

1. François de Montmorency et Artus de Cossé. Avant de recouvrer la liberté, le premier fut obligé de signer une déclaration touchant son innocence dans la conjuration de La Mole et de Coconas (Pièce datée de janvier 1576; copie, f. fr., vol. 6619, f. 165). Les lettres patentes du roi qui annulent les poursuites dirigées contre lui sont datées du mois d'avril 1576 (Isambert, *Recueil des anciennes lois*, t. XIV, p. 278). Au mois de février précédent, en dédommagement des poursuites dont il avait été l'objet, le roi avait donné à la duchesse de Montmorency le duché d'Étampes et les terres de Coucy et de Folembray (*Ibid.*, p. 276).

2. Allusion à un prétendu empoisonnement du maréchal de Montmorency. Ce bruit n'a aucun fondement. Cependant P. Mathieu raconte que le roi avait voulu le faire assassiner et que le s. de Souvray l'en avait empêché (*Hist. de France*, t. I, p. 418).

3. François de Montmorency mourut le 15 mai 1579, à Écouen, d'une attaque d'apoplexie.

4. Les vol. 6623 du fonds français, 87 et 844 de la coll. Dupuy contiennent nombre de pièces et de lettres, la plupart originales, sur les négociations de la reine avec le duc d'Alençon.

5. La Popelinière signale la rudesse de l'hiver de 1575-1576, et donne quelques détails (t. III, f. 291).

6. Champigny en Touraine, résidence du duc de Montpensier.

7. Le maréchal de Montmorency servit de médiateur dans l'entrevue de la reine et du duc d'Alençon.

8. A Champigny, le duc d'Alençon signa une trêve de six mois au nom du parti réformé, pendant laquelle les hostilités devaient cesser dans tout le royaume. Cette pièce est imprimée dans l'*Hist. de France* de La Popelinière (t. III, f. 291). L'acte original, signé de Catherine et du duc d'Alençon, est conservé dans les V^c de Colbert, vol. 7, f. 667.

du vingt-deux de novembre jusques à la Sainct-Jean ; par laquelle le roi donnoit cinquante mille escus[1] pour payer les reistres du prince de Condé, afin qu'ils ne passassent point le Rhin, et, pour les seuretez des réformés et catholiques associez, les villes d'Angoulesme, Nyort, Saumur, Bourges, la Charité et Mézières, qui estoit particulièrement pour la retraicte du prince ; moyennant que les principaux du parti jurassent de les rendre dans les sept mois, paix ou guerre ; durant lesquels Sa Majesté devoit payer deux cents[2] hommes de pied, cent gentilshommes, la compagnie des gens d'armes de Monsieur, cent arquebusiers et cinquante Suisses, pour la garde de sa personne.

Le roi de son costé devoit faire sortir toutes les forces estrangères, hormis les Escossois et les Suisses[3] de sa garde. Ceste tresve, afin de recommencer le traicté de paix entrerompu, pour lequel tous les députez nécessaires devoyent estre prests dans six sepmaines[4] de la tresve accordée à Champigni ledict vingt-deuxiesme de novembre.

Au mesme temps de ce traicté et conclusion de tresves, il se faisoit plusieurs exploits de guerre en divers lieux. Les Rochelois, à la fin d'octobre, avoyent fait un embarquement de deux bons vaisseaux et quelques petits conduits par Poupelinière et Carbillac,

---

1. Cent soixante mille écus d'or, d'après de Thou (liv. LXI).

2. D'Aubigné se trompe. Le roi devait fournir au duc d'Alençon 2,000 hommes de pied (La Popelinière, t. III, f. 292).

3. Les Écossais étaient au nombre de 1,200 et les Suisses de 4 à 500 (La Popelinière, t. III, f. 292).

4. Les députés des villes et provinces confédérées devaient se rendre à la cour, avec plein pouvoir de traiter de la paix, au commencement de janvier 1576 (De Thou, liv. LXI).

commandant après lui. C'estoit en espoir d'enlever les galères, quelques vaisseaux ronds, et le baron de la Garde[1] mesmes, qui pour plaisir couchoit dedans quelquesfois. Mais un advis, venu de la Rochelle, fit tenir l'amiral du Levant si bien préparé que les Rochelois, ayans pris langue par une chalupe, quoiqu'ils fussent cinq cents hommes de guerre et en ce nombre cinquante hommes de commandement, ils tournèrent visage.

Ceste flotte s'en revenant trouva à l'embouchure de Loire deux grands navires bisquains, l'un de quatre cents et l'autre de trois cents. Les Basques ne prindrent point alarme de gens qu'ils voyoyent venir de Nantes, sinon de fort près, que les deux navires apportèrent en mesme temps leur volée et les crampons, et telle escoupeterie qu'il leur falut quitter le tillac et se contenter des chasteaux de devant et derrière. Les Rochelois, dès l'abordage, se jettent sur le pont de corde, et ceux qui firent tel saut en firent bientost un autre, les uns dans la mer, les autres à regaigner leur bord. Les Basques reviennent à leur petite pavezade qu'ils avoyent quittée; tout cela demeurant lié ensemble six heures[2]. Après qu'il y eut de vingt-cinq à trente Basques morts, près de deux fois autant des autres, Carbillac entre autres d'un coup de flesche, qui lui passoit du col au ventre, chacun fut bien aise de descramponner et de prendre sa route.

1. Le baron de la Garde mouillait à la fosse de Nantes (La Popelinière, liv. XL).
2. La flotte des Rochelois se détermina à cesser le combat dès qu'elle s'aperçut que les navires étaient chargés d'objets de peu de valeur (La Popelinière, t. III, f. 291).

Il y eut en haute Guyenne et Languedoc quelques autres petites exécutions. Mais une plus grande nous appelle, presque incognue à tous ceux qui ont escrit, et de ceux qui l'ont veue estimée plus digne du nom de bataille que plusieurs rencontres, à qui on a donné ce tiltre; et partant il lui faut un chapitre à part.

Chapitre XIX.

Reistres acheminez. Rencontre de Dormans.

Thoré[1] et le comte de Laval, ayans sçeu la sortie de Monsieur, ennuyez des difficultez d'Allemagne qui naissoyent tous les jours nouvelles, et désireux de porter le premier secours à leur chef, desbauchèrent le colomnel Stinc[2] et tous les capitaines des compagnies françoises[3]. Tous ceux-là ensemble, avec leurs gronderies, pratiquèrent un congé du prince et, pour ce dessein, mirent ensemble deux mille reistres, deux cents gentilshommes françois et quelque peu plus de deux mille hommes de pied. Nous avons commencé à vous monstrer les diligences du roi sur les premiers advis qu'il en receut par ses négociateurs en Alle-

---

1. Guillaume de Montmorency-Thoré, cinquième fils du connétable.

2. Le colonel Stein commandait sept cornettes de reitres (*Recueil des choses jour par jour avenues en l'armée conduite d'Allemagne en France par M. le prince de Condé*, 1577, in-24 de 167 ff., sans nom d'auteur, relation écrite par un témoin oculaire de la campagne de 1576).

3. Le roi avait levé dans le nord des provinces rhénanes des mercenaires allemands qui arrivèrent en France sous les ordres de Bassompierre (Lettre de Bassompierre au roi, du 30 janvier 1576; Ve de Colbert, vol. 398, f. 129).

magne avant que ceste armée eust baisé la frontière[1]. Fervaques[2] avoit desjà le commencement des troupes vers Chasteauvilain, et le duc de Guise[3], accompagné des ducs du Maine, d'Aumale, d'Elbeuf et de Mercœur, de Strosse, colomnel de l'infanterie, des mareschaux de Biron et de Rets, vint former à Langres son armée, composée de vingt compagnies de gens d'armes, desquelles il y en avoit huict doubles pour estre aux princes ou officiers de la couronne, des régiments des gardes, de Piémont, de Champagne, partie de celui de Lorraine, deux régimens nouveaux et des légionnaires de Rances[4]; ceste infanterie plus leste qu'aucune n'avoit encores esté veue, comme y ayant desjà en plusieurs compagnies vingt mousquetaires. De plus estoyent venus près du duc de Guise tous les mignons[5] du roi, terme qui se rendoit vulgaire en ce temps-là. Et au bransle de ces gens tout ce qui demeuroit à la cour estoit sifflé. Le roi de Navarre y envoya sa maison et ses gardes et sur tous ceux qui sentoyent le fagot et qui travailloyent à sa liberté.

1. L'armée allemande commandée par Thoré était entrée en France sans attendre Casimir de Bavière. C'est l'armée qui fut battue à Dormans. Cette campagne est racontée avec détails dans les *Mémoires de Mme du Plessis-Mornay*, édit. de la Soc. de l'hist. de France, p. 80 et suiv.

2. Fervaques était maréchal de camp de l'armée du roi (*Mémoires de Mme du Plessis-Mornay*, t. I, p. 93).

3. Les ducs de Guise et de Mayenne étaient gouverneurs, le premier de la Champagne et le second de la Bourgogne.

4. Rance, capitaine champenois, surnommé Coutenan, ancien gouverneur du duc d'Aumale, colonel des légionnaires de Champagne (Brantôme, t. IV, p. 280).

5. Le nom de *mignons* que nous trouvons pour la première fois est expliqué dans le *Journal de L'Estoile* (édit. Champollion, p. 74).

Ceste armée en sa fleur avec cinq princes, trois mille lances, de six à sept mille fantassins, perça le Bassigni[1] et la Lorraine, pensant combattre les estrangers à Baccara. De là fut despesché le mareschal de Rets, assisté d'Aumont[2], suivi de cinq cents chevaux et des gardes de toute l'armée. Ceste troupe arriva demi-heure avant jour à une mousquetade d'Archecour, qui est d'Allemagne, où il y avoit deux compagnies d'Allemans logez. Les gardes du roi de Navarre, qui marchoyent les premières, surprirent les portes de la ville et gaignèrent le chasteau pesle-mesle avec ceux qui s'y retiroyent; mais, pource que ces compagnies estoyent sur leur partement, il ne fut empoigné que les plus paresseux. On apprit par un mareschal des logis prisonnier que le rendez-vous de leur armée estoit à Attigni[3] en Champagne. Sur cela falut repasser la Lorraine en diligence et, par Levinville, costoyer Mets, pour gagner Saincte-Menehoud, où les reistres, qui avoyent deux journées d'armées gagnées devant celles du duc, s'amusèrent à appoincter des différents.

De Saincte-Menehoud Missar, qui commandoit les carabins[4] de Mets[5], desquels le nom a esté depuis plus

---

1. Le Bassigny s'étendait sur les deux rives de la Haute-Marne, entre l'Aube et la Meuse. Ses principales villes étaient, dans le comté de Champagne, Bar-sur-Aube et Chaumont; dans le duché de Bourgogne, Langres.

2. Jean d'Aumont, maréchal de France, né en 1522, mort le 19 août 1595.

3. Attigny-sur-Aisne. Les Allemands, à qui on devait quelques montres, se mutinèrent, et Thoré perdit plusieurs jours à les calmer (De Thou, liv. LXI).

4. Les *carabins* formaient un corps de cavalerie légère composé d'arquebusiers à cheval (Brantôme, t. I, p. 106).

5. On conserve dans le vol. 7 des V^c de Colbert plusieurs

familier, estant allé à la guerre, chargea quelques quarante fourrageurs. Et le lendemain, sous les nouvelles apprises par les prisonniers, Fervaques commença à faire marcher l'armée en ordre de combat; et lui, avec fort peu de coureurs vid, sur les deux heures après midi, la troupe de retraicte des ennemis où commandoit Beaujeu[1]. Ceux-là, ayans passé un pont qui est au-dessous de Reteil, et Fervacques ayant fait de mesme avec dix lances de la compagnie de Humières[2], le jeune d'O[3], Brienne et quatre autres, de plus douze des gardes du roi de Navarre, vingt François et soixante reistres, partent de la main pour faire repasser le pont aux autres. Mais les dix-sept salades et les douze arquebusiers tirans derrière leurs chevaux, attendirent d'estre meslez par les François et, n'ayans que deux hommes blessez, renvoyèrent ceste troupe à leur retraicte. Beaujeu estima à ceste fermeté qu'ils se sentoyent appuyez de quelque troupe qui auroit passé Eine[4] ailleurs qu'au pont. L'armée katholique

lettres du s. de Piennes, gouverneur de Metz, au roi, écrites pendant les derniers mois de 1575 et relatives à cette campagne.

1. Christophe de Beaujeu, seigneur de Jaulges, poète et capitaine de la seconde moitié du xvie siècle. Il parle de ses exploits dans ses poésies.

2. Charles d'Humières, marquis d'Ancre, mort à la prise de Ham en 1595.

3. François, marquis d'O, seigneur de Fresne et de Maillebois, né en 1535 à Paris, où il mourut le 24 octobre 1594. Son mariage avec Charlotte-Catherine de Villequier (1573) l'introduisit à la cour où il devint favori de Henri III, qui le nomma surintendant des finances (1578), premier gentilhomme de la chambre, lieutenant général de la Basse-Normandie, gouverneur de Paris et de l'Ile-de-France. Il fut privé de ses charges en 1588.

4. *Eine*, l'Aisne.

logea pour ce soir à Roussi[1], l'autre dans de petits hameaux au chemin de Dormans[2].

Le duc de Guise, voyant que dans le pays bocageux son armée ne pourroit faire qu'une route, principalement n'estant occupée qu'à poursuivre, fait marcher en cest ordre Fervaques le premier, avec son régiment composé des compagnies doubles d'Elbeuf et de Brienne, de celle du marquis de Pienne et de la sienne, qui estoit six vingts gentilshommes, et outre de Quelus[3], Sainct-Luc[4], Sainct-Sulpice[5] et les deux d'O, et avec eux de quarante courtisans, faisant en tout trois cent cinquante lances françoises. Schomberg[6] estoit encores de ce gros avec douze cents reistres, et à la main droicte de cela trottoyent mille soldats choisis en l'armée, deux cents mousquetaires et encores les gardes du roi de Navarre. A la teste de tout cela Poncenat[7], si bien que ce premier plat estoit de douze cent cinquante chevaux et d'autant de gens de pied. Deux cents pas entre deux marchoit le mareschal de Biron avec deux cent cinquante lances; en mesme distance le duc du Maine avec trois cents; cela faisoit l'avant-garde. Le duc général commença la bataille

1. Roucy, ville du Laonais (Aisne), avec titre de vicomté.
2. Dormans (Marne).
3. Antoine de Lévis, baron de Caylus, mort le 6 avril 1586.
4. François d'Espinay, seigneur de Saint-Luc, tué le 8 septembre 1591.
5. Bertrand d'Ébrard de Saint-Suplice, tué en duel quelques années plus tard (Brantôme, t. X, p. 102).
6. Georges de Schomberg, tué par Livarot dans le duel des Mignons.
7. Jean Borel, s. de Ponsonnas, ancien lieutenant du baron des Adrets, se fit plus tard catholique et servit, en 1580, sous Mayenne, et, en 1587, sous La Valette (*Mém. de Piémond*, p. 589).

avec une troupe de cinq cents bons chevaux. Après lui Strosse[1], colonnel de France, et les régiments selon leur rang ; le mareschal de Rets fermoit l'armée, avec dix compagnies de gens d'armes.

En cest estat comme elle eut cheminé[2] deux lieues, Fervaques, sur les huict heures, vint à la veue des reistres. Demie-heure se passa aux pistolettades pour plaisir et à ce jeu Sainct-Luc blessé à un bras. A un quart de lieue de la première veue, Thoré prit conseil de ses capitaines. Eux et lui, se voyant à dos des troupes si gaillardes, la ville de Dormans et la rivière de Marne en teste, et, qui estoit le pis, son infanterie qui ne se pouvoit plus desgager sans combat, il s'y résout ; mande à ses gens de pied, ausquels le capitaine Pré[3] servoit de sergent de bataille, qu'ils s'esloignassent le plus qu'ils pourroyent sur la droicte, pour, à travers un pays couvert, passer Marne au gué du Verger, où ils espéroyent se rendre après le combat. Ceste cavallerie donc, résolue à payer pour son infanterie, se mit en deux gros escadrons de chacun mille reistres et cent gentilshommes françois, le comte de Laval à la teste du plus avancé ; et, ayans faict leurs prières assez longues, marchèrent vers les katholiques qu'ils trouvèrent ainsi placez. Le régiment de Fervaques avoit un petit bois à sa main droicte, qu'il flanquoit de cent bons pas ; il mit là dedans ses mil deux cent cinquante hommes de pied. A son aisle gauche, le Rhingraf[4] avança ses

1. Strozzi commandait 10,000 hommes de pied.
2. Var. de l'édit. de 1618 : « *en cest état* l'armée ayant *cheminé...* »
3. Peut-être faut-il lire Préaux. On trouve plusieurs capitaines de ce nom dans les armées protestantes de cette époque.
4. Le Rhingrave, capitaine protestant, bien qu'appartenant

reistres presque à mesme proportion deux cents pas devant ce front. Le champ pour y venir estoit couppé d'un fossé de cinq pieds et assez profond, qu'il falut que ceste cavalerie sautast allant au combat, dont est à présupposer qu'ils avoyent pris le chemin en allant, et puis à gauche les champs pour se mettre en bataille, n'ayans point recognu ces désavantages. Ils sautèrent donc le fossé environ les deux tiers et viennent mesler dans la tenaille que nous avons descrite. A leur teste les François donnèrent si brusquement, et entre ceux-là trois gentilshommes, voulans monstrer de la gayeté de cœur en une affaire comme désespérée, chose qui ne se trouve pas communément; ceux-ci donc, asçavoir Pontillant[1], Le Plessis-Mornay[2] et Marivaut[3], meslèrent cinquante pas devant leur gros. Et les deux premiers, ayans percé, se firent prendre dans le gros du mareschal de Biron, qu'ils trouvèrent venant de sa nécessité, comme il faisoit presque en tous les combats. Fervaques estoit venu parler à lui pour choisir avec lui sa place de r'aliement au cas qu'il fust rompu, car il espéroit le combat plus long; mais il n'eut loisir d'entretenir le mareschal qu'il n'entendist la charge, où il arriva encore assez à temps, n'ayant armes qu'un hausse-col, pour en avoir sa part.

Les reistres, venans à pièces rompues à cause du

au parti du roi, était de la maison de Salm. Nous avons déjà mentionné un capitaine de cette famille.

1. Le s. de Pontillant était enseigne de Montmorency-Thoré (*Mémoires de M*^{me} *du Plessis-Mornay*, t. I, p. 94).

2. Philippe de Mornay, seigneur du Plessis-Marly, l'un des négociateurs les plus employés par le roi de Navarre.

3. Var. de l'édit. de 1618 : « ... *Plessis-Mornay,* La Porte, *et Marivaut...* »

fossé, furent choquez de pied ferme par les lances, couverts de coups et de fumée par l'infanterie de leur gauche, et enveloppez à droicte par le rhingraf. C'estoit en novembre[1], et, le temps ayant esté deux mois sans pluyes, la poussière, meslée avec la fumée de six ou sept mille coups, rendit ce qui combattoit à telle confusion que nous[2] ne pusmes, un quart d'heure durant, discerner une croix blanche d'avec l'escharpe blanche et jaune, marque, pour lors, des reistres et François, si bien que nul n'avançoit.

Le mareschal de Biron se contenta de pousser ses drapeaux cent cinquante pas, horsmis quelques-uns de sa main gauche qui eschappèrent plus avant.

Le duc de Mayenne ouït le combat et ne le vid pas. Il est certain que, s'ils n'eussent point sauté le fossé, les François n'eussent point fait ce saut pour les charger, et qu'au moins pour ce jour, ils se retiroyent sans combattre. Ils se desmeslent de la place où ils laissent quelques six vingts bons hommes morts; entre ceux-là le colonnel Stinc, fort regretté. Sur le costeau où ils se r'allièrent, ils favorisèrent ceux qui estoyent cheus au fossé et autres qui se voulurent joindre à eux sur le passage de Marne. Le mareschal de Biron leur ayant envoyé un trompette, les deux tiers des reistres acceptèrent l'offre qu'on leur fit, de les faire conduire à la frontière, sans rien perdre et en marchant en corps. Le reste de meilleure volonté

---

1. D'Aubigné se trompe. La bataille de Dormans fut livrée le 10 octobre 1575.
2. Ce passage prouve que d'Aubigné assistait à la bataille de Dormans. Il en parle en effet, mais très sommairement, dans ses *Mémoires* (édit. Lalanne, p. 29).

suivit les François qui, avec peu de difficulté, allèrent passer Seine près de Noyan, et Loire auprès de Cosne, pour joindre Monsieur en Berri.

Le combat[1] fut achevé et l'armée logée à onze heures du matin, et sur les quatre du soir le duc de Guise, venant de visiter un capitaine blessé, trouva un soldat huguenot de ce pays-là, qui cerchoit ses commoditez pour se retirer. Le Seurre, secrétaire du duc, l'avisa comme il se relaissoit[2] dans un halier. Le duc y donne et receut un grand coup qui lui emporta la joue[3]. Quelques-uns veulent que le soldat l'ait fait par résolution, les autres que ce ait esté en rendant son poictrinal. La foi de cela est à un capitaine et au secrétaire, qui seuls estoyent avec le duc.

Il y eut de remarquable en ceste journée que les gens de pied, mal menez et mal équippez, se desmeslèrent à la veue du combat et firent leur retraicte d'environ septante lieues qu'il y a de là jusques à la Chastre en

---

1. Le combat de Dormans est raconté par l'*Histoire universelle* avec des détails qui ne sont point ailleurs. La Popelinière et de Thou sont très brefs. Pierre Mathieu est plus détaillé (*Hist. de France*, t. I, p. 423). Seuls, la dame du Plessis-Mornay (*Mémoires*, édit. de la Soc. de l'hist. de France, p. 80 et suiv.), dont le mari assistait à la bataille, et Claude Haton, qui (*Mémoires*, t. II, p. 788) habitait dans le voisinage de Dormans, donnent de ce fait d'armes un récit détaillé. Voyez aussi une pièce du temps réimprimée dans les *Archives curieuses*, t. VIII, p. 412, et une lettre du roi publiée dans les *Négociations du Levant*, t. III, p. 621.

2. *Relaisser*, terme de chasse, se disait d'un animal qui, épuisé de fatigue, renonçait à continuer sa fuite.

3. A la fin du combat de Dormans, le duc de Guise, en poursuivant les fuyards, reçut deux coups de pistolet, dont l'un lui emporta une partie de la joue et de l'oreille gauches. C'est à la suite de cette blessure qu'il reçut le surnom de Balafré (Bouillé, *Hist. des Guises*, t. III, p. 19).

Berri; ce fut que nul ne voulut quitter sa place que le combat ne fust desmeslé et la victoire certaine. Le bruit de la charge leur donna l'esperon jusques à la rivière, où ils alloyent entre des bois. Les premiers, qui voulurent les charger, trouvèrent les chemins de ces bois estroits ou remplis du bagage qui avoit suivi les gens de pied, et puis la nuict les démesla d'une armée qui avoit fait de grandes courvées.

Fervaques[1], ayant donné les quartiers à ses aides de camp, voulut avoir le gré de ceste bonne nouvelle, comme il lui appartenoit de l'exécution; vint à la cour en poste et arrive le lendemain de bon matin. Et, deux heures après son abord, estant encores environné de seigneurs et de dames, disant des choses avantageuses de lui-mesmes et sans mentir, Péricard[2], parti de l'armée depuis la blessure de son maistre, entre dans le Louvre, conte, comme il le sçavoit, ne sachant rien que par ouy dire, mais toute la cour en pleurs pour la blessure du duc.

Le roi envoye quérir Fervaques et lui reproche qu'il estoit parti bien tost, n'ayant pas attendu le dernier combat, où avoit esté blessé son chef d'armée. Le cardinal de Guise[3] et tous ses amis, hayssant Fervaques pour avoir destruit quelques dévotions en Normandie, le vont publier par tout pour avoir faict un traict d'extrême laschete. Les dames, qui lui en vouloyent pource qu'il estoit mauvais mari, mettent

---

1. Il ne faut pas oublier ici que d'Aubigné était l'ennemi juré de Fervaques qu'il accuse de tous les crimes dans ses *Mémoires*.
2. Péricard, secrétaire du duc de Guise.
3. Les deux éditions de l'*Histoire universelle* portent le *cardinal de Lorraine*. Mais l'auteur a corrigé cette faute dans l'*Errata*.

sa réputation en tel estat que tous ceux qui disoyent, sachans pour y avoir esté, que lui seul au conseil avoit opiniastré les diligences, seul en caval léger avoit engagé les reistres et que sa troupe seule les avoit combattus, ceux-là estoyent réputez pour fuyards avec lui, jusques à ce que le duc de Guise, de retour[1], ayant assez gagné d'honneur sans prendre l'autrui, conta les choses naïsvement et selon la vérité. Soit dit pour un crayon de la cour.

Cependant on vivoit en merveilleuses craintes pour plusieurs nouvelles, entr'autres pource que la tresve ne désarmoit point Monsieur, retardé de congédier ses forces par les réformez, par la nouvelle d'une levée que le roi faisoit de six mille Suisses[2], par le refus que fit Ruffec de mettre Angoulesme entre les mains du duc de Montpensier, et encores pour le désir de voir ses forces ensemble, où il eut bien de la peine pour appointer le différent d'entre le vicomte de Turenne et Bussi, à cause que l'un et l'autre avoyent arboré le drapeau blanc[3] dans le milieu des bandes ; l'autre appuyé de mesme promesse de Monsieur et de

---

1. Le duc de Guise, transporté à Épernay, guérit de sa blessure, mais il fut condamné à l'inaction pendant trois mois.
2. Les Suisses étaient commandés par Robert de Villiers, s. de la Grafinière en Anjou, qui avait su négocier à Berne leur entrée en campagne (*Recueil des choses jour par jour avenues en l'armée conduite d'Allemagne en France par M. le prince de Condé...*, in-12, 1577, p. 3). Une lettre du conseiller Vayer à Condé, du 17 décembre 1575, constate qu'ils étaient très indisciplinés et que Beutterich en était difficilement maître.
3. Var. de l'édit. de 1618 : « ... *drapeau blanc;* ce dernier fondé sur l'estat de colonel que lui avoit promis Monsieur ; cela le fit jurer de mourir avec tous ses amis, ou de tuer celui qui porteroit le drapeau blanc du Vicomte *dans le milieu...* »

six fois autant d'hommes que Bussi. Et pourtant le jour de la reveue il bailla ce taftas à garder au vicomte de Lavedan. A la veue de cela, Bussi commanda au capitaine Bonnet, qui menoit son régiment, de mettre balle en bouche et allumer deux mesches, et lui, avec quatre-vingts de ses amis, se préparoit à faire la charge, quand Monsieur y accourut bien à propos[1].

1. Cette affaire présenta plus de gravité que d'Aubigné ne semble le dire. Elle faillit mettre aux mains les gens de Bussy et du duc d'Alençon. Il y eut même des coups de feu échangés. On conserve dans le vol. 20152 du fonds français (f. 287) une relation inédite qui donne le récit de cet incident.

TABLE DES CHAPITRES

Livre Sixième.

(Livre I du tome II des éditions de 1616 et de 1626.)

Chapitres		Pages
X.	De ce qui se passa au siège de la Rochelle jusques au secours du comte de Montgommeri	1
XI.	Achèvement du siège et commencement de la paix.	21
XII.	De Sancerre	36
XIII.	Guerre levée en Languedoc	46
XIV.	De la Guienne et de ses voisins.	61
XV.	De ce que la France avoit de commun avec ses voisins	64
XVI.	La face d'Orient	94
XVII.	Des affaires et exploits méridionaux	108
XVIII.	De l'Occident	132
XIX.	Du Septentrion	137
XX.	De la paix de la Rochelle, cinquiesme en nombre.	165

Livre Septième.

(Livre II du tome II des éditions de 1616 et de 1626.)

I	Suite de la paix ; venue des Polonnois ; composition de Sancerre	175
II.	Affaires de la cour et voyage de Polongne	182
III.	Poursuite du voyage de Polongne jusques au sacre.	193
IV.	Entreprise sur la Rochelle ; prise des armes en Béarn ; prise de Grammond ; affaires de la cour.	202
V.	La prise des armes du mardi gras	215
VI.	L'effroi de Sainct-Germain et procédures sur ce faict	222

TABLE DES CHAPITRES.

VII.	Partie du prince de Condé; guerre de Normandie.	235
VIII.	Siège de Fontenai; prise de Talmont; mort du roi; traicté de paix; préparatifs de guerre. . . .	250
IX.	Retour du roi de Polongne	265
X.	Exploits de Languedoc et Dauphiné. Bataille de Montbrun	270
XI.	Prises de Melle et Fontenai avec la trape de Lusignan	285
XII.	Acheminement du roi. Voyages et assemblées pour la paix. Prise de Castres et affaires de Languedoc. Mort du cardinal de Lorraine	298
XIII.	Siège de Lusignan	311
XIV.	Du lieutenant de Poictou; Poictevins à Montauban.	333
XV.	Prise de Périgueux. Exploits du vicomte de Turenne.	343
XVI.	Affaires de Xainctonge et de Poictou	348
XVII.	Retour des députez en Allemagne	358
XVIII.	Sortie de Monsieur. Tresves	371
XIX.	Reistres acheminez. Rencontre de Dormans . .	379

Nogent-le-Rotrou, imprimerie DAUPELEY-GOUVERNEUR.

www.ingramcontent.com/pod-product-compliance
Lightning Source LLC
Chambersburg PA
CBHW050420170426
43201CB00008B/477